INNOVATIVE ASSESSMENT OF
COLLABORATION

协同性的创新评估

[美] 阿丽娜·冯·戴维（Alina A. von Davier）
朱孟潇（Mengxiao Zhu） 主编
[美] 帕特里克·C. 凯洛宁（Patrick C. Kyllonen）
张杰 林鹏 译

北京理工大学出版社
BEIJING INSTITUTE OF TECHNOLOGY PRESS

版权专有 侵权必究

图书在版编目（CIP）数据

协同性的创新评估 /（美）阿丽娜·冯·戴维，朱孟潇，（美）帕特里克·C. 凯洛宁主编；张杰，林鹏译. -- 北京：北京理工大学出版社，2023.9
书名原文：Innovative Assessment of Collaboration
ISBN 978 - 7 - 5763 - 2952 - 0

Ⅰ.①协… Ⅱ.①阿… ②朱… ③帕… ④张… ⑤林… Ⅲ.①教育测量②教育评估 Ⅳ.①G40 - 058.1

中国国家版本馆 CIP 数据核字（2023）第 193001 号

北京市版权局著作权合同登记号 图字：01 - 2023 - 4448
First published in English under the title
Innovative Assessment of Collaboration
edited by Alina A. von Davier, Mengxiao Zhu and Patrick C. Kyllonen, edition: 1
Copyright © Springer International Publishing Switzerland, 2017
This edition has been translated and published under licence from
Springer Nature Switzerland AG.

责任编辑：王晓莉		**文案编辑**：王晓莉	
责任校对：周瑞红		**责任印制**：李志强	

出版发行 / 北京理工大学出版社有限责任公司
社　　址 / 北京市丰台区四合庄路 6 号
邮　　编 / 100070
电　　话 /（010）68944439（学术售后服务热线）
网　　址 / http://www.bitpress.com.cn

版 印 次 / 2023 年 9 月第 1 版第 1 次印刷
印　　刷 / 保定市中画美凯印刷有限公司
开　　本 / 710 mm × 1000 mm　1/16
印　　张 / 22.25
字　　数 / 361 千字
定　　价 / 114.00 元

图书出现印装质量问题，请拨打售后服务热线，负责调换

翻译团队

主　译：张　杰　林　鹏

副主译：曹　晖　王　韬　路惠捷

译　者：邢晨光　刘　波　赵大旭　闫大鹏
　　　　薛霜思　侯依琳　杨欣霖　杜子亮
　　　　赵天艺　徐　蕾　雷鹏程

译者序

这本由 Alina A. von Davier、Mengxiao Zhu 和 Patrick C. Kyllonen 三位著名学者合著的力作，系统地阐述了团队协同性评估这一新兴领域的理论基础、方法工具和实践案例，是一部开创性的专业著作。

团队协同性评估作为一个全新的跨学科研究领域，越来越受到学术界和企业界的广泛关注。它强调通过多学科合作，结合创新性定量和定性分析，全面评估从个人到团队的活动及其对团队、组织乃至整个社会所产生的深远影响。与传统侧重于财务指标的效能评估不同，协同性评估更加注重评估团队的协同能力、文化影响、环境效益等多方面综合价值。

本书全面系统地介绍了迄今为止协同性创新评估的理论基础、分析框架和量化模型发展。作者们广泛讨论了心理学、社会学、经济学和管理学等多学科研究成果，构建了一个贯穿协同性创新评估全过程的理论体系。从协同创新的驱动因素、机理分析，到评估指标的设计、评估方法的选择，再到量化建模及应用案例的分享，书中内容严谨深入又易于把握。

值得一提的是，本书还介绍了当前广泛应用的多种评估工具及其优缺点，例如，协同创新评估联盟（CAIA）框架、网上协作式在线课程（MOOC）、脑电（ERP）分析等，为实践者提供了参考和借鉴。同时，书末列举了诸多来自不同领域的成功案例，将理论与实践完美结合，启发读者在实际工作中进行创新性思考。

当前，我国大力倡导创新发展理念，无论是在学术界还是产业界，都对团队效能评估提出了新要求。如何科学评价创新活动的成效及其影响，是摆在创新管理者和决策者面前的重大课题，本书为解决这一问题提供了理论指导和实践参考。书中介绍的理论模型和方法工具，可以帮助相关组织建立更加科学合理的创新绩效评估体系。而案例分析部分的内容，则为企业提供了可借鉴的方向，利于指导企业在具体的创新实践中开展评估，持续优化创新管理。

  本书在翻译过程中，注重保留原作的专业性和严谨性，同时也力求表达的通俗易懂。我们希望通过这部译作，能够促进国内外专家学者在这一新兴领域开展深入交流，为理论与实践的发展做出应有的贡献。

张杰 林鹏

2023 年 6 月

序 言
构建创新评估的基础：跨学科协作和团队合作测量

本书旨在激励跨学科研究者协同合作、克服障碍，实现协同效能评估技术领域的创新。2014 年 11 月，美国陆军研究所（US Army Research Institute，ARI）与美国教育考试服务中心（Educational Testing Service，ETS）召开联合工作会议，针对团队协作效能研究中存在的科研障碍，组织研究者围绕评估方法开展讨论。基于会议内容，本书进一步讨论并拓展至团队合作评估与测量的全部跨学科研究范畴。在有关章节里，我们从不同角度对协作、沟通和互动效能的测量方法进行讨论，希望为推动未来教育、组织及特殊工作环境下的评估技术发展奠定基础，其中，从多个学科视角出发的协作和团队合作测量成果已经在教育领域得到了积极应用。

如书中部分章节所述，学者们不仅完成了大量研究，也从中吸取了经验教训。一方面，Salas、Reyes 与 Wood、Asencio 与 DeChurch、Fiore 与 Kapalo 撰写的章节中，提出了在组织内部开展团队合作和协作效能测量的深层次观点，但对教育背景下的协作效能测量研究较少（个别案例除外）。另一方面，Olsen、Aleven 与 Rummel、He M. von Davier、Greiff、Steinhauer、Borysewicz 以及 Griffin 等撰写的章节中均提及在教育领域研究中做出的努力和取得的进展，特别是第 10 章中明确指出部分成果已应用于 21 世纪技能教学及评估项目（Assessment and Teaching of 21st Century Skills，ATC21S），该项目由 Greg Butler（已故）领导的协作评估联盟（Collaborative Assessment Alliance，CAA）负责，Greg Butler 也曾作为重要成员参加了 2014 年协作创新工作会议。

通过会议内容汇总和本书章节扩展，我们认为发起会议讨论的主要目标已基本达成。同时，我们也希望本书为研究人员在测量与评估领域克服科研障碍、实现实质性创新奠定基础。总之，本书对不同立场、不同观点的研究成果进行了整合，汇集了来自不同领域、不同角度的协作评估研究观点，涵盖了智能导航系统、潜艇、海军、篮球队、母子互动等广泛应用领域的仿真测试结果。书中涉及的主要技术包括眼动追踪、社会计量标牌、Trialogues 模拟会话技术、大型开放式网络课程（慕课，Massive Open Online Course，MOOC）、维基百科合作、辅助技术、脑电图（Electroencephalogram，EEG）等；也包括社交网络分析的多级建模、关联事件建模、点过程、隐马尔可夫模型、动态系统建模技术等多元化方法。从评估、测量到最终协作建模，书中所述研究与概念均具有广泛的代表性和潜在的应用性，很多研究探讨了潜在的新型评估方法并阐明其在革新性测量中面临的挑战。我们希望通过对应用、技术和方法的广泛总结，推动协作技能和团队合作评估技术的提升和创新。

综上所述，本书紧跟研究领域前沿，旨在推动测量科学向测量理论和评估技术的重大创新迈进。2012 年，美国陆军研究所与美国国家研究委员会（National Research Council，NRC）合作开展了《测量人类能力：个体与集体潜在效能》（NRC，2015）的共识性研究。研究初期，由 NRC 组织研讨会并完成报告《评估个体与集体潜在效能的新方向》（NRC，2013），本书作者们在该研讨会上均发挥了重要作用，Gerald Goodwin 是研究发起人，Patrick Kyllonen 为研究委员会成员，Alina von Davier 为会议主讲人。新方向研讨会的目的是围绕个体与集体前沿创新测量的优秀观点，设计并建立识别和讨论机制。共识性研究不但推进了机制落实，还在《测量人类能力：个体与集体潜在表现评估的基础研究日程》（NRC，2015）研究报告中详细总结了非常有意义的建议清单。研讨会中，ETS 研究人员进一步提出开展如何判断和促进协作创新的评估性研究，并于 2014 年 11 月在华盛顿特区举办了协作创新工作会议。通过研讨会与工作会议，我们认为：为了对交流、协作效能有更深入的了解并合理评估涉及的概念，研究人员应开展跨学科合作，从多元学科视角进行学习和探索，以加快和促进此类新型评估研究的发展。因此，跨学科对话是本书的首要目标。

历史视角

美国陆军研究所于 2021 年启动评估方法的创新研究。回顾测量与评估领域

（特别在军队中）近一个世纪甚至更久远的发展历程，就能够理解目前其重新引发关注的原因。20世纪上半叶，测量和评估主要由基于经典测试理论的测量范式主导（详见综述Novick，1966）。军队入伍测试也可追溯到这一时期。美国陆军研究所前身机构于1917年创建了经典测试理论范式基础上的军队α、β测验，旨在改进"一战"时期军队新兵招募中的筛选和分类缺陷，随后数十年中，该机构开发了一系列部队入伍和分类测试，并将经典测试理论持续应用其中。尽管经典测试理论也是心理测试的基础并具有实用性，但该理论同样具有不可避免的缺陷。

20世纪50年代，测量科学出现重大转折。筛选和分类测试中的一个突破点——项目反应理论（Item Response Theory，IRT）成为目前占据主导地位的测量方法。项目反应理论始于20世纪50年代，来自美国教育考试服务中心的Fred Lord发表的关于该理论的奠基性论文（1952，1953a，b）。这些文章从根本上阐述和讨论了我们在一般适应性测试中如何运用项目反应理论，并对20世纪70年代的研究产生了直接影响（Lord，1974；Weiss，1976）。当时，随着计算机和微处理器技术的迅猛发展，研究人员已将项目反应理论模型应用于计算机自适应测试中。包括美国陆军研究所在内的美国国防部与美国空军、海军实验室联合，通过更新经典的测试理论，研发出全新的基于项目反应理论框架的部队入伍计算机测试系统。这种全新的入伍测试被称为军队职业倾向性测试（Armed Services Vocational Aptitude Battery，ASVAB）。与此同时，美国教育考试服务中心也将类似的计算机自适应测试运用于美国研究生入学考试（Graduate Record Examination，GRE）、托福考试（Test of English as a Foreign Language，TOEFL）以及美国管理学研究生入学考试（General Management Admission Test，GMAT）。与上述研究并行发展、在20世纪90年代转化为计算机测试的还有军队职业倾向性测试和美国教育考试服务中心测试。1988年，军队职业倾向性测试得以推广运行，1993年，认知能力测试和美国研究生入学考试也开始运行。

下一个突破点是将计算机自适应测试应用于部队的人格测试中。尽管有关人格与工作绩效的关系研究发展已久（包括最初由美国国防部提出的大五人格模型，DoD；Tupes和Christal，1961），但人格测试效度，尤其是超出普通智力测试的增量效度，其实践应用性明显不足。简单来说，人格测量中的易感性和故意性失真反馈会导致测试结果与真实情况相去甚远。但是，项目反应理论方法（Stark、Chernyshenko、Drasgow和White，2012）可降低人格测验中伪造的抵抗性。最终，研究者构建并推出了计算机自适应的人格测验，名为"定制适应性人格评估系统"（TAPAS；Drasgow 等人，2012）。

未来展望

2008—2011 年，美国陆军研究所下属的陆军研究办公室对相关项目进行了重新评估，结果显示，亟须再次提升和更新有关的心理测量理论。回顾过去，项目反应理论创立于 20 世纪 50 年代，于 20 世纪 60 年代发展成熟，但得以实际运用的自适应测试是在计算机技术崛起时期。因此，首批计算机自适应测试的发展花了近 35 年，而利用项目反应理论将人格测验过渡到计算机平台又花了 20 年时间。显然，未来想继续实现测量上的创新与变革，更新项目反应理论范式不可避免。美国陆军研究所的研究人员曾特别指出，从原始、严谨的心理测量理论到工作中的实践应用需要花费很长时间。因此，为克服项目反应理论的局限性，研发新一代的评估与测试方法，美国陆军研究所开启了重在探索、激发和从深层次推动原始心理测量理论发展的创新性研究。

架构与方法创新

美国陆军研究所在此领域积极布局，旨在未来 20~25 年内，开发和实施下一代部队入伍筛查测试系统，以取代军队职业倾向性测试。由于创新评估技术的未来发展将涉及军事人员测试、教育评估、心理测量以及其他多领域专家，领域内部和跨领域间的交流也必不可少，美国陆军研究所对可能缺乏讨论或被遗漏的关键议题保持持续关注。例如，在过去 20 多年中，美国陆军研究所是情境判断测试研究的重要支持者和投资者，但这类以绩效为基础的测试研究结果在很多方面不尽人意。具有代表性的问题包括绩效测试中必须涉及多个框架结构、个体属性与团体属性难以分隔评估等，这导致研究方向从个体差异架构测量向多层多元结构和宏观层面绩效测量的转变，然而，当前的心理测量理论尚不足以解决此类问题。

另一个在研究过程和结果中常常被提及的领域是评估社会与人际交往能力，对这些能力进行一致化测评同样存在复杂的差异性问题，解决起来具有很大难度。评估社会与人际交往能力的关键在于：不可避免地要对其他多重项目开展测量。此外，人际互动是动态过程，很难采用静态研究的方法进行评估。目前，大多数心理测试在单维心理测量学理论上发展而来，着眼于解决某一时间点的某项问题分析。因此，如何以动态方式同时评估多个架构，是当前绝大多数心理测量方法面临的巨大挑战。

既往设计的项目可以理想地适配并嵌入单一架构中，研究目的是开展纯粹的项目评估。假如需要评估的项目或表现集合有多个架构同时动态地对绩效或响应做出贡献时，结果如何呢？现行多维度心理测量模型的研究还没有在大规模评估中应用，那么，动态模型呢？动态模型中使用的架构是否会随着时间的推移而变化呢？

新环境

随着科技的迅速发展，利用计算机捕捉大量数据并开展复杂绩效（个体间互动等）测量研究已成为可能。为深入了解被测试者如何完成测验并给出最终结果，评估人员也利用计算机技术进行研究和分析。虚拟环境作为媒介，实现了大范围数据的捕获互动，目前已经用于（教育）评估测量，也将进一步推进评估技术的发展。

一项好的评估可以仅凭测量结果，就推断出被测试者的知识水平、技能等情况。然而，传统绩效评估有时与学术或工作环境下的实际绩效评估并不匹配，部分原因可能与传统评估背景和预期的知识应用背景存在差异有关。

如果仅仅依赖数据结果进行认知水平的评估，必须假设被测试者的潜在思维过程在某种程度上会体现在答题结果上。然而，即使回答同一明确问题，被测试者的认知过程也可能大相径庭，这可能源于被测试者不同的知识能力影响了推理的严谨性，或者被测试者基于非系统或任意、随机性选择的答案（或猜测）。潜在认知过程中的差异性导致不能完全正确地反映出测验结果，某些时候甚至是相悖的。认知诊断模型可以识别影响正误判断的相关因素，已经用于传统评估中识别学生的错误概念（见 Katz、Martinez、Sheehan 和 Tatsuoka, 1998; von Davier, 2005）。影响正误判断的因素属性间通常存在强相关性，为从数据中获取准确的评估带来了很大的困难。尽管学者们在各方面研究中努力改善，但目前的传统测试项目依然无法准确评估学生的操作反馈。

与之相对，虚拟技术不仅可以提升评估方法，还可以提供良好的反馈结果并进行深度分析学习，这让虚拟技术具有极大吸引力。这类技术为面对面的现实关系或远程团队，在教学、学习、评估之间构建了潜在的有机连接，并为测试者间的（虚拟）合作提供了自然环境（von Davier 和 Mislevy，2016）。也许最重要的是，通过在计算机化评估环境下的评估、认知和学习互动，我们可以识别被测试者采用的答题策略，从而进一步验证其解决问题的过程。

记录过程性数据可有效还原并重建被测者在评估中的行为，进而根据行为推断其认知过程。过程性数据也用于分析最终反馈的行为，通过可控的假设条件，可以分析被测试者如何和为何给出答案。毫无疑问，在计算机环境中开展协作评估，可以在精心设计的日志文件中收集丰富的原数据（见本书中 Hao、Liu、A. von Davier 和 Kyllonen；Bergner、Walker 和 Ogan；Halpin 和 A. von Davier；以及 Zhu）。重要的是，过程性数据有助于解决前述的复杂绩效及面临的挑战。

教育类考试

美国教育考试服务中心也面临着同样的需求——如何优化对课程技能、推理能力、数学水平以及英语语言技能等传统领域的评估。由 Patrick Kyllonen 领导的学术、人力预备与成功中心（Center for Academic and Workforce Readiness and Success）、由 Alina von Davier 领导的计算机心理测量研究中心都代表组织机构在探索新架构、新测量方法、新心理测量学方面的发展潜力。

根据对教育工作者和雇主们的调查研究，美国教育考试服务中心将协作、沟通和社交技能列为 21 世纪发展的关键技能，并将协作定义为一项重要的新型架构。目前，美国教育考试服务中心开展了不少研究此类技能的测量和建模项目，并进一步验证其在招生结果测量、教学项目评估、形成性评估和学习成果评估等实践中的有效性。例如，美国教育考试服务中心在 2015 年的国际学生评估项目研究中开发了协作解决问题的任务，已被翻译成 60 多种语言版本并可在线施测。具体内容已作为特定章节收录于本书中。近 3 年，美国教育考试服务中心从不同学术领域引入研究学者，为研究注入新鲜血液。他们中的部分人员也为本书做出了贡献，以应对与复杂技能相关的难题，这种持续稳定的研究和长期投入，有利于提升定义、测量和协作式解决问题的方法。组织机构认为，应对协作效能的挑战对于高等教育、K-12（美国基础教育）及从业人员都至关重要。

幸运的是，教育领域无须从零开始，基于现有协作式问题解决模型进行更新即可。使用现有的协作式问题操作系统可以解决总体框架、过程、技术与学习进程等问题。Patrick Griffin 撰写的章节中详述了 21 世纪技能教学及评估项目的研究结果。我们认为,这是一个需要扩展的重要框架,因此鼓励超越传统的参照标准与系统,对发展进程、学习进程以及从入门到精通阶段的规则或阶段开展系统性思考,从而提供全新的以架构为中心的测量环境,这将拓宽协作或协调的概念范畴并使其专业化。Griffin 为教育领域的协作研究开了先河,当人们考虑如何测量协作式问题时,都会想到 Griffin 发明的问题陈述、聊天框架与在线环境等任务种类。

下一步计划

希望通过本书激起读者对跨学科研究的热情,解决评估领域难以测量的属性和技能问题(如协作),尤其是激发跨学科研究的潜力,如采用计算心理测量学解决测量架构所面临的挑战(A. von Davier,出版中)。我们也希望书中的章节能够激发读者对推进测量理论发展的兴趣,强调对于协作的评估可能促使这一目标得以实现。协作是一种复杂的表现形式,不仅要涉及个体、社交与人际的能力,还要对其复杂架构进行识别和精准评估。希望本书为推动测量理论的发展提供灵感和框架,也为不同领域的学者带来帮助与启发,从而推动测量理论创新,提出新的方法来评估社交与人际能力等复杂架构,进而推动测量领域的未来发展。

Gerald F. Goodwin
Army Research Institute
Alexandria,VA
USA

Patrick C. Kyllonen
Educational Testing Service
Princeton,NJ
USA

Alina A. von Davier
ACT
Iowa City,IA
USA

参考文献

[1] DRASGOW F, STARK S, CHERNYSHENKO O S, et al. Development of the tailored adaptive personality assessment system (TAPAS) to support army personnel selection and classification decisions (U. S. ARI Technical Report No. 1311) [R]. Fort Belvoir, VA: U. S. Army Research Institute for the Behavioral and Social Sciences, 2012.

[2] KATZ I R, MARTINEZ M E, SHEEHAN K M, et al. Extending the rule space methodology to a semantically – rich domain: Diagnostic assessment in architecture [J]. Journal of Educational and Behavioral Statistics, 1998 (23): 254 – 278.

[3] LORD F M. A theory of test scores (Psychometric Monograph No. 7) [D]. Richmond, VA: Psychometric Corporation, 1952.

[4] LORD F M. An application of confidence intervals and of maximum likelihood to the estimation of an examinee's ability [J]. Psychometrika, 1953 (18): 57 – 75.

[5] LORD F M. The relation of test score to the trait underlying the test [J]. Educational and Psychological Measurement, 1953 (13): 517 – 549.

[6] LORD F M. Estimation of latent ability and item parameters when there are omitted responses [J]. Psychometrika, 1974 (39): 247 – 264.

[7] National Research Council. New Directions in assessing performance potential of individuals and groups: Workshop summary [M]. R. Pool, Rapporteur (Committee on Measuring Human Capabilities: Performance Potential of Individuals and Collectives, Board on Behavioral, Cognitive, and Sensory Sciences, Division of Behavioral and Social Sciences and Education), Washington, DC: The National Academies Press, 2013.

[8] National Research Council. Measuring human capabilities: An agenda for basic research on the assessment of individual and group performance potential for military accession [M]. (Committee on Measuring Human Capabilities: Performance Potential of Individuals and Collectives, Board on Behavioral, Cognitive, and Sen-

sory Sciences, Division of Behavioral and Social Sciences and Education), Washington, DC: The National Academies Press, 2015.

[9] NOVICK M R. The axioms and principal results of classical test theory [J]. Journal of Mathematical Psychology, 1966 (3): 1 – 18.

[10] STARK S, CHERNYSHENKO O S, DRASGOW F, et al. Adaptive testing with multidimensional pairwise preference items: Improving the efficiency of personality and other noncognitive assessments [J]. Organizational Research Methods, 2012, 15 (3): 1 – 25.

[11] TUPES E C, CHRISTAL R E. Recurrent personality factors based on trait ratings [J]. USAF ASD Technical Report. 1961: 61 – 97.

[12] VON DAVIER M. A general diagnostic model applied to language testing data [J]. ETS Research Report Series, 2005 (2): 1 – 35.

[13] VON DAVIER A A, MISLEVY R J. Design and modeling frameworks for 21st century: Simulations and game – based assessments [M].//C. Wells & M. Falkner – Bond (Eds.), Educational measurement: From foundations to future, New York, NY: Guilford, 2016: 239 – 256.

[14] WEISS D J. Adaptive testing research at Minnesota: Overview, recent results, and future directions [C].//C. L. Clark (Ed.), Proceedings of the first conference on computerized adaptive testing (pp. 24 – 35), Washington, DC: U. S. Civil Service Commission, 1976.

目　录

概述 ··· 1

第 1 章　介绍：协作的创新性评估 ··· 3

第一部分　框架与方法 ··· 21

第 2 章　团队绩效评估：观察与需求 ··· 23

第 3 章　多团队系统视角下的团队内与团队间协作评估 ·· 40

第 4 章　团队交互创新：利用多层次框架评价脑体协作的新方法 ···························· 56

第 5 章　通过对话评估协作解决问题 ··· 70

第 6 章　学习背景下讨论评估 ·· 87

第 7 章　国际学生评估项目中的协作式问题解决方法 ·· 102

第 8 章　21 世纪技能的评估和教学：以协作式问题解决为案例研究 ······················· 119

第 9 章　对协作式问题解决开展标准化评估的首要步骤：现实挑战与策略 ··············· 140

第 10 章　以双眼追踪为工具探索协作评估 ··· 162

第 11 章　智能学习与评估系统中的多模式行为分析 ··· 179

第 12 章　跨文化背景下对协作效能的评估 ··· 192

第 13 章　协作式问题解决的包容性设计 ··· 214

第二部分　建模与分析 …………………………………………………… 225

- 第 14 章　通过关系事件理解和评估协作过程 …………………………… 227
- 第 15 章　利用点过程对协作建模 ………………………………………… 236
- 第 16 章　同伴辅导互动的动态贝叶斯网络模型（隐马尔可夫模型）…… 251
- 第 17 章　用动态系统建模技术表示二进制互动过程中的自组织和非平稳性 …………………………………………………………………… 274
- 第 18 章　社交网络模型在协作建模中的应用 …………………………… 293
- 第 19 章　重叠成员团队可用的网络模型 ………………………………… 310
- 第 20 章　团队神经动力（含观察评级）与团队表现的关系 …………… 322

概 述

第 1 章 介绍：协作的创新性评估

Patrick C. Kyllonen、Mengxiao Zhu 和 Alina A. von Davier

摘要：本章介绍了此书的全球出版背景、协作评估研究领域的最新进展和关注点，汇总了不同学科研究人员在协作测量研究中的成果，内容覆盖教育心理学、组织心理学、学习科学、评估设计、通信技术、人机交互、计算机技术、应用工程学和心理测量学等多领域。围绕定义、建模和组织协作互动数据，重点介绍了如何推进测量研究进程。

关键词：协作式问题解决；评估；测试；教育心理学；组织心理学；学习科学；评估设计；通信技术；人机交互；计算机科学；应用工程；心理测量学

1.1 研究背景

研究表明，团队工作、协作和沟通技巧在团队运行中具有重要作用。以面向政府、制造业、服务业、零售业和交通业的调研为例（全国大学和雇主协会，2014），"员工在团队中的工作能力"是招聘方考虑的最重要因素，包括"决策和解决问题能力""计划、组织与排定工作优先顺序能力""可量化数据的分析能力"等。数年前由世界大型企业联合会发起的调研也表明（Casner-Lotto 和 Barrington，2006），"团队合作/协作能力""口头交流能力"和"专业性/职业道德"是招聘方最看重、位列前三的团队合作技能，与 2014 年的研究结论相互呼应。

2013 年，Burrus 等在美国教育考试服务中心开展基于美国劳工部职业信息网络（O∗NET）数据库的研究发现，按照重要性排序时，解决问题能力、推理能力和团队合作力依次位列前三，之后才是成就、创新、信息技术素养等其他十二项因素。这与雇主对员工的能力评估法具有一致性，例如 Lominger 能力维度评估

此项研究由 Alina A. von Davier 在美国教育考试服务中心（ETS）任职期间完成

就包括"与管理层轻松相处能力""推动他人发展""指导他人""人际交往能力""倾听""同伴关系""评估他人""创建有效团队"与"理解他人"（Korn/Ferry International，2014—2016）。近期对劳工市场的调研结果也与上述结论一致，即：要求具有高社交能力的工作岗位数量相对增加，要求同时具有高认知水平和高社交能力的工作岗位可以提供更高薪资（Deming，2015；同时参见Weinberger，2014），《纽约时报》（Duhigg，2016）等主流媒体也对团队和社交能力的重要性表示关注。

院校重点关注教学领域的协作。美国国家研究委员会（2012）的回顾性研究表明，团队合作与协作在学校工作中具有重要意义。《州立通用核心标准》中将协作/团队合作列入了数学课堂标准（p. 123），同时强调：英语语言艺术标准之一是"通过协作和认真倾听他人，理解与评估他人的言辞"（p. 114）。2015年，国际学生评估项目（PISA）引入对解决协作性问题的评估，美国教育部举办的"创新论坛"也聚焦在对解决协作式问题的讨论（全国教育统计中心，2014）。

1.2 评估研究

尽管社交与协作技能的重要性越来越被认可，但测量评估方法的复杂度方面尚未同步提升。目前，大多数针对团队合作与社交技能的常用评估方法还停留在问答式5级自评（或他评）量表，例如"我与他人合作融洽""在他人眼中，我是好的'合作伙伴'"等。这类方法在描述个体或者他人方面具有很强的实用性，已经成为人格心理学的基础（John、Naumann和Soto，2008）并分化出以人格五因素模型（John，1990）及其相关模型（Paunonen和Ashton，2001）为代表的稳固的跨情境、跨文化行为维度分类。事实上，五大维度中的部分要素，从宜人性与外倾性，到社会优势、善于交际、友好、慷慨和协调力、信任度等更精细的维度，均可纳入协作技能评估的组成部分（Drasgow等人，2012）。目前关于协作和协作问题解决策略的研究（特别是对组织内的成人测量）依然停留在传统的李克特协同测量量表（见Salas、Reyes和Woods，第2章；Acencio和DeChurch，第3章）。

我们汇编本书的目的是激发研究人员对协作与协作技能测量领域新进展的兴趣，并促进自我改进和创新性发展。相关研究（King、Murray、Salomon和Tandon，2004）（即答题者的自我评分要根据对其他人的既定假设进行调整）已被提议应用于教育评估中，以提升跨文化间的可比性（Kyllonen 和 Bertling，2014）。与特定陈述情境下的五分制法不同，在学校和工作场景下应用"被动选择法"，即要求受访者对最符合其想法的陈述做出选择时，结果预测性（Salgado 和 Tauriz，2014）和跨文化可比性（Bartram，2013）均得以提升。与自评相比，他评结果更加可靠，能够更加准确地预测未来的表现（Connelley 和 Ones，2010；Oh，Wang 和 Mount，2011）。在组织内部开展标准化同事间测评时，广泛应用的是行为定位评价量表（BARS）和行为观察量表（BOS）（见 Salas 等人，第 2 章；与 Acencio 和 DeChurch，第 3 章）。

情景判断测试，也被称为"低仿真度测试"（Motowidlo、Dunnette 和 Carter，1990），是未来具有应用潜力的测量方式（Weekley、Ployhart 和 Harold，2004；Whetzel 和 McDaniel，2009）。下文举例说明了如何测量团队合作与协作（Wang、MacCann、Zhuang、Liu 和 Roberts，2009，p.114，见斜体文字部分）。

> 你是学习小组中的一员，小组被分配了一项重要的课堂展示性任务。分工时，你和另一位组员都表示对主题下的一个调研方向非常感兴趣。这位组员在该领域经验丰富，但你却在数月前就对该领域工作表示出强烈兴趣。请对解决这一情境问题的方法进行优先排序：
>
> （1）通过扔硬币决定谁负责此任务；
>
> （2）考虑到团队利益及自身对该领域的热忱，坚持由自己完成该任务并坚信自己能够出色完成工作；
>
> （3）考虑到团队利益，放下自身喜好，让同事负责该项工作；
>
> （4）向其他组员建议，由你们两人共同开展这一感兴趣的调研工作，同时一起分担另一个不太感兴趣的任务。

情境判断测试的优势在于，即使在最优方案无法达成共识的情形下（Zu 和 Kyllonen，2012），仍然可以测量出决策中的微妙变化，从而很好地满足对团队合作与协作的测量需求。（本例中，出题者并不提供关键点，但关键点会由"三位教育与心理测试领域的评估专家小组决定"（Wang 等人，2009，p.29）；根据受试者的选择与专家关键点的匹配次数累计记分）。

近期，研究人员重点关注通过协作游戏和模拟情境中的表现对协作进行直接测量。本书第 8 章、第 9 章讨论了双人（或多人）互动游戏与模拟测量，第 5 章、第 7 章讨论了人机协作方面对协作解决问题的测量，第 19 章讨论了多人协作游戏中的行为分析。在自动引导系统中的学习也是协作形式之一，本书部分章节分析讨论了对话数据（例如 Graeser 等人，第 5 章；Griffin，第 8 章；Olsen，Aleven 和 Rummel，第 10 章）和基于眼动的"联合视觉注意"研究（Olsen 等人，第 10 章）。

1.3 协作式解决问题的分类方法

在本书编写过程中，作者一致认为明确与协作评估相关的关键问题非常重要，因此提出了评估协作因素的分类方法（见图 1-1）。

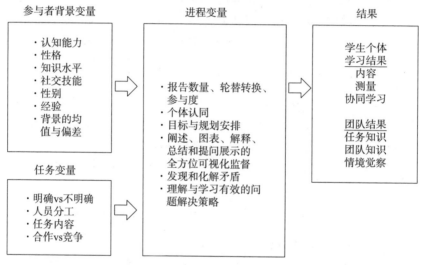

图 1-1 评估协作因素的分类方法

上述分类方法将评估协作的变量分为四类：①参与者背景变量（认知能力、性格、知识水平、人口统计特征和背景不均衡性）；②任务变量（如明确与不明确任务、人员分工、任务范围、任务相似度或新鲜度、任务合作或竞争属性）；③解决问题或学习中可测量的进程变量（如报告数量、轮替转换、个体认同、目标与规划安排、全方位可视化监督（通过阐述、图表、解释、总结和提问展示）、发现和化解矛盾、理解相关问题解决策略）。以上三类变量已经初步符合编码条件，在不同章节中也提供了相关研究作为参考（Graeser 等人，第 5 章；Rose 等，第 6 章；He 等，第 7 章；Griffin，第 8 章）。

按照分类标准，第四类变量指个体和协作的结果，具体包括：涉及主题的知识背景、解决问题的策略、个体对协作的了解、任务相关知识、团队知识和团队层面情境意识六个方面。本书所有章节均涉及对不同类型结果的研究。

我们还提出了一系列指导性问题，在各章节予以重点讨论，包括：

1. 协作何时有效

协作并非始终是最优的解决问题方式，有时独立工作更为有效。然而，很多章节针对组织内部情形开展研究，涉及的工作问题必然是大量且复杂的（Salas 等人，第 2 章；Acencio 和 DeChurch，第 3 章）；另外，不同参与者仅对任务的不同部分有所了解，这意味着协作是必需的（Graeser 等人，第 5 章；He 等，第 7 章；Griffin，第 8 章）。教师与学生间、学生与学生间的协作对学习非常有帮助（Graeser 等人，第 5 章；Olsen 等人，第 10 章），这也引发了协作对于个体知识积累与学习的特殊影响等思考。是否能够证明学生获得新策略是协作的结果？共同合作是否可以提升学习动机？部分章节讨论了协作影响学习的评估工具（Graeser 等人，第 5 章；He 等人，第 7 章；Griffin，第 8 章；Olsen 等人，第 10 章），但目前尚没有针对该问题的系统性研究。

2. 为何有时协作会失败

协作要求团队成员之间具有一定配合度，但团队有时也会面临失败。失败可能源于人际冲突、情感伤害、社交倦怠及其对团队其他成员的影响，也会由目标分歧、无意义的闲聊、浪费时间等导致。部分章节根据这些线索，罗列了潜在影响行为的编码方案（如 Griffin，第 8 章；Rosé、Howley、Wen、Yang 和 Ferschke，第 6 章；Hao 等人，第 9 章；Bergner、Walker 和 Ogan，第 16 章）。也有部分章节提供了在任务环境开展此类行为研究的工具和方法（如 Khan，第 11 章）。

3. 当不同个体开展合作工作时，如何评估个人绩效

协作评估中的个人绩效分配是棘手的问题之一。在 2015 年国际学生评估项目（PISA）中，个体绩效分配是通过协作标准化和学生—媒介协作互动工作评估进行了简化（Graeser 等人，第 5 章；He 等人，第 7 章）。然而，Griffin（第 8 章）与 Hao 等人（第 9 章）也提出，对两人合作进行评估时，可以通过组织心理学的个体绩效方法，如行为定位评价量表和行为观察量表等，单独衡量个体的贡献度。

1.4 数据

在协作情境中，学生或工作人员的谈话、协商、假设、修改和反馈、口述、手势、在线聊天及表情符号、缩略词使用，等等，均可能对协作产生重要影响。协作解决问题的数据可分为两大类：①个体与团体（集体）的结果性数据（例如，从个体或团队角度，对一项行动或任务正确性/错误性的评估）；②过程数据：源于团队成员间的动态互动，在定义协作任务和评估协作结果中发挥着重要作用（Morgan、Keshtkar、Graesser 和 Shaffer，2013）。协作任务数据由按照时间排序的一系列注册日志文件组成。从统计学角度来看，这些活动日志或日志文件按时间顺序描述了用户行动与互动过程。

分析日志文件数据的挑战是如何判定个体操作和聊天的意义。有些过程变量相对容易测量，比如每位成员的参与程度、轮替情况。可是，除此之外，对交互类行为和聊天相关变量的解释面临更大挑战，因为日志文件中的集合数据具有动态性、海量性与复杂性。

（1）动态性。在协作解决问题的过程中，互动会随着时间推移发生改变，也会产生时间滞后的互动关系。如果团队内有两个人，那么一个人的个体行动将取决于另一个体行动和其自身的历史行动。为实现统计模型对此类动态互动的精准测量，必须突破传统心理测量模型局限。

（2）海量性与复杂性。在当今计算机化的教育背景下，由于协作交互数据具有高维特性（即：包含着比人员变量更多的变量类型），如何对操作和对话做出合理解释是很大的挑战。从数据噪声中抽提关键特征，对开展实用性分析和计算数据的量化追溯至关重要（Kerr 和 Chung，2012）。

此外，利用记录、捕获和识别多模态数据的技术优势（如针对 Windows 的 Kinect®，2016），不仅可以收集言语、动作、手势、语调和肢体语言等海量的协作互动数据，还可通过（便携式）头戴式脑电采集设备获取神经生物学数据（Stevens 等，第 20 章）。本书部分章节提出了分析团队多模态数据的不同方法。

1.5 关于本书

编者工作会议分为两个模块：①评价（组织内的团队绩效，在引导环境、游戏与模拟情景下的学生协作情况，教学情境中的协作式解决问题）；②统计模型（针对过程数据、协作和群体动态数据）。基于此，书中章节分为两部分：第1部分：框架与方法；第2部分：建模与分析。

1.6 第1部分：框架与方法

第1部分包括概述、经验教训、组织和教育背景下开展协作与协作式问题解决的评估框架（这两个背景并不相同）。在组织背景中，团队通常聚集不同的专业人员，各自发挥专业所长，从而实现团队绩效最大化，在组织内部，团队往往按等级构架划分，强调的是组织架构和多级协作。在教育环境中，团队的目的是学习，大多数成员为新手。相比组织架构与等级划分，教育团队更注重过程的动态性。无论是组织或教育背景，利用新技术开展协作评估是二者共同的追求。本书回顾了多项革新性技术，包括双眼追踪、可穿戴传感器等，以测量语言特征、肢体行为及接触方式等。针对特殊人群协作评估的挑战也引起了特殊关注，因此，本书也涉及跨文化协作、残疾人士个体间协作等研究内容。

1.7 组织背景下的协作（第2~4章）

Salas等围绕近30年对组织内部团队绩效的研究工作展开回顾（第2章），将团队定义为"由两个或者两个以上相互作用、相互依赖的个体，为了特定目标而按照一定规则结合在一起的组织"，同时指出团队内部个体化网络和组织内部团队网络研究中多层级属性的重要性。他们提出从个体和团队两个层面，对团队进程和团队结果进行评估的分类方法，即自我评估与同行评估、观察评估、客观评估。表2-1总结了过去30年中团队绩效测量的关键研究结果，对于未来研究工作具有重要贡献。

团队本身就是组织中多团队系统的一部分。多团队系统是指两个或两个以上团队为实现集体目标而相互依赖、共同合作，第3章将重点讨论团队的多层级属性。在现代组织中,个体以不同方式在协作中做出不同贡献,有效区分对评估而言至关重要。Acencio 和 DeChurch 在多团队关系研究中提出了一组非常重要但往往被低估的关联性概念,即聚合力(某一层面的结果与其他层面结果形成聚合力)与对抗力(例如,团队团结在某一层面是积极结果,但在组内 vs 组间定性时却给其他层面带来了消极结果)。表 3-1 汇总了多团队研究方面的参考文献以及相关预测因素、结果和研究中检测的关系属性。

无论是个体、团队还是组织,团队必然要从多层面理解。在第 4 章,Fiore 提出了技术进步如何帮助我们提升从多层面分析团队合作与协作的能力。他举例说明了社会神经科学可以识别神经同步化等过程(与 Stevens、Steed、Galloway 和 Lamb 相比较,第 20 章),如团队行为会对神经肽产生影响,利用社会计量标记和传感器技术可以增强我们对互动的理解(比较 Khan,第 11 章),而利用网络分析和文献计量学可以提升我们对有效协作的理解(比较 Zhu,第 19 章;Sweet,第 18 章)。

1.8 教育视角下的协作(第 5~9 章)

这五章将主题从工作场所转向学校内部协作,并从不同视角开展研究。一种形式是将协作看作学习系统背景下的教学和对话,例如计算机教学。Graeser 等人(第 5 章)将协作能力定义为"个体有效参与两个或两个以上团体,通过分享意见和汇集知识、技能、个人努力,努力达成解决方案的能力"。在个体间协作定义的基础上,研究人员通过控制实验室模拟情境中的协作内容,进而对协作互动进行分离。Graeser 等采用不同游戏和仿真工具对此进行了验证,例如,建立人—机自主辅导对话系统(Graesser、Wiemer - Hastings、Weimer - Hastings、Kreuz 和辅导研究小组,1999),在学生与两个不同的仿真个体(例如同伴、老师)之间进行三方对话。这类研究的意义在于:通过人与机器之间(而非人与人之间)的仿真情景和对话,研究在输出控制前提下的协作特质。

针对学习中讨论过程的研究,同样可以在实验室、大型开放式网络课程(慕课)或者课堂里进行,也可以在非正式学习环境和维基百科搜索等自然背景下进行。Rose、Howley、Wen、Yang 与 Ferschke(第 6 章)围绕这类方法提出了一套研究工具、软件资源和面向学习型学者、可以广泛参与的自然协作交互讨论平台 DANCE(Discussion Affordances for Natural Collaborative Exchange)。研究工具包括根据认知、动机和社会维度，进行聊天和面对面交流数据分析的编码方案；DiscourseDB（Ferschke，2016）还为提升聊天、博客、电子邮件、维基和其他平台等讨论数据的分析水平，设计了"公开数据基础架构"以及将结果与互动过程关联的建模框架。

在 PISA 2015（2015 年国际学生评估项目）面向 15 岁人群的国际研究中，使用了基于人—机协作解决问题的任务导向评估，实现了横跨 60 多个国家的测试数据比较。He 等人（第 7 章）讨论了解决问题技能（探索、表现、执行、反馈）与协作技能（理解、行动、组织）的 2×2 矩阵，并为评估发展指引了方向。评估中提出的问题必须由一名学生和仿真虚拟学生（机器智能）合作解决，显示屏上会保留问题和聊天记录。初步分析表明，这种评估具有可靠性，在不同的解决问题任务中表现出高度相关性，实验还提供了聚合效度的证据。因此，第 7 章传递的一个关键信息是：在大规模、多语言的国际评估中，对协作技能进行测量是具有可行性的。

2015 年国际学生评估项目中的协作任务，采取一人对一机的协作解决问题方式，但人与人之间的协作评估也具有可行性。本书将对人—机和人—人两种形式展开讨论。Griffin 等人在第 8 章中回顾了 21 世纪技能教学及评估项目（the Assessment and Teaching of 21st Century Skills，ATC21S）应用的拼图法（Griffin 和 Care，2015），即每一位问题解决者都对他人不知情的问题有所了解。Griffin 提出了协作问题导向中的社会性和认知性部分，社会因素包括参与（如行为、互动）、观点采纳（响应度、适应性）、社交规则（如协商、自我意识）等，认知因素包括任务规则和知识建立。Griffin 及同事开发了对行为的分类编码系统（如聊天、击键次数、鼠标移动轨迹），通过预实验分析了该系统在不同语言与文化情境下的有效性，并评估了在协作式问题中个体对集体的贡献。

人—人的协作研究框架在第 9 章（Hao 等人）阐述，该框架不仅可以将个体技能从群体技能中分离出来，也可以将认知技能从协作解决问题的技能中分离出来。Hao 等讨论了如何对协作式解决问题的任务进行标准化评估并提出了相关策略，特别阐述了协作科学评估原型的建立，包括四方对话（Tetralogue，即两名学生和两台计算机智能体的协作）和协作科学模拟仿真任务。这一原型可以评估科学性和协作解决问题技能，也可以通过学生聊天和行为数据收集精细的协作过程。本章介绍了这一原型的设计情况，以及通过亚马逊 Turk 机器人公共平台开展的第一个大样本管理的初步研究成果（Mason 和 Suri，2012）。

1.9 技术发展与协作评估（第10～11章）

这两章呈现了开展协作研究中可以拓展数据采集的新技术。Olsen 等（第10章）详述了眼动追踪技术，即"对人们完成任务时的眼动轨迹进行联合分析"，特别是在学生自动（智能）辅导系统（ITS）中的应用。研究者在初中数学课堂上，基于智能辅导系统对"联合视觉注意力"进行了系列测量研究，对"两名学生同时注视同一区域的相对时间"分析表明，在讨论如何解决问题时的联合视觉注意力更高，这种联合视觉注意力会随着任务协作度不同而改变，并且与后续的测试结果呈正相关。

Khan 在第11章讨论了一系列可应用于协作研究的先进技术，包括采集多模态数据的最新技术进展，尤其是非语言类的行为数据。这些新技术包括视听采集设备（摄像机、麦克风）和社会化计量标志（加速器、蓝牙位置传感器和红外传感器）等广泛应用的产品，采集到的数据可以用于分析活动（参与度）、模仿（镜像度）、对话等高层级架构测量。

1.10 对特殊人群的协作评估问题（第12～13章）

第1部分最后两章讨论了协作评估的重要组成部分——特殊人群的协作问题。Burke、Feitosa、Salas 和 Gelfand（第12章）讨论了跨文化背景的重要性，强调多元文化可能对协作产生巨大影响，包括文化差异造成对权力结构的看法、对不确定性的容忍度、文化贡献度（个人或系统）以及广义文化价值观的差异。接受跨文化差异，探寻减少可能干扰团队合作的潜在冲突的方法是进行公平评估的必要环节。

最后，为保障对所有被测试者的公平性，近几年的测试与评估研究中越来越关注考试便利性问题（Lovett 和 Lewandowski，2015）。毫无疑问，对残障个体进行协作与协作解决问题的评估是一个特殊挑战。Hakkinen 和 White 撰写的章节（第13章）中，主题便强调了利用先进的技术推动通用性设计进步，通用性设计是指："设计之初就同时覆盖健全者和残障人士的系统性方法"，包括屏幕阅读器、交流工具软件等可以通过智能手机和个人计算机实现的辅助技术。先进性技术已经应用于无障碍政策法规与技术标准中，特别是网页应用程序。但是，强调基于技术的协作评估系统时，仍应注意避免将残障人士排除在外。

1.11 第2部分：建模与分析

第2部分介绍了包括相关事件、过程数据、社交网络数据以及大脑活动信息等多元的协作建模与协作数据分析方法。前四章重在捕获、分析团队成员间的依赖性并开展建模，后两章强调使用社会网络分析团队数据，最后一章阐明了神经生物学数据对理解团队效能的意义。

1.12 团队成员的依赖性关系建模（第14~17章）

动态性是协作的特征之一：某一个体行动会引起另一个体对该行为做出反馈行为，进而引起第一个体及其他个体的后续反应。无论是经典测试理论还是项目反应理论，心理测试的标准理论均建立在行为相互独立的假设之上，因此，协作动态性特征对于传统心理测试和评估方式提出了挑战。在局部独立的假设下，由于存在共同潜在变量，两个项目反应（或测试得分）可能具有相关性；但是除非两者的起因相同，否则一个反应（或测试得分）并不能影响下一个反应。

考虑到协作过程中响应依赖性的中心地位，研究人员提出了多种建模方法。关系事件模型（Relational Events Modeling，REM）便是其中之一，该模型由Contractor与Schecter（第14章）提出，随着时间的推移对个体互动进行建模。关系事件模型在协作进程中采用文字或聊天记录等数字痕迹追踪记录，对协作动态进行统计推断，如一名参与者根据既往合作史，倾向于重做另一名参与者的工作。第14章提供了建模与模型评估的具体细节并举例说明，作者还探讨了关系事件模型作为评估工具的潜在应用方向。

第二种协作建模方法将个体间互动视为在时间上协调的结果，根据个体行为会影响其他个体行为，提出事件数据的时间依赖性与聚类性。Halpin 和 A. von Davier（第15章）提出了点过程模型，特别是对模型的时间聚类数据十分实用的统计分析框架——霍克斯过程。作者通过分析职业篮球赛，特别是传球（成功与不成功）与投球（成功与不成功），阐明霍克斯过程方法的建模价值，同时展示了该模型如何识别球员行为以及如何对球员行为间的时间依赖性开展建模。

Contractor、Schecter（第14章）与Halpin、A. von Davier（第15章）研究了工作活动和篮球赛中的动态协作模型。在教育活动中，常见的协作行为是辅导。同伴间辅导引起了协作研究领域的特别关注，因为同伴辅导不仅广泛存在，而且有利于决定不同协作策略的有效性。

Bergner等（第16章）在"概念证据"研究中应用动态贝叶斯网络模型，特别是隐马尔可夫模型（Hidden Markov Models，HMM），对同伴辅导协作进行了探究。研究者通过"模型1"分析了哪一种辅导行为与学生成功或失败的结果相关，通过"模型2"研究了学生如何从特定的学生—辅导者行为模式中获益。作者还讨论了建模和过程评估，比对了隐马尔可夫模型和逻辑回归对于结果的预测。

第2部分中的第四个协作模型基于母婴之间的面对面互动研究。Chow，Ou，Cohn与Messinger（第17章）用系统科学方法学解释了系统组分如何随时间推移影响系统架构与行为及其在人际交互动力学中的应用。以母婴互动为代表的动态过程具有非平稳性特征，比如交互同步性和相互性，表现为婴儿学习回应母亲的情绪，进而影响婴儿的下一步行为。这种方法与发展心理学中的传统、静态、发展阶段观形成对比。第17章阐述了如何分解非平稳性因素，利用样条函数和非参数功能帮助理解动态交互过程。

1.13 社交网络分析（第18~19章）

社交网络分析是关于社会架构的定量分析方法，比如通过朋友和熟人之间、校内学生之间、工作同事之间的联系，研究社会架构的影响模式、疾病传播、知识共享、规范和很多其他现象。因此，社交网络分析被视为分析协作的理想方法之一。第18和19章阐述了关于扩展社交网络实用性的最新进展。Sweet（第18章）围绕目前在教育领域应用的标准条件化、独立社交网络模型展开综述，介绍了两个可用于更复杂情境的分级网络模型：分级潜在空间模型（the Hierarchical Latent Space Model，HLSM）和分级混合隶属度随机块模型（Hierarchical Mixed Membership Stochastic Block Models，HMMSBM），这对于从单一网络或系统内具有层级架构时归纳结果非常有用。分级网络模型的优势就在于捕捉个体、团队或更高层面的相互依赖关系。

第19章中，Zhu和Bergner使用社交网络对团队中一名或者多名成员存在的复杂依赖关系进行建模研究。研究者建议使用双向网络，即通过不同节点和联结线代表个体和团队成员间关系。此外，研究者还介绍了两个分析工具，指数随机图模型（Exponential Random Graph Models，ERGM）家族中的双向模型和用于双向网络数据的多重对应分析，这两种方法可以开展团队集成度研究，也可以对个体和团队在协作任务中的影响力进行研究。

1.14 利用神经生理数据评估团队的和谐性与同步性（第20章）

第2部分的全部章节都涉及行为模型，但最后一章进一步讨论了神经学生理数据的建模研究。Stevens等（第20章）追踪研究了美国海军航海队在模拟仿真训练各个阶段的脑电图数据，发现高心理韧性团队（相比低韧性团队）在模拟训练前的预备环节表现出更强的神经动力学组织关系，但在情境训练模块则表现出相对较弱的神经动力学组织关系，提示高心理韧性团队在情境模块中具有更高的灵活性。研究人员对其在团队节奏性和同步性上的研究方法进行了讨论，认为生理数据可能对从另一个层面理解最佳团队如何成为强内聚力单元具有积极作用。

1.15 结论

建立教育评估需要满足以下条件：
（1）对架构的清晰定义；
（2）对架构的实例化操作有很好的理解方式；
（3）开发严谨的任务，任务中能够提供引发合适行为的机会，使行为恰当地体现个体能力与技能；
（4）精心设计日志文件，用于记录复杂任务进程和结果的精细数据；
（5）恰当的评分和数据分析方法。

此外，教育评估必须具有可靠性和有效性。由于很难保证满足上述所有要求，协作式教育评估仍然面临挑战。近期，技术的迅猛发展也带来研究方法的重要突破，研究人员得以开发更复杂且具有群体价值的协作任务，并且能够采集时间标记的精细数据。同样，建立数据科学、计算机科学、认知心理学、人工智能到心理测量学的全新跨学科思维方式，也为准确预测个体在复杂构架中的表现开启了通路。跨学科研究的例子之一是通过引入计算机心理测量学，形成数据驱动法（机器学习、数据挖掘）和理论驱动法（心理测量学、统计和认知科学）的融合框架，为包括协作评估在内的下一代教育评估发展提供了支持（von Davier，2015，出版中；von Davier 和 Mislevy，2015）。本书作者从各自专业领域出发，讨论了协作评估在某些特定领域的应用。

我们希望本书的价值体现在鼓励和帮助读者打破独立学科边界，也希望通过激发跨学科的知识碰撞与发展，共同促进协作教育评估的发展。

致谢

本书由教育考试服务中心和陆军行为科学研究所联合资助。感谢 James Carlson，Don Powers 与 Meghan Brenneman 对本书初稿提出建议，这项工作是 Alina A. von Davier 在美国教育考试服务中心任职期间完成的。本书观点仅为作者立场，不代表教育考试服务中心或美国大学入学考试机构的观点。

本书汇集了不同学科的研究人员，涵盖教育心理学、组织心理学、学习科学、评估设计、沟通、人机交互、计算机科学、应用工程学到心理测量学等领域。多学科研究人员均对研究如何测量参与协作活动的学习者和工作者的协作效能感兴趣。协作可能存在于一个工作小组、一群结伴学习的学生或是解决同一问题的工作团队中。其中，有的章节关注从组织角度看待员工的团队合作和协作（见 Salas、Reyes 和 Woods，第 2 章，表 2 - 1），有的章节着重于在教育背景下从协作学习的角度开展协作研究（Care 和 Griffin，2014；Griffin 和 Care，2015）。然而，教育和组织社会科学这两大研究领域几乎是独立开展，并无交叉的。在过去数年里，21 世纪所需技能的测量与评估逐渐受到关注，其中包括团队合作与协作，美国国家研究委员会报告（2011、2012、2015）、《教育应用测量》特刊（Greiff 和 Kyllonen，2016）和《教育测量杂志》（A. von Davier，出版中）专刊中均有体现。

考虑到研究人员对协作研究的兴趣以及如何更系统地解决测量问题，美国教育考试服务中心研发部门于 2014 年 11 月在华盛顿特区召开了工作会议，对创新合作评估提供资金，陆军研究所也加入其中，对本书撰写等相关系列活动提供了支持。协作在学校和工作场景中的重要性日益凸显，然而，目前尚未研究出更好的评估方法。显然，亟须对协作与协作技能开展更好的评估并建立更优的测量模型。为此，我们组织工作会议参会人员汇编本书。我们的共同目标是通过本书，从不同的假设与角度出发，增强多元化研究背景下的专家合作，从而为协作评估提供新视野。

参考文献

［1］ Amazon Mechanical Turk Requester Tour ［EB/OL］. https：//requester. mturk. com/tour.

［2］ BARTRAM D. Scalar equivalence of OPQ32：Big five profiles of 31 countries ［J］. Journal of Cross–Cultural Psychology，2013（44）：61–83.

［3］ BURRUS J，ELLIOTT D，BRENNEMAN M，et al. Putting and keeping students on track：Toward a comprehensive model of college persistence and attainment (Research Report 13–14)［R］. Princeton，NJ：Educational Testing Service，2013.

［4］ CARE E，GRIFFIN P. An approach to assessment of collaborative problem solving ［J］. Research and Practice in Technology Enhanced Learning，2014，9（3）：367–388.

［5］ http：//www. p21. org/storage/documents/FINAL_REPORT_PDF09–29–06. pdf.

［6］ CONNELLY B S，ONES D S. An other perspective on personality：Meta-analytic integration of observers' accuracy and predictive validity ［J］. Psychological Bulletin，2010（136）：1092–1122.

［7］ DEMING D J. The growing importance of social skills in the labor market ［J］. NBER Working Paper，2015：21473.

［8］ DRASGOW F，STARK S，CHERNYSHENKO O S，et al. Development of the tailored adaptive personality assessment system (TAPAS) to support Army selection and classification decisions (Technical Report 1311)［R］. Fort Belvoir，VA：U. S. Army Research Institute for the Behavioral and Social Sciences，2012.

［9］ DUHIGG C. What Google learned in trying to build the perfect team ［N］. New York Times Magazine，2016–02–28.

［10］ DiscourseDB Core Wiki ［EB/OL］. https：//github. com/DiscourseDB/discoursedbcore. wiki. git.

[11] GRAESSER A C, WIEMER – HASTINGS K, WIEMER – HASTINGS P, et al. Auto tutor: A simulation of a human tutor [J]. Journal of Cognitive Systems Research, 1999 (1): 35 –51.

[12] GREIFF S, KYLLONEN P C. Contemporary assessment challenges: The measurement of 21st century skills [J]. Applied Measurement in Education, 2016, 29 (4): 243 –244.

[13] GRIFFIN P, CARE E. Assessment and teaching of 21st century skills: Methods and approach [M]. Dordrecht, the Netherlands: Springer, 2015.

[14] JOHN O P. The "Big Five" factor taxonomy: Dimensions of personality in the natural language and in questionnaires [M]. New York, NY: Guilford Press, 1990: 66 –100.

[15] JOHN OP, NAUMANN L P, SOTO C J. Paradigm shift to the integrative big – five trait taxonomy: History, measurement, and conceptual issues [M]. New York, NY: Guilford Press, 2008: 114 –158.

[16] KERR D, CHUNG G K W K. Identifying key features of student performance in educational video games and simulations through cluster analysis [J]. Journal of Educational Data Mining, 2012, 4 (1): 144 –182.

[17] https://developer.microsoft.com/en-us/windows/kinect.

[18] KING G, MURRAY C J L, SALOMON J A, et al. Enhancing the validity and cross – cultural comparability of measurement in survey research [J]. American Political Science Review, 2004, 98 (1): 191 –207.

[19] http://static.kornferry.com/media/sidebar_downloads/KFLA_Technical_Manual.pdf.

[20] KYLLONEN P C, BERTLING J P. Innovative questionnaire assessment methods to increase cross – country comparability [M]. Boca Raton, FL: CRC Press, 2014: 277 –285.

[21] LOVETT B J, LEWANDOWSKI L J. Testing accommodations for students with disabilities: Research – based practices [R]. Washington, DC: American Psychological Association, 2015.

[22] MASON W, SURI S. Conducting behavioral research on Amazon's mechanical

turk [J]. Behavioral Research, 2012, 44 (1): 1-23.

[23] MORGAN B, KESHTKAR F, GRAESSER A, et al. Automating the mentor in a serious game: A discourse analysis using finite state machines [C]//C. Stephanidis (Ed.), Proceedings of the 15th international conference on human-computer interaction (HCI international). Berlin, Germany: Springer, 2013: 591-595.

[24] MOTOWIDLO S J, DUNNETTE M D, CARTER G W. An alternative selection procedure: The low-fidelity simulation [J]. Journal of Applied Psychology, 1990 (75): 640-647.

[25] National Association of Colleges and Employers. (2014). The skills/qualities employers want in new college graduate hires [EB/OL]. http://www.naceweb.org/about-us/press/class-2015-skills-qualities-employers-want.aspx.

[26] National Center for Education Statistics. NAEP innovations symposium: Collaborative problem solving [C]. Washington, DC, 2014.

[27] National Research Council. Assessing 21st century skills: Summary of a workshop (J. A. Koenig, Rapporteur) [M]. Washington, DC: The National Academies Press, 2011.

[28] National Research Council. Education for life and work: Developing transferable knowledge and skills in the 21st century (J. W. Pellegrino & M. L. Hilton, Eds.) [M]. Washington, DC: The National Academies Press, 2012.

[29] National Research Council. Enhancing the effectiveness of team science (N. J. Cooke & M. L. Hilton, Eds.) [M]. Washington, DC: The National Academies Press, 2015.

[30] OH I, WANG G, MOUNT M K. Validity of observer ratings of the five-factor model of personality traits: A meta-analysis [J]. Journal of Applied Psychology, 2011, 96 (4): 762-773.

[31] https://www.oecd.org/pisa/pisaproducts/Draft%20PISA%202015%20Collaborative%20Problem%20Solving%20Framework%20.pdf.

[32] PAUNONEN S V, ASHTON M C. Big five factors and facets and the prediction of behavior [J]. Journal of Personality and Social Psychology, 2001, 81 (3): 524-539.

[33] SALGADO J F, TAURIZ G. The five-factor model, forced-choice personality inventories and performance: A comprehensive meta-analysis of academic and occupational validity studies [J]. European Journal of Work and Organizational Psychology, 2014, 23 (1): 3-30.

[34] http://dsp.rice.edu/ML4Ed_ICML2015.

[35] VON DAVIER A A. Computational psychometrics in support of collaborative assessments [J]. Journal of Educational Measurement, 2017, 54 (1): 1-141.

[36] VON DAVIER A A, MISLEVY R J. Design and modeling frameworks for 21st century: Simulations and game-based assessments [M]. New York, NY: Guilford, in press.

[37] WANG L, MACCANN C, ZHUANG X, et al. Assessing teamwork and collaboration in high school students [J]. Canadian Journal of School Psychology, 2009, 24 (2): 108-124.

[38] WEEKLEY J A, PLOYHART R E, HAROLD C M. Personality and situational judgment tests across applicant and incumbent settings: An examination of validity, measurement, and subgroup differences [J]. Human Performance, 2004 (17): 433-461.

[39] WHETZEL D L, MCDANIEL M A. Situational judgment tests: An overview of current research [J]. Human Resource Management Review, 2009 (19): 188-202.

[40] WEINBERGER C J. The increasing complementarity between cognitive and social skills [J]. The Review of Economics and Statistics, 2014, 96 (5): 849-861.

[41] ZU J, KYLLONEN P C. Item response models for multiple-choice situational judgment tests [C]. Symposium conducted at the meeting of the National Council of Measurement in Education, Vancouver, Canada, 2012.

第一部分　框架与方法

第 2 章 团队绩效评估：观察与需求

Eduardo Salas、Denise L. Reyes 和 Amanda L. Woods

摘要：组织中存在的大量团队说明团队绩效测量和测量工具的重要性。基于团队的内在复杂性，本章总结了近年来关于测量团队效能的研究、实践概况和部分观点。首先，定义了团队的构成要素和高效团队的特征。之后，提出针对团队绩效测量的批判性观察结果，这些结果真实反映了作者 30 年来在观察、测量和评估各个领域团队绩效方面的经验。观察既包括团队的态度、行为和认知（团队如何感受、行动和思考），也要考虑情境和团队结构因素，因此观察在绩效测量中发挥着不可或缺的作用。本章提出的主要观点来自近 30 年团队绩效测量文献，我们的研究工作也在其中发挥了重要作用。最后，我们讨论了未来发展团队测量方法的需求，强调应当针对实践者的需求，设计和验证基于绩效的有效测量方法，从而持续缩小理论和实践之间的差距。

关键词：团队协作；绩效测量；评估

2.1 引言

团队是组织中日常的存在方式。军队、航空航天、医疗保健、企业和教育机构比既往任何时候都更依赖于团队。有效的团队协作可以创造知识、减少错误、促进创新、拯救生命、提高生产力、提高工作满意度并确保成功。正确的部署、培训和领导会让团队变得非常强大，但是确保团队表现、学习、发展和成熟并不容易，甚至非常复杂和困难。绩效测量是协助团队强大的一个关键要素，需要建立一批能够准确分析团队协作优、劣势的工具，但这并非易事。首先需要有效、可靠、理论驱动的实践活动来解释团队的动态特征（Brannick 和 Prince，1997；Langan - Fox、Wirth、Code、Langfield - Smith 和 Wirth，2001）。目前这项艰巨的研究任务已经取得很大进展，本章将进行展示和总结。

本章主要介绍近年来关于团队协作测量的新见解、新研究和实践概况。首先，提出不同概念的阶段性定义。其次，介绍关于开展团队绩效测量的观察要点。最后，探讨团队测量方法的未来发展方向和需求。书中的观察结果主要源于本章第一作者 Eduardo Salas 近 30 年来在不同领域团队绩效研究中的观察、测量和评估经验，书中也汇总了大量文献来支持这些结果。

2.2 定义

团队由两名或两名以上具有不同定位的个体组成，通过相互依赖而实现共同目标（Salas、Dickinson、Converse 和 Tannenbaum，1992）。为了更好地理解团队如何工作及其后续表现，首先应当了解团队能力（Rosen 等人，2008），包括团队成员对工作的知晓程度、拥有何种技能以及团队目前的整体态度。

团队本质上存在固有复杂性，每一名工作人员都置身于团队网络内，而团队又隶属于组织（Cannon–Bowers 和 Salas，1997；Cannon–Bowers、Tannenbaum、Salas 和 Volpe，1995）。当团队兼具动态复杂层级特征时，细化分层并分析各种变量因素（如个人、团队和组织因素）对团队行为特征的影响至关重要（Marks、Mathieu 和 Zaccaro，2001）。理解团队绩效的第一步是确定团队具备的初始特征。个人层面的纳入要素包括个人动机、态度和个性特质（Driskell、Salas 和 Hughes，2010），团队层面纳入要素则包括权力分配、凝聚力和团队资源（Marks 等人，2001）。除了上述特性外，任务类型和复杂程度也发挥一定作用。下一步，应该确定团队共同完成复杂任务的进程或产生的行为（LePine、Piccolo、Jackson、Mathieu 和 Saul，2008；Marks 等人，2001）。可见，团队从诞生阶段起就充满了复杂性。

尽管评估团队行为充满挑战，但是团队行为与其效能密切相关，因此对团队行为的评估必不可少。Salas、Stagl、Burke 和 Goodwin（2007）将团队效能定义为一个评价过程的结果，是将纳入要素与主观或客观标准进行比较后的输出结果。实质上，团队的纳入要素和过程结果均应接受评估。为确保评估的准确性，必须将正确的测量方法与评估结果相匹配（Rosen、Wildman、Salas 和 Rayne，2012）。团队在团体和个人层面都会产生相应的结果，团体层面要求所有团队成员的努力，比如协调和沟通；个人层面包括团队成员对团队的态度，这也与团队行为有关；组织层面是完成任务最终产生的结果，以及团队对整个组织的影响。

在开始研究前,记录每个人的态度、动机、心智模式和任务知识、技能、态度(KSA)的变化非常重要,因为团队由个人构成(Cannon Bowers 等人,1995;Tannenbaum、Beard 和 Salas,1992),个人的变化会影响团队未来的行动过程和绩效结果。考虑到上述复杂性,为提高绩效评估水平,必须采用多层次方法(个人、团队和组织)分析团队成员共同工作时,所有因素对团队成员协同工作的影响以及团队行为产生的结果。了解这些背景后,下面围绕观察要点陈述相关的研究结果(无特定顺序)。

2.3 观察

2.3.1 观察要点1:研究基础

尽管团队绩效测量尚未形成一个完美的学科,但过去 30 年的研究不断取得进步,我们收集整理大量关于绩效测量的文献,以帮助研究人员和实践者解决面临的问题(Brannick 和 Prince,1997;Cooke、Kiekel 和 Helm,2001;Kozlowski 和 Bell,2003;Rosen 等人,2012;Wildman 等人,2012)。Rosen 及其同事(2013)阐释了团队绩效的关键组成部分,并为医疗环境中的绩效评估提供了有用的指南。Kendall 和 Salas(2004)强调了影响团队绩效测量指标可靠性和有效性的方法学问题。He、von Davier、Greiff、Steinhauer 和 Borysewicz(2015)利用现代技术捕捉团队协作解决问题时的能力要素,进而使评估[例如,国际学生评估项目)PISA]取得了显著进步。最近,客观捕捉实时绩效的能力也取得了新进展(Stevens、Galloway、Lamb、Steed 和 Lamb,2017)。总之,为什么测量、怎么测量、何时测量以及测量什么,这些方向的研究仍存在很多分歧。我们将进一步展开讨论,便于读者深度了解有关团队绩效测量的最新进展(参考文献见表 2-1)。

表 2-1 过去 30 年团队绩效测量文献的范例

来源	主要贡献
Kendall 和 Salas(2004)	研究了团队绩效的标准问题,解释了目前测量团队协作的方法,并解决了测量的可靠性和有效性问题
Kendall 和 Salas(2004)	回顾了测量团队知识(认知)的方法,这是团队协作技能的一个组成部分,并提出了测量方法学需求

续表

来源	主要贡献
Salas、Priest 和 Burke（2005）	讨论了负责开发团队绩效测量系统的人员所面临的挑战，包括明确目的、选择合适的使用场景、解释了测量的时机、量化了团队反馈以及确定如何简化数据收集过程
Salas、Burke、Fowlkes 和 Priest（2004）	开展了解释性研究，让组织得以了解团队绩效测量的基本要素、团队协作技能的实际要求以及团队技能的评估工具，以便在应用环境中实施测量
Fowlkes 等（1994）	针对生成的事件或任务（目标）开发了目标明确、可接受的反馈方式，用于测量团队中的行为
Rosen 等（2013）	定义了团队绩效的关键要素，为医疗系统中团队绩效的测量、评估和诊断提供了指南
Rosen 等（2012）	解决了在现实环境中测量团队动态发展所面临的挑战，定义了团队绩效测量方法，并介绍了发展实际测量的最佳方法
Salas、Burke 和 Fowlkes（2005）	简要概述了过去 20 年的团队绩效测量，提出了组织中团队的分类方法以及测量绩效的挑战，讨论了目前如何应对这些挑战，并为从业者提供了切实可行的建议

2.3.2 观察要点2：测量背景和目的

创建团队绩效测量工具并无捷径。完善团队绩效测量的各个方面时，需要考虑测量背景：对谁测量、如何测量以及使用何种工具进行测量；团队规模、任务复杂性、任务所处的物理环境、任务相互依赖性以及完成任务所需的沟通和互动次数也应考虑（Salas、Burke 和 Fowlkes，2005）。

在绩效测量的目的中（如团队反馈等），应该确定需要采集的信息，因为这些信息决定测量资源的种类（Meister，1985）。选择开展一项团队绩效测量时，请谨记所有测量要素都需调整与改进，以便取得符合测量目的的良好效果（Salas 等人，2015）。围绕团队特质进行修改，有助于形成恰当的改良思路。

2.3.3 观察要点3：推荐三角测量法

开展团队协作测量时，不可能通过单一手段采集到所有必要数据。Dickinson 和 McIntyre（1997）曾指出"需要通过一组观察员获得必需的信息，才可能测量团队协作全貌"。采集数据的方法多种多样，例如自我报告、同行评估、观察和客观指标测量等。应用不同途径采集数据是获得全面数据的最佳选择，数据的定性和定量分析相结合也很重要。尽管主观评分存在偏差,但其他方法可减少这种偏差。例如,为确保变量从研究开始到结束均可被准确评级,需要考虑不同观察员的评判信度(Rosen 等人,2012),可以随机选择多个场景让观察员进行评分编码,然后对比其评分情况(Shrout 和 Fleiss,1979);也可以让观察员根据其专业领域对同一场景的不同区域进行观察评分,例如,选择主管人员进行总结性评分,其他级别主管或下属对正在进行或发展的过程进行评分。

团队协作是由个体完成,因此在个人层面测量团队绩效也很重要。开展多层面测量有助于更加准确地评估团队绩效。个人层面分析可以确定哪些成员有效地展现了团队协作技能(如领导、协调、沟通),采集过程和结果性数据也利于拓展团队绩效测量的信息量。过程性观察可以提供解决发展问题的诊断信息,并为有效反馈提供指导。此外,结果性测量可以提供效能评估的"底线"。采用三角测量方法(三种以上方法)采集数据,有助于确保数据的有效性,避免单一采集方法的局限性。总之,任何潜在的有用数据都不应该被忽略!

2.3.4　观察要点 4:团队规模的重要影响

团队的形态各异、规模不一,团队规模应该根据任务或团队类型(人—机、团队分布等)来决定。团队规模会对绩效产生不同的影响(Dyer,1984;Sundstrom、De Meuse 和 Futrell,1990)。Hackman(1987)建议用执行任务必需的最少人员组成团队,因为团队成员越多,团队聚合力和团队绩效越低(McGrath,1984;Nieva、Fleishman 和 Reick,1978)。

较大的团队会面临灵活性低、内部差异大的问题。成员多代表个体差异增加,这对团队绩效的测量方式是一大挑战。大型团队的绩效测量应包括应急计划、任务执行过程中的隐性协调(即共享心智模型)、信息管理、对子团队的理解以及对团队内和团队间协作的评估。在复杂的团队环境中进行观察时,为了避免忽视成员间的互动,观察员负责观察的队员不应超过两人(Dickinson 和 McIntyre,1997)。

2.3.5　观察要点 5:行业专家评估 4~5 种架构

专家无法评估或区分五个团队以上的协同架构。测量架构要求行业专家(SME)对任务设置有透彻的理解,并且可以对以不同团队为基础的架构做出判断。观察员和实践者都具有尽可能测量所有能测量因素的倾向,有时甚至多达

12～14种架构！要再次强调的是，观察员无法区分这些最终具有相互关联的架构。经验表明，应该提前给予观察评分人员仅关注4～5种架构的培训，避免过多的倾向性（Smith Jentsch、Zeisig、Acton和McPherson，1998）。当评估超过五个架构时，维度会出现重叠并相互关联，使得团队之间的行动差异几乎无法区别。在这种情况下，少即是优。因此，明智做法是仔细选择以团队为基础的架构，最终采取对团队行为非常重要的架构。

2.3.6 观察要点6：捕获ABCs——态度、行为和认知

获取团队工作的代表性态度、行为和认知十分重要。团队协作具备ABCs所有要素。需要注意的是，针对观察要点5，最好选择ABCs中一个或两个相关的指标类别进行采集。大量围绕如何促进绩效提升的ABCs核心性研究已经开展，这有助于让需要获取的信息类别更加清晰。最近，团队导向被确定为高绩效团队的核心态度组成部分（Salas、Sims和Burke，2005）。高效团队可以提升多种行为，例如沟通、协调和协作（Campion、Medsker和Higgs，1993；Kozlowski和Bell，2003）。想要更加深入地了解团队行为要素，请参考Rousseau、Aubé和Savoie（2006）的研究。

就团队认知而言，共享心智模型在确保团队成员团结一致方面发挥重要作用。成功开发共享心智模型有助于汇集团队中每位成员的认知，从而对团队要完成的目标或任务内容、方式和时间达成共识（Mathieu、Heffner、Goodwin、Salas和Cannon Bowers，2000）。关于团队认知及其组分讨论，请参考DeChurch和Mesmer Magnus（2010）的研究。总之，获取态度、行为和认知对于确定如何最好地测量团队和最大化绩效结果至关重要。

团队态度相对容易测量，因此常被用于团队绩效的测量之中。测量态度无须依赖大量资源，让队员独立回答一组问题便可得知，例如，使用李克特量表要求其表达对特定陈述的感受。最近，也有通过面部表情、手势、姿势和沉默时间测量态度信息的研究（Anders、Heinzel、Ethofer和Haynes，2011；Shippers、Roebroeck、Renken、Nanetti和Keysers，2010；Schokley、Santana和Fowler，2003；Stevens等人，2017）。测量态度的主要原因是态度与团队绩效密切相关（Hackman，1990；Peterson、Mitchell、Thompson和Burr，2000）。通过观察很容易捕捉到行为特点，"观察要点7"中将详细说明具体观察哪些行为；团队认知（知识）也会影响绩效，但寻找更有效的方法来测量认知架构依然是当前面临的

重大挑战（Liu、Hao、von Davier、Kyllonen 和 Zapata Rivera，2015）。Cooke、Salas、Cannon Bowers 和 Stout（2000）在方法学综述中提出，应当找到超越传统的评估方法理解团队认知架构。测量架构的不同方面也包括启发法（例如，自我报告、眼动追踪、沟通分析）、团队度量和聚合方法。尽管如此，认知测量方面还有许多工作要完善（Wildman 等人，2012）。

2.3.7 观察要点 7：行为标记的重要性

行为标记在绩效测量中至关重要（Flin 和 Martin，2001）。准确捕捉可观察到的行为对于评估团队属性也很重要，标记性指标应当放在团队具体所处的环境下进行研究。然而，把架构映射到环境中也只是标记的一部分。行为标记必须是明确的，对感兴趣的架构也应有清晰的定义。我们已经讨论了各种广泛应用的测量工具，这些工具可应用于"观察要点 6"中提到的观测团队行为，但对感兴趣的行为部分必须有更加细化的标记。为准确进行标记，在方法学中还应纳入时间序列。简言之，首先，必须确定感兴趣的行为。其次，应当系统地将评估架构映射到行为体上，此外，必须清晰地定义出明确的架构。最后，必须在综合考虑实际执行环境的情况下对行为标记进行评估。

2.3.8 观察要点 8：一切归于架构，而非方法！

架构带来的核心问题是，过分强调将团队的独特个性按照既定方法放置在架构中。然而，必须始终牢记，所有团队都是不一样的。团队既有显性特征（如言语交流等可观察行为），又具有隐性特征（如共享心智模型等不可观察过程；Entin 和 Serfaty，1999；Rosen 等人，2012）。由于团队具有发展性，团队协作中的部分确定性现象很难捕捉（如内隐特性）。一些研究者试图将主要关注点放在评估团队协作的工具方面，进而克服上述挑战，但这同时会牺牲能够影响团队效能的一些重要方面。大多数可用工具仅限于评估可观察到的行为，但团队中一些最重要的互动往往是隐性且难以捕捉的，一个有力的例证是：在手术过程中，一名患者突发心脏骤停，护士立即将必要的工具交给外科医生，同时麻醉师监测患者的实时状况，外科医生则试图稳定患者。这说明隐性协调是手术团队成功的关键，许多动作需要在几秒钟内完成，这些行动相互高度依存，无须阐述式沟通。可以想象，很难测量团队内的共享心智模型是如何排序的，或者判断这种隐性模式在高强度压力情景下如何保证团队能力协调一致。

另一个以架构为中心测量的挑战是统计分析方法。尽管准确和适当的统计分析对团队工作评估至关重要，但统计分析本身并不能充分反映绩效。许多分析方法可以确定架构的信度和效度，但研究人员仍应非常慎重，不能完全依赖这些分析。为确保经验架构转化为实际应用，应同时考虑评估环境和情境的关键作用（Rosen 等人，2012）。

为了发展针对团队绩效准确且适应性强的构架指标体系，在定义架构时应该综合考虑上述因素。对于团队而言，适应性是关键（Rosen 等人，2013），而且应在测量过程中体现出来。同样，在综合考虑情境的情况下，应当使架构与团队能力相一致并提供准确的架构定义（Cannon Bowers 等人，1995）。

2.3.9　观察要点9：团队工作测量并非"一站式"，而是动态追踪

解决团队协作的偶发性问题往往需要应用多种测量方法，但这同时会增加团队协作的复杂性。团队并不会在固定的时间间隔内运行，他们要在不同时间完成不同任务。因此，必须理解并不存在反映绩效的通用测量方式（Rosen 等人，2012），在选择评估方式时，敏锐的观察力尤为重要（Rosen 等人，2012）。

通过观察获取数据通常是劳动密集型过程，但有些新型、不引人注目的方法也有望用于团队绩效测量，最常用的行为观察法是以事件为基础的行为观测、实时评估、分类方案、编码和行为评分量表。

基于事件的测量会展现一个情境，培训对象在这样的情境中将和需要评估的要素发生关联，因此评分人员通常会针对要评估的行为专门设计事件。对事件的控制可以增强测量的可靠性。基于事件的测量方法已经发展出两个工具，分别是针对既定事件或任务的接受响应（Acceptable Responses to Generated Events or Tasks, TARGETS; Fowlkes、Lane、Salas、Franz 和 Oser, 1994）和团队维度培训（TDT; Smith - Jentsch 等人, 1998）。最常用的方法之一是使用行为评级量表，如 Smith 和 Kendall（1963）提出的行为锚定评级量表（BARS），其他评分量表包括行为观察量表（BOS）和图形评分量表（Latham 和 Wexley, 1977; Patterson, 1922）。

为获取绩效，评估工具应具有多层次视角（例如，个人、团队和组织层面），以适应团队在整个存在周期中发生的变化（Rosen 等人，2012；Wildman 等人，2012）。为防止单一方法出现偏差，应通过各种不同的技术测量绩效。然而，这也会带来过度使用维度或过度测量的挑战。频繁地评估团队可能会妨碍团队进

程或改变团队的规范化行为。

无干扰式测量对于团队行动持续变化的情况非常适用，因为这种测量方式不会中断团队成员的工作进程。便携式脑电可以在记录团队成员脑电信息的同时，实时记录团队行为绩效，因此具有无干扰测量的应用前景（Stevens 等人，2017）。另外，自动化绩效测量技术（如社会化计量仪和录音设备）也表现出无偏差和无干扰式的应用前景。国际学生评估项目（PISA）基于计算机化评估，在同时获取团队认知和协作解决问题的社会学数据方面取得了长足进步，PISA 也对自动化领域的应用进行了详细阐述（He 等人，2015）。关于此类方法，需要注意的是，自动化行为测量并非"独立"测量，仍需要与非自动化测量形式相结合。然而，对于多种形式的绩效评估而言，多种类的测量需求始终存在。

2.3.10 观察要点 10：学术获益并不意味着对实践有益

如何缩小研究和实践之间的差距是评估团队绩效的关键。对研究有益的内容并不总是适用于实践，缩小两者之间的差距依然是挑战。研究人员在受控的实验室环境中可以评估团队绩效的多个要素，但这种自由评估环境可能会导致其忽视与实践相关的内容。应用者更需要无干扰式、诊断性、效率高且易于使用的工具（Rosen 等人，2012），但研究人员并不总是采取满足这些需求的方法。团队协作理论模型也存在维度间不一致性，而研究和实践的差距会加剧不一致性。

2.3.11 观察要点 11：重视基础

回归基础对于确保有效实践至关重要。成功测量是为未来研究和实践奠定良好基础的前提，阐明测量基础包括确定团队绩效测量的指导原则、新兴趋势和考量因素，清晰地勾勒出团队协作的态度、行为、认知构架和环境因素，从而为有效的绩效测量奠定基石。

团队协作绩效评估已取得长足进步。部分新兴技术领域，特别是建模和仿真展现出巨大前景（Fiore、Cuevas、Scielzo 和 Salas，2002；Hao、Liu、von Davier 和 Kyllonen，2015）。然而，在发展过程中，依然要聚焦开发更多的测量工具。目前，确定测量内容方面仍存在挑战，需要开发更可靠的诊断类工具，确保其适用于团队存在的全周期内并具有高度实用性。为确保新的评估方法建立在可靠和有效的基础上，我们必须"回归基础"。

2.4 展望

2.4.1 观察要点12：需要实时捕捉团队协作动态ABCs的工具（具有实用性、相关性且无干扰性）

开展团队协作的动态、实时测量是极其艰难的，但也是未来发展的趋势。为实现这一目标，很多学者付出了大量努力（见表2-2）。未来研究应着眼于提高团队测量的有效性，如Cooke（2015）在报告中指出的：无干扰式测量能够更好地反映互动情况，未来也需要更多的无干扰测量手段。研究人员应该认可技术的进步并增加对在线测量工具的利用（Awwal、Griffin和Scalise，2015）。

表2-2 团队绩效测量的观察综述

	团队绩效测量的观察结果	参考文献
测量背景	-不存在完美协议、技术或格式 -所有均需调整和修改 -并非所有团队都是相同的	Meister（1985）； Salas、Priest和Burke（2005）
推荐三角测量法	-使用自我报告、同行评估和观察方法 -需要团队来评估团队 -使用多角度、多方面和多要素	Dickinson和McIntyre（1997）； Rosen等人（2012）； Shrout和Fleiss（1979）
团队规模很重要	-团队规模会产生影响 -团队规模会影响绩效以及绩效测量的实施方式	Dyer（1984）； Sundstrom等人（1990）； Hackman（1987）
行业专家仅可评估4~5种架构	-架构越多，其中的关联性就越强 -评分人员培训将产生影响 -观察有助于汇报情况	Smith-Jentsch等人（1998）
最好获取态度、行为和认知	-新的无干扰途径前景远大 -低水平的指标也富有前景 -认知测量仍是一项挑战	Smith-Jentsch等人（1998）； Peterson等人（2000）； Liu等人（2015）
行为标记的重要性	-具体化 -准确定义感兴趣的架构 -花时间系统化 -关联背景架构	Flin和Martin（2001）； Kendall和Salas（2004）

续表

团队绩效测量的观察结果		参考文献
关注架构	- 缺乏定义架构的规则 - 有必要大量关注统计技术，但还不够 - 对方法学工具的痴迷往往以牺牲现实情况为代价	Cannon-Bowers 等人（1995）； Rosen 等人（2012）
测量团队协作是一种动态现象	- 团队在不同的时间做不同的事情 - 频繁测量 - 需要无干扰测量	Rosen 等人（2012）； Wildman 等人（2012）
对科学有益并不意味着对实践有益	- 从业者需要简单、易用、相关的诊断测量 - 有时，研究人员可适当采取激进现实主义方法	Rosen 等人（2012）
重视基础	- 指导原则常被忽视 - 需要全新途径 - 回归基础研究是为了获取更大发展空间	Salas、Priest 和 Burke（2005）； Morgan、Glickman、Woodard、Blaiwes 和 Salas（1986）
我们需要能够实时捕捉团队协作的态度、行为和认知指标的实用、相关且无干扰的工具	- 目的是提高团队测量的有效性 - 需要更多无干扰测量 - 承认随着技术的进步，在线评估工具的使用不断增加	Awwal 等人（2015）； Cooke（2015）

2.5 结论

团队绩效测量在各行各业都发挥着重要作用，由于组建情况各异，根据特定团队改良测量标准十分重要。开发新的测量系统时，要对测量工具的用途有明确定义，着重解决"为什么要测量？"的问题（von Davier 和 Halpin，2013）。绩效测量的目的是开展研究、向团队提供反馈、提升培训水平，同时评估绩效和规划未来。

开发测量工具时要回答："采集绩效哪些方面信息？"如前所述，为准确评估绩效,应进行多维度团队测量并明确测量的概念性要素;这会引出绩效评估的时间考量:"何时测量?"答案是在团队协作的全期间内进行测量并给出阶段性结论;下个问题是:"团队协作测量在哪里进行?"可以通过无干扰测量方式在实际环境中进行,也可以在人造环境中进行(Rosen 等人,2013)。最后,选择适当的分析方法回答"如何测量绩效?"的问题,可以通过自我报告测量、观察、模拟和平衡记分卡等进行记录(Rosen 等人,2013)。

致谢

本工作得到美国国家航空航天局(NASA,NNX16AB08G)与莱斯大学国家空间生物医学研究所(NSBRI,NBPF03402)项目支持。书中观点仅为作者观点,不代表其所属组织或资助机构的观点。

参考文献

[1] ANDERS S, HEINZLE J, WEISKOPF N, et al. Flow of affective information between communicating brains [J]. Neuroimage, 2011(54): 439 – 446.

[2] AWWAL N, GRIFFIN P, SCALISE S. Platforms for delivery of collaborative tasks [M]. Netherlands: Springer, 2015: 105 – 113.

[3] BRANNICK M T, PRINCE C W. An overview of team performance measurement [M]. NJ, USA: Lawrence Erlbaum, 1997: 3 – 18.

[4] CAMPION M A, MEDSKER G J, HIGGS A C. Relations between work group characteristics and effectiveness: Implications for designing effective work groups [J]. Personnel Psychology, 1993(46): 823 – 847.

[5] CANNON – BOWERS J A, SALAS E. A framework for developing team performance measures in training [M]. NJ, USA: Lawrence Erlbaum, 1997: 45 – 62.

[6] CANNON – BOWERS J A, TANNENBAUM S I, SALAS E, et al. Defining competencies and establishing team training requirements [M]. NY, USA: Wiley, 1995: 333 – 380.

[7] COOKE N J. Team cognition as interaction [J]. Current directions in psychological science, 2015, 24(6): 415 – 419.

[8] COOKE N J, KIEKEL P A, HELM E E. Measuring team knowledge during skill

acquisition of a complex task [J]. International Journal of Cognitive Ergonomics, 2001, 5 (3): 297-315.

[9] COOKE N J, SALAS E, CANNON-BOWERS J A, et al. Measuring team knowledge [J]. Human Factors, 2000, 42 (1): 151-173.

[10] DECHURCH L A, MESMER-MAGNUS J R. The cognitive underpinnings of effective teamwork: A meta-analysis [J]. Journal of Applied Psychology, 2010, 95 (1): 32-53.

[11] DICKINSON T L, MCINTYRE R M. A conceptual framework for teamwork measurement [M]. NJ, USA: Lawrence Erlbaum, 1997: 19-43.

[12] DRISKELL J E, SALAS E, HUGHES S. Collective orientation and team performance: development of an individual differences measure [J]. Human Factors, 2010: 52 (2): 316-328.

[13] DYER J L. Team research and team training: A state of the art review [M]. CA, USA: Human Factors Society, 1984: 285-323.

[14] ENTIN E E, SERFATY D. Adaptive team coordination [J]. Human Factors, 1999, 41 (2): 312-325.

[15] FIORE S M, CUEVAS H M, SCIELZO S, et al. Training individuals for distributed teams: Problem solving assessment for distributed mission research [J]. Computers in Human Behavior, 2002, 18 (6): 729-744.

[16] FLIN R, MARTIN L. Behavioral markers for crew resource management: A review of current practice [J]. The International Journal of Aviation Psychology, 2001, 11 (1): 95-118.

[17] FOWLKES J E, LANE N E, SALAS E, et al. Improving the measurement of team performance: The TARGETs methodology [J]. Military Psychology, 1994, 6 (1): 47-61.

[18] HACKMAN J R. The design of work teams. In J. Lorsch (Ed.), Handbook of organizational behavior [M]. New York, USA: Prentice Hall, 1987: 315-342.

[19] HACKMAN J R. Groups that work (and those that don't) [M]. San Francisco, CA: Jossey-Bass, 1990.

[20] HAO J, LIU L, VON DAVIER A A, et al. Assessing collaborative problem

solving with simulation based tasks [J]. International Society of the Learning Sciences Proceedings, 2015.

[21] KENDALL D L, SALAS E. Measuring team performance: Review of current methods and consideration of future needs [M]. London, UK: Emerald Group Publishing, 2004: 307 – 326.

[22] KOZLOWSKI S W J, BELL B S. Work groups and teams in organizations [M]. London, UK: Wiley, 2003: 333 – 375.

[23] LANGAN – FOX J, WIRTH A, CODE S, et al. Analyzing shared and team mental models [J]. International Journal of Industrial Ergonomics, 2001, 28 (2): 99 – 112.

[24] LATHAM G P, WEXLEY K N. Behavioral observation scales for performance appraisal purposes [J]. Personnel Psychology, 1977 (30): 255 – 268.

[25] LEPINE J A, PICCOLO R F, JACKSON C L, et al. A meta – analysis of teamwork processes: Tests of a multidimensional model and relationships with team effectiveness criteria [J]. Personnel Psychology, 2008, 61 (2): 273 – 307.

[26] LIU L, HAO J, VON DAVIER A A, et al. A tough nut to crack: Measuring collaborative problem solving [M]. Hershey, PA, USA: Information Science Reference, 2015: 344 – 359.

[27] MARKS M A, MATHIEU J E, ZACCARO S J. A temporally based framework and taxonomy of team processes [J]. Academy of Management Review, 2001 (26): 356 – 376.

[28] MATHIEU J E, HEFFNER T S, GOODWIN G F, et al. The influence of shared mental models on team process and performance [J]. Journal of Applied Psychology, 2000, 85 (2): 273 – 283.

[29] MCGRATH J E. Groups: Interaction and performance [M]. Upper Saddle River, NJ, USA: Prentice Hall, 1984.

[30] MEISTER D. Behavioral analysis and measurement methods [M]. New York, USA: Wiley, 1985.

[31] MORGAN B B, JR, GLICKMAN A S, et al. Measurement of team behaviors in a Navy environment (Technical Report No. NTSC TR – 86 – 014) [R]. Orlando,

FL, USA: Naval Training Systems Center, 1986.

［32］ NIEVA V F, FLEISHMAN E A, REICK A. Team dimensions: Their identity, their measurement, and relationships (Final Tech. Rep., Contract DAH19 - 78 - C - 0001) [R]. Washington, DC, USA: Advanced Resources Research Center, 1978.

［33］ PATTERSON D G. The Scott Company graphic rating scale [J]. Journal of Personnel Research, 1922 (1): 361 - 376.

［34］ PETERSON E, MITCHELL T R, THOMPSON L, et al. Collective efficacy and aspects of shared mental models as predictors of performance over time in work groups [J]. Group Processes & Intergroup Relations, 2000, 3 (3): 296 - 316.

［35］ ROSEN M A, SALAS E, WILSON K A, et al. Measuring team performance in simulation - based training: Adopting best practices for healthcare [J]. Simulation in Healthcare, 2008, 3 (1): 33 - 41.

［36］ ROSEN M A, SCHIEBEL N, SALAS E, et al. How can team performance be measured, assessed, and diagnosed [M]. New York, USA: Oxford University Press, 2013: 59 - 79.

［37］ ROSEN M A, WILDMAN J L, SALAS E, et al. Measuring team dynamics in the wild [M]. New York, USA: Taylor & Francis, 2012: 386 - 417.

［38］ ROUSSEAU V, AUBE C, SAVOIE A. Teamwork behaviors: A review and an integration of frameworks [J]. Small Group Research, 2006, 37 (5): 540 - 570.

［39］ SALAS E, BENISHEK L, COULTAS C, et al. Team training essentials: A research - based guide [M]. New York, USA: Routledge, 2015.

［40］ SALAS E, BURKE C S, FOWLKES J E. Measuring team performance "in the wild:" Challenges and tips [M]. Mahwah, NJ, USA: Erlbaum, 2005: 245 - 272.

［41］ SALAS E, BURKE C S, FOWLKES J E, et al. On measuring teamwork skills [M]. Hoboken, NJ, USA: Wiley, 2004: 427 - 442.

［42］ SALAS E, DICKINSON T, CONVERSE S A, et al. Toward an understanding of team performance and training [M]. Norwood, NJ, USA: Ablex, 1992:

3-29.

[43] SALAS E, PRIEST H A, BURKE C S. Teamwork and team performance measurement [M]. FL, USA: CRC Press, 2005: 793-808.

[44] SALAS E, SIMS D E, BURKE C S. Is there a "big five" in teamwork? [J]. Small Group Research, 2005, 36 (5): 555-599.

[45] SALAS E, STAGL K C, BURKE C S, et al. Fostering team effectiveness in organizations: Toward an integrative theoretical framework [J]. Nebraska Symposium on Motivation, 2007 (52): 185-243.

[46] SCHIPPERS M, ROEBROECK A, RENKEN R, et al. Mapping the information flows from one brain to another during gestural communication [J]. Proceedings of the National Academy of Sciences USA, 2010 (107): 9388-9393.

[47] SHOCKLEY K, SANTANA M-V, FOWLER C A. Mutual interpersonal postural constraints are involved in cooperative conversation [J]. Journal of Experimental Psychology: Human Perception and Performance, 2003, 29 (2): 326-332.

[48] SHROUT P E, FLEISS J L. Intraclass correlations: Uses in assessing rater reliability [J]. Psychological Bulletin, 1979, 86 (2): 420-428.

[49] SMITH-JENTSCH K A, ZEISIG R L, ACTON B, et al. Team dimensional training: A strategy for guided team self-correction [M]. Washington, DC, USA: American Psychological Association, 1998: 271-297.

[50] SMITH P C, KENDALL L M. Retranslation of expectations: An approach to the construction of unambiguous anchors for rating scales [J]. Journal of Applied Psychology, 1963, 47 (2): 149-155.

[51] STEVENS R, GALLOWAY T, LAMB J, et al. Linking team neurodynamic organizations with observational ratings of team performance [M]. New York, USA: Springer, 2017.

[52] SUNDSTROM E, DE MEUSE K P, FUTRELL D. Work teams: Applications and effectiveness [J]. American Psychologist, 1990, 45 (2): 120-133.

[53] TANNENBAUM S I, BEARD R L, SALAS E. Team building and its influence on team effectiveness: An examination of conceptual and empirical developments [J]. Advances in Psychology, 1992 (82): 117-153.

[54] VON DAVIER A A, HALPIN P F. Collaborative problem solving and the assessment of cognitive skills: Psychometric considerations (ETS Research Report No RR-13-41) [R]. Princeton, NJ, USA: Educational Testing Service, 2013.

[55] WILDMAN J L, THAYER A L, PAVLAS D, et al. Team knowledge research: Emerging trends and critical needs [J]. Human Factors, 2012, 54 (1): 84-111.

第3章 多团队系统视角下的团队内与团队间协作评估

Raquel Asencio 和 Leslie A. DeChurch

摘要：有关团队和多团队系统（Multiteam Systems，MTS）的文献报道阐述了协作的六大关键组成部分（包括团队影响/动机、团队交互过程、团队认知以及相应的系统架构、多团队影响/动机、团队间交互影响与多团队认知），也提供了个体协作能力评估方法的新进展。本章对单一团队与多团队系统进行定义和区分，针对小型独立团队或具有长远目标的大型团队系统，讨论开展个体协作能力差异化评估的重要意义；特别阐述了聚合力和对抗力的概念，强调二者虽然是激发团队职能和绩效的要素，但对于多团队的体系效率提升却不一定有效；评估个体对本团队和动态多团队的贡献时，还应考虑其对团队内与团队间职能的影响。

关键词：团队；多团队系统；个体评估；聚合力和对抗力

团队是完成任务的最基本单元之一，对于评估有重要的现实影响。目前，解决极其复杂的问题是个体在团队中的特殊职能。为提高个体对团队绩效的贡献度，需要建立对知识、技能、能力和其他特质（KASO）的可测量评估方法。此外，越来越多的证据表明，随着知识日益专业化和精细化，为了建立更加合理的专业力量，不同团队必须选择相互合作。此类汇集了两支或更多团队的大型集合被称作多团队系统（MTS）。多团队系统的既定特质之一是各团队在推进各自近期目标的同时，作为团队系统中的一员开展团队间相互合作，从而推进共同的高阶远期目标（DeChurch 和 Zaccaro，2010）。因此，在多团队系统工作环境中，要同时关注自身团队和 MTS 运行状况。尽管这一领域的研究呈上升趋势，但是现有多团队系统相关文献中并未将个体团队有效性与多团队系统有效性同时纳入研究（DeChurch 和 Zaccaro，2013）。本章将对多团队系统及其对个体评估的意义展开讨论。

多团队系统的出现开启了团队与系统间重要的二元关系研究。在多团队系统架构中，团队为追求自身近期目标，要求团队中的个体性合作必须服务于团队效能提升（McGrath，1984），因此，多团队系统中的个体必须以团队效能为中心；同时，团队间关系是多团队系统中交互过程的基础，对于系统效能发挥重要作用，因此，团队中的个体也需要关注团队间关系的处理。可见，个体相当于同时置身于两个层级团队中（一个是自身团队，另一个是高层级多团队系统），也需要付出两方面的关注和努力。

在理想情况下，提升单一团队效率的因素也同样可以提高多团队系统的效率。然而，事实并非如此。某一团队高效运行的过程与多团队高效运行过程不尽相同。引入聚合力和对抗力的目的就在于概括多团队系统中的单一团队和多团队复杂情境。聚合力是指针对单一团队与多团队系统分析中，具有相同结果时的过程及其属性因素。对抗力是指上述两个层级的分析结果不一致时，其过程与特征因素（DeChurch 和 Zaccaro，2013）。

研究人员必须将两者统一纳入多团队系统的研究观点中，并在分析多层级结果时考虑单一团队与多团队系统两个层面的属性影响。这也引发了一系列问题：对单一团队与多团队系统运行具有重要影响的过程与因素有哪些？如何将个体KSAOs 特质（知识、技能、能力）的影响纳入上述过程与属性因素？

本章主要讨论以下内容：①提出多团队系统（MTS）定义并阐明团队合作架构特点；②阐述团队工作对于团队和多团队系统运行发挥的重要作用；③提出聚合力和对抗力概念，讨论个体协作评估在团队内部和团队间的意义。

3.1 多团队系统的定义

近年来，组织已经被视为团队整合价值的体现，是消除个人专业差异、实现最佳解决方案的整体。在工业组织心理学和组织行为学领域，有关团队和团队动力学的研究进展迅猛（DeChurch 和 Mesmer‐Magnus，2010；DeChurch、Mesmer‐Magnus 和 Doty，2013；de Wit、Greer 和 Jehn，2012；Gully、Incalcaterra、Joshi 和 Beaubien，2002；LePine、Piccolo、Jackson、Mathieu 和 Saul，2008；Mesmer‐Magnus 和 DeChurch，2009；Mullen 和 Cooper，1994；Stajkovic、Lee 和 Nyberg，2009）。然而全球化进程正在推动组织工作内涵的改变，全球化工作对跨组织和跨地界的团队合作提出了更高需求，以解决环境、社会、科技、医疗等全球化等重要议题。

如同单一团队内需要不同专业人员解决问题一样，面对更复杂的问题时，也需要来自多个团队的不同领域专家针对议题共同攻坚（DeChurch 和 Zaccaro，2010）。这些紧密协作的团队集合体称为"多团队系统"，定义如下：

> 为完成共同集体目标，两个及两个以上团队直接或间接地应对某一环境下的突发事件。多团队系统的边界由以下事实定义：系统内的所有团队在推进不同的短期目标的同时，至少共同推进一项的长期集体目标，其间的投入、过程与成果应与系统内至少一个他方团队存在相互依赖关系（Mathieu、Marks 和 Zaccaro，2001，p.290）。

Mathieu 等人提出（2001），多团队系统概念涵盖五个重要的关键特征。第一，多团队系统至少由两支团队组成，这些团队具备不可简化性和整体区分性，同时具有近期目标以及成员间依赖性。第二，除近期目标外，所有组成团队共同承担相同的高层级目标。第三，目标、行为要求和采用的技术决定了多团队系统的架构或配置，实施任务的环境决定了各组成团队和多团队系统需要完成的目标，系统目标具有层级性，团队近期目标处于最低级，多团队系统的远期目标处于最高级（Mathieu 等人，2001；Zaccaro、Marks 和 DeChurch，2012）。第四，多团队系统的范畴大于团队，但小于组织机构，因此，多团队系统既可存在于同一组织内（称为"内部多团队系统"），也可存在于组织边界（称为"跨边界多团队系统"）。第五，多团队系统中的各个组成团队，在输入、过程、输出中至少与系统内的另一个团队有相互依赖关系。无论团队间属于互惠式或密切协作式，多团队系统内部的合作均具有紧密依赖性（Zaccaro 等，2012）。相反，团队间属于成果汇集依赖型（即各团队独立、并行工作，最终汇集各自成果）或序列依赖型（即团队间按照连续的序列完成任务），均不属于系统内团队紧密合作的范畴。

3.2 多团队系统的边界问题

Malthieu 等研究者（2001）将多团队系统定义为介于团队与组织之间的架构。一种论点认为：多团队系统架构可以简化为由具有不同特性的亚单位大团队构成（DeChurch 和 Mathieu，2009）。然而，在多团队系统中，团队间处于松散耦合状态，即使团队间相互依赖，但团队的边界也具有完整性。因此，正如我们研究个体对团队的影响，研究组成团队与多团队系统之间的交互影响也十分必要（Chen 和 Kanfer，2006；DeShon、Kozlowski、Schmidt、Milner 和 Wiechmann，2004）。这要求组成团队具有实体性特征（Campbell，1958），实体性程度代表着一个团队可被视为独立实体的程度。Campbell 从邻近性、相似性和共同导向性三个方面对团队实体性进行了讨论。

邻近性原则是指将联系紧密的元素汇总并当作一个集合体对待（Campbell，1958）。同一组织内的团队间便可能建立邻近性，例如，组成应急响应多团队系统的团队间具有高度邻近性，系统内的每个组成团队（警察、消防员、急救医护人员等）均隶属于各自的实体组织。然而，全球化使虚拟团队愈加普遍，组成团队很可能打破了地域边界，例如，在某大型的科研多团队系统中，一个组成团队可能由来自不同研究机构的人员组成。因此，邻近性原则也许仅适用于合作团队间的实体性建设。

相似性原则是指将具有相似特征的元素汇总并当作一个集合体对待（Campbell，1958）。在多团队系统中，相似性可转化为具有特定专长或职能的组成团队。例如，在产品研发的多团队系统中，各团队在项目管理、研发设计、项目规划、数据分析和市场等运行环节中各司其职。团队内部均拥有各自的优先级、语言、参照构架，因此团队可以作为一个独立单元存在。可是，正如多团队系统内的不同团队可能具有高度相似性或重叠性职能，相似性并不能支撑实体性的确立。DeChurch 与 Mathieu（2009）曾描述了消防多团队系统中的不同团队职能，如灭火、通风、搜索与营救等，但在多次报警的火灾中，具有相同职能的若干团队可能同时参与救援（例如，两支搜救与营救团队）。

共同导向性原则是指将可带来具有相同过程和结果的元素汇总并作为一个集合体对待（Campbell，1958）。通过观察团队内与团队间的协变量，我们认为当团队内协变量高于团队间时，方可确立其实体性（DeChurch 和 Zaccaro，2013）。多团队系统的目标层级可以建立同一团队成员的共同导向性，并且系统中各团队在达成同一整体目标上具有共同导向性。但是，每支团队仍具有各自的团队目标和优先级（Mathieu 等，2001）。因此，共同导向性尽管定义了同一系统中的不同团队，但团队内部的目标与行为共同性比团队间更加重要（DeChurch 和 Zaccaro，2013）。

假设多团队系统中的团队已经具有实体性，那么团队成员必须聚焦团队和系统两个方面。个体要关注每个层级并投入努力。单一团队与多团队系统的边界管理需要聚焦二者的有效性及目标，即将多团队系统设定为需要成员合作并履行职能的复杂环境。因此，为研究个体能力对团队合作的影响，开展个体评估必须同时考虑其在单一团队和多团队系统两个层面的合作情况。

3.3 单一团队与多团队系统职能的三分类标准

为明确个体能力在多团队系统协作中的作用，评估时必须考虑个体知识、技能、能力和其他特质对团队及多团队系统两个关键层面的贡献度。目前已经建立了多种团队合作模型与分类方法，主要涉及团队的三个核心机制：影响/动机、行为和认知（Kozlowski 和 Ilgen，2006；Salas、Rosen、Burke 和 Goodwin，2009）。

团队影响/动机是指团队或多团队系统的成员情感、忠诚、动机等因素。团队聚合力是确保个体留在团队中的各类因素集合（Cartwright，1968；Festinger、Schacter 和 Back，1950），是团队影响力的典型体现。其他情感/动机构架还包含团队有效性、集体有效性以及团队目标认同度（Gully 等人，2002；Stajkovic 等人，2009）。大多数关于团队影响/动机的研究都以相对较小的团队为主，但情感/动机构架对较大的多团队系统层级同样具有重要意义。近期已有论文探讨了多团队系统层面的聚合力（DiRosa，2013）和有效性（Jimenez – Rodriguez，2012）。

团队行为反映了"团队做什么"（Kozlowski 和 Ilgen，2006，p. 95），团队过程是汇集个体努力达成团队目标的一种言语与行为机制（Cohen 和 Bailey，1997）。LePine 等人（2008）对 Marks 研究组 2001 年记录的一个团队过程进行了确定性行为分类研究，详述了追求集体目标时的 10 项个体交互过程。前两类满足团队实现目标需求的指标分别是：3 项准备过程指标（目标设置、项目分析、设定规划与应急计划）和 4 项行为过程指标（监管进程、监测和补充成员、监管绩效环境与协调力）。第三类指标属于人际交互过程，包括激励与信心塑造、冲突管理和情绪管理，用于团队对社会情境的管理。

上述分类标准在针对小团队的应用中不断发展，目前已扩展至多团队系统层面。当团队间享有共同目标并且必须进行外部协作时，该分类标准提供了便于理解团队间交互过程的有效框架。多团队系统的两项初步研究采纳了很多过程指标，例如协调力（DeChurch 和 Marks，2006）和团队间相关过程等。十个过程性指标中的每一项都可以从团队内或团队间层面进行定义（Marks 等，2001），对于从两个层面开展个体测量评估也提供了有效标准。

　　团队认知是指团队（或多团队系统）的知识体系化（Klimoski 和 Mohammed，1994）。从 20 世纪 80 年代早期开始，团队认知就引起了研究人员的兴趣并沿两个垂直方向发展。一项研究发现，共同工作的个体会发展出不同的编码和检索信息系统，称作团队交互信息系统（TMS；Liang、Moreland 和 Argote，1995；Moreland，1999；Moreland、Argote 和 Krishnan，1996）。团队认知涉及两个组成部分：其一，按照对信息的知情度分配团队成员，以提升集体的工作记忆能力；其二，共享知情人员，以便团队成员在团队内部高效获取和发布相关信息。研究证实，团队交互信息系统架构是维持团队效率的有效机制（Austin，2003；DeChurch 和 Marks，2006；Lewis、Lange 和 Gillis，2005；Littlepage 等人，2008）。

　　团队心智模型是团队认知的第二个方向。研究发现，顶级团队可以在工作中无缝对接、无须沟通便可领会对方需求（Cannon - Bowers，Salas 和 Converse，1993），在此基础上形成了团队心智模型。随后，团队心智研究在内容和形式方面不断拓展（Klimoski 和 Mohammed，1994），目前广为人知的两个内容模块是工作任务模型和团队工作模型。工作任务模型详细分解了任务的关键点及其相互间的关系，团队工作模型则从成员的交互需求和社交功能方面进行构建。无论研究内容如何，团队心智模型间的相似性和准确度逐渐明晰。有趣的是，研究发现，模型相似性与准确度都可以对团队行为产生独特的影响（Mathieu、Heffner、Goodwin、Salas 和 Cannon - Bowers，2000）。因此，即便共享不够准确的心智模型也可以增强团队效能。

　　简而言之，数十年来，针对团队有效性的研究揭示了如何实现团队效率最大化。目前普遍的观点是为保持最佳运行状态，团队需要具备强烈的影响/动机、认知水平与行为过程（Kozlowski 和 Ilgen，2006；McGrath，1984）。元分析也证实信息共享（Mesmer - Magnus 和 DeChurch，2009）、认知（DeChurch 和 Mesmer - Magnus，2010）、聚合力（Beal、Cohen、Burke 和 McLendon，2003）、团队过程（LePine 等，2008）、冲突（De Dreu 和 Weingart，2003；DeChurch 等人，2013）在团队行为和其他职能运作方面的重要性。由于上述因素对提升多团队系统效率同样重要，因此，揭示团队工作的影响/动机、行为和认知对于团队和多团队系统的成功运作均具有重要意义。

　　然而，目前仍然缺少预测个体对于团队和多团队系统贡献绩效的评估方法，这涉及两个层面的复杂性问题。首先，影响个体绩效的因素可能与团队绩效的影响因素不同（von Davier 和 Halpin，2013），所以在衡量个体因素对团队成功的影响时，个体评估必须在团队背景下进行。其次，团队绩效的影响因素可能与多团队系统的影响因素不同（DeChurch 和 Zaccaro，2013），仅从单一方面考虑个体知识、技能、能力和其他特质对团队或多团队系统运行的影响是不够的。为对团队内及团队间的协作有效性有更全面的了解，评估时必须考虑个体知识、技能、能力和其他特质对单一团队与多团队系统运作的影响。

3.4 聚合力和对抗力

当某一层级（例如，单一团队或者多团队系统）表现的过程或属性与其他层级的分析结果相反时，就会产生对抗力（DeChurch 和 Zaccaro，2013）。例如，在规划和战略制定阶段，团队会鼓励全员参与、给予授权与认可（Lanaj、Hollenbeck、Ilgen、Barnes 和 Harmon，2013），可是过多成员参与跨团队策划时，这种跨团队的去中心化分散讨论也可能导致协作失败。因此，一个团队内过程可能对团队带来积极（或消极）影响，同时对系统层面带来相反影响（DeChurch 和 Zaccaro，2013）。明确这一点对于评估至关重要，因为某一层面的测量也不足以说明个体在现代组织协作中的贡献度。尽管针对多团队系统的研究者已经证实系统中存在潜在对抗力，但其中的关系尚未经过实践验证。相反，既往研究主要集中在单一团队与多团队系统关系中的同源性评估，揭示了对多团队系统绩效（忽略了团队绩效）的积极或消极影响因素。因此，目前大多数有关多团队系统假说的研究仍存在片面性。

与对抗力不同，聚合力指某一层面的过程或属性对团队和多团队系统带来相同的影响。例如，跨团队计划活动有助于建立起实现多团队系统目标的战略方法，当单一团队与多团队系统的目标紧密联结时，团队间计划又可以促进独立团队建立实现目标的策略。当单一团队与多团队系统的工作过程融汇时，可以对任意层面的工作结果进行评估和验证。

表 3-1 汇总了目前有关多团队系统的实证研究。表中罗列了多团队系统及其关系的各类研究，并根据关系属性进行了分类。单层级研究包括多团队系统层面的预测因素与标准。多级同源性研究则包括两个（包括）以上层面分析中所涉及的预测因素与标准，但是假设并验证位于不同层级的关系对于多层级关系（例如，协作效能与绩效的关系）的影响度一样。跨层级的典型关系类型为聚合

表 3-1 既往关于多团队系统的关系验证研究

研究项目	预测水平	预测检验	标准水平	检验标准	关系检验			
					单层级	多级同源性	聚合力	对抗力
Davison, Hollenbeck, Barnes, Sleesman 和 Ilgen (2012)	团队；多团队系统	协调行动	多团队系统	绩效	X			
Davison (2012)	团队；多团队系统	角色；目标认同；同一性	团队；多团队系统	绩效	X	X		X
Dechurch 和 Marks (2006)	团队；多团队系统	战略与协作培训；协调力；团队绩效	多团队系统	领导影响力；协调力；绩效	X			
de Vries, Walter, Van der Vegt 和 Essens (2014)	多团队系统	协调力	团队	绩效	X			
DiRosa (2013)	团队；多团队系统	相互依赖性；跨域管理；目标一致性；聚合力	多团队系统	聚合力；目标一致性；准确度	X			
Firth, Hollenbeck, Miles, Ilgen 和 Barnes (2015)	团队；多团队系统	参照标准培训；协作效能	多团队系统	绩效	X			

续表

研究项目	预测水平	预测检验	标准水平	检验标准	关系检验			
					单层级	多级同源性	聚合力	对抗力
Jimenez-Rodriguez (2012)	多团队系统	有效性;信息分享的独特性与公开性;交互记忆;信任;共享认知模型;沟通可还原性;媒介丰富性	多团队系统	信息分享的独特性与公开性;绩效;交互记忆;共享认知模型	X			
Lanaj 等人, (2013)	多团队系统	去中心化设计;计划与预期的积极主动性, 激发力与风险;协调失效	多团队系统	计划与预期的积极主动性, 激发力与风险;协调失效;绩效	X			
Marks, DeChurch, Mathieu, Panzer 和 Alonso (2005)	团队;多团队系统	行动与转换过程;相互依赖性	多团队系统	绩效;行动过程	X			
Mathieu, Maynard, Taylor, Gilson 和 Ruddy (2007)	团队;多团队系统	多团队系统间协调力;开放氛围;团队相互依赖性;团队过程	团队	团队过程;绩效	X		X	
Murase, Carter, DeChurch 和 Marks (2014)	多团队系统	交互认知模型的精准性;协调力;策略性沟通	多团队系统	协调力;绩效	X		X	

力和对抗力关系（DeChurch 和 Zaccaro，2013）。评估跨层级关系极为重要，因为可以揭示同一个过程在两个层面相反的影响结果，尤其是个体特征可能既会促进团队（或多团队系统）属性建设，但同时可能导致多团队系统（或团队）的进程滞后。

举例说明，假设团队聚合力具有对抗性。数十年来大量针对不同团队的基础研究表明，聚合力与绩效之间存在强烈正相关关系（Beal 等人，2003）。我们通常认为高绩效团队中的成员对团队归属感更高（反之亦然），但其直接关系却广受争议。DiRosa（2013）对团队聚合力提出了假设和验证研究，发现其利于团队行动的同时，可能在系统层面产生负面影响。团队的自我孤立会激发社会分类过程，削弱跨团队的信息共享与协作、降低多团队系统绩效。因此，从个体对团队和系统运行两个层面的贡献度评估协作力很重要。以团队为例，那些增强团队聚合力的个体可能无意间也创造了加剧团队内部竞争的完美条件。在协作力方面，这类个体可能最终会带领团队走向成功，但可能同时导致多团队系统失败。

表 3-1 总结了多团队系统的十余项研究（截至本章撰写前）。尽管多数研究认为团队和多团队过程是多团队系统绩效的预测因素，仍有四项研究并未涉及团队预测因素，这意味着也不会对超出团队层面的多团队系统运行增值效度进行探讨。在评估方面，仅一项研究（Davison，2012）从单一团队和多团队系统两个层面对标准做出了预测。需要进一步对这类双层级研究开展信息化评估，以便在多层级标准化的预测因素方面进行验证。开展多研究 Meta 分析可以对原始文献中的部分盲点进行补充。

当然，对单一团队与多团队系统绩效的传统观点往往忽略多团队系统中团队工作的复杂性，也阻碍了关于个体特质在团队工作过程中如何发挥作用的思考。聚合力和对抗力观点为理解单一团队与多团队系统影响因素提供了更加深入的视角，提示发展更加行之有效的评估方法十分必要。

3.5 对未来的影响

随着多团队系统研究的持续发展，研究者开始重视采取更加复杂的观点研究多团队系统。为更好地实现单一团队和多团队系统的目标，应进一步探究聚合力和对抗力对单一团队与多团队系统绩效的影响。这种个体评估具有双重意义，其一，个体评估需确定影响个体协作能力的个体水平因素，比如，研究者可以对成功协作的交互性与特征展开研究（von Davier 和 Halpin，2013）。其二，个体评估不仅要确定个体如何促进和影响团队层面交互，还应当明确个体因素如何影响多团队系统的交互行为。此外，同时考虑对单一团队与多团队系统的结果也很重要。

3.6 结论

对大多数团队而言，多团队系统代表团队合作面临的新挑战。尽管越来越多的研究揭示了多团队系统绩效的影响因素，但多团队系统作为具有各自实际目标的团队集合体，研究应当从团队和系统效能两个层面的相互影响展开。本章所述框架可以为确定个体协作力测量方法提供思路。

致谢

感谢研究团队，特别是 Noshir Contractor 和 Steve Zaccaro，他们通过深刻且富有洞察力的讨论，提供了本章的大部分观点。美国陆军社会与行为科学研究所（W5J9CQ12C0017 合同）与美国陆军研究办公室（W911NF-14-1-0686 合同）为本章编写提供了支撑。除非有其他特定文件，本研究中包含的观点、建议和/或研究发现均为作者立场，不代表美国陆军部的立场、方针与决策。

参考文献

[1] AUSTIN J. Transactive memory in organizational groups: The effects of content, consensus, specialization, and accuracy in group performance [J]. Journal of Applied Psychology, 2003, 88 (5): 866-878.

[2] BEAL D J, COHEN R R, BURKE M J, et al. Cohesion and performance in groups: A meta-analytic clarification of construct relations [J]. The Journal of Applied Psychology, 2003, 88 (6): 989-1004.

[3] CAMPBELL D T. Common fate, similarity, and other indices of the status of aggregates of persons as social entities [J]. Behavioral Science, 1958, 3 (1): 14-25.

[4] CANNON - BOWERS J A, SALAS E, CONVERSE S. Shared mental models in expert team decision making [M]//N. J. Castellan (Ed.), Individual and group decision making: Current issues. Hillsdale, NJ: Lawrence Erlbaum Associates, 1993: 221 - 246.

[5] CARTWRIGHTD. The nature of group cohesiveness [J]. Group Dynamics: Research and Theory, 1968 (91): 109.

[6] CHEN G, KANFER R. Toward a systems theory of motivated behavior in work teams [J]. Research in Organizational Behavior, 2006 (27): 223 - 267.

[7] COHEN S G, BAILEY D E. What makes teams work: Group effectiveness research from the shop floor to the executive suite [J]. Journal of Management, 1997, 23 (3): 239 - 290.

[8] DAVISON R B. Implications of regulatory mode and fit for goal commitment, identity and performance in the domain of multiteam systems [D]. Lansing: Michigan State University, 2012.

[9] DAVISON R B, HOLLENBECK J R, BARNES C M, et al. Coordinated action in multiteam systems [J]. Journal of Applied Psychology, 2012, 97 (4): 808 - 824.

[10] DE DREU C K, WEINGART L R. Task versus relationship conflict, team performance, and team member satisfaction: A meta - analysis [J]. Journal of Applied Psychology, 2003, 88 (4): 741.

[11] DE VRIES T A, WALTER F, VAN DER VEGT G S, et al. Antecedents of individuals' interteam coordination: Broad functional experiences as a mixed blessing [J]. Academy of Management Journal, 2014, 57 (5): 1334 - 1359.

[12] DE WIT F R, GREER L L, JEHN K A. The paradox of intragroup conflict: A meta - analysis [J]. Journal of Applied Psychology, 2012, 97 (2): 360 - 390.

[13] DECHURCH L A, MARKS M A. Leadership in multiteam systems [J]. Journal of Applied Psychology, 2006, 91 (2): 311 - 329.

[14] DECHURCH L A, MATHIEU J E. Thinking in terms of multiteam systems [M]. New York, USA: Taylor & Francis, 2009: 267 - 292.

[15] DECHURCH L A, MESMER - MAGNUS J R. The cognitive underpinnings of

effective teamwork: A meta - analysis [J]. Journal of Applied Psychology, 2010 (95): 32 -53.

[16] DECHURCH L A, MESMER - MAGNUS J R, DOTY D. Moving beyond relationship and task conflict: Toward a process - state perspective [J]. Journal of Applied Psychology, 2013, 98 (4): 559 -578.

[17] DECHURCH L A, ZACCARO S J. Perspectives: Teams won't solve this problem [J]. Human Factors, 2010, 52 (2): 329 -334.

[18] DECHURCH L A, ZACCARO S J. Innovation in scientific multiteam systems: Confluent & countervailing forces [D/OL]. Washington DC: National Academy of Sciences [2016 - 04 - 05]. http://sites.nationalacademies.org/cs/groups/dbassesite/documents/webpage/dbasse_083773.pdf.

[19] DESHON R P, KOZLOWSKI S W, SCHMIDT A M, et al. A multiple - goal, multilevel model of feedback effects on the regulation of individual and team performance [J]. Journal of Applied Psychology, 2004, 89 (6): 1035 -1056.

[20] DIROSA G. Emergent phenomena in multiteam systems: An examination of between - team cohesion [D]. Washington D C: George Mason University, 2013.

[21] FESTINGER L, SCHACTER S, BACK K W. Social pressures in informal groups [M]. Stanford: Stanford University Press, 1950.

[22] FIRTH B M, HOLLENBECK J R, MILES J E, et al. Same page, different books: Extending representational gaps theory to enhance performance in multiteam systems [J]. Academy of Management Journal, 2015, 58 (3): 813 -835.

[23] GULLY S M, INCALCATERRA K A, JOSHI A, et al. A meta - analysis of team - efficacy, potency, and performance: Interdependence and level of analysis as moderators of observed relationships [J]. Journal of Applied Psychology, 2002, 87 (5): 819 -832.

[24] JIMENEZ - RODRIGUEZ M. Two pathways to performance: Affective and motivationally driven development in virtual multiteam systems [D]. orlando: University of Central Florida.

[25] KLIMOSKI R, MOHAMMED S. Team mental model: Construct or metaphor? [J]. Journal of Management, 1994, 20 (2): 403-437.

[26] KOZLOWSKI S W, ILGEN D R. Enhancing the effectiveness of work groups and teams [J]. Psychological Science in the Public Interest, 2006, 7 (3): 77-124.

[27] LANAJ K, HOLLENBECK J, ILGEN D, et al. The double-edged sword of decentralized planning in multiteam systems [J]. Academy of Management Journal, 2013, 56 (3): 735-757.

[28] LEPINE J A, PICCOLO R F, JACKSON C L, et al. A meta-analysis of teamwork processes: tests of a multidimensional model and relationships with team effectiveness criteria [J]. Personnel Psychology, 2008, 61 (2): 273-307.

[29] LEWIS K, LANGE D, GILLIS L. Transactive memory systems, learning, and learning transfer [J]. Organization Science, 2005, 16 (6): 581-598.

[30] LIANG D W, MORELAND R, ARGOTE L. Group versus individual training and group performance: The mediating role of transactive memory [J]. Personality and Social Psychology Bulletin, 1995, 21 (4): 384-393.

[31] LITTLEPAGE G E, HOLLINGSHEAD A B, DRAKE L R, et al. Transactive memory and performance in work groups: Specificity, communication, ability differences, and work allocation [J]. Group Dynamics: Theory, Research, and Practice, 2008, 12 (3): 223-241.

[32] MARKS M A, DECHURCH L A, MATHIEU J E, et al. Teamwork in multiteam systems [J]. Journal of Applied Psychology, 2005, 90 (5): 964-971.

[33] MARKS M A, MATHIEU J E, ZACCARO S J. A temporally based framework and taxonomy of team processes [J]. The Academy of Management Review, 2001, 26 (3): 356-376.

[34] MATHIEU J E, HEFFNER T S, GOODWIN G F, et al. The influence of shared mental models on team process and performance [J]. Journal of Applied Psychology, 2000, 85 (2): 273-283.

[35] MATHIEU J E, MARKS M A, ZACCARO S J. Multiteam systems [M]. London: Sage, 2001: 289-313.

[36] MATHIEU J E, MAYNARD M T, TAYLOR S R, et al. An examination of the effects of organizational district and team contexts on team processes and performance: A meso-mediational model [J]. Journal of Organizational Behavior, 2007, 28 (7): 891-910.

[37] MCGRATH J E. Groups: Interaction and performance [M]. NJ: Prentice Hall, 1984.

[38] MESMER-MAGNUS J R, DECHURCH L A. Information sharing and team performance: A meta-analysis [J]. Journal of Applied Psychology, 2009, 94 (2): 535-546.

[39] MORELAND R L. Transactive memory: Learning who knows what in work groups and organizations [M]. Hillsdale, NJ: Erlbaum, 1999: 3-31.

[40] MORELAND R L, ARGOTE L, KRISHNAN R. Socially shared cognition at work: Transactive memory and group performance [M]. Thousand Oaks, CA: Sage, 1996: 57-84.

[41] MULLEN B, COOPER C. The relationship between group cohesiveness and performance: An integration [J]. Psychological Bulletin, 1994, 115 (2): 210-227.

[42] MURASE T, CARTER D R, DECHURCH L A, et al. Mind the gap: The role of leadership in multiteam system collective cognition [J]. Leadership Quarterly, 2014, 25 (5): 972-986.

[43] SALAS E, ROSEN M A, BURKE C S, et al. The wisdom of collectives in organizations: An update of the teamwork competencies [M]. New York: Routledge, 2009: 39-79.

[44] STAJKOVIC A D, LEE D, NYBERG A J. Collective efficacy, group potency, and group performance: Meta-analysis of their relationships, and a test of a mediation model [J]. Journal of Applied Psychology, 2009, 94 (3): 814-828.

[45] TESLUK P, MATHIEU J E, ZACCARO S J, et al. Task and aggregation issues in the analysis and assessment of team performance [M]. New Jersey: Lawrence Erlbaum Associates, 1997: 197-224.

[46] THOMPSON J D. Organizations in action [M]. Chicago: McGraw-Hill, 1967.

[47] https://www.ets.org/research/policy_research_reports/publications/report/2013/jrps.

[48] ZACCARO S J, MARKS M A, DECHURCH L A. Multiteam systems: An introduction [M]. New York: Routledge, 2012: 3-31.

第4章 团队交互创新：利用多层次框架评价脑体协作的新方法

Stephen M. Fiore 和 Katelynn A. Kapalo

摘要：随着对团队研究的深入，研究者面临着开展多层次协作分析的挑战，而不再局限于个体或团体单一层次。本章以 Hackman 的互动和层次分析研究为基础，探讨从多角度理解团队协作理论的发展过程。为了深入研究协作并提升对其的理解度，理论研究不仅要关注微观、介观、宏观层面的主要问题，还应关注团队的跨层交互。跨层分析方法有利于捕获更多的偶然因素，以便更好地理解协作效能。此外，本章探讨了如何强化学科互补、提升对团队交互的理解，进而形成适用于各种复杂领域、更加全面的协同效能评估方法。

关键词：协作；团队互动；问题解决；团队科学；跨层次分析；微观；介观；宏观

4.1 团队和技术：评价脑—体交互和协作的新方法

400 多年前，荷兰工匠 Zacharias Janssen 在镜片工厂中发明了一种新工具，通过一套可以调整光线聚焦度的工程化镜片，实现数倍放大（Masters, 2008）。尽管这种工具在当时并未受到重视，但对后世的科学研究却产生了巨大影响。数十年后，来自博洛尼亚富有创新精神的医生和生物学家 Marcello Malpighi 利用这一技术，观察到早期血液循环理论中的重要部分——毛细血管。很快，科学家开始对这种新工具进行改造并命名为显微镜，使其具备了更强大、更实用的功能（Masters, 2008）。然而，改进技术并不是终极目标，科学家的最终目标是通过显微镜看到肉眼难以识别的组织成分，看到众多不同层次尺度的世界，进而探索不同尺度的生物复杂性和相互联系。借助显微镜，人类得以理解微观层面的细胞组分、介观层面的细胞间连接及其互动，以及多类型细胞如何通过跨层次互动构成了宏观层面的功能化复杂系统。正是通过对机体的层层剖析，科学家对层内和层间的相互联系开展了前所未有的研究，进而观察并理解了生物系统的美妙及复杂性。

以上仅仅是科学探索史上的典型示例之一，说明技术发展如何革新人类对周围世界的理解。同样，我们在协作研究中也看到了类似的革新。在对群体和团队的研究中，各种新工具和新技术帮助我们以前所未有的方式观察和理解其内在关联，针对团队内部协作和不同团队间的协同关系开展研究。正因如此，我们现在能够以有意义的方式整合团队互动层次，并扩展至不同领域的协作研究。

我们建议科学家们建立合理的理论框架来理解多层次、多形式的协作分析，尤其强调应当借鉴不同学科的技术手段，形成重要的协作评估方法。通过这些方法，可以确定与协作效能相关的因果要素，特别是层次性分析向上或向下一层迁移时，不同因素和团队整体行为都有特殊联系。焦点迁移理论由 Hackman (2003) 首次提出，是指将某一层级的关注点向更高或更低层级转移时，可以产生塑造团队过程和绩效的全新因果机制。更重要的是，通过整合上一层级和下一层级部分感兴趣的现象，可以有效提高解释的准确性，因为"整合性解释包含了跨层分析，而不是模糊其他层级作用"（Hackman, 2003, p. 919）。在此基础上，我们建议同时考虑微观、介观、宏观层面的协作，并整合各种现象为评估提供更具解释性的框架。可见，一个真正的多层次理论观点可以有效地指导跨越层次结构的构建（Dansereau 和 Yamarino, 2002; Fiore 等人, 2012）。

4.2 协作评估的背景

本章阐述了多层分析如何开启协同效能评估的重要新方向，并为提升协作解决问题的测量评估质量提供了基础。我们从微观、介观和宏观三个层次展开讨论。首先，讨论了近期关于不同层面的协作研究进展。之后，列举了通过整合分析来理解跨层协作现象的例证。最后，描述了怎样使用这种评估方法来丰富我们对协作式解决问题的理解，并通过团队协作解决科学问题的具体示例进行说明。总之，跨学科交叉正在创造新的方法进行脑、机体、行为和网络层面的团队协作评估。我们的目标是帮助协作评估研究人员更加系统化地理解不断涌现的新研究、新方法，从而对传统评估形式进行有效补充。

4.2.1 层次划分

传统的团队协作效能研究往往局限于单一层次的有限度量。尽管这种单一学科或单一层次分析方法会产生稳定的结果，但过于狭隘地关注一种协作形式或一个层次，将限制对协作性真实内涵的理解，更无法充分捕捉团队合作的内在复杂性。根据多层分析研究（Dansereau 和 Yamarino，2002；Hackman，2003），我们建议开展多种方式和多学科交叉的协作评估研究，客观揭示团队互动的复杂性，进而打破传统协作评估研究的局限性。

本章讨论了与协作相关的多层分析概念及其发展过程。在微观层面，主要关注利用神经生物学和生理学知识理解社会认知过程；进而外扩至介观层面，纳入了媒介工具以及身体之间的运动和非语言行为；最后，进入宏观层面分析，这涉及团队内部和团队间互动。

当深入理解层级内的协作概念和研究方法后，我们可以转向团队研究中面临的更大挑战——创建和整合跨层分析理论和方法（Hackman，2003），在此基础上，理解协作中的动态变化。为实现这一目标，团队研究必须发展成为真正的跨学科研究。本章将讨论协作评估研究的创新，并将其与特定协作解决的问题联系起来。

4.2.2 第一层面：微观层面

随着神经科学评估方法的日益复杂和稳定，研究焦点已经从单纯的个体认知转向探究驱动社会认知过程的生物学机制。围绕这些发展，社会神经科学的新兴领域得以巩固，并为揭示社会认知机制提供了重要支持。更加微观层面的研究侧重于生物状态、神经学特性和协作之间的关系。

脑电图（EEG）已经成为认知和神经科学研究的重要工具之一。EEG 利用头皮电极检测大脑中的电活动，通过特定的电脉冲模式评估各种神经活动（如注意力集中）。随着使用成本的降低和可靠性的提高，EEG 已成为评估协作环境中神经活动的新工具。

作为评估协作的微观层面方法，EEG 可用于测量神经活动的同步性，即协作过程中产生的一致或相似电脉冲。例如，为了检测协同交互活动中的身体协作性，可以利用 EEG 与记录身体生理变化的运动跟踪技术开展联合研究（Yun、Watanabe 和 Shimojo，2012）。具体而言，利用 EEG 相位同步性研究大脑内部连通,也就是不同脑区的神经反应同步性。进而通过 EEG 与身体运动信号的同步性分析,可以观察到极其精细的内隐性人际互动。研究发现,在合作任务中,训练可以明显提升脑区同步性,"在两个大脑的皮层区出现脑内同步性,提示内隐性人际交互的神经关联"(Yun 等人,2012,p. 3),这表明可以利用神经科学研究方法评估协作互动。特别是把身体和神经活动进行关联评估,可以帮助我们理解身体和大脑之间的协作互动(Valera、Thompson 和 Rosch,1991)。

脑电同步激活也在吉他二重奏的复杂协作过程中被观察到(Sanger 等人,2012)。该研究监测了演奏者前额叶皮层(执行控制和认知相关的大脑区域,The Pre-Frontal Cortex,PFC)的 EEG 信号,从而反映团队演奏时不同演奏者的精神状态。研究者共记录了 12 组二重奏演奏者的 EEG 信号,实验前会指定二重奏中的领导者,另一名作为跟随者,然后评估脑内和脑间的 EEG 时频信号相干性。研究显示,演奏过程中的脑电同步振荡会随着领导者—跟随者角色分配而发生变化,当对音乐的协调性有较高要求时,脑内相位锁定和脑间相位一致性在前额叶皮层中有所增强,这可以解释为当存在监督队友的更高要求时,人际协作行动会出现神经性标志。

协作中的身体镜像是另一个新兴研究领域。这类研究围绕协作环境中的联合行动和生物学功能开展实验,已经证实合唱中的音乐结构会对心血管功能产生明确影响,以心率变异性(Heart Rate Variability,HRV)和呼吸性窦性心律不齐(Respiratory Sinus Arrhythmia,RSA)为典型表现(Vickoff 等人,2013),提示"群体性"歌唱可以引起个体的生物反应同步化。

神经内分泌学研究帮助我们理解神经肽催产素如何影响群体信任和合作,如何改变群体间行为(De Dreu、Shalvi、Greer、Van Kleef 和 Handgraaf,2012)。研究者对经典的囚徒困境游戏进行改良并观察游戏中产生的互动模式(如奖励或惩罚),发现经鼻吸入催产素会激发被测试者保护弱势群体成员的欲望。换言之,即使不存在人身威胁,摄取催产素也会产生亲社会行为,在此实验中表现为保护脆弱团队成员的欲望(DeDreu 等人,2012)。这些研究帮助我们理解如何利用微观方法,评估协作中产生防御能力的信任感和动机。

此外,研究人员还记录了团队成员参与合作和协作行为时催产素的变化过程。在奖励性扑克游戏中,催产素水平与团队的合作倾向相关(Ten Velden 等人,2014)。催产素可以减少组内成员玩扑克时的竞争性行为,并且与安慰剂组相比,吸入催产素的被测试者更乐于表现出合作行为。这表明催产素可能不会直接促进人类的仁慈行为,但可能在提升组内合作行为方面发挥重要作用。

上述研究将神经生理学变化与互动行为相结合,为开展微观层面评估提供了新思路,也为利用神经科学与传统评估方法相结合进行协作互动评估提供了支持。随着行为背后的神经生物学研究不断发展,我们可以利用其与传统技术相结合开展协作研究。在本章后半部分中,我们进一步讨论了与协作式解决问题行为相关的神经生物学指标(如心率变异性和信息共享,催产素水平和支持行为等)。总之,通过对协作行为相关的神经学和生物学标记物进行测量,可以对协作交互行为有更加全面和深入的理解。

4.2.3 第二层面:介观层面

微观神经层面向上一级是"介观层面"研究,在本章主要定义为对个体之间互动的测量研究,包括除了观察到的互动行为以外,对非语言行为以及团队成员间、人员与外部人工世界的互动研究。在协作解决问题的过程中,这些外在的认知形式都服务于信息共享(Fiore 和 Schooler,2004;Fiore 等人,2010)。例如,人机交互研究融合了心理学和计算机学方法,研究群体运行中介导复杂协作认知的技术、工具和材料等。

研究人员已经研究了协作的介观层面结构,包括共享意识和共同背景等。例如,利用包含复杂项目和视觉反馈等因素的数字拼图任务,研究共享视觉空间对协同效能的影响(Gergle 等人,2013)。通过分析"帮助者"(负责描述拼图的构成)和"操作者"(负责拼图任务的实际操作)在任务中的互动,发现视觉空间交互过程中,基于成员任务角色进行屏幕优化,可以改变角色间的对话行为和共享意识,这是在现实背景下评估认知和交流的重要途径。

增强型显示系统代表评估人工媒介交互和个体间互动认知的又一重要进展。研究人员针对获得大量复杂和模糊信息的协作过程进行了视觉分析(Isenberg 等人,2012),评估团队在利用笔记本电脑屏幕出现的数百份数字文档获得大量完整文本信息过程中的协作模式。这为围绕任务、人工工具和显示器评估团队成员协作交互的松散和紧密耦合关系提供了论证依据。

"环境感知计算"领域的发展也增进了我们理解与任何数量团队成果相关的互动模式。例如,通过将社会计量标牌(即收集社交数据,例如与他人的亲近度和互动量)与传统调查相结合,研究协作和创造力的影响(Tripathi 和 Burleson,2012)。这项研究在团队会议的背景下,通过监测社会计量标牌和团队成员经历的互动量,评估个人创造力,同时基于原地互动研究,开发了组织环境中团队创造力的预测模型。该研究展示了一种将新技术(社会计量标牌)注入传统研究的有效方法,以改进评估并更好地理解相关背景下的协作(Khan,本书,第11章)。

传感器技术也提供了在实际互动环境中评估团队绩效的新方法。红外光学系统和无源标记现已用于群体互动期间的运动学数据捕获(Ausilio 等人,2012)。该研究分析了与管弦乐队领导力相关的非语言行为运动模式。通过对指挥家的指挥棒和小提琴家肘部运动之间的因果关系进行详细的计算,观察到与音乐审美品质相关的领导力趋势。这表明当与适当的分析技术配合使用时,传感器技术可以帮助我们更好地理解传统概念,如协作研究中讨论的领导者—跟随者行为。这也为评估复杂的互动形式提供了一种新的方法。

简而言之,这些研究说明了技术如何帮助我们以更精细和新的方式来研究社交互动中的行为方面。在介观层面,我们可以直接观察个体间联合动作的运动模式以及与环境中工具的协作。这为如何通过监视团队成员彼此的认知和行动的方式来实现集体目标提供了见解。这不仅仅是停留在生物学基础上对互动的讨论,而且是转向了对个体形式上互动的讨论。此外,在介观层面上我们研究情境因素如何与协作相关联。总之,通过将介观与微观层面联系起来,我们可设想如何将神经基础与个体间行为互动相结合来评估协作,以提升我们对协作和协作式问题解决的理解,例如,在团队协作中检测 EEG 和团队相关任务/系统(Stevens、Galloway、Wang 和 Berka,2012,详见本书第 20 章),并在协作式问题解决期间使用眼动追踪工具(Olsen 等人,第 10 章)。相关内容将于后续章节描述。

4.2.4 第三层面:宏观层面

为了理解他人行为对我们互动的影响,我们将过渡到最广的层面,即宏观层面,对由数百上千人互动而产生的子群的团队或大型网络开展研究。通过网络科学和社交网络分析,可以帮助我们研究这些跨越不同时间尺度的广泛互动模式。

举例来说,使用文献计量学的宏观分析为理解现实世界中发生的协作行为提供了新方法。通过对 50 多年来 2 000 万项专利和出版物的分析,研究发现科学领域的协作正在兴起,且团队合作对知识产生的影响越来越大(Jones 等人,2008;Wuchty 等人,2007)。这种宏观分析的形式可以更细化,运用网络分析可以研究复杂团队合作环境中成功的互动形式。为说明这点,我们针对科学领域的团队合作开展的研究研发了相关的分析技术，并研究了先前合著模式，并进行了引文重叠分析。对 1 000 多项协作提案的研究成果可用来帮助优化团队的组成及预测团队协作的成功率（Contractor，2013）。这些研究针对的是数千个团队间长期开展广泛协作模式，为局部互动提供了新见解。

同样，在体育运动中，开展互动网络分析有助于评估团队的表现。通过研究职业足球中近 30 万次的传球，使用网络强度（例如，传球率）和网络中心性（例如，球员优势）等指标进行分析，结果表明，高强度和低中心化对团队比赛成功具有较强的相关性（Grund，2012）。在另一项研究中，针对 12 000 多个视频游戏制作团队（超过 13 万人）开展网络分析，发现影响游戏开发团队创新性的重要因素（De Vaan、Stark 和 Vedres，2015）亦是高强度和低中心化。研究发现，当具有不同技能的个人利用各自优势开展协作时，当团队个体间的风格差异越大时，个人获得的技能越有助于成功。具体而言，当团队在技能和风格方面的多样性更强时，他们更可能开发出与众不同的游戏。这些研究为理解协作行为提供了创新方法，也为我们表明了评估协作的新要素（例如，协作能力）。

在大型多人在线游戏（Massively Multi-player Online Games，MMOGs）的背景下，社交网络分析还应用于对虚拟环境中团队成功率的研究。通过 7 000 多名玩家在数月间产生的数百万条消息，分析了联盟、交易和合作等因素对团队表现的影响。网络分析表明，在应对竞争时，频繁沟通和协调可以提高团队的表现，且成功的队员更倾向接收而不是发送信息（Wigand 等人，2012）。

在这一更宏观的层面，有研究通过使用社交网络，分析虚拟世界中群体的形成过程。为帮助理解互动类型与群组形成之间的关系，根据互动数据（例如，聊天室中的数千个条目）开发了社区检测算法。研究发现，在公会内，通过前期团体成员的身份可预测未来加入群体成员的身份。此外，研究结果证明，网络中心性可用于预测加入模式，并且比成员技能更重要（Alvari 等人，2014）。尽管这些研究是在虚拟世界中进行，但也完成了在很长一段时间内稳定跟踪数千人的行为的要求，为传统实验室研究无法实现的协作研究提供了新思路。

总之，这种宏观层面的研究达到了分析神经通路或行为观察的方式无法达到的理解水平。此外，它们还帮助我们了解在现实和虚拟世界中数千个协作小组的团队合作。通过关注宏观层面的团队动态，有助于发现超越个人和团队（例如，运动团队、项目制作团队）层面成功互动的因素。尽管神经科学家和行为研究人员的工作不容忽视，但不可否认，在这种脱离高度控制实验室研究之外的评估团队所进行的工作也很有价值。神经和行为研究将我们的分析范围限制在微观或介观层面，忽略了从更广泛的角度来理解互动的价值。此外，网络分析提供了一种可行的方法来发掘影响协作式问题解决的因素，其最大优势在于不会干扰互动或影响互动结果。这具有重要意义。因为神经（微观）甚至行为（介观）水平的研究可能因设备和方法的局限，在测量互动形式或结果方面产生潜在影响，使结果准确性下降。因此，宏观研究的预测能力优势在于其规模及其对现场绩效的评估准确性。

4.3 跨层次整合评估

上述层次的单独分析具有一定的启发性，我们现在开始考虑跨层次的整合研究。这需要真正多层次的理论视角，研究人员在其中评估多层次协作，以便更好地说明他们可以通过概念化跨越层次的结构（Dansereau 和 Yamarino，2002；Fiore 等人，2012）。此外，如前所述，将研究视角转移到更高或更低层级，可对影响团队过程和绩效的因果机制产生新的见解。使用新的分析方法，并通过指定和交叉分析层次，将上一层级和下一层级的主要现象整合起来，可为协作提供更精确的解释（Hackman，2003）。与此同时，除整合研究外，我们也要同时考虑微观、介观和宏观层面的协作，可为理解协作效能提供更丰富的解释框架。

举例来说，整合微观和介观层面的研究增进了我们对团队认知的理解（Stevens 等人，2012）。先前研究已证明了神经生理学在我们对团队协作过程的理解方面的积极作用。在模拟潜艇驾驶和导航（Submarine Piloting and Navigation，SPAN）任务中，研究将参与时间映射到团队事件中，发现其与团队成员相互交流的频率保持一致。这项神经生理学测量与团队交流相结合的研究得出结论，即如何将微观和介观层面联系起来，以改进与整合新的和传统方法用于评估合作（另见 Stevens 等人，第 20 章，进一步讨论研究关于合作的现场评估）。另一项研究通过在协作任务中使用"眼动追踪"范式来研究跨层次评估的价值（Olsen、Ringenberg、Aleven 和 Rummel，2015）。这项研究评估了个人层面的凝视模式如何与团队层面沟通和学习相关联（另见 Olsen 等，本书第 10 章）。研究人员不仅收集实验中自我报告的数据，并且监测学习环境中协作队友的联合视觉注意力，这包含了微观和介观层面。因此，以跨层次方式研究个人与环境和其他团队成员在学习过程中的互动具有重要意义。

上述研究为创新评估提供了方向，而我们的目标是推动该领域迈向跨越不同层次且具备更高整合度的水平。因此，为进一步说明这种方式对团队研究的价值，我们以科学问题的解决为例，开展复杂的协作评估，这将得益于多层次和多方法的评估方法。随着所研究问题的性质变得越来越复杂，以上将成为研发常态（Fiore，2008；Hall 等人，2008；Stokols 等人，2008）。此外，协作式问题解决并不仅限于特定领域，而是跨越物理、社会、生命/健康和计算科学等各学科，且跨学科的实践日益增多（Asencio 等人，2012；Börner 等人，2010；Falk-Krzesinski 等人，2011；Olson 和 Olson，2013）。在本章中，通过对微观、介观和宏观层面及其互动的考虑，可阐明我们对科学团队中协作式问题解决的见解。

在通过多层次视角评估协作时，我们必须考虑互补的方法（Klein、Canella 和 Tosi，1999；Kozlowski 和 Klein，2000）。首先，部分评估协作评估了设想较高级别的变量是如何调节较低级别变量的。在科学团队示例中，可以是宏观层面的因素。例如不同大学协作中可能出现的不同团队对基础设施的数据共享，以及考虑其如何对微观因素（例如团队信任）产生下游和近端影响。其次，可运用模型来检验个体层面的因素，并计划如何塑造更高层面的环境。同样采用科学团队的协作式问题解决为例，人口因素（由社会科学家和生命科学家组成的多学科团队）可以影响团队的协作级别（由于团队成员之间缺乏共享知识而导致的协调损失）。如果不考虑这些互补方法的因素，在评估科学团队在解决问题过程中的协作研究时，可能会错误地理解利益关系，甚至完全忽视关系的存在。

为了在微观、介观、宏观层面的框架中证明上述区别，我们接下来通过一组具体的示例来说明，整合跨层次评估措施如何对评估科学团队中的协作式问题解决产生有利影响。首先，通过整合微观和介观层面，我们可以研究神经生理指标与更广泛的互动行为之间的关系，比如神经同步与团队内部沟通的关联性。在一个科学团队中，通过研究成员在假设撰写提案期间的脑电图来评估工作同步模式。此外，神经肽可能与工具的选择和使用相关。例如，较高催产素水平可能预示着科学团队在研究提案时更愿意借助工具。

微观层面的因素也可以与更宏观的层面联系起来。比如通过测量初始互动期间的同步脑电图信号来预测日后群体的形成。具体地说，在初始讨论期间表现出更高脑电图同步相位的团队，更有可能获得成功。我们还可以在协作中研究介观和宏观层面的关联性，评估宏观的科学协作模式是否与介观的知识整合/共享程度有关。例如，在团队提案生成过程中，在直接从资助机构获取数据和团队知识共享两种互动模式下提案的成功率有所不同。

总之，我们可以通过使用这种跨级别评估的方法来更好地了解与协作效能相关的因果因素，从而提高解释力。此外，通过将分析视角向上或向下移动一个层次，阐明影响科学团队中协作式问题解决的重要因素。

4.4 结论

随着技术的革新，我们研究协作式问题解决的能力也在不断发展。尽管提高协作效能是我们的最终目标，但我们首先需要认识到的是利用不同学科间的互补方法理解和优化协作流程的重要性。与使用单一学科的方法相比，不同学科相结合的方法可以更深入地了解协作评估，并根据从多层次分析理解的协作为团队本身提供协作机会。此外，跨层次协作评估理论，为科研人员评估互动和协作提供了切实可行的方法（Cikara 和 Van Bavel，2014）。我们可通过对现有协作问题采取更广泛的研究方法，来提高协作优势。

根据对协作多层次整合或单一研究，我们可设计和构建协作举措，以更好地理解和评估协作技能。使用多层次的评估方法并在层次之间进行比较可帮助我们更好地设计出教育背景下的评估措施。团队中的教师和学生都应将自身知识与环境和其他团队成员结合起来，而不是局限于一个孤立的层面上。结合最近在教育领域获取的理论和经验，我们需从心理学、生物学、神经科学等多个领域开展研究。最重要的是，要在学习者的环境中开展有效的评估。从学习的角度，利用协作中使用的工具来评估协作的必要性，专注于多层次的方法。这样，我们可确定交叉点并进一步细化研究的领域。

总之，本章的目的是揭示多层次分析如何帮助我们理解协作，以及如何提升我们的能力以开发评估协作的工具、方法和新方式。正如显微镜揭示了生物系统的微观隐藏层一样，多层次分析技术正在揭示社会系统内部和系统之间的相互联系。同时，这些技术也帮助我们更好地理解现有的概念、结构和理论，为协调、沟通、合作，甚至是冲突等概念提供了全新视角。通过本章，我们希望推动该领域向前发展，鼓励团体和团队研究人员扩大自身的合作范围，分享新的方法和措施，并与心理测量学和评估专家建立更紧密的联系。跨学科协作是研发新方法和提高新技术准确性与精度的必经之路。只有这样，我们才能在团体和团队研究中建立新的结构和概念,并通过这种跨学科的新理论获得对团体和团队更全面的理解。

致谢

在本章撰写中,第一作者得到了美国国家科学基金 SES – 0915602 项目及国家科学院协会凯克未来计划 NAKFICB10 的支持。本部分所包含的观点、意见和结论均为作者所持有,不应解释为官方观点或佛罗里达大学、美国国家科学基金会或国家科学院的观点。

参考文献

[1] Alvari H, Lakkaraju K, Sukthankar G, et al. Predicting guild membership inmassively multiplayer online games. In Social computing, behavioral – cultural modeling and prediction [M]. Berlin: Springer International Publishing, 2014.

[2] ASENCIO R, CARTER D R, DECHURCH L A, et al. Charting a course for collaboration: A multiteam perspective [J]. Translational Behavioral Medicine, 2012, 2 (4): 487 – 494.

[3] BÖRNER K, CONTRACTOR N, FALK – KRZESINSKI H J, et al. A multi – level systems perspective for the science of team science [J]. Science Translational Medicine, 2010, 2 (49): 1 – 5.

[4] CIKARA M, VAN BAVEL J J. The neuroscience of intergroup relations: An integrative review [J]. Perspectives on Psychological Science, 2014, 9 (3): 245 – 274.

[5] CONTRACTORN S. Some assembly required: leveraging web science to understand and enable team assembly [J]. Philosophical Transactions of the Royal Society, 2013, 371: 1 – 14.

[6] D'AUSILIO A, BADINO L, LI Y, et al. Leadership in orchestra emerges from the causal relationships of movement kinematics [J]. PLoS ONE, 2012, 7 (5).

[7] DANSEREAU F, YAMARINO F. Research in multi – level issues [M]. Oxford: Elsevier Science Ltd, 2002.

[8] DE DREU C K W, SHALVI S, GREER L L, et al. Oxytocin motivates non – cooperation in intergroup conflict to protect vulnerable in – group members [J].

PLoS ONE, 2012, 7 (11).

[9] DE VAAN M, STARK D, VEDRES B. Game changer: The topology of creativity [J]. American Journal of Sociology, 2015, 120 (4): 1144 – 1194.

[10] FALK – KRZESINSKI H J, CONTRACTOR N S, FIORE S M. et al. Mapping a research agenda for the science of team science [J]. Research Evaluation, 2011, 20: 143 – 156.

[11] FIORE S M. Interdisciplinarity as teamwork: How the science of teams can inform team science [J]. Small Group Research, 2008, 39 (3): 251 – 277.

[12] FIORE S M, SCHOOLER J W. Process mapping and shared cognition: Teamwork and the development of shared problem models [M]. Washington, DC: American Psychological Association, 2004: 133 – 152.

[13] FIORE S M, ROSEN M A, PAVLAS D, et al. Conceptualizing cognition at multiple levels in support of training team cognitive readiness [C]. Santa Monica, CA: Human Factors and Ergonomics Society, 2012: 448 – 452.

[14] FIORE S M, ROSEN M A, SMITH – JENTSCH K A, et al. Toward an understanding of macrocognition in teams: Predicting processes in complex collaborative contexts [J]. Human Factors, 2010, 52 (2): 203 – 224.

[15] GERGLE D, KRAUT R E, FUSSELL S R. Using visual information for grounding and awareness in collaborative tasks [J]. Human – Computer Interaction, 2013, 28 (1): 1 – 39.

[16] GRUND T U. Network structure and team performance: The case of English premier league soccer teams [J]. Social Networks, 2012, 34 (4): 682 – 690.

[17] HACKMAN J R. Learning more from crossing levels: Evidence from airplanes, orchestras, and hospitals [J]. Journal of Organizational Behavior, 2003 (24): 1 – 18.

[18] HALL K L, FENG A X, MOSER R P, et al. Moving the science of team science forward: Collaboration and creativity [J]. American Journal of Preventive Medicine, 2008, 35 (2S): 243 – 249.

[19] ISENBERG P, FISHER D, PAUL S A, et al. Collaborative visual analytics around a tabletop display [J]. IEEE Transactions on Visualization and Computer Graphics, 2012, 18 (5): 689 – 702.

[20] JONES B, WUCHTY S, UZZI B. Multi - university research teams: Shifting impact, geography, and stratification in science [J]. Science, 2008 (322): 1259 -1262.

[21] KLEIN K J, CANNELLA A, TOSI H. Multilevel theory: Challenges and contributions [J]. Academy of Management Review, 1999 (24): 243 -248.

[22] KOZLOWSKI S W J, KLEIN K J. A multilevel approach to theory and research in organizations: Contextual, temporal, and emergent processes [M]. San Francisco, CA: Jossey - Bass, 2000: 3 -90.

[23] MASTERS B R. History of the optical microscope in cell biology and medicine [M]//Encyclopedia of Life Sciences (ELS). Chichester: Wiley, 2008.

[24] Olsen J K, Ringenberg M, Aleven V, et al. Dual eye tracking as a tool toassess collaboration [C]. In ISLG 2015 fourth workshop on intelligent support for learning ingroups, 2015.

[25] OLSON J S, OLSON G M. Working together apart: Collaboration over the internet [J]. Synthesis Lectures on Human - Centered Informatics, 2013, 6 (5): 1 -151.

[26] SÄNGER J, MÜLLER V, LINDENBERGER U. Intra - and interbrain synchronization and network properties when playing guitar in duets [J]. Frontiers in Human Neuroscience, 2012 (6): 312.

[27] STEVENS R H, GALLOWAY T L, WANG P, et al. Cognitive neurophysiologic synchronies what can they contribute to the study of teamwork? [J]. Human Factors: The Journal of the Human Factors and Ergonomics Society, 2012, 54 (4): 489 -502.

[28] STOKOLS D, MISRA S, MOSER R, et al. The ecology of team science: Understanding contextual influences on transdisciplinary collaboration [J]. American Journal of Preventive Medicine, 2008, 35 (2): S96 -S115.

[29] TEN VELDEN F S, BAAS M, SHALVI S, et al. Oxytocin differentially modulates compromise and competitive approach but not withdrawal to antagonists from own vs [J]. rivaling other groups. Brain Research, 2014 (1580): 172 - 179.

[30] VARELA F, THOMPSON E, ROSCH E. The embodied mind: Cognitive

science and human experience [M]. Cambridge, MA: MIT Press, 1991.

[31] VICKHOFF B, MALMGREN H, ASTROM R. Music structure determines heart rate variability of singers [J]. Frontiers in Psychology, 2013 (4): 334.

[32] WUCHTY S, JONES B F, UZZI B. The increasing dominance of teams in production of knowledge [J]. Science, 2007, 316 (5827): 1036-1039.

[33] YUN K, WATANABE K, SHIMOJO S. Interpersonal body and neural synchronization as a marker of implicit social interaction [J]. Nature Scientific Reports, 2012 (2): 959.

第 5 章 通过对话评估协作解决问题

Arthur C. Graesser、Nia Dowell 和 Danielle Clewley

摘要：沟通是解决协作问题和开展评估的核心。随着计算机语言和人类语言学的不断进步，我们可以对不同教育教学场景中对话的多层次语言和内容开展分析。尽管多数研究聚焦在学生和导师协作解决问题的辅导场景上，仍有部分关于小组协作的研究取得了新进展。将一对一辅导或小组协作的自然属性模型与理论有效模型进行比较分析，可以发现，目前基于对话的评估方式广泛应用于读写、计算、学习、推理和协作解决问题等各种能力的评估上，对话式评估也用于设计人—机自然语言交互的计算机对话智能体。本章论述了在人—机协作解决问题或回答复杂问题过程中，利用一个或多个计算机智能体来评估参与人员各项能力的研究。其中，AutoTutor 是一种采用自然语言进行协作对话评估的计算机智能，可以通过提问、简短回答、信息提示、关键词提醒、更正、总结或提问总结等对话行为评估学生的表现。三方对话（Trialogues）是基于人与两种不同的计算机智能角色（同伴、导师、专家）之间的对话，用于技能培训或特殊技能、能力评估场景中。目前，美国教育考试服务中心已经采用计算机智能进行个人能力的评估，在 2015 年国际学生评估项目（Programme for International Student Assessment，PISA）中用于评估学生协作解决问题的能力。

关键词：Auto Tutor；对话智能体；聚合力；Coh - Metrix；协作解决问题；情感；反馈；智能辅导系统；国际学生评估项目（PISA）；三方对话（Trialogues）；辅导

5.1 引言

协作要求两人或多人在学习、解决问题或执行协作任务过程中进行沟通。本章将重点介绍一对一辅导和小组协作解决问题过程中，基于对话开展的个人能力评估。需要强调的是，本章提及的评估是采用计算机智能开展，即受评者在协作过程中需要与一个或多个计算机智能角色进行对话交流。

智能对话体是指拟人化的计算机角色通过自然语言与人类进行完整沟通。其中，实体化智能对话体具有能说话的头部或虚拟动画身体，可以产生面部表情、肢体动作和手势等拟人动作，而非实体化智能对话体仅发送文本或语音消息，不存在任何拟人化视觉形象。本章所述的智能对话体并非机械地展示语言和动作，而是实现了自适应受评者的动作、语言甚至情绪。自适应智能体甚至逐步替代了人类专家的工作，可以指导学习者下一步做什么、开展协作对话、传递教学内容，甚至能够塑造理想的行为、策略、反思和社交互动。

此外，对话智能体还可以系统记录会话交互期间的人类行为表现、知识储备、技能和各种心理特征变化。对于任何一种适应性学习或评估环境而言，这种针对人的系统性评估都必不可少。系统每小时可将数十甚至成百上千个观察结果收集到日志文件中，并作为绩效和心理属性的评价指标（Dede，2015；D'Mello 和 Graesser，2012；Shute 和 Ventura，2013；Sottilare、Graesser、Hu 和 Holden，2013）。从海量数据中得到的评分可以进一步用于提高可靠性和有效性的评估计算中。本章列举了我们在利用对话智能体的学习和评估环境中，收集到的不同类型评分和测量方法，其中一些反映了个人的协作式解决问题（Collaborative Problem Solving，CPS）熟练度与其在团组中和他人协作解决问题的能力有关。由于群体中的个人 CPS 测量特征不在本章研究范围内，在此仅简要介绍了 2015 年国际学生评估项目中应用对话智能体进行 CPS 评估的情况（Graesser、Foltz 等人，出版中；Graesser、Forsyth 和 Foltz，2016；OECD，2013）。

在现代学习环境中，自适应对话智能体的应用越来越流行。目前被认为能够成功提高学生学习成绩的代表性系统包括：Auto Tutor（Graesser 等人，2004，2012；Nye、Graesser 和 Hu，2014）、Deep Tutor（Rus、D'Mello、Hu 和 Graesser，2013）、Guru Tutor（Olney 等人，2012）、Betty's Brain（Biswas、Jeong、Kinnebrew、Sulcer 和 Roscoe，2010）、iSTART（Jackson 和 McNamara，2013）、Crystal Island（Rowe、Shores、Mott 和 Lester，2010）、Operation ARA（Halpern 等人，2012；Millis 等人，2011）、My Science Tutor（Ward 等人，2013）。这些系统基本涵盖了 STEM 课程（物理、生物和计算机技能主题）、阅读理解、科学推理以及其他领域和技能学习。线上学习工具可以进行系统化在线评估，即刻生成评估分数并存储在学生账号里。数据库中的学生模型会随时间变化，持续动态记录

学生的表现、知识、技能、策略和非认知心理属性等（Sottilare 等人，2013）。学生模型的评分将进一步输入计算机自适应智能系统中，确定下一步要呈现的问题和计算机需要表达的对话行为。此外，研究人员还开展了离线数据挖掘分析并建立了机器学习模型，以便发现影响学生学习、动机和情绪的对话式交互模式（D'Mello 和 Graesser，2012；Forsyth 等人，2013；Rowe 等人，2010）。

哪些对话模式和话语动作可以被自适应对话智能体采纳呢？以下因素应予以考量：

1. 人与人对话的话语动作和模式

Auto Tutor 早期版本是基于数百小时有代表性的师生面对面互动分析建立的（Graesser、Person 和 Magliano，1995）；Guru Tutor 是以 10 位专家级导师的对话分析为依据而开发（Cade、Copeland、Person 和 D'Mello，2008）。在协作学习和解决问题方面，则基于数十个小组（每组有 3~4 名学生与导师）的会话动作进行深入分析后建立（Morgan、Keshtkar、Duan 和 Graesser，2012）。

2. 理论模型

现有模型包括辅导策略模型（Graesser、D'Mello 和 Cade，2011 年）和小组协作式解决问题模型（Fiore 等人，2010；Graesser、Foltz 等人，出版中；OECD，2013；Fiore，本书；Salas 和 Reyes，本书）。

3. 数据挖掘

成功和不成功的对话模式可从日志文件的机器学习分析中得到（Forsyth 等人，2013；Rosé 等人，2008；Rosé、Howley、Wen、Yang 和 Ferschke，本书；He 和 M. von Davier，本书）。

4. 技术限制

受到当前计算语言的技术限制，部分话语动作和对话模式很难或不可能通过计算机模拟实现（Jurafsky 和 Martin，2008）。例如，计算机无法准确解释复杂的逻辑推导或实现精准的数学化表达，也无法准确地建立多个会话内容动态转换中的话语行为。

本章还列举了在对话智能体中加入人为打分的实例。我们从普通对话开始，之后对三方对话进行了讨论（两个计算机智能角色和一个人），重点关注对协作式解决问题能力的评分研究，但其中也有部分建立在其他认知或非认知属性之上。

5.2 对话

最简单的智能交互形式是一个人仅与一个计算机智能体交互。该智能体可以扮演不同角色（专家、导师、同伴）、能力（低层到高层知识）和协作风格（合作、帮助、对抗性、无响应）。Auto Tutor 就是通过一个智能导师的口语信息和行为调动人类积极性，最终促进学生积极学习（Graesser 等人，2004；Graesser、Jeon 和 Dufty，2008，2012；Nye 等人，2014）。在交互过程中，学生可以通过打字或语言表达进行学习反馈，多数研究表明这两种形式的学习效果相当（D'Mello、Dowell 和 Graesser，2011）。Auto Tutor 会提出需要解决和推理的问题，同时提供由 1~5 个句子组成的合理答案，学生和导师通过多轮对话共同得出解决方案或答案（Chi、Siler、Yamauchi、Jeong 和 Hausmann，2001；Graesser 等人，2008）。Auto Tutor 的教学目标参照 Meta 分析获得的实际人工课堂效价 $\sigma = 0.20 \sim 1.00$ 而设置（Cohen、Kulik 和 Kulik，1982；Graesser 等人，2011；VanLehn，2011），辅导学生学习的效果基本达到与人类导师相同的水平（Graesser 等人，2008、2012；Nye 等人，2014；VanLehn，2011；VanLehn 等人，2007）。

Auto Tutor 和人类导师都遵循同一种系统的对话机制，称为预期—误解定制式对话（Graesser 等人，2008、2012）。也就是说，在导师向学生提出挑战性问题并实时跟进他们推理的过程中，导师会预设学生反馈的正确答案（称为"预期"）或特定错误理解。当学生在多轮对话中输出答案时，老师会把学生的回答与预期的正/误答案进行比较，并形成学生熟练度的近似模型。举例来说，假设某个问题设有 3 种预期答案和 2 种错误理解，学生答案和预期之间的语义匹配分（0~1 分）将按照如下计算：①单轮对话中的匹配分数；②多轮对话中累积的匹配分数；③最后一轮对话中的匹配分数。在完成 100 轮对话后，分别计算与 3 种预期答案和 2 种错误理解的匹配分数（E1、E2、E3、M1、M2），根据这五个分数来评估学生在互动生成答案过程中的贡献值。若一名学生得分为（0.8、0.9、0.7、0.1、0.0），表明该生较好地得出了预期答案，对问题几乎不存在误解；若得分为（0.0、0.1、0.2、0.1、0.0），表明该学生的信息贡献度很少；若得分为（0.4、0.5、0.6、0.8、0.1），表明该学生会出现 M1 层面的错误理解。

进程评分需要计算机对语义匹配进行评估。目前自然语言处理技术的进步可以确保计算机做到精准语义匹配，相关算法可以实现对重复关键字、特定低频高权重词语、单词顺序、潜在语义分析余弦值、正则表达式、计算逻辑过程等指标进行逻辑评分（Cai 等人，2011；Graesser 和 McNamara，2012；Rus、McCarthy、McNamara 和 Graesser，2008）。计算机自动语义匹配得分几乎与人类专家的标注评分结果完全相同，并且可在 Auto Tutor 中实时计算得出。鉴于语义匹配算法并非本章的主要讨论内容，因此不在此赘述。

Auto Tutor 生成的对话场景会鼓励学生积极回答，并达到最终预期。在对话起始阶段，Auto Tutor 会设计一些引导语（如告诉我更多，还有什么呢），以便引导学生针对关键问题表述更多的信息。因为对于大多数学生而言，即使已经掌握了很多知识，但在回答问题时通常只会用 1~2 句话进行表述。完成第一阶段的关键问题信息采集后，Auto Tutor 虚拟导师会针对学生尚未得出的预期答案（E1、E2、E3），依次开展对话，引导学生回答并得到预期答案（E_j）。具体而言，系统会针对每个 E_j 调用"暗示→提示→明确指示"的循环对话：首先是一个暗示；如果学生没有给出好的答案，则进行问题提示并引出未表达的答案；如果学生依然未给出好的答案，最终给予明确的指示。因此，还需要建立一种学生根据引导最终得出预期答案（E_j）的系统评分方式：如果经学生回答关键问题的语义匹配分数达到或超过 E_j 阈值，则获得 1.0 分；如果经过"暗示"后达到或超过 E_j 阈值，则计为 0.67 分；如果经过"提示"后达到，则计为 0.33 分；如果学生要根据明确指示才得出答案，则计为 0.00 分。学生的最终分数为 [(S1 + S2 + S3) - (S4 + S5)]。这种 Auto Tutor 学生分类方法与学科知识的客观测试结果具有一致性（Jackson 和 Graesser，2006），但值得注意的是，Auto Tutor 会实时纠正学生表达的错误答案并计入总成绩。

Auto Tutor 生成的"引导—暗示—提示—确认"循序渐进式答题程序，可以更好地提取并评估学生对知识的掌握度。尽管 Auto Tutor 也建立了其他促进学习的对话活动，但不一定适于评估，例如，学生依次答题后，Auto Tutor 马上给出简短反馈（正面、中立、负面），虽然适当的正面或负面反馈可以促进学生学习，但也会给评估带来偏差，中立的反馈（如好吧，嗯……）反而更适合开展评估。另外，在课堂和辅导教学环境中，尽管学生主动提问的概率很低，但提问依然存在（Graesser 等人，1995；Graesser、McNamara 和 VanLehn，2005），基于此，老师们不应在评估过程中直接回答，而应采用反问式回答，例如：你对这个问题会怎么回答呢？

除对学生的语言和讨论进行评分外，其他表现也可以进行评分。Auto Tutor

将学生的言语行为信息分为不同类别：提问、简单回答（比如"是的、好的"）、确定性回答、认知性表达（比如"我不明白，现在理解了"）、交流性表达（"你说什么？"）以及情绪化评价（"这真烦人""我讨厌这种材料"）。类似对学生主动提问情况进行评估（Graesser 等人，2005），学生表述不同类别言语信息的比例也可以用于判断其学习的自我调节能力，例如，学生做出"确定性回答 + 提问"的频率或比例是反映对话主动性程度的指标。此外，除了根据语义匹配对正确率和概念性偏误进行评分，还可以对学生的"确定性回答"进行多维度分析，Auto Tutor 将其划分为模糊性结论、与主题要义相关、新结论（即回答中添加了新信息）、冗长性结论（根据字数判断）等。针对学生语言的多维分析在某种程度上可以反映其情绪变化，比如沮丧、困惑或无聊（D'Mello 和 Graesser，2012），关于情绪的评估不在本章详述。利用其他计算语言学工具也可以对学生的"确定性回答"进行分析，包括 Coh-Metrix（Dowell 等人，2014；McNamara 等人，2014）与 Linguistic Inquiry 和 Word Count（LIWC；Pennebaker、Booth 和 Francis，2007）等。比如 Coh-Metrix 可评估学生使用专业语言（抽象词语、复杂语法、高度衔接、信息体裁）和对话性语言（具体词、简单语法、低衔接和叙述体裁）的程度。这些语言语义的多维度特征都可以在协作式解决问题的评估过程中被自动捕获分析。

5.3 三方对话

我们的研究发现，利用两个计算机虚拟智能体与学生形成三方对话交流，更有利于提高学习和评估效率（Graesser、Forsyth 和 Lehman，出版中；Graesser、Li 和 Forsyth，2014；Graesser、McNamara、Cai、Conley、Li 和 Pennebaker，2014）。除 Auto Tutor 外，多种智能对话模式已经用于各种学习环境中，例如 Betty's Brain（Biswas 等人，2010）、iSTART（Jackson 和 McNamara，2013）、Operation ARIES!（Forsyth 等人，2013；Halpern 等人，2012；Millis 等人，2011）。多种智能角色被植入三方（Zapata-Rivera、Jackson 和 Katz，2015）甚至四方对话环境（两人对两个智能角色；Hoa 等人，本书）中。

近期，研究者正在尝试设置多种智能角色，以便更好地适应特殊学生、主题、学习深度和评估的需要（Cai、Feng、Baer 和 Graesser，2014；Graesser、Forsyth 和 Lehman，出版中；Graesser、Li 和 Forsyth，2014；Zapata-Rivera、

Jackson 和 Katz，2015）。表 5-1 列举了除与学习相关之外，还与协作式解决问题评估相关的智能对话设计。

表 5-1 应用于学习和协作式解决问题的三方智能对话系统设计

序号	设计	说明
1	设计两个智能角色与人类互动，人类的参与性有限	以两个智能角色的交流为主并展示出社交交互性、回答问题、解决或推理问题。两个智能角色可以是导师、专家或二者搭配，他们会在交流中偶尔向人类提出易于回答和评估的问题（用"是/否"或"单词"即可完成回答）。这种三方设计适于教学的起始阶段，或针对知识水平较低以及不善于口头表达的人
2	人类与两个知识水平不同的智能角色互动	两个智能角色的知识和技能水平不同。在评估过程中，计算机会根据人类对两个智能角色做出的回应、是否正确回答问题以及主动指导纠错的频率，评估其在交互过程中的主动性
3	由虚拟智能专家设定的人类与另一智能角色竞争性交互	由虚拟智能专家引导人类和另一智能角色共同完成竞争性任务（积分制），任务的设置在学习和评估环境下均属于个人激励性
4	智能专家引导下的人类与另一智能角色交互	由虚拟智能专家和人类进行互动，但另一智能角色会周期性参与互动并得到反馈。由计算机智能角色提出的错误答案，虚拟智能专家会给出负面反馈；由人类提出的类似错误答案，智能专家则会给出中性反馈，以此避免负面反馈造成的人类积极性降低
5	人类教授/帮助另一智能角色协助智能专家	人类按照智能角色的需求，教授/帮助其协助智能专家解决问题。这种三方对话设计适合于知识渊博、技术娴熟并且有能力解决问题和主导互动的人群
6	人类与表达虚假信息、矛盾、发生争执或不同观点的两个智能角色进行交互	智能角色之间的分歧会导致认知不平衡、混乱和更加深度的学习。这种方式在聚焦于细微差距的评估中非常重要

尽管表 5-1 中的六类设计尚未涵盖所有设计方法，但代表了针对不同人群、不同智力和不同能力开展评估的主要思路。就实际应用而言，基于 Auto Tutor 的三方智能对话系统已经在成人识字研究中心（CSAL）应用，用于帮助 16 岁及 16

岁以上的读者提高理解能力（Graesser、Baer 等人，2015），这部分人群不仅存在阅读障碍，在写作技巧、自信心和自我认同感方面都表现不佳。在针对此类人群的 35 节学习课程中（平均每节课 30 分钟），我们选择了表 5-1 中第 1、3、4 项的设计理念，实现动机优化和自信心提升。相反，我们应用 Operation ARIES！设计了帮助大学生学习研究方法和科学推理的对话程序，比如相关性分析不一定需要在实验中设置阳性组和对照组（Millis 等人，2011）等。表 5-1 中第 2、4、5、6 项对话设计主要针对知识掌握度较好和能力较强的人群；在不同学习阶段，对话设计的选择还应该与学生的知识掌握程度相匹配，学习表现一般的学生更适于第 1 项设计，而知识掌握较好的学生更适于第 4 和第 5 项设计。第 6 项设计已经用于指导大学生阅读某些科学性较差的文献时，通过口语化的三方对话对研究中某些违背特殊科学原则的情况建立批评性思维（D'Mello 等人，2014；Lehman 等人，2013）。研究表明，当两个智能角色的表述相互矛盾或提供虚假信息时，学生会在认知失衡和混淆中进行更深入的学习。

三方对话设计已经用于复杂的计算机环境并允许人类通过不同方式表达其观点，交互场景从简单的聊天室形式发展为多媒体和虚拟现实交互（Cai 等人，2014；Zapata-Rivera 等人，2015），不同角色间的交流渠道也从非拟人化的聊天文本发展到植入不同的虚拟化身。三方对话设计中的人类输入形式很重要，最简单的输入就是执行一个简单操作，比如单击（或触碰）计算机界面上的一个或多个选项。为了代替人类通过键盘输入非确定性的口语答案，计算机一般会提供 3~5 个选项供选择，这种方式非常适于成人识字研究中心的 Auto Tutor 研究，因为该研究中参与评估的成年人在写作方面存在一定障碍，2015 年国际学生评估项目也采用了这种方式。对于标准化评估而言，将人类的不确定反馈限制在 3~5 个选项中，可以聚焦于特定的评估架构和细微差别，有利于通过明确的选项进行自动评分。但是，选项式问答的潜在缺点在于，有时人类期望表达的内容并未在选项中出现。随着计算语言和人类语言科学的进步，采用开放式自然语言的自动评分逐渐成为对话评估的理想方式。它不仅可以计算人类语言与预期语义的匹配分（比如评估响应的正确性），还能将人类语言划分为不同类别（比如评估对话中的主动性），当然，所有的人工输入形式都可以在对话设计中进行客观和自动化评分。

和全人类的三方对话相比，引入计算机智能角色的评估过程可以实现更加合理的对话控制，当然，三方对话的设计更复杂并对计算机算力提出更多挑战。然而，针对复杂性控制问题，可以将三方对话看成人类与相互协作配对的智能角色和媒介之间的互动。简而言之，两个智能角色（AgentA1，A2）和媒介（Media，M）间交互可以设置［A1，A2，M］序列展示的功能化情境单元（Unit，U），人类仅需参与特定序列（Human Turn，HT）并通过语言、行动或沉默做出反馈。

也可以从技术层面对协调复杂性进行控制分类。假设在一个模拟对话的有限转换网络中，交替出现［A1，A2，M］情境单元（U）和人类参与序列（HT），其中少量 U 和 HT 转化会导致对话状态发生改变。如果在状态转换网络（State Transition Network，STN）中设立条件分支，那么计算机就可以根据第 n 轮人类的 HT_j 状态生成第 $n+1$ 轮 U_i 单元，每个 HT_j 都对应少量的状态关键词，比如回答正确、不完整、错误或无响应，分支的复杂性则取决于有限状态的数量。此外，评估通常需要设定一组被测试者都要经历的特定功能单元，因此，在大多数基于智能对话的评估中，状态转换网络 STN 通常会设置一组固定功能单元（U_1，U_2，…，U_m）分布于整个对话过程中（称为"交汇区"），人类参与序列 HTs 的评分可以在每个固定情境单元完成后实时计算生成。由于固定单元之间和条件分支路径之间存在交互（振荡），STN 网络也会变得愈加复杂，目前已经发展出聊天地图和其他可视化工具来协助研发人员设计更多内容。（Cai、Graesser 和 Hu，2015；Zapata – Rivera 等人，2015）。

根据三方对话的 STN 网络构成，也可以借鉴对话辅导中的评分方式。例如，智能角色可以生成"引导—暗示—提示—明确指示"的提示循环，人们对每种提示的正确响应得分为 1.00、0.67、0.33 和 0 分，当然，循环中每产生一步提示都取决于人类在前一步的表现。同样，［A1，A2，M］单元中的每一步也可以根据人类响应进行设定，对于非限定类的口语回答而言，应当提前制定口述答案的评分和分类标准，并且要对不同的响应建立可替代通路，包括沉默（无反应）、不完整、跑题、模糊回答、认知性表达（我没有明白）等；同时，每一类响应在 STN 网络中都具有对应的后续功能单元或分支路径，直到下一个固定单元出现。在对固定情境单元 U_i 评分时，应当纳入上述每条路径的分数，为保证评估的可控性，还可以提前设定智能角色表达"求助"行为（如肯定正确答案并说"让我们继续前进"），以此切断 U_i 之后小的冗余对话并进入下一固定单元。一旦确定了每个固定单元评分和 STN 网络中单元转换的路径评分，就可以计算出整个对话过程的总积分。此外，分数还可以针对特定技能进行细化，例如正确性、冗长性、主动性和响应性等。

5.4 2015年国际学生评估项目中对协作解决问题能力的评估

在 2015 年国际学生评估项目中，对协作解决问题能力的评估就采用了前文提到的智能对话角色、固定情境单元、具有聊天地图的 STN 网络、小型对话交互的人类参与序列等方式及类似评分方法（Graesser、Foltz 等人，2015；Graesser、Forsyth 和 Foltz，2016；OECD，2013）。在包含少量对话交互的固定情境单元中，设有类似心理测量领域应用的多项选择，进而可以应用二分法或多分法的反应常模进行评分。

2015 年国际学生评估项目对于协作解决问题 CRS 的定义：协作式问题解决的能力是指个人有效地参与一个过程的能力。在这一过程中，两个或多个个体试图通过共享知识和能力来形成解决方案，并整合他们的知识、技能和成果来解决问题。

值得注意的是，协作式问题解决能力是对个人在解决问题过程中与其他个体交互程度的评估。这种能力的分析单位是一个群体中的个人，而非整个群体。整体能力是基于：①建立和维持共同的理解；②采取适当的行动；③建立和维持团队的组织。2012 年国际学生评估项目中对个人解决复杂问题的不同阶段划分为：①探索和理解；②表达和形成；③计划和执行；④监控和反馈。基于这两种对解决问题能力的理解，交叉生成 3×4 矩阵，并对矩阵中 12 项技能中的每一项都设有预期成果，从而根据人类在固定情景单元中的行动和聊天选择，匹配每项技能进行评分。

有效评估需要巧妙地设置任务、分配小组、设定固定情景单元、行动选项和聊天选项。对于任何一个人而言，评估必须在两个 30 分钟的会话中完成，因此提高效率至关重要。每个人将面临 4~6 项不同特征的待解决问题（例如，同意—反对，合作—对抗，有用—无用，有反应—无反应，正确—不正确）。数十个国家的学生参与了协作式问题解决评估，会出现很多难以预料的开放式反应。因此，对话选项的选择十分重要，干扰项的设置应是有意义的结构，而正确的选项要求并不明显，且不能与表面的特征相关联，例如礼貌、控制或特定行动等，包括视觉和口头形象的表面特征也有同样问题，所以国际学生评估项目评估采用非实体化的形式。

需要承认的是，如果评估环境中只有人类而没有智能体角色，则无法设置流程限制。因为对话中的人类伙伴会说什么、会做什么是不可控因素。对话中每个特定个人的分数在很大程度上取决于小组合作伙伴的表现，对话中的伙伴是懒散的参与者还是积极的领导者至关重要。此外，在为个体打分之前，还需要将个体人类置于具有多种特征的合作伙伴的若干组中。这不得不再一次强调，2015 年国际学生评估项目评估协作式问题解决的目标是评估个人在小组交互中的表现，而非整个小组的表现。

与人类间交互相比，协作式问题解决评估在有效性上仍存在一些明显的问题。当然，这也是一个经验问题。然而，难以想象，在有限的时间内，仅靠人类间的自由交流来解决问题，就能形成有意义的评估。有人认为，新人之间的对话需要时间，仅持续 1 小时的评估不能保证被测试者与其他不同能力和不同风格的人员均能开展对话，而正是这个因素影响了评估的有效性。这是由于在目前以计算机为媒介的同步通信中，还未发现一种实际可行的方法，来组建复杂的群体组合。因此在某些群体中很难实现同时配备 3~4 个不同的个体。尽管如此，在国际学生评估项目的协作式问题解决理论框架下，仍采用"人—人"的对话形式或设置 4×3 矩阵形成 12 个单元的"人—机"对话形式，比较这两种评估形式的有效性，在未来将是一个值得研究的课题。

5.5 结论

本章描述了如何使用智能体对话来评估协作。我们论述了基于对话评估协作的对话模式、评分方法、双方—三方对话的差异以及在评估协作式问题解决中面临的挑战。在 2015 年国际学生评估项目的限制条件下，这种方式对评估协作式问题解决起到了一定的促进作用。限制条件包括有限的评估时间、科学创建的群体组成样本、基于协作式问题解决理论框架的技能任务以及学校时间表和计算机网络的局限性。

目前研究依然存在一个显而易见的问题，就是在同样协作式问题解决的场景中，"人—人"对话和"人—机"对话中，哪种评估形式更有效？当然，在智能体与人（Agents with Human，AH）和人与人（Human with Humans，HH）中，这种对比实验要求的任务、时间限制和协作式问题解决理论框架都必须是相同的，否则比较将不相称且无效。在国际学生评估项目评估中，就多种语言和文化来说，要在预算考虑范围内快速、经济地评估绩效。

过去，有人尝试仅仅依靠人类而不借助计算机智能体来评估协作式问题解决（Care 和 Griffin，2014；Griffin 和 Care，2015）。通过研究，着眼于 21 世纪技能中自动化评估协作式问题解决，计算机介导的协作式问题解决已可实现在话语类别上做出注释。但受限于计算语言学和话语科学的发展情况，注释的可靠性还有待提高。此外，为保证足够的可靠性以及最小化评估时间和费用成本，建立关于判别人类对话之间的标准协议也是一项持久的挑战。虽然在短期内还难以实现对多种语言和文化协作式问题解决过程和结果的评估，但我们相信，这些努力都尤为重要。

与此同时，我们认为未来十年评估协作式问题解决最明智的方法仍然是运用更智能的对话智能体。这包含两个研究方向。其一，在理想状态下，项目开发人员设计普适性强且丰富的媒体资源、智能体语音、交互方式，被测试者仅需要少量的反馈（例如，单击、滚动、拖放、单词、短语）即可完成评估。其二，在理想状态下，项目开发人员创建一个可使用自然语言、面部表情、手势、动作和其他输入方式开展对话评估的方式。这两个研究方向各有千秋，我们认为第一种选择比第二种选择更务实，但作为长期目标，第二种选择又更值得研究。

致谢

本研究得到美国国家科学基金会（DRK-12-0918409、DRK-12 1418288 和 DIBBS-1443068 补助金）、美国教育科学研究所（R305A 130030、R305A 100875 和 R305C 120001 补助金）、美国陆军研究实验室（W911NF-12-2-0030 合同）和美国海军研究办公室（N00014-12-C-0643 合同）的支持。本部分所述意见、发现、结论或建议均为作者观点，而非反映美国国家科学基金会、美国教育科学研究所或国防部的观点。

参考文献

[1] BISWAS G, JEONG H, KINNEBREW J, et al. Measuring self-regulated learning skills through social interactions in a teachable agent environment [J]. Research and Practice in Technology-Enhanced Learning, 2010 (5): 123-152.

[2] CADE W, COPELAND J, PERSON N, et al. Dialogue modes in expert tutoring [C]. Berlin: Springer, 2008: 470-479.

[3] CAI Z, FENG S, BAER W, et al. Instructional strategies in trialog - based intelligent tutoring systems [M]. Orlando, FL: Army Research Laboratory, 2014: 225 -235.

[4] CAI Z, GRAESSER A C, FORSYTH C, et al. Trialog in ARIES: User input assessment in an intelligent tutoring system [C]//W. Chen & S. Li (Eds.), Proceedings of the 3rd IEEE international conference on intelligent computing and intelligent systems. Guangzhou, China: IEEE Press, 2011: 429 -433.

[5] CAI Z, GRAESSER A C, HUX. ASAT: AutoTutor script authoring tool [M]. Orlando, FL: Army Research Laboratory, 2015: 199 -210.

[6] CARE E, GRIFFIN P. An approach to assessment of collaborative problem solving [J]. Research and Practice in Technology Enhanced Learning, 2014 (9): 367 -388.

[7] CHI M T H, SILER S, YAMAUCHI T, et al. Learning from human tutoring [J]. Cognitive Science, 2001 (25): 471 -534.

[8] COHEN P A, KULIK J A, KULIK C C. Educational outcomes of tutoring: A meta - analysis of findings [J]. American Educational Research Journal, 1982 (19): 237 -248.

[9] D'MELLO S, DOWELL N, GRAESSER A C. Does it really matter whether students' contributions are spoken versus typed in an intelligent tutoring system with natural language? [J]. Journal of Experimental Psychology: Applied, 2011 (17): 1 -17.

[10] D'MELLO S, GRAESSER A C. Language and discourse are powerful signals of student emotions during tutoring [J]. IEEE Transactions on Learning Technologies, 2012 (5): 304 -317.

[11] D'MELLO S, LEHMAN B, PEKRUN R, et al. Confusion can be beneficial for learning [J]. Learning and Instruction, 2014 (29): 153 -170.

[12] http://cra.org/cra - releases - report - on - data - intensive - research - in - education/.

[13] FIORE S M, ROSEN M A, SMITH - JENTSCH K A, et al. Toward an understanding of macrocognition in teams: Predicting processes in complex collaborative contexts [J]. Human Factors, 2010 (52): 203 -224.

[14] FORSYTH C M, GRAESSER A C, PAVLIK P, et al. OperationARIES! Methods, mystery and mixed models: Discourse features predict affect in a serious game [J]. Journal of Educational Data Mining, 2013 (5): 147-189.

[15] GRAESSER A C, BAER W, FENG S, et al. Emotions in adaptive computer technologies for adults improving learning [M]. San Diego, CA: Elsevier, 2015: 1-35.

[16] GRAESSER A C, D'MELLO S K, CADE W. Instruction based on tutoring [M]. New York: Routledge Press, 2011: 408-426.

[17] GRAESSER A C, D'MELLO S K, HU X, et al. AutoTutor [M]. Hershey, PA: IGI Global, 2012: 169-187.

[18] GRAESSER A C, FORSYTH C M, FOLTZ P. Assessing conversation quality, reasoning, and problem solving performance with computer agents [M]. Heidelberg, Germany: OECD Series, 2016: 275-297.

[19] GRAESSER A C, JEON M, DUFTY D. Agent technologies designed to facilitate interactive knowledge construction [J]. Discourse Processes, 2008 (45): 298-322.

[20] GRAESSER A C, LI H, FORSYTH C. Learning by communicating in natural language with conversational agents [J]. Current Directions in Psychological Science, 2014 (23): 374-380.

[21] GRAESSER A C, MCNAMARA D S, CAI Z, et al. Coh-Metrix measures text characteristics at multiple levels of language and discourse [J]. Elementary School Journal, 2014 (115): 210-229.

[22] GRAESSER A C, JACKSON G T, et al. AutoTutor: A tutor with dialogue in natural language [J]. Behavioral Research Methods, Instruments, and Computers, 2004 (36): 180-193.

[23] GRAESSER A C, MCNAMARA D S. Automated analysis of essays and open-ended verbal responses [M]. Washington, DC: American Psychological Association, 2012: 307-325.

[24] GRAESSER A C, MCNAMARA D S, VANLEHN K. Scaffolding deep comprehension strategies through point & query, autotutor, and iSTART [J]. Educational Psychologist, 2005 (40): 225-234.

[25] GRAESSER A C, PERSON N K, MAGLIANO J P. Collaborative dialogue patterns in naturalistic one – to – one tutoring [J]. Applied Cognitive Psychology, 1995 (9): 495 – 522.

[26] GRIFFIN P, CARE E. Assessment and teaching of 21st century skills: Methods and approach [M]. Dordrecht, Netherlands: Springer, 2015.

[27] HALPERN D F, MILLIS K, GRAESSER A C, et al. Operation ARA: A computerized learning game that teaches critical thinking and scientific reasoning [J]. Thinking Skills and Creativity, 2012 (7): 93 – 100.

[28] JACKSON G T, GRAESSER A C. Applications of human tutorial dialog in AutoTutor: An intelligent tutoring system [J]. Revista Signos, 2006 (39): 31 – 48.

[29] JACKSON G T, MCNAMARA D S. Motivation and performance in a game – based intelligent tutoring system [J]. Journal of Educational Psychology, 2013 (105): 1036 – 1049.

[30] JURAFSKY D, MARTIN J H. Speech and language processing: An introduction to natural language processing, computational linguistics, and speech recognition [M]. Upper Saddle River, NJ: Prentice Hall, 2008.

[31] LEHMAN B, D'MELLO S K, STRAIN A, et al. Inducing and tracking confusion with contradictions during complex learning [J]. International Journal of Artificial Intelligence in Education, 2013 (22): 85 – 105.

[32] MCNAMARA D S, GRAESSER A C, MCCARTHY P M, et al. Automated evaluation of text and discourse with Coh – Metrix [M]. Cambridge, MA: Cambridge University Press, 2014.

[33] MILLIS K, FORSYTH C, BUTLER H, et al. Operation ARIES! A serious game for teaching scientific inquiry [M]. London, England: Springer, 2011: 169 – 196.

[34] MORGAN B, KESHTKAR F, DUAN Y, et al. Using state transition networks to analyze multi – party conversations in a serious game [C]. Berlin, Germany: Springer, 2012: 162 – 167.

[35] NYE B D, GRAESSER A C, HU X. AutoTutor and family: A review of 17 years of natural language tutoring [J]. International Journal of Artificial

Intelligence in Education, 2014 (24): 427 - 469.

[36] http://www.oecd.org/pisa/pisaproducts/Draft%20PISA%202015%20Collaborative%20Problem%20Solving%20Framework%20.pdf.

[37] OLNEY A, D'MELLO S K, PERSON N, et al. Guru: A computer tutor that models expert human tutors [M]. Berlin, Germany: Springer, 2012: 256 - 261.

[38] PENNEBAKER J W, BOOTH R J, FRANCIS M E. LIWC2007: Linguistic inquiry and word count [M]. Austin, TX: LIWC. net, 2007.

[39] ROSÉ C, WANG Y C, CUI Y, et al.. Analyzing collaborative learning processes automatically: Exploiting the advances of computational linguistics in computer – supported collaborative learning [J]. International Journal of Computer – Supported Collaborative Learning, 2008 (3): 237 - 271.

[40] ROWE J, SHORES L R, MOTT B, et al. Integrating learning, problem solving, and engagement in narrative – centered learning environments [J]. International Journal of Artificial Intelligence in Education, 2010 (20): 166 - 177.

[41] RUS V, D'MELLO S, HU X, et al. Recent advances in intelligent systems with conversational dialogue [J]. AI Magazine, 2013 (34): 42 - 54.

[42] RUS V, MCCARTHY P M, MCNAMARA D S, et al. A study of textual entailment [J]. International Journal on Artificial Intelligence Tools, 2008 (17): 659 - 685.

[43] SHUTE V J, VENTURA M. Measuring and supporting learning in games: Stealth assessment [M]. Cambridge, MA: MIT Press, 2013.

[44] SOTTILARE R, GRAESSER A, HU X, et al. Design recommendations for intelligent tutoring systems: Learner modeling (Vol. 1) [M]. Orlando, FL: Army Research Laboratory, 2013.

[45] VANLEHN K. The relative effectiveness of human tutoring, intelligent tutoring systems and other tutoring systems [J]. Educational Psychologist, 2011 (46): 197 - 221.

[46] VANLEHN K, GRAESSER A C, JACKSON G T, et al. When are tutorial dialogues more effective than reading? [J]. Cognitive Science, 2007 (31): 3 -

62.

[47] WARD W, COLE R, BOLAÑOS D, et al. My science tutor: A conversational multimedia virtual tutor [J]. Journal of Educational Psychology, 2013 (105): 1115 –1125.

[48] ZAPATA – RIVERA D, JACKSON G T, KATZ I. Authoring conversation – based assessment scenarios [M]. Orlando, FL: Army Research Laboratory, 2015: 169 –178.

第6章 学习背景下讨论评估

Carolyn Penstein Rosé、Iris Howley、Miaomiao Wen、Diyi Yang 和 Oliver Ferschke

摘要：为有效支撑与学习相关的讨论，本章详细地概述了我们为开发协作过程的自动化评估所做的工作。本章介绍了通过机器学习和计算语言学可提供给评估社区的资源，其目的是提高研究团体之间对有效协作的认识。我们特别提出由三部分组成的流程来加速讨论中协作过程的自动化评估，其中通过可共享的软件以及其他支持的机会触发干预措施。受学习科学和语言学推动，这一流程始于分析类别的计算建模，其中还包括数据基础设施用于统一表示异构数据源，从而实现过程和结果变量之间的关联。最后，这一流程还包括可通过实时自动应用分析触发的支持机制，从而对结果产生积极影响。

关键词：话语分析；协作过程分析；计算语言学；文本挖掘；机器学习

6.1 引言

协作是一种丰富多面的现象，通过跨越多媒体及多渠道的复杂互动实现。在本章中，我们重点讨论了一个单一渠道，即通过讨论开展的协作过程。然而，我们也探讨了在多种学习环境下的讨论，包括课堂环境、非正式学习环境和大型开放式网络课程（MOOC）。讨论是一种促成团体、团队和社区一起工作的渠道，通过一对一的互动或公开声明，监督并保持自身想法，或者重新思考然后重设自己的观点。讨论使人们能够公开他们的想法，这是交流专业知识和想法的先决条件。

由于讨论的背景不同，讨论的架构可能会存在差异。因此，即使在单一的讨论渠道中，分析也可能采取各种各样的形式。此外，随着协作的展开，来自多个领域的见解和观点会留下丰富但混乱的数据痕迹。本章从机器学习和计算语言学的角度提供了一个视角，其不是作为像黑匣子一样包装好的整体解决方案来解决问题，而是作为一个与其他领域的研究人员合作的机会。这些领域的研究人员都有同样宝贵的专业知识。因为研究人员被邀请到一起讨论，所以本章的目标是通过机器学习和计算语言学，提高对可以提供评估社区的资源认知。我们将本章定位为对我们希望进行的持续协作对话的一个贡献。感兴趣的读者可加入名为"自然协作交换的讨论与证实"（Discussion Affordances for Natural Collaborative Exchange，DANCE）[1]的社区建设活动来继续讨论，在那里我们提供软件资源、文献链接、每月一次的在线互动系列会谈，以及通过 Google 或 Twitter 与团队进行讨论的机会。

我们在本章中报告的计算建模工作旨在促进对讨论中显而易见的协作过程的自动化评估。这种评估是为了给协作讨论的自动化和动态支持打下基础。为了实现这一目标，我们采用了"输入—过程—输出"的模型，其中核心研究问题是：首先提出哪些过程导致了我们关注的结果，接下来指出这些联系如何相互作用取决于多个结果之间的首选平衡。因此，我们关注过程和结果的测量，以及两者之间的联系。在基于对这些建模工作的见解而展开的支撑性技术中，我们可以有针对性地从流程的实时分析中动态触发该支持，同时我们工作的目标就是在所关注的结果方面获得成功。

为此，我们提出了一个由三部分组成的流程，以加快数据分析和推进学生支持。该流程从数据基础设施开始，为来自各种供学习讨论平台的异构数据源提供了统一接口。这一基础设施能够关联过程和结果变量，能够在学习科学和语言学的激励下对分析类别进行分层计算，并通过分层分析的实时应用触发支撑性技术。我们提出了这一由三部分组成的流程，并在结论处提出了注意事项和未来工作的方向。

6.2　过程和结果的操作化

在工作中，我们首先关注概念性理解和知识的获得。我们试图理解对话产生的过程是如何在这些方面为成功做出贡献的，且我们把这一结果称为学习。作为次要的结果，我们还关注与持久性有关的变量，因为学生只有继续参与讨论，才

---

[1] http://dance.cs.cmu.edu

能继续提高他们从讨论中学习的成功率。我们把这一结果称为投入。

认知过程是最直接影响学习的过程，所以根据认知理论来激发和过程相关的分析范畴是有意义的。然而，人们普遍认为社会过程和性格等非认知因素会影响积极参与坚持认知过程的动机，而这些认知过程与学习最直接相关。因此，我们也必须考虑其他方面的变量，所以在计算机支持的协作学习社区中，对协作效能的评估工作通常包括认知、社会（或关系）和动机过程（Strijbos，2011）。

为了与计算机支持的协作学习领域的最佳实践保持一致，我们在评估计算工作中以一个被称为SouFLé（Howley、Mayfield和Rosé，2013）的三维编码模式为基础，其包括认知、动机和社会层面。认知旨在识别可被视为社会认知冲突的标志，而其他两个维度旨在跟踪对话中的社会定位过程。这些过程使学习者彼此之间处于适当的社会接近状态，目的是促进参与认知维度所强调的有价值社会认知过程。

SouFLé只是一个包括这三个维度中每个维度操作的例子。同时，我们开展了计算建模工作来自动应用这些代码，并测量它们与我们关注结果之间的关系。SouFLé已被用于技术支持的聊天分析数据（Howley等人，2012）以及转录的面对面讨论数据（Ai、Kumar、Nguyen、Nagasunder和Rosé，2010）。它的认知维度已被应用于聊天数据（Joshi和Rosé，2007）、语音数据（Gweon、Jain、Mc Donough、Raj和Rosé，2013）和转录的协作讨论数据（Gweon、Kane和Rosé，2011），其动机维度也被应用于聊天数据（Howley、Mayfield和Rosé，2011）以及转录的面对面数据（Mayfield、Laws、Wilson和Rosé，2014）。这些研究证明了三维操作可成功计算的概念。

SouFLé已被用于分析协作过程中充当解释协作学习环境中学习成果的中介变量（Howley等人，2013；Howley、Mayfifield和Rosé，2011）。相关架构的分析已成功用于触发支持的自动化形式，以用来改善协作环境中的学习（Ai等人，2010；Kumar、Ai、Beuth和Rosé，2010）。在本节的其余部分，我们将探讨这些维度在它们不同沟通环境中的各自表现以及这些过程变量如何与结果相关联。

6.2.1 认知过程变量

Howley等人（2013）首次将SouFLé框架作为研究小团体的语言分析方法。其目的是根据基本语言过程定义贡献级别代码，而不参考学习或协作特定的理论架构。相反，我们的目标是为语言学的操作化（Martin和Rose，2003；Martin和

White，2005）以及为在学习科学中被广泛接受的与学习有关的架构奠定基础（Berkowitz 和 Gibbs，1979；Resnick、Asterhan 和 Clark，2015；Suthers，2006；Teasley，1997）。

很多证据表明，类似于 SouFLé 中的认知维度对于评估协作学习的质量或效果是有价值的。在与成功协作学习相关的不同表征话语模式框架中，引出推理表达的理念和共建理念是经常出现的核心要素（Chan，2013；Chinn 和 Clark，2013；van Alst，2009），特别是它与认知冲突和学习之间的理论联系（de Lisi 和 Golbeck，1999）。交互架构就是一个例子（Berkowitz 和 Gibbs，1979）。在 Berkowitz 和 Gibbs 定义的 18 种不同推理表达的方式中，可以参考或操作自我/他人的表达推理。对谈中的表达反映出对一个人自我心理模型和另一个人的自我心理模型以及他们之间联系的考察。参与这个过程为一个人提供了质疑自我心理模型的机会。因此，这种建立共识的关键行为被认为在协作学习论述中发挥着重要作用。在 Piaget 的理论中，这些交互性的贡献最有可能发生在处于平等关系的两人之间或小团体中。因此，我们期望且已发现（Gweon 等人，2013）关系因素和交互性贡献发生之间存在联系。在我们之前的工作中（Joshi 和 Rosé，2007）以及其他人的工作中（Azimitia 和 Montgomery，1993；Weinberger 和 Fischer，2006），有证据表明协作讨论中交互活动的普遍性与学习有关。除触发认知冲突的手段外，在这一社区中，交互性对话贡献被视为建立认知或共识过程中的重要步骤（Weinberger 和 Fischer，2006）。在将新的表达想法与对话中较早提供的材料联系起来时，想法建立在彼此的基础上，不同的理解被详细阐述、整合和可能地转化。交互活动普遍性也被证明与松散工作环境中专业知识的成功转换相关（Gweon 等人，2011）。

本着这种精神，SouFLé 的认知维度是种交互的操作化（Berkowitz 和 Gibbs，1979；Weinberger 和 Fischer，2006）。它与其他两个 SouFLé 维度不同，因为其定义并非严格意义上的语言。然而，交互架构背后的价值观（Berkowitz 和 Gibbs，1979）并不是一个单一学习理论所特有的。交互概念背后的简单理念是，通过建立或评估前面所讨论的表达推理实例，将推理明确化且详细阐述表达推理。其基本前提是，推理陈述应反映出通过使用推理得出推论或结论的过程。显示推理的陈述可以被编码为外化，它代表对话的新方向，不是建立在先前贡献或者是交互贡献上，而是基于先前贡献进行操作或构建的。在区分"外化贡献"和"交互贡献"时，我们试图采取一种直观的方法，通过确定贡献是否以某种方式在语言学上指向先前的陈述，例如通过使用代词或指示性表达。最近在大型开放式网络课程中进行的一项分析表明，类似建设性解释行为的普遍性可以预测学习（Wang、Wen 和 Rosé，2016；Wang、Yang、Wen、Koedinger 和 Rosé，2015）和投入（Wen、Yang 和 Rosé，2014a）。

6.2.2 社会过程变量

SouFlé 中的关系维度旨在捕捉学生对他人观点的开放程度，这一点在学生的论断框架中得到了体现。在认知维度中，我们采用了一种通过阅读文本来识别推理和交互的表达方法。而在关系维度中，我们的工作是基于 Martin 和 White（2005）早期的系统功能语言学（Systemic Functional Linguistic，SFL），其理论方法涵盖了文本中明确的证据。在我们应用 Martin 和 White 的异质语框架时，最重要的一点是区分单语论断和异语论断之间的区别，前者的框架似乎没有质疑的空间，而后者的框架则明确承认他人的观点。我们将两种类型的贡献编码为异语，一种是对其他观点表现出开放性，我们称之为异语扩张；另一种是明确表达对其他一些观点的拒绝，我们称之为异语契约。在我们的相关研究和实验研究中可以发现，在一个交互中异语扩张状态的集中度可显著预测推理表达（Dyke、Howley、Adamson、Kumar 和 Rosé，2013；Kumar、Beuth 和 Rosé，2011）。这个经验证据支持了具有该维度框架的重要性。这一证据也验证了这种社会架构能支持一个重要认知架构的说法。

在我们的工作中，其他社会变量也被证明可以对大型开放式网络课程中的投入做出重要预测。我们将机器学习应用在大型开放式网络课程中，用来检测大型开放式网络课程论坛中突现的子社区（Rosé 等人，2014），学生对课程可供性和工具的态度（Wen、Yang 和 Rosé，2014b），对所获帮助的满意度（Yang、Wen 和 Rosé，2014b），以及参与讨论线程、兴趣和关系形成（Yang、Wen 和 Rosé，2014a）。所有这些都对基于生存分析的投入做出了重要预测。

6.2.3 动机过程变量

SouFLé 中的动机维度旨在捕捉的对话行为，是能反映学生的自我效能感与他们有意义地参与协作学习互动的有关能力（Howleys 等人，2011）。在之前的工作中，我们已经看到来自协作小组的集体自我效能感的自述测量值与来自我们对这一维度的标准权威性测量值之间的相关性。我们还发现了学习测量的中介效应（Howley 等人，2012）。简而言之，在这一维度上，我们认为权威性的知识呈现是在不寻求外部验证情况下对知识的呈现。这一维度，我们称之为权威性框架，其来自系统功能语言学社区且植根于 Martin 的谈判框架（Martin 和 Rosé，2003）。这一框架强调了对话中的动作，因为它们反映了做出这些动作的权威性，并为参与者之间的交流提供了基础。该维度已成功地应用于聊天（Howley 等人，2012）、转录医患互动（Mayfield 等人，2014）和转录协作讨论（Mayfield 和 Rosé，2011）的自动化中。

6.3 DiscourseDB：桥接多个数据流的数据基础设施

计算分析工作的基础是数据表示。我们在评估讨论中的协作方面所发表的大部分工作都集中在聊天数据或转录的面对面讨论上。这些都可以用一个简单、统一、扁平的文本段序列来表示，且每个文本片段都是由一名发言者所贡献。然而，当扩展到大型开放式网络课程学习或其他在线背景下学习，例如开源社区，讨论的形式会变得更加多样化，因为它们会被嵌入各种平台中，甚至可以通过多个独立的数据流同时发生。为此，我们提供了一个公开可用的数据基础设施，称为 DiscourseDB[①]，可将来自多个流的数据转化为一个通用的集成表示。

作为具体示例，互联大型开放式在线课程（Connectivist Massive Open Online Courses，cMOOC）包括了基于能力的学习平台 ProSolo（Jo、Tomar、Ferschke、Rosé 和 Gaesevic，出版中）等环境。在这些环境中，数据是丰富和异构的。例如，在 ProSolo 中，学生在环境中的行为包括追随者与被追随者之间的关系，在"涂鸦墙"上发布包括更新和目标说明在内的注记，以及对注记的评论。学生们还参与线程讨论、发表/评论博客和发表推特，而这些行为发生在其他链接的在线社区空间的账户中。在使用 edX Data、Analytics 和 Learning 课程[②]中的数据进行概念验证时，我们已经将来自"涂鸦墙"评论、博客和评论以及推特的数据转化为 DiscourseDB，并应用概率图解建模技术来识别可通过社会推荐支持的典型学生学习轨迹（Jo 等人，出版中）。

DiscourseDB 的目标是促进跨平台的讨论数据的分析。具体来说，我们正在开发的 DiscourseDB 是一个数据库基础设施，能够容纳线程讨论、聊天、带评论

[①] https://discoursedb.github.io/
[②] https://www.edx.org/course/data-analytics-learning-utarlingtonx-link5-10x

博客、电子邮件和个人消息、推特和其他微博客，以及维基（包括其谈话页），且可以容纳从源平台获取的数据或以数据转储形式导出的数据。这些平台在显式、隐式（但可检索）和隐式（不可检索）方面是不同的。该话语表征使我们能够在以通用的格式存储话语数据的同时重视它们的差异。

在 DiscourseDB 的话语表征中，话语被分解为宏观架构和微观架构。在内容层面上，宏观架构在关系数据库中表示为一个实体—关系模型，该模型将相连的话语贡献组织在通用的嵌套话语容器中。这些容器捕捉了不同源平台的组织架构，如论坛、子论坛、线程、聊天或讨论页。贡献之间的关系可以是任意类型的，因此有可能在同一范式下同时表示显性和隐性属性。

宏观架构的用户级代表了主动和被动参与的个人，也就是稿件的作者或修订人和受众。稿件的每个实例都与其作者相关联，因此在创建和修订稿件时会引入一组用户，且用户可以任意组成小组。这些小组可以代表基于团队的协作平台中的团队，但也可以类似于正式的基于角色的聚合，比如在源平台上具有不同访问权限或状态的组。微观架构使用非架构化信息管理架构（Unstructured Information Management Architecture，UIMA）（Ferrucci 和 Lally，2004）获取个人贡献的内部组成。

6.4 联系过程与结果

前面我们讨论了与协作效能的三个维度相关的编码模式，以及这些模式中编码的总和与比例如何对学习和投入进行预测。在我们最近的工作中，已经从考虑单个编码的集中度转移到考虑基于编码的特征分布或行为模式在协作效能中的角色。其中讨论的不仅仅是个人贡献或单一行为类型的影响的总和，它更像是一段时间内角色协作的结果。本着这种精神，在这一节中，我们将介绍一种新的方法来识别对结果做出预测的行为模式。我们描述了角色的结果模型是怎样与结果相联系，并触发支持在协作效能具有有效作用的干预措施。因为我们把对实现结果有价值的行为分布概念化，且这些实现结果作为参与者在互动中所扮演角色的描述，所以这一建模框架被称为"角色识别模型"（Role Identification Model，RIM）。

对于两个成功的概念证明，我们在角色识别模型中所开展的初步工作被应用于预测基于团队的大型开放式网络课程中的小组成绩（Yang、Wen 和 Rosé，

2015），以及在维基百科中能够预测页面质量行为模式（Ferschke、Yang 和 Rosé，2015）。我们的角色识别模型旨在一组选定的关键参与者中，将团队合作的预测质量分数最大化。这一建模框架将交互过程的表示与结果联系起来，从而为所提出的建模工作提供了基础，且探索了该框架的扩展。在这项工作中，每个人的行为表征都是一个向量，其中每项特征是一些编码的计数或比例，如上文所述的认知、社会和动机类型。

在这里，我们首先介绍基本符号，然后提出一个定性的描述，即识别基于角色的行为模式的迭代过程。假设我们有 C 个团队（或其他社会单位），其中参与者共同合作以获得一个结果，第 j 个团队的参与人数为 N_j，$(1 \leqslant j \leqslant N_j)$。在 C 个团队中，有 K 个我们想要识别的角色，其中对于 [1, C] 中的所有 j，有 $1 \leqslant K \leqslant N_j$。也就是说，角色的数量小于或等于团队中参与者的数量，这意味着每个角色应有一个参与者被分配到，但也不是每个用户都需要被分配到一个角色。每个角色都与 RD 中待学习的权重向量 W_k 相关，$1 \leqslant k \leqslant K$，$D$ 为维数。团队 j 中的每位参与者 i 与 RD 中的行为向量 B_j，i 相关联。对团队合作质量的测量表示为团队 j 的 Q_j，预测的 Q_j 由分配到不同角色参与者的行为向量和相应权重向量的内积决定。建模过程的目标是尽可能找到一个合适的团队合作角色分配，该角色分配对团队合作的结果（即文章质量的提高或团队项目的高分）做出积极贡献。

角色识别过程是迭代的，包括两个阶段。第一阶段使用回归模型来调整权重向量，以预测团队合作的质量，其中给定一个固定的角色分配，假设参与者与角色很匹配。在第二阶段，我们对可能的分配进行迭代，以找到参与者和角色之间的匹配，使我们的目标测量最大化。为了避免暴力枚举的复杂，我们创建了一个加权二分图，并应用最大加权匹配算法（Ahuja、Magnanti 和 Orlin, 1993）来寻找最佳匹配。对于每个团队，都要创建一个单独的图表。我们在这两个阶段之间交替进行，直到角色分配和团队合作质量预测都趋于一致。

6.5 从自动化评估中触发对协作效能的支持

我们建模工作的最终目标是为干预措施提供设计建议，这些建议可用于提高在线学习社区的支持程度。我们想要设计的技术可以视为对人类工作的增强，且该技术为个人和团体提供反馈和指导，使社会单位能够自我调节、发展和改善。对共同预测结果的一系列行为特征集的识别，有可能引导参与者根据他们所观察到的过去行为来找到机会，他们也可以有效地为积极的结果做出贡献。我们设想其中许多干预措施将以社交推荐方法的形式实施（Jo 等人，出版中；Yang 和 Rosé，2014c）。

我们之前的工作已证明，基于社区参与的自动分析触发社交推荐方法可以对在线学习环境产生积极影响。例如，Yang 和 Rosé（2014c）采用了一种特征感知矩阵分解的方法用来识别行为模式，其目的是预测讨论机会和参与者过去所观察到的讨论行为之间的适合度。在这项工作中，根据所需模式和每个用户的观察模式之间的适合度，个别用户的潜在行为模式被用来对参与机会进行排序。使用约束满足的方法进行负载平衡，从而使可用的人力资源在整个社区中得到有效分配。该算法用于一个成功的求助支持干预，称为"Quick Helper（快速帮手）"，其部署在 edX 数据、分析和学习的大型开放式网络课程（Data，Analytics，and Learning MOOC，DALMOOC；Howley、Tomar、Yang、Ferschke 和 Rosé，2015）。Quick Helper 的目标是将寻求帮助者与帮助提供者匹配。

在对 DAL 大型开放式网络课程的事后分析中（Jo 等人，出版中），本章描述的三部分理论被用作社会推荐方法的基础，以改善学生在课程中的跟随者—被跟随者网络，从而提高学生获得榜样人物所展示的有效目标导向行为程度。我们提供了基于语料库的评估的建议性证据。

展望未来，我们建议设计类似性质的社会推荐干预措施，但采用角色识别模型的扩展模型，而非先前工作中使用的特征感知矩阵分解的方法。角色识别模型框架更适合于识别行为模式，这些行为模式构成了我们目标推荐的基础。通过自然的方式，它使我们能够推动从预期结果中识别关键行为模式的过程，并且我们建议对其进行扩展，以涉及支持的不同方式。

6.6　注意事项和当前方向

在本章中，我们提出并描述了一个由三部分组成的理论，用于加快对讨论中协作过程的自动化评估，以触发干预措施。我们不以任何方式声称我们的计算模型研究已完成，而是把这一章作为对我们迄今为止进展的概述，并邀请评估社区中愿意共同努力的研究人员与我们合作。

我们承认目前方法还有很多改进空间，例如在目前的角色识别模型工作中，我们构建了行为向量，其中每一种行为都是一个特征，该特征的值是参与者贡献的这种行为的数量或比例，正如我们在维基百科工作（Ferschke 等人，2015）以及基于团队的大型开放式网络课程工作（Yang 等人，2015）中所做的那样。这种描述讨论过程的方式可以被认为是将对话视为收集无序行为集的容器，有时可将其称为"编码和计数"。这是行为研究中描述讨论过程的一种典型方式，但有人批评它具有局限性，特别是它忽略了可能是针对整个群体或是群体内的个人，甚至是群体外个人的群体内沟通行为，尽管这些区别可能对群体的运作有重要影响。编码和计数方法的一个重要局限性是随着时间的推移，它们会压缩参与者的贡献，从而使参与者随时间的变化对模型不可见。在未来的工作中，我们计划将交互概念化作为一个发展过程来克服这一限制。这意味着我们将放宽假设，即在一个互动中，参与者和角色之间随时间的推移持续存在的一对一的对应关系。我们将采用一种混合成员制的方法，允许不同的人在互动过程中扮演不同的角色，并认识到同一个人可能在不同的时间扮演不同角色。

编码和计数方法的另一个限制是，每个行为都被单独处理，所以随着时间的推移，贡献之间的偶发事件对模型来说是不可见的。对这些联系进行建模是一项重要的前期工作，有助于考虑贡献的预期受众。之前的对话分析工作指出，即使是像对象参考这样的基本对话功能也是由参与者共同完成的（Clark 和 Bresnan，1991；Clark 和 Schaefer，1989）。协作工作中发生偶然行为的另一个重要方式是，只有当团队成员对领导者的行为做出反应时，领导行为才会对小组的结果做出贡献。例如，领导者可将任务分配给那些拥有必要技能的人，以最有效地开展工作。但是，如果这些人选择不接受任务，工作就无法顺利完成。因此，在未来的工作中，我们不会把行为和角色视为对结果的独立贡献，而是寻求能够利用偶发事件的方式表示行为，并扩展建模框架以利用这种表示。

编码和计数方法的最后一个限制是，每个贡献都被认为是持久的；然而，在稿件可以被合著或编辑的情况下，可能并非如此，维基百科的讨论页以及知识论坛等环境中的注释都是如此（Scardamalia 和 Bereiter，1993，2006）。因此，在未来的工作中，我们将以放宽假设来进一步扩展发展过程的方法，即随着时间的推移，贡献在与它们相关的行为方面保持相同的状态。

除了我们提出的对未来建模工作的扩展之外，更重要的下一步是与其他评估人员的社区进行交互。我们希望这一章能够开启这种交流。

致谢

这项工作得到了美国国家科学基金会 ACI - 1443068 和 OMA - 0836012 补助金以及谷歌补助金的支持。

参考文献

[1] AHUJA R K, MAGNANTI T L, ORLIN J B. Network flows: Theory, algorithms, and applications [M]. Englewood Cliffs, NJ: Prentice Hall, 1993.

[2] AI H, KUMAR R, NGUYEN D, et al. Exploring the effectiveness of social capabilities and goal alignment in computer supported collaborative learning [J]. Lecture Notes in Computer Science, 2010 (6095): 134 - 143.

[3] AZMITIA M, MONTGOMERY R. Friendship, transactive dialogues, and the development of scientific reasoning [J]. Social Development, 1993, 2 (3): 202 - 221.

[4] BERKOWITZ M, GIBBS J. A preliminary manual for coding transactive features of dyadic discussion [J]. Unpublished manuscript, Marquette University, Milwaukee, WI, 1979, 2 (1): 6 - 1.

[5] CHAN C K K. Collaborative knowledge building: Towards a knowledge creation perspective [M]. New York, NY: Taylor and Francis, 2013: 437 - 461.

[6] CHINN C A, CLARK D B. Learning through collaborative argumentation [M]. New York, NY: Taylor and Francis, 2013: 437 - 461.

[7] CLARK H, BRESNAN J. Grounding in communication [M]. Washington, DC: American Psychological Association, 1991: 127 - 149.

[8] CLARK H, SCHAEFER E. Contributing to discourse [J]. Cognitive Science, 1989, 13 (2): 259 - 294.

[9] DE LISI R, GOLBECK S L. Implications of the Piagetian theory for peer learning [M]. Mahwah, NJ: Lawrence Erlbaum Associates, 1999: 3 - 37.

[10] DYKE G, HOWLEY I, ADAMSON D, et al. Towards academically productive talk supported by conversational agents [M]. New York, NY: Springer, 2013: 459 - 476.

[11] http://www.aaai.org/ocs/index.php/ICWSM/ICWSM15/paper/view/10634.

[12] FERRUCCI D, LALLY A. UIMA: An architectural approach to unstructured information processing in the corporate research environment [J]. Natural Language Engineering, 2004, 10 (3 -4): 327 -348.

[13] GWEON G, JAIN M, MC DONOUGH J, et al. Measuring prevalence of other - oriented transactive contributions using an automated measure of speech style accommodation [J]. International Journal of Computer Supported Collaborative Learning, 2013, 8 (2): 245 -265.

[14] GWEON G, KANE A, ROSÉ C P. Facilitating knowledge transfer between groups through idea co - construction processes [C]. Paper presented at the annual meeting of the Interdisciplinary Network for Group Research (INGRoup), Minneapolis, MN, 2011.

[15] HOWLEY I, MAYFIELD E, ROSÉ C P. Missing something? Authority in collaborative learning. Connecting Computer - Supported Collaborative Learning to Policy and Practice: CSCL 2011 Conference Proceedings—Long Papers, 9th International Computer - Supported Collaborative Learning Conference (Vol. 1, pp. 366 - 373). Retrieved from http://www.scopus.com/inward/record.url? eid = 2 - s2. 0 - 84858400613&partnerID = tZOtx3y1, 2011.

[16] HOWLEY I, ADAMSON D, DYKE G, et al. Group composition and intelligent dialogue tutors for impacting students' self - efficacy [J]. Lecture Notes in Computer Science (including subseries Lecture Notes in Artificial Intelligence and Lecture Notes in Bioinformatics), 2012 (7315): 551 -556.

[17] HOWLEY I, MAYFIELD E, ROSÉ C P. Linguistic analysis methods for studying small groups [M]. London: Taylor and Francis, Inc, 2013.

[18] JOSHI M, ROSÉ C P. (2007, October). Using transactivity in conversation summarization in educational dialog. Proceedings of the ISCA special interest group on speech and language technology in education workshop (SLaTE), Farmington, PA. Retrieved from http://www.iscaspeech.org/archive _ open/ archive_papers/slate_2007/sle7_053.pdf.

[19] KUMAR R, BEUTH J, ROSÉ C P. Conversational strategies that support idea generation productivity in groups. Connecting computer - supported collaborative learning to policy and practice: CSCL 2011 Conference Proceedings—Long Papers,

9th International Computer – Supported Collaborative Learning Conference (Vol. 1. pp 398 – 405), 2011.

[20] MARTIN J R, ROSE D. Working with discourse: Meaning beyond the clause [M]. New York, NY: Continuum, 2003.

[21] MARTIN J R, WHITE P R R. The language of evaluation: Appraisal in English [M]. New York: Palgrave/Macmillan, 2005.

[22] MAYFIELD E, LAWS B, WILSON I, et al. Automating annotation of information flow for analysis of clinical conversation [J]. Journal of the American Medical Informatics Association, 2014, 21 (1): 122 – 128.

[23] MAYFIELD E, ROSÉ CP. Recognizing authority in dialogue with an integer linear programming constrained model. In Proceedings of the 49th annual meeting of the association for computational linguistics, 1018 – 1026. Retrieved from http://www.aclweb.org/anthologynew/P/P11/P11 – 1102.pdf, 2011.

[24] RESNICK L, ASTERHAN C, CLARKE S. Socializing intelligence through academic talk and dialogue [M]. Washington, DC: American Educational Research Association, 2015.

[25] ROSÉ C P, CARLSON R, YANG D. et al. Social factors that contribute to attrition in MOOCs. In Proceedings of the first ACM conference on learning @ Scale. – L@ S '14, 197 – 198. Retrieved from http://dl.acm.org/citation.cfm?id = 2556325.2567879.

[26] SCARDAMALIA M, BEREITER C. Technologies for knowledge – building discourse [J]. Communications of the ACM, 1993, 36 (5): 37 – 41.

[27] SCARDAMALIA M, BEREITER C. Knowledge building: Theory, pedagogy, and technology [M]. New York, NY: Cambridge University Press, 2006: 97 – 118.

[28] STRIJBOS J W. Assessment of (computer – supported) collaborative learning [J]. IEEE Transactions on Learning Technologies, 2011, 4 (1): 59 – 73.

[29] SUTHERS D. Technology affordances for inter – subjective meaning making: A research agenda for CSCL [J]. International Journal of Computer Supported Collaborative Learning, 2006, 1 (3): 315 – 337.

[30] TEASLEY S D. Talking about reasoning: How important is the peer in peer

collaborations? [M]. Heidelberg, Germany: Springer - Verlag, 1997: 361 - 384.

[31] VAN AALST J. Distinguishing between knowledge sharing, knowledge creating, andknowledge construction discourses [J]. International Journal of Computer Supported Collaborative Learning, 2009, 4 (3): 259 - 288.

[32] WANG X, WEN M, ROSÉ C P. Towards triggering higher - order thinking behaviors inMOOCs [C]//In Proceedings of the 6th international learning, analytics, and knowledge conference (LAK16), 2016.

[33] WANG X, YANG D, WEN M, et al. Investigating how student's cognitive behavior in MOOC discussion forums affect learning gains [C]//Proceedings of the 8th international educational data mining conference (EDM15), 2015.

[34] WEINBERGER A, FISCHER F. A framework to analyze argumentative knowledge construction in computer - supported collaborative learning [J]. Computers & Education, 2006 (46): 71 - 95.

[35] WEN M, YANG D, ROSÉ D. Linguistic reflections of student engagement in massive open online courses [C/OL]//Proceedings of the international conference on weblogs and social media. Retrieved from http://www.aaai.org/ocs/index.php/ICWSM/ICWSM14/paper/view/8057/8153, 2014.

[36] WEN M, YANG D, ROSÉ C P. Sentiment analysis in MOOC discussion forums: What does it tell us? [C]//Proceedings of the 7th international educational data mining conference (EDM14), 2014.

[37] YANG D, WEN M, ROSE C P. Towards identifying the resolvability of threads in MOOCs [C]//Association for computational linguistics (Ed.), Proceedings of the EMNLP workshop on modeling large scale social interaction in massively open online courses. Doha, Qatar: Association for Computational Linguistics, 2014: 21 - 31.

[38] YANG D, WEN M, ROSÉ C P. Peer influence on attrition in massively open online courses [C]//Proceedings of the 7th international educational data mining conference (EDM14), 2014.

[39] YANG D, ROSÉ C P. Constrained question recommendation in MOOCs via submodality [C]//Proceedings of the 2014 ACM international conference on

information and knowledge management, 2014: 1987-1990.

[40] YANG D, WEN M, ROSÉ C P. Weakly supervised role identification in teamwork interactions [C]//Proceedings of the 53rd annual meeting of the association for computational linguistics, 2015.

第 7 章　国际学生评估项目中的协作式问题解决方法

Qiwei He、Matthias von Davier、
Samuel Greiff、Eric W. Steinhauer 和 Paul B. Borysewicz

摘要：协作式问题解决（Collaborative Problem Solving，CPS）是教育和工作背景下一项关键且必要的技能。2015 年国际学生评估项目（Programme for International Student Assessment，PISA）中的 CPS 评估侧重于在协作场景中与解决问题相关的认知和社交技能，包括建立和维持共识、采取适当的行动解决问题、建立和维持团队组织。

本章借鉴了 2015 年 PISA 在 CPS 领域的评估方法，探讨了 CPS 项目、挑战和解决方案的开发和应用，以及大规模评估中 CPS 数据分析的计算模型。本章借鉴了 2015 年国际学生评估项目中协作式问题解决领域的方法，以解决 CPS 项目的发展和影响、与项目设计相关的挑战和解决方案，以及大规模评估中 CPS 数据分析的计算模型。与个人技能的评估相比，评估 CPS 技能不仅是一项挑战，而且是一个让团队合作中的认知过程显性化的机会。本章将使用 PISA 2015 年已发布的 CPS 单元示例进行说明，还将讨论使用多维尺度结合日志文件中的过程数据进行 CPS 分析的未来展望[①]，进而跟踪学生的学习和合作活动的过程。

关键词：协作式问题解决（CPS）；基于计算机的评估；大规模评估；测试开发；项目响应理论；国际学生评估项目（PISA）

7.1 引言

在 21 世纪，成功所需的技能类型迅速经历了实质性的变化。仅仅在半个世

[①] 该工作由 Matthias von Davier 在美国教育考试服务中心（ETS）任职期间完成

纪前，处于许多职业核心地位的事实性知识，在21世纪，随着互联网的出现几乎可以立即获取。此外，与认知技能相交叉的非认知技能现在面临着新的挑战，需要一组个体之间展开通力合作。在21世纪，这些技能无论是在教育、职场还是在生活的其他领域，都越发需要（Griffin等人，2012；Greiff等人，2014）。例如，Autor、Levy和Murnane（2003）指出，在过去的几十年中，人工和常规认知任务在各行各业的重要性和频率均有所下降（Cascio，1995；Goos、Manning和Salomons，2009），同时我们也面临更多前所未有的挑战，需要合作才能有效解决。

作为团队的一部分而非独立处理不同环境和背景下的新问题是协作解决问题（Collaborative Problem Solving，CPS）概念的核心。CPS反映了一组结合认知和社会方面的技能，无论具体背景如何设置，这些技能都与跨领域成功解决问题相关。重要的是，由经济合作与发展组织（Organisation for Economic Co-operation and Development，OECD）三年组织一次的国际学生评估计划（Programme for International Student Assessment，PISA）是最受认可的大规模教育评估之一，其通过完全基于计算机的CPS评估在2015周期对其评估组合进行了补充（OECD，2013），对包括OECD成员国和非成员国（称为"合作国家"）在内的70多个国家的15岁学生在数学、科学和阅读等核心领域的熟练程度进行测评。此前的PISA周期已经包括了与核心领域交叉的技能，特别是PISA 2003（书面测试）和2012年（计算机测试）开展的个体问题解决评估，认可了这些技能的重要程度。PISA 2015大胆地首次将CPS纳入评估，明确将社会和认知两个方面纳入评估。这项创新引入了一个新的观点来理解学生在推理和工作记忆等方面的能力和熟练度，超越了特定领域的能力和单纯认知能力的架构（Greiff等人，2014）。

7.1.1 国际学生评估项目协作式问题解决（下文简称"PISA CPS"）框架

CPS被OECD选择为PISA 2015的创新领域，CPS在框架草案中被定义为"个人有效地参与一项过程，基于两个或以上的智能体通过分享达成解决问题所需的理解和努力，并整合其知识、技能和努力以获取解决方案的能力"（OECD，2013，p.6）。它是专为基于计算机的评估（Computer-Based Assessment，CBA）模式而设计的，其中涉及两个核心领域：问题解决能力（主要是认知领域，包括四个维度）和协作能力（主要是社交领域，包括三个维度），从而同时利用这两个领域（见表7-1）综合反映学生的CPS熟练程度。

表 7-1 PISA CPS 框架中两个核心能力（OECD，2013）

问题解决能力	协作能力
（A）探索和理解 （B）展现和陈述 （C）计划和执行 （D）监控和应对	（A）达成和维持共识 （B）采取适当的行动以解决问题 （C）组建和维护团队组织

表 7-1 中的左侧显示了个体问题解决领域的四个认知维度：探索和理解、展现和陈述、计划和执行、监控和应对（OECD，2013），这些维度与 2012 年 PISA 问题解决能力框架一致。在技术丰富的环境中，有关问题解决的国际成人能力评估项目（Programme for the International Assessment of Adult Competencies，PIAAC）中也确定了一套类似的维度，该项目更侧重于计算机环境中的信息获取、使用和生产相关过程（OECD，2009）。PISA CPS 框架是在先前对个体问题解决能力评估的基础上发展起来的，并进一步整合了协作能力相关要素（OECD，2013）。

在问题解决领域，第一个维度（探索和理解）涉及通过解释有关问题的初始信息以及在交互过程中发现的任何信息，来理解遇到问题时的情况。第二个维度（展现和陈述）涉及用先验知识选择、组织和整合相关信息（最初是通过图表、表格、符号和文字来呈现的），以及根据问题因素识别关键信息评估制定的假设。第三个维度（计划和执行）包括明确问题的目标、设置子目标、制订计划与具体执行。最后一个维度（监控和应对）包括对解决问题过程中不断变化的行为和策略相关个人行为的监控和反映。这四个问题解决维度是构建个体问题解决能力评估框架的基础，并为协作过程中构建联合评估维度提供了可能。

表 7-1 中的右侧显示的是社交领域方面，PISA 2015 框架通过关注协作能力方面的三个主要维度，将社交问题与个体问题解决能力的四个维度相结合。根据 OECD 起草的 CPS 指南，在协作下的第一个维度（达成和维持共识），要求学生展示他们识别他人知识的能力，理解同伴（协作中的其他智能体）的观点，达成对问题的共识（OECD，2013）。此外，学生还需要使用有效的沟通手段（如回应需求），向同伴发送关于联合任务过程的信息、分享知识、确认彼此已理解的内容、采取行动澄清误解等，这些技能侧重于学生的自我意识和对他人完成任务的熟练程度的认识，即认识到自己和同伴在任务中的优势和劣势（Cannon-Bowers 和 Salas，2001；Dillenbourg，1999；Dillenbourg 和 Traum，2006；Fiore 和

Schooler，2004）。第二个维度（采取适当的行动以解决问题）强调团队成员的特定技能概况和考虑外部约束的共同努力，同时监控实现团队目标的过程。解释、辩论、争论和谈判等沟通行为是为了传递信息和找到更优的解决方案（OECD，2013）。第三个维度（组建和维护团队组织）侧重于学生理解团队中不同角色的能力，基于他们对每位团队成员的技能的了解，及时调整以适应变化，并监控团队组织（OECD，2013）。

重要的是，PISA CPS 框架认为在每次协作式问题解决的努力中，四个问题解决维度中的一个，以及三个协作维度中的一个是成功或失败的关键，而其他维度只起次要作用。因此，问题解决和协作维度被组合成 12（4×3）项具体 CPS 技能。例如，A1 表示在解决问题能力上的探索和理解（A）与协作能力上的共识达成（1）的结合，被用来评估学生发现团队成员观点和能力的技能。

PISA CPS 单元的开发方式确保了 12 项 CPS 技能在不同的任务中均能得到评估（OECD，2013）。基于在问题解决、认知心理学、协作学习等领域中已有的大量研究，CPS 每一项技能均代表了三个协作维度中的一个和四个解决问题维度中的一个的交集，尽管 PISA CPS 框架中所使用的术语可能与文献[①]中所采用的术语有所差异。

7.1.2 PISA CPS 测试的开发

因此，该 CPS 框架成了为 PISA 项目目标人群设计的协作式问题解决单元[②]测试开发的基础。事实上，该测试开发过程的目标是适用于 15 岁在校生且能够全面涵盖 12 个 CPS 技能，这显然需要同时挖掘认知与社交层面以拓宽对学生能力的认识。因此，在国际大规模评估（如 PISA 项目）中评估 CPS 是一项鲜有来者的挑战。21 世纪技能教学及评估项目（The Assessment and Teaching of 21st Century Skills，ATC21S）初步在多个国家评估了解决问题环境下的协作能力（Griffin 等人，2012），但在 2015 年 PISA CPS 的国际覆盖面堪称前所未有。此外，诸如 PISA 这类评估是在若干限制条件下进行的，这些限制条件要求对评估的性质做出潜在有效的选择。为此，PISA 2015 将标准化（对于 CPS 单元中学生与其他团队成员互动的方式具有重要意义）作为测试开发的重点，以使来自不同

[①] 例如，在复杂的问题解决研究中，"计划和执行"通常被称为"知识应用"；参见 Wüstenberg, Greiff, and Funke（2021）

[②] 在 PISA 背景中，任务依次可包括被视为一个单元的多个项目

国家的学生获得可比较的分数。

为了确保学生体验到与同龄人相似的交流模式和协作行为，PISA CPS 项目被设计为学生与计算机模拟的智能体通过预定义的聊天消息进行交互沟通。在这一过程中，所有学生在解决问题的过程中都遇到了大致相同的激励与机会以做出反应，这与之前提到的 ATC21S 评估不同，后者更强调在自由聊天环境中两个人之间的互动和协作，采用的是人—人的方法，而不是 PISA 选择的人—智能体方法。一方面，ATC21S 方法增加了评估与现实世界交互的相似性；另一方面限制了评估的标准化，以至于难以对个人表现进行评分。在这种内部效度（如通过人—智能体交互作用实现标准化）和外部效度（如通过人—人交互作用实现真实世界的相似性）的并列中，PISA 2015 的评估将心理计量学质量评估设置了高优先度，即强调内部效度和可比性。然而，为了实证验证 PISA 中使用的人—智能体方法具有充分的外部有效性，OECD 正在开展人—人评估方法和人—智能体评估方法的对比研究。

在将大规模教育评估扩展到社交和非认知层面，以及在 CPS 技能上进行国家间对比研究方面，巨大的潜力和重大的挑战并存，既存在巨大潜力，也面临重大挑战。尽管在 PISA 2015 中纳入了 CPS 评估，为认知技能和社交技能的评估带来了一次创新飞跃，但许多问题仍未得到解答。

7.2　2015 年 PISA CPS 项目的构建

7.2.1　协作式问题解决项目开发指南

在寻求将 CPS 架构转化为一种测量工具时，PISA CPS 专家组决定，评估单元将呈现解决问题的模拟场景，要求学生与一个小团队合作，尝试实现一个共同的目标。在项目开发过程中制定了若干标准，以优化协作式问题解决技能的评估，其中最重要的是：

（1）团队成员的信息或角色是不对称的，即不同的团队成员拥有不同的信息、角色或资源。

（2）团队面临的问题允许有多种解决方案，这意味着在达成一种解决方案时要求为协作留有选择不同决定的空间，而非单一解决方案。

（3）动态提供信息。学生和团队并未在一开始就接收到所有必要的解决问题的信息，而是在场景展开过程中逐步接收到重要的信息。

（4）团队规模被限制在最多 5 名成员，这意味着学生在每个单元与 1~4 个队友一起工作。这使得学生更容易跟踪队友的观点，这是一些协作式问题解决技能的关键元素。

此外，专家组还推荐了一套任务和场景选择的指南，以确保所有 PISA 项目被测试者均可参与其中。例如，每个场景都将团队成员设置为对等成员，而不是具有分级权限。此外，任务选择更倾向于实际问题而不是学术工作，以减少与特定学术内容相关的表现差异。最后，重要的是应避免那些因为在不同语言之间翻译时，语气或用词的细微差别可能会造成误解的互动。

7.2.2 协作式问题解决项目设计

在 2015 年 PISA CPS 评估中，采用封闭式的回答格式。学生必须在一个协作环境（如单元）中的一组预定义的答案和交流选项中选择最佳的选项，从而掌握每个环境（如项目）的主任务和子任务。在本章中，我们将使用已发布的 CPS 单元（命名为"参观"）来说明情况和这些项目是如何开发的。这个单元包括 3 个部分和 44 个可测量的项目，学生在 PISA 2015 实地测试中平均完成时间为 17 分钟。该测试单元的场景是一群国际学生要来参观一所学校，被测试者必须与 3 个智能体队友合作完成访问计划、为访客分配导游，并应对意外事件。

协作式问题解决单元包括基于聊天的任务，学生与一个或多个智能体/模拟团队成员互动，以解决提出的问题。学生们看到一组聊天选项，并被要求在屏幕左侧的"聊天空间"中选择最合适的语句。一旦选中，该选择将显示在聊天历史区域中，随后将出现来自一个或多个智能体的额外响应，来自智能体的回答是基于学生的选择（每个单元可能有多个路径），学生可以在需要时浏览历史记录来回顾聊天内容。为了保证错误或非最优选择不会在学生完成任务的过程中对他们造成惩罚，每个单元都设计了汇合点和救助点（详见后续部分的详细信息），以使他们能够回到任务当中。

除了聊天互动，协作式问题解决单元还在屏幕右侧设置了一个任务区，学生可以在这里采取行动，查看智能体记录的笔记，或跟踪任务的进展。在"参观"任务第 1 部分的示例图（见图 7-1）中，"任务空间"包含了 3 个可点击链接的网站，其中包含了分配给团队的解决问题所需的信息，以及一个队友们记录关键信息的记事本。

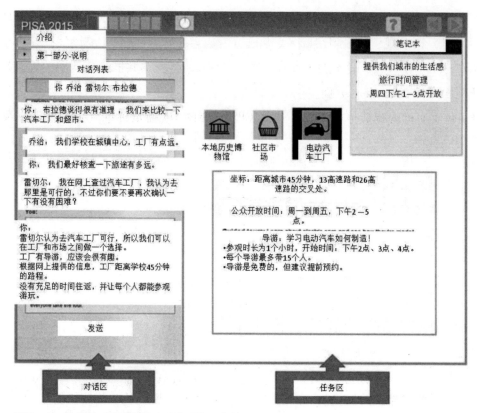

图 7-1 发布的 CPS 项目（"参观"）中的聊天和任务空间示例截图（OECD，2015a）

7.2.3 对话智能体

在每个协作式问题解决单元中，学生与一个或多个小组成员一起解决问题，小组成员/智能体提供输入，就像其他学生一样。当学生进入问题的不同阶段时，对话智能体会对学生的文本输入和行为做出反应。在每个阶段中，由智能体或学生执行的沟通或行动都是预先设定好的，这使得我们能够客观地对所有反应进行评分。

在任务完成过程中，计算机动态监控问题的状态。在每个状态下，学生需要通过从一组对话集中做出选择来与智能体成员进行对话。不同学生的反应可能会导致不同的对话路径，也可能会导致智能体采取不同的行动。例如，对话智能体可以根据学生的选择增加或减少任务，或者通过提供额外的信息来回应学生的请求。与此同时，学生在解决问题的过程中，如移动物体和在计划时间表中放置一个时间段，也由计算机监控。该监控的目的是跟踪学生在任务解决方面的进展，并记录学生在问题当前阶段的行动（OECD，2013）。

对话智能体可通过各种方式用于基于计算机的评估，从简单的聊天界面到与多名团队成员进行复杂的协商。在 PISA 2015 中，学生 CPS 技能的评估被设计在不同的环境中进行，这允许学生与不同的智能体和群体共同"工作"，以涵盖 CPS 架构中定义的各个方面。例如，在发布单元（"参观"）中，学生被要求监督角色不对称的智能体的工作，作为 CPS 技能的 D3 衡量标准（监控、提供反馈、调整团队组织和角色）。当一个智能体有点走神（如"谁在乎？所有这些选择都很无聊。让我们带我们的访客去一个他们真正喜欢的地方吧"），这一署名回复（"Brad，你说得对，我们希望他们玩得开心，但我们应该先讨论一下 Cosmo 女士的选择"）承认了 Brad 的说法，同时提醒他团队的任务，提供反馈以保持讨论专注。

其他任务涉及智能体和学生之间的分歧，无论智能体是否以协作为导向（如提出想法，支持和赞扬其他团队成员）或不是（如打断、消极评论他人的工作）。例如，在 CPS 样本单元中，两个智能体同意他们的任务，但未达到老师的要求，即导游必须与分配给他们的访客具有同等或更高的等级。学生需要提醒团队达到这一要求，以获得学分（见图 7-2）。

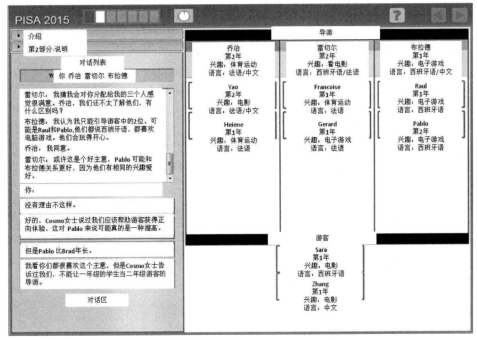

图 7-2　PISA 发布 CPS 项目（"参观"）中的对话智能体和任务空间动态变化示例截图（OECD，2015a）

7.2.4 汇合和救助架构

汇合和救助是 2015 年 PISA CPS 单元中使用的两个主要设计概念。汇合通常用于保证不同的路径到达同一点。也就是说，不管学生做了什么选择，路径都指向同一个汇合点。通往汇合点的每条路径都必须向学生提供相同的信息，并将他或她带到问题的相同阶段。学生做出无效或次优选择的途径通常必须包括救助，通过智能体或其他机制提供所需的信息。

许多场景的特点是简单的汇合和救助架构。以这种方式构建的单元首先在聊天界面中提供给学生一个选择，或者在任务空间中提供一个执行所需操作的机会。如果学生未能做出选择或采取行动，从而推动团队朝着解决问题的方向前进，智能体将在下一步行动中这样做。然后学生将有机会展示协作式问题解决的行为。因为学生在每个场景中都是线性进行的，所以他们不能回到或改变他们之前的回答，但滚动和阅读聊天记录则是被允许的。

另一些场景的设计架构更为复杂，在这种场景中，学生可能要经历两个或三个选择点，然后才能回到汇合点。例如，在"参观"第 3 部分开始，学生和智能体需要帮助其中一名外国学生到达机场（见图 7-3）。完整的回答是第三个选择

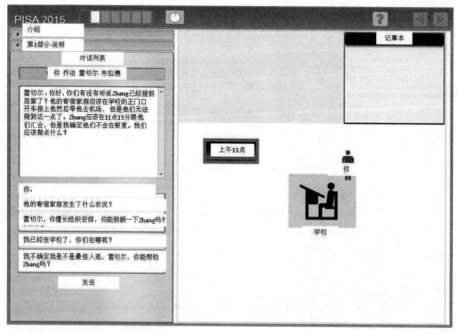

图 7-3 PISA 发布 CPS 项目（访问）中的汇合和救助设计示例截图（OECD，2015a）

("我在学校,你们在哪里?"),它告诉团队他或她的位置,并直接引导到汇合点(例如展示 CPS 技能 B3——描述角色和团队组织)。但是选择了其他路径的学生尽管花费了更长的时间,仍然能够到达汇合点,例如学生选择了第一个选项("他的寄宿家庭发生了什么?"),Rachel 就会说,她不知道他的寄宿家庭发生了什么,并问他或她是否在学校,这给了学生第二次机会选择答案,提供他或她的位置;如果学生选择了第二种选择("你很擅长安排事情,Rachel,你能照顾 Zhang 吗?")或第四种选择("我不确定我是最佳人选。Rachel,你能帮助 Zhang 吗?"),Rachel 说她在家,然后学生有机会问其他人在哪里。日志文件中的过程数据表明,学生不太可能注意到这些汇合和救助架构,随着学生在场景中的进展,架构设计显然对学生的考试行为影响不大。

7.2.5 协作式问题解决技能的评估

CPS 是一个将问题解决和协作结合到一个评估领域的联合过程。在这个复杂的过程中,学生需要通过与他人互动、规范社交过程和交换信息以找出问题和解决方案。如何使 CPS 在个体和人群中保持一致、准确和可靠的认证是一个值得关注的问题。当合作互动设置在现实环境中时,这是一个复杂的挑战(OECD,2013)。

使用基于计算机的智能体提供了以一种可行的操作方式评估协作技能的可能性,以确保大规模评估中观察结果的标准化和可比较(OECD,2013)。这种方法为对话智能体和测量所需的标准协作提供了高度的控制,以及学生通过协作选择最佳路径的灵活性。此外,它通过将学生置于各种协作情景中,并允许在时间限制范围内进行测量,从而促进了国际学生评估项目测试管理。PISA CPS 的分析是在学生层面上进行的,因此设计反映的是衡量个人能力,而不是团队成员参与过程的整体表现。虽然 2015 年 PISA CPS 评估并不是专门衡量个人的认知解决能力,但它的特点是通过协作展现个体的问题解决能力水平(OECD,2015a)。在计算机评估协作情况下解决问题的过程中生成了一个复杂的数据集,其中包括团队成员的行为、团队成员之间的沟通、个人和团队的产物。协作式问题解决领域中的每个项目都可以与每个协作式问题解决维度的层次相关联。由于重点关注的是作为其国家或亚群体代表的学生个人,所以衡量的是学生个人的输出,小组其他成员的输出提供了有关解决问题过程状态的背景信息(OECD,2013)。

7.3 2015年国际学生评估项目现场测试数据分析

7.3.1 基于项目响应理论（Item Response Theory，IRT）的数据分析

如上所述，2015 年 PISA CPS 单元基于与一个或多个计算机智能体的模拟对话，旨在提供虚拟协作式问题解决的情景。被测试者必须从多项选择列表中选择一个最佳句子来完成与智能体的对话，或者选择编程在测试单元中的一个或多个动作。由于 PISA 2015 中其他领域的项目架构相似，在 CPS 单元中收集的数据通过项目响应理论进行评估（Lord，1980；Rasch，1960），以建立可靠、有效和可比较的量表。主要调查的 CPS 量表由 6 个单元组成，依次包括可用于项目响应理论各单元中的多个项目。研究发现，由于学生可以通过模拟聊天获得不同的路径，两个单元的数据在响应中具有依赖性，因此通过对受访者可能采取的不同路径的响应组合成复合项目，从而减少局部依赖项的问题。通过这种方法，确定可以对每个基于路径的响应字符串进行评分，以提供有效的数据，并引入项目响应理论分析。

CPS 领域中所有缺失的响应都被评为未经管理，因为这个领域的管理需要每个学生在每个阶段做出响应，也就是说，学生必须做出不能跳过的一系列选择。CPS 项目中未观察到的反应实际上是学生在处理项目时选择不同路径的结果，这意味着在多路径情况下，只能选择一条路径，而必须忽略其他路径。因此，未观察到的反应并不反映学生的 CPS 技能，需要被视为未被管理。在总结的初步项目响应理论分析中，现场试验的样本按国家和语种划分，协作式问题解决总共被划分为 55 个国家/语言组[①]。

对于协作式问题解决评估中的新量表，选择多组 Rasch/部分信用模型（Partial Credit Model，PCM）和多组双参数逻辑模型/广义部分信用模型（Two-Parameter Logistic Model/Generalized Partialcredit Model，2PL/GPCM）作为量表模型。该单元各阶段的每次回答或作为 CPS 技能的指示性得分，或基于评估单元开发人员提供的评分指南评分。同时，需校准用于评估 CPS 项目是否在国家和语言组之间具有可比性，或者是否存在逐个国家或语言的交互作用。为国家提供并用

[①] 各国/语言组的样本大小为 1950 名学生

于识别主要研究项目的 CPS 项目参数基于 2PL/GPCM，因为改良模型数据对部分信用模型更适合（见表 7-2），并且因为提供了更多关于每个项目的信息（例如斜率参数），这些项目参数还用于生成在国家内标准化的智能体分数（预期先验或预期后验）。该分数可用于向国家/地区提供数据。

为了检验项目响应理论模型的适当性，计算了跨国家、语言和项目拟合统计量的 CPS 项目参数。对于整体模型拟合，提供了 Akaike 信息准则（Akaike Information Criteria，AIC；Akaike，1974）和贝叶斯信息准则（Bayesian Information Criteria，BIC；Schwarz，1978）。使用的项目拟合统计量是平均偏差（Mean Deviation，MD）和均方根偏差（Root Mean Square Deviation，RMSD）。两种度量都量化了观察数据与每个单个项目的估计项目特征曲线（Item characteristic curve，ICC）偏差的幅度和方向。虽然平均偏差对观察到的项目难度参数与估计的项目特征曲线的偏差最敏感，但均方根偏差对观察到的项目难度参数和项目辨别参数的偏差都很敏感。与为评估模型数据拟合提供置信区间的其他度量相比，平均偏差和均方根偏差指数不受样本大小的影响，当使用基于 Rasch 的 Infit 和 Outfit 指标时，这些问题往往会导致在大样本中观察到许多显著的偏差。此外，平均偏差和均方根偏差可用于一系列项目响应理论模型，而 Infit 和 Outfit 指标通常只为 Rasch 模型提供。

研究对 CPS 项目的拟合度开展了评估。采用较严格的（RMSD > 0.20；MD > 0.20 且 < -0.20）标准，我们发现，项目的均方根偏差和平均偏差百分比均存在异常。结果发现，CPS 项目偏差普遍较小，分别仅有 0.9% 和 0.5% 的 CPS 项目超出均方根偏差和平均偏差标准，并未发现任何一个特定国家或语种的偏差频率明显更高。结果表明，当在不同国家和语种中使用相同的项目参数时，项目表现出良好的拟合度。此外，该量表显示了足够的基于项目响应理论的（边际）可靠性（Sireci、Thissen 和 Wainer，1991；Wainer、Bradlow 和 Wang，2007），即对 CPS 的可靠度为 0.88。

CPS 单元的具体架构和响应类型，以及利用单维模型对 CPS 进行项目响应理论分析的结果，促使我们开展额外的分析。然而，评估中使用的单维项目响应理论模型在平均偏差和均方根偏差方面表现出了适当的拟合度（参见表 7-2 中的整体模型拟合）。因此，我们能够生成标准化的智能体评分，用于验证各国内部收集的数据。该智能体是基于只有国际参数的统一模型在国家内部标准化后的预期后验估计，并与各国共享了以这个基于 CPS 的智能体为因变量的初始参数进行分析。这个分数将适用于初步探索背景变量的关联性,其数量反映了与 CPS 项目评估的协作技能的共同差异。

表 7-2 CPS 项目 Rasch 模型/PCM 和 2PL 模型/GPCM 的比较(OECD,2015b)

项目	可能性	A-惩罚因子	AIC	B-惩罚因子	BIC
Rasch/PCM	-985478	686	1971641	3877	1974832
2PL/GPCM	-971209	994	1943411	5618	1948035

注:PCM 部分信用模型;2PL/GPCM 双参数逻辑模型/部分信用模型;AIC Akaike 信息准则;贝叶斯信息准则。

7.3.2 协作式问题解决簇类的关系

在 PISA 2015 现场试验中,将 CPS 单元分为四个簇类进行测试管理。簇间的相关系数一般为重复性系数,区间为 0.76~0.81。CPS 单元的架构是这样的:在一个单元内有相对较多的可观测物,而单元的数量较少。聊天选择的上下文一致性可能会导致这样一个猜想:被测量的更多的是对特定主题需要的理解,因此可能对每个单元非常具体。

7.4 讨论

随着人类在全球范围内的联系越来越紧密,协作在现代世界中变得越来越重要。与他人一起有效解决问题的技能在教育和工作背景中特别重要。在 PISA 2012 中,解决问题被定义为"在解决方法不显而易见的情况下,个体独立解决问题"(OECD,2010,p.12),与 PISA 2012 中的问题解决领域相比,在 2015 年 PISA CPS 中,将问题解决的参与范围从个人扩大到期望共同努力的团体。与个体问题解决相比,协作至少在两个方面具有明显的优势:首先,它通过整合来自不同知识、观点和经验的信息来实现有效的分工。其次,它提高了由其他团体成员的想法激发的解决方案的创造力和质量(OECD,2013)。本章借鉴 2015 年 PISA CPS 领域的测量,以探讨 CPS 项目的发展、影响、挑战和与项目设计相关的解决方案,以及大规模评估中 CPS 数据分析的计算模型。在 PISA 2015 中衡量 CPS 技能既面临挑战,也存在机遇。一方面,与单独衡量个人技能相比,这是一项挑战;然而,另一方面,它使我们得以观察团队成员参与的认知过程。

关于 CPS 测量在大规模评估中的重要性,有些未来工作值得讨论。从研究方法的角度来看，CPS 的分析将继续下去，以便进一步探索如何更好地解决和平衡单元间和单元内的可变性。单元中的所有项目都可能比跨单元给出的项目响应更容易与模拟对话的主题关联。将进一步探索汇合分数的使用，以允许在模拟的相互作用中定义对协作选择的总体依从程度。这些综合得分要么由内容专家提供，他们对主要预期的行为形式进行评分，要么利用包括顺序约束的潜在类模型（如线性逻辑潜类分析；Formann，1985、1989、1992）进行经验推导。

还有就是提出项目属性，以便只分析属于属性类型的项目单元。一个可能的区别是将项目划分为本质上为沟通的项目，而这些项目更多的是基于被测试者的行为，而与模拟智能体不存在直接关系。可以质疑的是，在虚拟环境中，这些行为是否确实被受调查者以不同的方式考虑，从而有可能处理 CPS 的不同方面。这是否真的可以通过额外的多维模型来分析，这些模型根据"行动"和"对话反应"属性拆分项目。

带有计算机智能体的 CPS 框架与 PISA 2015 计算机平台的功能兼容。学生可以通过聊天窗口与智能体交互，还可以通过沟通菜单做出响应。针对学生输入，有传统的接口组件，如鼠标点击、用于操作定量尺度的滑块、拖放、剪切、粘贴和输入文本。除沟通消息外，操作者还可以在其他接口组件上执行操作（如可收集额外的数据），了解 CPS 环境问题中验证的学生究竟是由智能体执行的行为，还是他们执行了智能体未能执行的行为。这些操作存储在一个计算机日志文件中，这可能为跟踪学生解决 CPS 单元的努力提供额外的信息。

基于计算机的学习系统的技术进步，使通过获取更多关于解决问题的信息来提高效率成为可能。过程日志数据序列和性能数据的可用性激发了人们对教育研究的兴趣，并且前景广阔（如 Goldhammer 等人，2014；Graesser 等人，2004；Sonamthiang、Cercone 和 Naruedomkul，2007）。例如，He 和 von Davier（2016）利用国际成人能力评估项目中技术丰富的环境项目记录的问题解决过程数据，来解决问题项目中记录的操作序列（n ~ g）与任务表现之间的相关性问题。Sukkarieh、von Davier 和 Yamamoto（2012）使用了最长公共子序列（LCS，如 Hirschberg，1975、1977）算法。在多语言环境中，被测试者在阅读任务中选择的序列与专家生成的理想解决方案进行比较。这些方法值得进一步探索，以研究行为序列与 CPS 技能之间的关联，并为不同的 CPS 熟练程度提取序列模式。

综上所述，2015 年 PISA 中的 CPS 能力是协作技能的一个联合维度，前者为领头链，而解决问题技能则提供了基本的视角。CPS 的有效性取决于团队成员协作的能力，以及团队成功是否置于个人成功之上的能力，同时这种能力是团队内每名成员（OECD，2013）的一种特质。本章研究了2015年PISA的CPS评估，这也是CPS单元在大规模评估中的首次试验。除简要介绍了PISA CPS单元的发展外，我们还通过示例单元来说明与项目设计相关的CPS项目的架构、挑战和解决方案，以及PISA中CPS技能如何测量。在未来的研究中，我们建议使用多元统计分析来处理CPS单元的不同方面，并将这些分析与日志文件中的过程数据相结合，以跟踪学生学习和协作活动的过程。

参考文献

［1］AKAIKE H. A new look at the statistical model identification ［J］. IEEE Transactions on Automatic Control，1974（19）：716 – 723.

［2］AUTOR D H，LEVY F，MURNANE R J. The skill content of recent technological change：An empirical exploration ［J］. Quarterly Journal of Economics，2003（118）：1279 – 1333.

［3］CANNON – BOWERS J A，SALAS E. Reflections on shared cognition ［J］. Journal of Organizational Behavior，2001（22）：195 – 202.

［4］CASCIO W F. Whither industrial and organizational psychology in a changing world of work？［J］. American Psychologist，1995（50）：928 – 939.

［5］DILLENBOURG P（Ed.）. Collaborative learning：Cognitive and computational approaches（Advances in Learning and Instruction Series）［M］. New York，NY：Elsevier Science，1999.

［6］DILLENBOURG P，TRAUM D. Sharing solutions：Persistence and grounding in multi – modal collaborative problem solving ［J］. Journal of the Learning Sciences，2006（15）：121 – 151.

［7］FIORE S M，SCHOOLER J W. Process mapping and shared cognition：Teamwork and the development of shared problem models ［M］. Washington，DC：American Psychological Association，2004：133 – 152.

［8］FORMANN A K. Constrained latent class models：Theory and applications ［J］. British Journal of Mathematical and Statistical Psychology，1985（38）：87 – 111.

［9］FORMANN A K. Constrained latent class models：Some further applications ［J］.

British Journal of Mathematical and Statistical Psychology, 1989 (42): 37 - 54.

[10] FORMANN A K. Linear logistic latent class analysis for polytomous data [J]. Journal of the American Statistical Association, 1992 (87): 476 - 486.

[11] GOLDHAMMER F, NAUMANN J, SELTER A, et al. The time on task effect in reading and problem solving is moderated by task difficulty and skill: Insights from a computer - based large - scale assessment [J]. Journal of Educational Psychology, 2014, 106 (3): 608 - 626.

[12] GOOS M, MANNING A, SALOMONS A. Job polarization in Europe [J]. American Economic Review, 2009 (99): 58 - 63.

[13] GRAESSER A C, LU S, JACKSON G T, et al. Auto Tutor: A tutor with dialogue in natural language [J]. Behavioral Research Methods, Instruments, and Computers, 2004 (36): 180 - 192.

[14] GREIFF S, WÜSTENBERG S, CSAPO B, et al. Domain - general problem solving skills and education in the 21st century [J]. Educational Research Review, 2014 (13): 74 - 83.

[15] GRIFFIN P, MCGAW B, CARE E (Eds.). Assessment and teaching of 21st century skills [M]. Dordrecht, Netherlands: Springer, 2012.

[16] HE Q, VON DAVIER M. Analyzing process data from problem - solving items with n - grams: Insights from a computer - based large - scale assessment [M]. Hershey, PA: Information Science Reference, 2016: 749 - 776.

[17] HIRSCHBERG D S. A linear space algorithm for computing maximal common subsequences [J]. Communications of the ACM, 1975 (18): 341 - 343.

[18] HIRSCHBERG D S. Algorithms for the longest common subsequence problem [J]. Journal of the ACM, 1977, 24 (4): 664 - 675.

[19] LORD F M. Applications of item response theory to practical testing problems [M]. Hillsdale, CA: Erlbaum, 1980.

[20] Organisation for Economic Co - operation and Development. . PIAAC problem solving in technology - rich environments: A conceptual framework [S]. OECD, 2009.

[21] Organisation for Economic Co - operation and Development. PISA 2012 Field Trial Problem Solving Framework [S/OL]. (2010 - 09 - 30) [2016 - 07 - 06].

Paris, France: OECD http://www. oecd. org/dataoecd/8/42/46962005. pdf.

[22] Organisation for Economic Co – operation and Development. PISA 2015: Draft collaborative problem solving framework [S]. Paris, France OECD, 2013.

[23] Organisation for Economic Co – operation and Development. PISA 2015 released field trial cognitive items [S]. Paris, France: OECD, 2015.

[24] Organisation for Economic Co – operation and Development. PISA 2015 field trial analysis report: Outcomes of the cognitive assessment (JT03371930) [S]. Paris, France: OECD, 2015.

[25] RASCH G. Probabilistic models for some intelligence and attainment tests [M]. Copenhagen, Denmark: Danish Institute for Educational Research, 1960.

[26] SCHWARZ G. Estimating the dimension of a model [J]. Annals of Statistics, 1978 (6): 461 –464.

[27] SIRECI S G, THISSEN D, WAINER H. On the reliability of testlet – based tests [J]. Journal of Educational Measurement, 1991 (28): 237 –247.

[28] SONAMTHIANG S, CERCONE N, NARUEDOMKUL K. Discovering hierarchical patterns of students' learning behavior in intelligent tutoring systems [C]// Institute of Electrical and Electronics Engineers (Ed.), Proceedings of the 2007 IEEE International Conference on Granular Computing. Los Alamitos, CA: IEEE Computer Society Press, 2007: 485 –489.

[29] SUKKARIEH J Z, VON DAVIER M, YAMAMOTO K. From biology to education: Scoring and clustering multilingual text sequences and other sequential tasks (Research Report No. RR – 12 – 25) [R]. Princeton, NJ: Educational Testing Service, 2012.

[30] WAINER H, BRADLOW E T, WANG X. Testlet response theory and its applications [M]. New York, NY: Cambridge University Press, 2007.

[31] WÜSTENBERG S, GREIFF S, FUNKE J. Complex problem solving [J]. More than reasoning? Intelligence, 2012 (40): 1 –14.

第 8 章 21 世纪技能的评估和教学：以协作式问题解决为案例研究

Patrick Griffin

摘要：本章主要介绍人与人之间交互评估协作式问题解决（CPS）方法[①]。任务旨在要求伙伴贡献各自掌握的独特资源或技能。问题包括任务设计、数据采集、项目和数据定义、校准以及与教学干预的联系。学生的表现被映射到一个标准参考框架进行解释，报告被设计为能够帮助教师在最邻近发展的 Vygotsky 区域进行干预，从而促进学生 CPS 能力的发展。数据分析展示了如何开发等效的测量项目，并讨论了局部独立性等问题。

关键词：协作式问题解决（CPS）；人与人交互；Rasch 建模；任务设计

8.1 引言

本章提供了一个关于人与人交互的协作式问题解决（Collaborative Problem Solving, CPS）的案例，其符合不同作者提供的定义，并为开发 CPS 任务提供了模型。在此过程中，讨论了许多理论、技术和实践问题，以及在这些领域开展进一步工作的可行性。本章探讨了学生如何在解决问题的环境中进行互动，如何映射他们的行为和互动，以及如何采集和使用数字环境中的活动数据以用于识别模式。活动模式被转换为一系列二分和多分项目，用于校准和评估学生的能力，也使其能够研究伙伴间以及项目间的依赖性问题。虽然这些问题尚未解决，但本章进行了一系列可行的探索，包括在协作环境中对团队和个人协作的评估。同时，本章还研究了 CPS 对教学的启示，并提供了一些可能有助于教师在社会建构主义学习模式下培养学生 CPS 能力的报告。

[①] 本章的早期版本于 2015 年 11 月 6—8 日在华东师范大学课程与教学研究所的主题演讲中展示

8.2 协作式问题解决的评估

协作在 21 世纪变得越来越重要。Bentley 和 Cazaly（2015）认为，协作是必不可少的，并在教育（以及其他领域）中日益受到追捧，因为协作似乎带来了重要的益处，例如共享活动中的有效协调、真正的参与以及通过自愿互惠的行动和灵活差异化的支持建立起来的关系，正是这种支持将教师和学生的具体需求和目标针对性地匹配了起来（Dillenbourg 和 Traum，2006；Fischer、Greif 和 Funke，2012；Kong，2011；O'Neil，Chuang 和 Chung，2003；OECD，2013；Rummel 和 Spada，2005）。

当前对协作的定义并未达成一致，已有的定义显然局限于提出定义的背景，然而一些共识还是存在的。下述定义汇总了几乎所有定义的共同特征，同时补充了一般定义和讨论中所缺失的部分：协作是成果、知识和资源的分享，用以实现协作者无法单独实现的共同目标，协作者相互依存，各自掌握并贡献着为实现共同目标所必需的独特资源。

上述定义所补充的"缺失"部分强调了一个观点，即协作并非建立在一个所有人都拥有相同的技能、专业知识和资源的团队上。真正的协作聚集了一群可提供互补性技能、知识、物质等资源的人，从而能够构建和理解环境并达成共识，实现他们无法单独实现的共同目标。首先，必须存在一个共同的目标；个人必须能够分析情况，对个人的独特作用和贡献有共同的看法，并且愿意接受"任何人都无法单独解决问题，每位参与者都需要依赖于其他人"的观点。总之，上述"缺失"部分的特征包括：个体无法单独实现目标、个体掌握独特资源，以及个体之间相互依赖。

推动变革的是什么？

经济学人智库（Economist Magazine Intelligence Research Unit，EIU）发现各行各业有着变革的压力及对新的工作方式、思维方式、使用工具和创造生活方式的渴望。Kenworthy 和 Kielstra（2015）在一项包含 26 个国家和 19 个不同商业领域的研究中识别出了造成教育行业压力的四个主要问题。

（1）解决问题、团队合作和沟通是当前职场最需要的技能。

（2）教育系统未能充分向学生和职场提供其所需的技能。

（3）部分学生将主动权掌握在手上以弥补其教育系统的不足。

（4）技术一直在改变教学实践和资源的使用，但教育系统只能跟随而非引领变革。

这与 20 世纪末思科、微软和英特尔三大公司对教育跟不上工作和社会变化的担忧保持一致。它们认为，21 世纪的知识、技能、态度、价值观和道德观与 20 世纪相比正在发生根本性的变化。在一个研讨会上，250 名与会专家确定了职场所需的四大技能领域。他们的讨论建立在这样一个前提下：数字技术改变了我们的思维方式、工作方式、所使用的工具，甚至是我们的生活方式和与他人互动的方式。与会专家撰写了关于新思维方式的文章，内容包括创造力和创新、批判性思维、问题解决、决策、学会学习和元认知（Binkley 等人，2012）。

专家考察了通过沟通和协作实现新工作方式所需的技能，讨论了 21 世纪工作中所需的工具，这些工具需要特定技能、文化素养以及信息和通信技术。这让我们意识到，21 世纪的生活需要作为本国公民和"国际公民"的技能、灵活的生活方式和职业能力，以及对个人和社会责任的担当。研讨会得出的结论是：由于对信息创造和传播的控制在影响我们的思维和认知，应当从根本上快速改变教育，以应对数字技术给工作、生活、就业甚至我们的思维方式带来的压力。

8.3 协作

当我们开展协作并考察人们合作的方式，贡献互补技能、知识、资源和经验以实现团队共同目标时，明确需要跨界解决问题（Polya，1973；Zoanetti 和 Griffin，2014）。协作、批判性思维、沟通和问题解决的结合可被定义为"协作式问题解决（CPS）"。21 世纪技能教学及评估项目（the Assessment and Teaching of 21st Century Skills，ATC21S）定义了 CPS 中个人技能衡量的方法（Griffin、Care 和 McGaw，2012）。

从 2009 年到 2012 年，思科、微软和英特尔公司发展了一系列评估任务和教学策略，使得学校在课程体系中考虑、憧憬甚至贯彻 21 世纪的技能评估。与此同时，经济合作与发展组织（OECD）同意在 2015 年的一轮评估中，通过其国际学生评估项目（PISA）评估学生在 CPS 方面的能力。这意味着，作为 PISA 2015 中的一项自愿性实验评估，CPS 可能会在多达 65 个国家/地区实施。在评估任务制定期间，这类工作的编程语言从 Flash 转向超文本标记语言 HTML5。墨尔本大学团队已经在 Flash 中编写了所有程序。技术的转变意味着所有程序必须在 HTML5 中重新编写，不过这给了该大学修订改进任务以使其更加高效的机会，同时也促使数据的收集、编码、打分和理解方式实现了根本性突破。

评估研究中心（墨尔本教育研究生院）探索了诠释个人 CPS 能力的新方法。显而易见，一位教师可以设置 CPS 任务，但在坐满学生的教室中，评估这项工作变得非常困难。尽管学生们能够在解决问题的同时进行讨论、实验和交流，然而，在这样乱糟糟的环境下，教师无法监控和评估学生个体的表现。在数字环境中开发协作评估任务是一种解决方法，这样一来，可以通过电子方式监控和解读学生的表现，并且不会对教学产生影响，因为在评估学生的同时，教师仍可进行课堂活动来实现协作。新技术的应用为教师解决了棘手的课堂管理问题（Woods、Mountain 和 Griffin，2014）。

8.4 协作式问题解决

Edwardo Salas（本书）将 CPS 定义为两个或两个以上的个体必须互动并相互适应地实现特定共同有价值目标的情景。ATC21S 项目的定义更为复杂（但与本书的定义一致），将批判性思维、问题解决、决策、沟通和协作的结合称为 CPS。Hesse、Care、Buder、Sassenberg 和 Griffin（2014）认为，CPS 是社交和认知能力的结合。社交能力包括参与能力、观点采择能力和社会规制能力，参与能力包括行动、互动以及完成或坚持执行任务，观点采择能力包括对伙伴和对受众认知的响应，社会规制能力包括元记忆、交互记忆、谈判技巧和责任主动性。认知能力包括任务管理和知识构建，还包括问题分析、目标设定、资源管理和处理歧义能力。Salas、von Davier、Graesser 等人在本书中对这些技能进行了讨论，学习和知识构建技能包括数据收集、系统化、关系和模式识别、偶然事件解释或规则制定、概括和假设提出，通过使用活动日志文件进行数据分析，对其中每一项进行映射。

Art Graesser 使用人与智能体互动的方式描述了 PISA 2015 所提出的方法。PISA 方法将本书工作与 Polya（1973）提出的问题解决框架联系了起来，该框架在 2003—2012 年曾在 PISA 项目中尝试用于问题解决评估，这也是我们需要这种联系的原因，而 ATC21S 项目并无这种限制。

为说明 ATC21S 项目中 CPS 任务的含义，我们举一个简单的例子。假设我们将一幅由 100 块碎片组成的拼图，给两名学生每人随机发 50 块碎片，然后给出任务："将拼图拼在一起。"显然，两名学生无法独立完成这项任务，因为他们各自只有一半的拼图碎片，必须理解自己和同伴的行动如何一起进行才能完成任务，还需要达成共识，即拼图任务是能够被完成的，然后找到并采取统一的策略，从而使用各自的拼图碎片完成拼图任务。当一方或双方都意识到拼图上画的内容是什么时，关键的时刻到了，之后他们才能系统性地尝试一系列协作方案，来解决拼图任务。这里就体现出了伙伴间的依存关系，以及通过协作能够解决问题的共识。为解决 CPS 任务，学生通常会执行一个选择伙伴并就角色达成一致的初始步骤，他们探索和分析问题的涵盖范围，合作确定各自掌握的资源、探索提出假设和方法策略并对其进行验证，最终解决问题。有时，他们还会探索是否还有其他解决问题的方式。拼图游戏的例子表明，每名学生都掌握着特定的资源（即拼图碎片），他们能够以独特的方式共享资源以解决问题。虽然领导力（承担责任的能力）很重要，但应仅作为 CPS 任务能力要求的一部分。

Hesse 等人（2014）领导的团队在 CPS 任务中开发概念框架和假设时，组建了计算机辅助协作学习（Computer-Supported Collaborative Learning，CSCL）和问题解决专家团队。该团队将 CPS 分为两个主要组成部分：社交和认知。图 8-1 阐明了如何使用 Griffin 和 Robertson（2014）所述的准则定义上述组成部分。

社交方面包括三大能力，即参与能力、观点采择能力、理解协作小组成员之间互动和合作方式的社会规制能力。参与能力可进一步细分为学生采取的行动、与伙伴之间的互动，以及个人坚持和实现共同目标的程度。观点采择可被视为个人对其伙伴行动和互动做出响应，并且调整自身行为已适应其与伙伴关系的积极程度。Hesse 及其团队还认为，观点采择能力反映了个人对团队伙伴行为的认知导致其自身行为的因果关系程度。社会规制或社会组织也会影响学生在谈判、分析自身优劣势并相应调整自身贡献、认识伙伴优劣势及调整自身行为时的能力，从而影响学生在团队中承担责任、发挥主动性、展现领导力的能力。在提出每个要素和典型行为时，如果能够观察到学生具有某个典型行为的迹象，就有可能为其"技能树"中添加与之对应的特定要素或能力，并使用质量准则（Quality Criteria）衡量该要素或能力的强弱程度（为简化图表，每个要素仅列出一个典型行为，实则可能有很多）。然后考察每个典型行为，确定该行为可能展现出的质量水平分级，并为其构建有序的评分标准（Griffin 和 Robertson，2014）。在拼图游戏示例中，认知活动可能与任务有关。例如一名学生可能只是简单地挑选单块

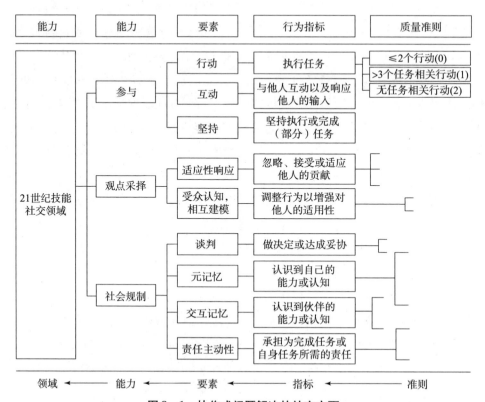

图 8-1　协作式问题解决的社交方面

拼图碎片，独自尝试找到每块碎片的最佳位置；有人可能会根据颜色、形状和图案对碎片排序；还有人可能会鼓励其伙伴与其一起探索不同的拼图方法。如图 8-2 所示，这些行为层次均被标记为质量准则（Griffin 和 Robertson, 2014）。

认知领域涉及一系列广泛能力，包括分析任务以及通过问题解决行为构建知识的能力。Hesse 等人（2014）列举了与任务分析或任务管理相关的要素，包括分析问题、制定目标、管理每位学生掌握资源、灵活选择解决问题途径以及调整处理困惑和歧义的能力，学生也可收集数据用以系统性地做出决策并找到完成任务的方法。认知领域的知识构建部分涉及学生识别自身和伙伴行为模式的能力，特别是识别自身行为和伙伴行为之间的关系。他们还需要审视各种子任务之间的关联模式，具备处理意外事件的能力（如果事件 A 发生，那后续又将引发什么事件），以及制定和检验假设的能力。在评估这些能力的过程中，注意每个任务的解决都包含一个关键时刻，即一名或多名伙伴的顿悟，一旦找到了关键信息，伙伴就可能制订出计划并继续解决问题。于是学生会采用带有假设的表达方式

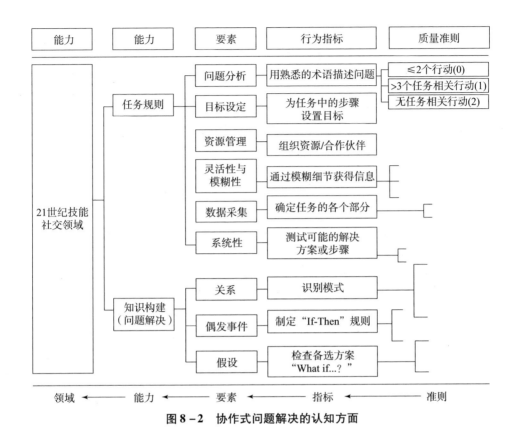

图 8-2 协作式问题解决的认知方面

(Griffin, 2014),常在讨论中包含如以下短语:"如果……会怎样""能不能尝试这样……"和"似乎取决于……",这三种基本表达表明学生正在考虑多种方案。此外,这些方案需要经过检验,并且需要在某些子任务或学生的质疑中发现规律,并根据学生提出的问题检验假设。让我们看两个例子。

8.4.1 横梁平衡

在这项任务中,两名学生一起在横梁天平上放置砝码,使其达到平衡。学生 A 负责管理砝码并可将砝码递交给学生 B,学生 B 决定将砝码放置在横梁的什么位置上,共有 4 处可选位置。两名学生可通过各自屏幕右侧的聊天框进行交流。计算机从日志文件中采集记录他们的交流信息以及所有其他活动和聊天数据。于是,数据分析师得以探索记录中呈现的行为模式,并通过检测模型确认行为模式能否被解读为认知行为和社会概念之间的关系(见图 8-3)。

举一个实际生活中的例子,两个孩子在操场上玩跷跷板。跷跷板的结构类似

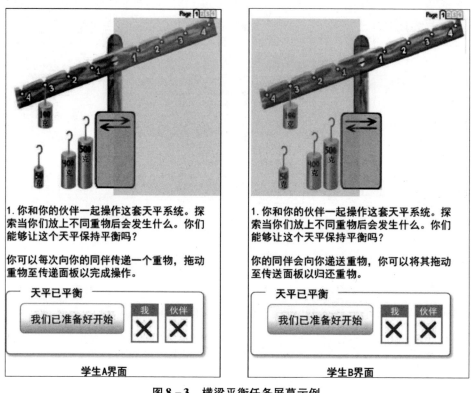

图 8-3 横梁平衡任务屏幕示例

于横梁天平，每端都有一张儿童座椅，孩子们必须弄清楚如何坐上跷跷板并保持平衡，这样他们就可转动和跳跃，这项游戏以及每个孩子在其中的参与都很清晰明确。起初，他们开始试图解决这个问题时并无协作，两人都试图指导对方动作；然后一个孩子走近另一个孩子，提出要相互配合；他们认识到必须合作，根据自身体重差异做出调整；他们略加讨论，形成协作方案，然后坚持下去，直到跷跷板顺利地旋转、跳跃起来。到这为止，他们达成了共同目标，为每个人制定了策略并执行，以解决问题、实现目标。他们还能够去理解对方遇到困难的原因，这证明了他们的观点采择能力。他们回应并调整自身行为以适应解决他人遇到的问题，也知道对方都在努力地实现目标。他们协商并相互解释各自遇到的困难，以及应采取哪些步骤来克服这些困难。因此，指标变得显而易见，这个案例的视频大约有 2 分钟[①]，视频中所有指标都很明显。对于观察者来说，识别单一

---

① 案例请见 Youtube，网址：https://youtu.be/fwT7qI1ASfk

情境中的指标是简单的，但在全班学生进行平衡横梁任务并讨论各自动机和策略时，指标的识别就变得困难了。相关原理和行为整理如图 8-4 所示。

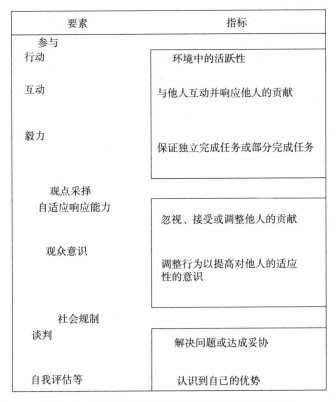

图 8-4 现实生活中 CPS 平衡任务的要素和指标

8.4.2 "大笑的小丑"

在 ATC21S 项目中，所有任务都被分配给成对的学生，包括通过聊天框进行人与人之间的互动交流。Griffin 和 Care（2014）给出了任务设计、实施和评分的详细信息。在这项协作任务中（Care、Griffin、Scoular、Awwal 和 Zoanetti，2014），两名学生所见的内容大致相同，学生 B 看到的屏幕是学生 A 看到的镜像，如图 8-5 所示。给学生 12 个代币（小球），将其放入小丑的嘴里，以确定小球落入小丑嘴巴时所选滑槽与出球滑槽的对应关系。他们的任务是查看入球和出球滑槽是否相同。两人都看不到对方的屏幕。这个任务看似很简单，其实不然，因为学生必须分享 12 个小球。当一名学生选择并使用了一个小球，对方就无法使用它。因此，每名学生必须发挥其谈判、沟通、观点采择和参与能力，他们需要调整和观察自身行为、引导伙伴、共同理解任务。这又引出了局部独立性的问题，正如 Davier 所说（本书），局部独立性意味着给定基本特征时，学生对某事件的反应独立于该学生对其他事件的反应。对事件的理解可以部分解决 CPS 问题中的依赖性问题。

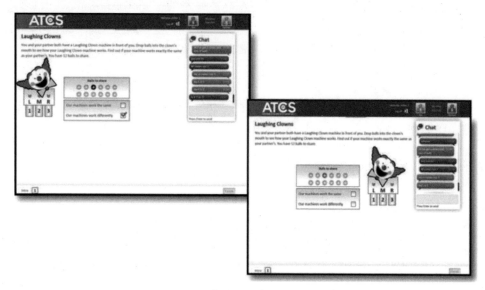

图 8-5　"游乐场大笑的小丑"任务

8.5　协作式问题解决开发项目

当学生进行评估任务时，所有动作、光标移动、通信和迟疑都在数据流日志中被监控、记录和计时。CPS 平台生成的日志流（有时称为"点击流数据"）包括所有学生在 CPS 任务全部环节中所有动作的数字痕迹，以及学生每次与平台各元素交互的时间点。当学生登录、探索问题空间、与伙伴交流互动、尝试不同的方法和评估解决方案时，就会生成一个记录，这通常表现为光标移动、伙伴间聊天、拖放，等等。每一个动作都被记录下来并标记时间，这些便于使用的数据为研究与问题解决相关的协作行为模式提供了相当大的研究空间。编码的数据是学生与 CPS 平台交互的数字痕迹，也可收集与 Hesse 等人（2014）定义的 CPS 各元素相关的记录或代码。

项目响应模型，特别是 Rasch 系列模型，提供了解释学生 CPS 能力的一种方法。这些模型评估了一个人在特定行为指标或测试项目方面的成功概率，给定了该人和项目在潜在变量或架构上的相对位置。当模型应用于 CPS 数据时，必须对数据进行清理，对活动日志文件中的数据点分类分级，并对行为数据模式进行编码，使得日志流数据中的学生 CPS 行为类别变为 CPS 的等效学习评估项，我们可以记录每个 CPS 参与者的数据类别是否存在（相当于正确或不正确）。每名学生记录的每个类别都被命名为存在或不存在（给定一个编码），每个编码类别都相当于一个由一组复杂的行为文件数据组成的测量项目。但在此语境中，项目是由参与 CPS 任务的学生与 CPS 平台的动机设定、伙伴或情境交互产生的行为模式。根据 Adams、Vista、Awwal、Scoular 和 Griffin（2014）的观点，这些项目（行为模式）的存在与否被编码为存在（1）或不存在（0），即频率是难度的表征度量。在某些情况下，一个多变量记录被用来指示一个行为在多大程度上代表了框架的元素。重命名数据类别或加上编码，使局部独立性问题变得更难以识别和管理。

这些行为记录如表 8-1 所示，右栏中是对这些行为的描述。这个例子展示了如何通过直接观察显化行为，去推断潜在元素能力的存在。在分析这些数据时，行为类别条目的频率被解释为估计相对难度，这是基于一个合理假设：根据特定行为发生的频率给出了该行为的估计相对难度（Adams 等人，2014）。如果将其应用于多选题的评分和编码，通常将学生回答的正确答案记录为 1、错误答案记录为 0。代码 1 应根据记录所代表的学生表现行为来解释，如果大多数学生能够选择正确的答案，那么代码 1 出现的频率将会很高。如果大多数学生无法找到正确答案，那么代码 1 的频率就会很低。

表 8-1 "大笑小丑"任务的社会因素和指示性行为示例

社交要素	社交行为指标	用作证据的示例数据
互动	与伙伴互动	在伙伴被允许行动前进行的聊天
观众意识	为深入理解伙伴所采取的努力	停止操作、等待伙伴行动或响应前，尝试移球的次数
承担责任主动性	负责小组任务的进度	半数共用的小球被消耗前，与伙伴的沟通次数
资源管理	管理资源	意识到球是共用的之后，仅使用分配所得小球的一半
系统性	执行可能解决问题的方案	用半数配发小球，按顺序逐个尝试滑槽

续表

社交要素	社交行为指标	用作证据的示例数据
关系	确定知识要素之间的联系和类型	两名学生对机器如何运作达成共识
解决方案	获取正确答案	学生 A 和学生 B 就如何使机器运作做出正确选择

通常认为大量编码为 1 的记录项目是易于完成的，低频率被编码为 1 的项目是困难的。此时可引入评分过程，根据测量理论进行分析，本案例中我们应用了 Rasch 模型。某些部分置信数据也来源于活动日志文件；这些数据主要与时间推移和重复行为有关（例如聊天交流的次数）。编码、评分和校准的细节由 Adams 等人（2014）提供，示例如表 8-2 所示。

表 8-2 基于日志文件证据建立代码和变量名称

类别	行为指标	日志文件中标识的数据	编码
U2L001	意识到伙伴的参与	在任何行为/行动之前进行过聊天	1 = 是 0 = 否
U2L002	独立的系统性行为	独立于伙伴尝试每一个位置	1 = 是 0 = 否
U2L003	意识到球需要共享	仅可使用分配的一半的球。实际使用的球的数量。编号 = 6 或更少	代币的使用量
U2L004	个人的系统性方法	所有角色都被覆盖（假设每人 3 个球）	使用的输入位置数量
U2L005	合作的系统性方法	使用 6 个或更少的球 + 所有角色都被覆盖	球/代币的使用量
U2L006	总结之前尝试过所有位置	球的放置顺序——6 种组合[认知] LMRLMR, RMPRML, RMLLMR, LMRRML, LLMMRR, RRMMLL	测试的不同方式的数量
U2L007	交互[特定位置，任务早期]	所有球投进前的聊天次数（1st 半场窗口，第一个球和第六个球之间已投进）	每个参与者行动之前的聊天次数
U2L008	交互[特定位置，任务后期]	在最后一个球投进后和回答前进行聊天	1 = 是 0 = 否
U2L009	共识	两个参与者的答案相同	1 = 是 0 = 否

在资源管理方面，学生最终必须意识到代币是共用而非独享的。证据可能是他们仅用了一半的代币，所以一个人应该使用的代币数量是 6 个或更少，这表明学生已意识到分享和协商是必要的。记录每名学生行为的方法就是为其赋予类别名称。在本例中，分配给行为类别的名称是 U2L003（代码的每个部分对后续分析均有意义，不在此赘述），每名学生使用的代币数量将被统计并记录在这个名为 U2L003 的行为类别中。

图 8-6 显示了一名新加坡学生完成"大笑的小丑"任务产生的实际日志文件样本。基于上述记录方法，计算编号 0951 的新加坡学生在任务 103（大笑的小丑）中以学生 A 身份使用的代币数量就很容易了。编码过程还呈现将小球（代币）从代币集合位置（410：35）拖至坐标（188：129）从而放入小丑嘴巴的动作。

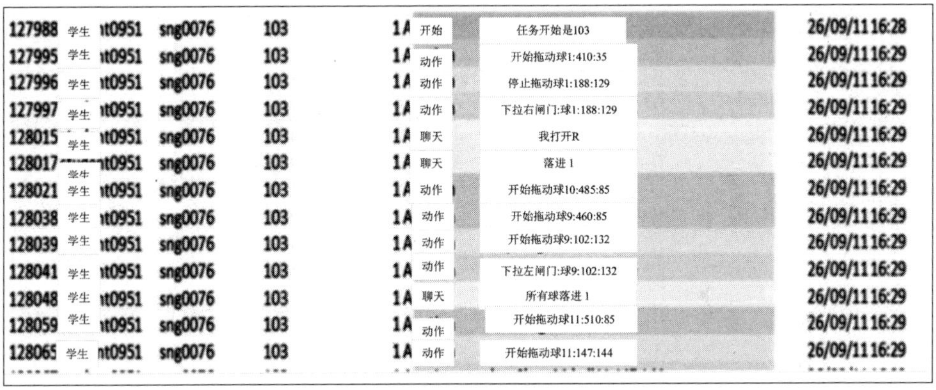

127988	学生	nt0951	sng0076	103	1A	开始	任务开始是103	26/09/11 16:28
127995	学生	nt0951	sng0076	103	1A	动作	开始拖动球1:410:35	26/09/11 16:29
127996	学生	nt0951	sng0076	103	1A	动作	停止拖动球1:188:129	26/09/11 16:29
127997	学生	nt0951	sng0076	103	1A	动作	下拉右闸门:球1:188:129	26/09/11 16:29
128015	学生	nt0951	sng0076	103	1A	聊天	我打开R	26/09/11 16:29
128017	学生	nt0951	sng0076	103	1A	聊天	落进 1	26/09/11 16:29
128021	学生	nt0951	sng0076	103	1A	动作	开始拖动球10:485:85	26/09/11 16:29
128038	学生	nt0951	sng0076	103	1A	动作	开始拖动球9:460:85	26/09/11 16:29
128039	学生	nt0951	sng0076	103	1A	动作	开始拖动球9:102:132	26/09/11 16:29
128041	学生	nt0951	sng0076	103	1A	动作	下拉右闸门:球9:102:132	26/09/11 16:29
128048	学生	nt0951	sng0076	103	1A	聊天	所有球落进 1	26/09/11 16:29
128059	学生	nt0951	sng0076	103	1A	动作	开始拖动球11:510:85	26/09/11 16:29
128065	学生	nt0951	sng0076	103	1A	动作	开始拖动球11:147:144	26/09/11 16:29

图 8-6 "大笑的小丑"的日志文件活动示例

在图 8-6 中，各列分别代表学生、国家、任务、学生角色 A/B、动作类（交流或活动）、数据和时间。数据清楚地呈现了学生正在拖动的代币及其数量。活动日志文件记录了学生的每一个步骤、每一次交流和每一个动作。按学生角色 A/B 分别记录行动次数和频率，然后使用测量模型估计相对难度，校准任务，估计该学生扮演学生 A 角色的能力（0951），进一步可估计学生 B 在各类别中有无行为能力。还可以对学生 B 的行为进行单独的估计分析。这表明 Chow 等人（本书）在其动态交换模型中提出的方法可能具有很好的应用前景，但母婴互动的例子代表了完全的人际依赖，而 ATC21S 项目则在排除这种干扰方面遇到了困难。

编码和证据数据的示例如表 8-2 所示。可将每个独立的数据块在日志文件中标识出来，并以类似的方式记录，用于编码和记录上文所述的证据。

对每名学生来说，每项数据的存在与否或日志中相关事件的出现次数，均被记录在一个类别（称为数组）中，从而产生了适合进一步分析的数据文件，特别是通过寻找一组连贯的类别，建立测量模型后可根据定义的架构解释学生的行为（能力）。

数据文件的架构如图8-7所示。每列表示一个数据数组，用于记录每个编码类别上的学生行为证据。可以看到，对于U2L001A，记录为1或0，表示学生是否参与。如果学生意识到同伴的参与并采取了相应的行动，则记录代码为1，否则记录代码为0。变量U2L003A记录的数字代表学生A使用的代币数量，如果达到阈值6则进一步记录，以表明该学生是否意识到为实现共同目标可能甚至是必须共用代币。所有项目数据报告如图8-7所示。

学生 ID	U2L001A	U2L002A	U2L003A	U2L004A	U2L005A	U2L006A	U2L007A	U2L11A
学生 0001	1	0	7	2	0	0	25	0
学生 0003	1	1	6	3	1	0	19	0
学生 0008	0	3	6	2	0	0	32	0
学生 0013	0	0	4	2	0	0	0	0
学生 0015	0	0	4	2	0	0	0	0
学生 0017	1	1	9	3	0	0	19	0
学生 0019	0	0	3	3	0	0	0	0
学生 0027	1	0	6	3	1	0	35	0
学生 0029	1	0	5	2	0	0	0	0
学生 0031	0	0	11	3	0	0	18	0
学生 0035	1	0	8	3	0	0	32	0
学生 0041	1	0	0	0	0	0	1	0
学生 0048	1	1	3	2	0	0	0	0
学生 0049	1	0	3	3	0	0	0	0
学生 0051	1	0	7	2	0	0	21	0
学生 1007	1	0	7	2	0	0	9	0
学生 1009	1	0	8	2	0	0	26	0
学生 1011	1	0	7	3	0	0	11	0
学生 1013	1	0	6	3	1	0	6	0
学生 1015	1	0	7	2	0	0	29	0
学生 1017	1	0	7	3	0	0	8	0
学生 1019	1	0	4	1	0	0	0	0
学生 1021	1	0	7	3	0	0	9	0
学生 1023	1	0	6	3	1	0	7	0
学生 1025	1	0	6	3	1	1	4	0
学生 1027	1	0	11	3	0	1	29	0

图8-7 作为学生A参与的学生的样本数据架构

对于变量U2L006A，通过记录学生A的行为，以表明是否测量了所有可能的出口滑槽组合。代码1表示已完成此操作，代码0表示没有完成。很少有学生测量了所有可能的组合，可解释为一种非常难以观测到的行为。因为很容易查看学生的存在和参与的意识，所以大多数记录都是 1 分。使用项目反应模型（Rasch，1960、1980）分析这些数据，使行为类别的相对难度与每名学生的相对能力相关联。在图 8-8 中，能力高的学生用分布顶部的 X 表示，称为赖特图（Wilson，2009）。通过他们在 U2L001A 行为类中对同伴的响应可发现，这些学生倾向于在 U2L006A 行为类中表现出高水平的系统能力，而且几乎可以确定他们倾向于采取低难度的行为。从学生能力的分布情况来看，变量 U2L004A 行动类对应的中等难度行为其实是简单的，这适用于所有位置，并被许多学生证实。活动日志文件中的每一个数据点都相当于一个二分或多分的测量项目，需要编码、评分，并包含对学生能力的校准和估计。

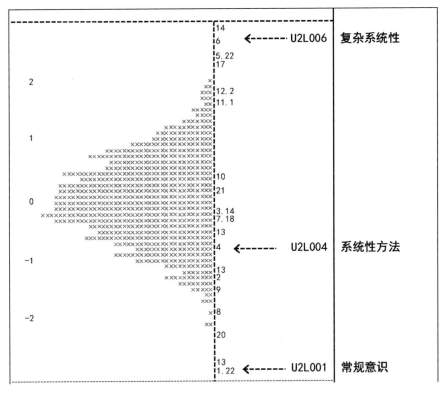

图 8-8　解读架构的指示性行为的 IRT 分析

研究还考虑了局部独立性的缺失。然而，一项基于 Verhelst 和 Verstralen（1997）的工作，为解决局部独立性缺失问题，将整个项目建模为一个部分置信项，从而得以考虑依赖关系。然而，项目参数与集合中的各项无法进行匹配，更大的隐患是 ATC21S 教学的相关信息丢失，这个结论部分基于缺乏项目局部独立性受到影响的实质性证据。这些数据不可预测，也并非像 Guttmann 一样（Baghaei，2007），考虑到学生能力的保守报告（与教学干预相关），我们按照未受独立性影响的情形处理。如果该项目旨在评估人口参数，则有必要进一步审查上述问题。

通过图片右侧的行为描述解释行为类别，可以了解研究范围内学生的相对发展或成长特征。具有较强 CPS 能力的学生将处于图表的顶部，表现出非常复杂的系统行为，而 CPS 能力较弱的学生将处于图片的底部，表现出对问题或其伙伴的常规意识。因此，通过解释项目响应变量映射右侧的每个代码，可以对行为进行更复杂的描述。

为了使上述观点在向学生和教师发布的报告中具有意义，可从提高熟练程度或能力级别（Glaser，1983）两方面解释架构，并在一系列报告中向学生和教师描述学生进步后所达到的级别。达到这个级别的条件是，学生能够演示大约 50% 的行为类别，或者学生有大约 50% 的概率演示该级别的行为集合。50% 的概率设定可与 Vygotsky（1978）的学生最近发展区域学习理论相联系，它展示了学生在帮助下学习意愿的最大级别。

为了优化提供给教师的信息，我们对 CPS 任务进行了"捆绑"，以确保每个"捆绑"任务都能充分提供学生在 CPS 任务中的进展信息。

图 8-9 展示了三份报告。第一份报告是 CPS 任务的各环节学习准备报告，为教师估计了最有可能促进每名学生学习的干预点（最近发展区域）。此报告方法由 ATC21S 项目中的形成性评估方法发展而来，该项目期望教师得到帮助学生开发 CPS 任务能力的建议。后测结果叠加在报告上可显示学生进步了多少以及进步的性质。第二份报告是一份班级概况报告，指出班级中每名学生的进步程度以及促进学生成长的各种干预措施。图片展示了班级内学生发展的相对水平。该报告将提供给教师，便于采取灵活的课堂管理和学生的教学分组方式。每份班级报告还可涵盖次级报告或后验报告，这些报告源自相同的基线（增值）和班上所有学生的各种基线测量，向教师表明每名学生的成长量、成长性质、成长速度，以及班级中每名学生相对其他学生的成长速度。第三份报告是一份学生档案报告，它表明了 CPS 能力的五个方面（参与、观点采择、团队合作、任务分析和解决问题的能力）的相对发展或成长。概况报告还包含每次评估的日期，并可以映射第二次或后验表现。在此过程中，报告指出了增长的数量和速度。此外，这些报告可在学生完成评估后的几秒钟内提供给教师和学生。

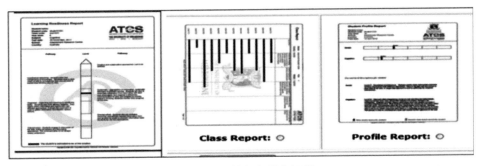

图 8-9 向教师和学生汇报

8.6 差异测试功能

该项目在六个国家进行（澳大利亚、新加坡、芬兰、荷兰、哥斯达黎加和美国）。我们预计会存在项目功能差异（Differential Item Functioning，DIF），并使用 ACER Conquest 软件（Adams、Wu 和 Wilson，2006）对其存在进行检验。对 DIF 的检验包括对不同国别和项目组别间交互作用的检测。由于项目数量较多，我们选择了一种最优的项目参数漂移（Wu 和 Adams，2005）可视化呈现方法。在 DIF 为零的假设下，将小参数漂移识别为统计误差，如图 8-10 所示，对于两个对照国家，项目难度散点图说明了作为差异检验函数示例的项目参数估计的稳定性。这些程序的详细说明请见论文（Griffin 和 Care，2014）第二卷，该论文阐述了 ATC21S 项目的方法和研究背景。

这种方法承认在现实中所有子组项目的行为方式往往（至少略微）存在差异，并且当样本足够大时，大多数项目都出现了 DIF。因此，基于 DIF 做出接受或拒绝的决定仍然具有一定主观性。散点图中删除了参数在 95% 置信区间外的项目。在澳大利亚和美国的数据匹配过程中，芬兰的数据似乎受到语言问题的影响，详细信息见项目第 2 卷（Griffin 和 Care，2014）。鉴于项目级 DIF 的具体情况和局限性，我们决定使用差异测试功能（Differential Test Functioning，DTF；Badia、Prieto 和 Linacre，2002）。十分鼓舞人心的是，评估功能的稳定性超越了课程、国家和语言的限制。DIF 逐个调查评估中的项目，以寻找与样本特征相互作用的迹象，DIF 程序评估项目是否以不同方式对不同组发挥作用。项目功能旨在保持与目标团队的不相关方面，例如国家、语言和课程等。但是可以通过针对

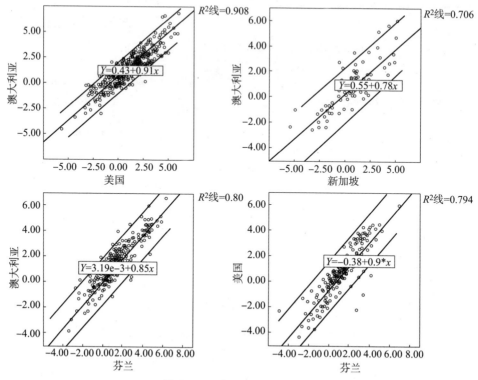

图 8-10 各国绘图指标难度

特定项目的干预来改变项目功能，例如国家统一课程或对项目内容进行披露。

Mantel-Haenszel 方法（Linacre 和 Wright，1989）一次引用两组以确定其是否存在可辨识的差异。这一分析的结果是：尚不清楚跨项目累积的 DIF 对整体测量工具的影响。因为 DTF（Wright 和 Stone，1979 年）提供了独立的项目层次架构，并且项目组的成对测量是在其自身的层次架构背景下进行的，DTF 得以比较从单个分析中得到的项目相对难度估计。因此，跨任务和国家的共同项目（数据类别）使用 DTF 进行评估。DTF 的分析结果如图 8-10 所示。

数据表明，评估 CPS 时使用的项目难度估计集在六个国家都是稳定的。鉴于项目开发地点涉及三种语言、六门课程，外加国家规模不同，项目参数集的稳定性和无漂移性非常显著。可以认为，ATC21S 项目构建了一系列通过互联网实现的 CPS 任务，这些任务全方面检验了由 Hesse 等人（2014）在这六个国家以类似的方式定义的 CPS 任务。考虑到 ATC21S 项目的目的是形成性的（评估和教学），并旨在为教师提供可用于教学的信息，因此项目参数需要足够稳定。如果也用项目参数衡量项目难度的跨国稳定性，那么甚至有可能通过使用这些材料开展 CPS 任务的跨国比较。然而这并非 ATC21S 项目的目的，该项目的目标是建立任务的心理测量学特性，并向教师提供有关学生在 CPS 任务相关能力方面的信息。

8.7 结论

最初设计中的一些缺陷仍需解决。首先，数据仅限于两人协作小组。这在很大程度上限制了任务类型。如果小组人数增加到 4 名或 5 名学生，就有可能获得小组内部一致性的衡量标准，并制定学生个人表现和小组表现的衡量标准。

此外，项目表明，个体表现可在一个双元组（两人组）内拆解，并在一个相当复杂的水平上识别出 CPS 任务能力，这种能力在国家、课程、语言和文化的教学目的中均足够稳定。很少有教育手段能达到这样的效果。

ATC21S 项目已部分证明人与人协作和问题解决领域的进展（Griffin 等人，2012）。较大团队规模将可以估计群内方差，分别对团队和个体进行估计。Hao 等人（本书）着手开展了一些方法论方面的工作。还有研究者一直在尝试多层次项目反应模型，如 Doran、Bates、Brisee 和 Dowling（2007）以及 Salas 等人（本书）提出的研究团队评估模型。

本章读者可能会对建模和数据分析并未取得显著进展感到沮丧，但仍取得个别进展并在持续发展。如 Halpin 和 von Davier（本书）研究了 Hawkes 过程在二元组内采集事件数据中的应用，他们检验了二元语境下的解释和参数估计最大期望算法（Expectation Maximization，EM）的适用性。这是一个新的研究领域和测量手段，在这方面仍有很多工作需要做。EM 是一种通用方法，用于在数据存在缺失时，从数据集中找出潜在分布参数的最大似然估计。数据缺失情况在此类检测中很常见。

参考文献

[1] ADAMS R J, VISTA A, AWWAL N, et al. Automatic coding procedures for collaborative problem solving [M]. Netherlands: Springer, 2014: 115 – 132.

[2] BADIA X, PRIETO L, LINACRE J M. Differential item and test functioning (DIF & DTF)[J]. Rasch Measurement Transactions, 2002, 16 (3): 889.

[3] BAGHAEI P. Local dependency and Rasch measures [J]. Rasch Measurement

Transactions, 2007, 21 (3): 1105-1106.

[4] BENTLEY T, CAZALY C. The shared work of learning: Lifting educational achievement through collaboration [R]. Melbourne, Australia: Mitchell Institute, 2015.

[5] BINKLEY M, ERSTAD O, HERMAN J, et al. Defining twenty-first century skills [M]. Dordrecht, Netherlands: Springer, 2012: 17-66.

[6] CARE E, GRIFFIN P, SCOULAR C, et al. Collaborative problem solving tasks [M]. Dordrecht, Netherlands: Springer, 2014: 85-104.

[7] DILLENBOURG P, TRAUM D. Sharing solutions: Persistence and grounding in multimodal collaborative problem solving [J]. Journal of the Learning Sciences, 2006, 15 (1): 121-151.

[8] DORAN H, BATES D, BLIESE P, et al. Estimating the multilevel Rasch model with the lme4 package [J]. Journal of Statistical Software, 2007, 20 (2): 1-18.

[9] FISCHER A, GREIFF S, FUNKE F. The process of solving complex problems [J]. The Journal of Problem Solving, 2012, 4 (1): 19-42.

[10] GLASER R. Education and thinking: The role of knowledge (Technical Report No. PDS-6) [R]. Pittsburg, PA: University of Pittsburgh, 1983.

[11] GRIFFIN P. Performance assessment of higher order thinking [J]. Journal of Applied Measurement, 2014, 15 (1): 53-68.

[12] GRIFFIN P, CARE E. Assessment and teaching of 21st century skills: Methods and approach [M]. Dordrecht, Netherlands: Springer, 2014.

[13] GRIFFIN P, CARE E, MCGAW B. The changing role of education and schools [M]. Netherlands: Springer, 2012: 1-15.

[14] GRIFFIN P, ROBERTSON P. Writing assessment rubrics [M]. Australia: Cambridge Press, 2014: 125-155.

[15] HESSE F, CARE E, BUDER J, et al. A framework for teachable collaborative problem solving skills [M]. Dordrecht, Netherlands: Springer, 2014: 37-56.

[16] http://www.economistinsights.com/analysis/driving-skills-agenda.

[17] KONG S C. An evaluation study of the use of a cognitive tool in a one-to-one classroom for promoting classroom-based dialogic interaction [J]. Computers & Education, 2011, 57 (3): 1851-1864.

[18] LINACRE J M, WRIGHT B D. Mantel – Haenszel DIF and PROX are equivalent![J]. Rasch Measurement Transactions, 1989, 3(2): 51 – 53.

[19] O'NEIL H F, CHUANG S, CHUNG G K W K. Issues in the computer – based assessment of collaborative problem solving [J]. Assessment in Education: Principles, Policy & Practice, 2003(10): 361 – 373.

[20] Organisation for Economic Co – operation and Development. PISA 2015: Draft collaborative problem solving framework [S/OL]. Paris, France: OECD. https://www.oecd.org/pisa/pisaproducts/Draft%20PISA%202015%20Collaborative%20Problem%20Solving%20Framework%20.pdf.

[21] POLYA G. How to solve it: A new aspect of mathematical method [M]. Princeton, NJ: Princeton University Press, 1973.

[22] RUMMEL N, SPADA H. Learning to collaborate: An instructional approach to promoting collaborative problem solving in computer – mediated settings [J]. The Journal of the Learning Sciences, 2005, 14(2): 201 – 241.

[23] VERHELST N D, VERSTRALEN H H F M. Modeling sums of binary responses by the partial credit model (Cito Measurement and Research Department Report No. 97 – 7)[R]. Arneim, Netherlands: Cito, 1997.

[24] VYGOTSKY L. Mind and society: The development of higher psychological processes [M]. Cambridge, MA: Harvard University Press, 1978.

[25] WILSON M. Measuring progressions: Assessment structures underlying a learning progression [J]. Journal of Research in Science Teaching, 2009, 46(6): 716 – 730.

[26] WOODS K, MOUNTAIN R, GRIFFIN P. Linking developmental progressions to teaching [M]. Dordrecht, Netherlands: Springer, 2014: 267 – 292.

[27] WRIGHT B D, STONE M H. Best test design [M]. Chicago, IL: MESA, 1979.

[28] WU M, ADAMS R. Applying the Rasch model to psychosocial measurement: A practical approach [J]. Melbourne, Australia: Educational Measurement Solutions, 2005.

[29] ZOANETTI N, GRIFFIN P. Log – file data as indicators for problem – solving processes [M]. Paris, France: OECD, 2014.

第 9 章 对协作式问题解决开展标准化评估的首要步骤：现实挑战与策略

Jiangang Hao、Lei Liu、Alina A. von Davier 和 Patrick C. Kyllonen

摘要：协作式问题解决（Collaborative Problem - Solving，CPS）能力是 21 世纪的一项重要技能。但是以一种标准化的方式评估 CPS 非常具有挑战性。在设计 CPS 的评估方法时，需要适当地考虑协作类型、团队规模以及评估领域。本章我们对 CPS 开展大规模和标准化评估时所遇到的一些实际挑战进行了概述，并提出了一些应对挑战的策略。我们使用美国教育考试服务中心（Educational Testing Service，ETS）的协作科学评估原型（Collaborative Science Assessment Prototype，CSAP）来诠释相关策略。

关键词：协作式问题解决（CPS）；协作科学评估；单用户版本（Tetralogue）；协作版本（Trialogue）；仿真

9.1 引言

协作是一种协调的、同步的活动，它是持续共同解决问题的结果（Roschelle 和 Tesley，1995，p. 70）。与个人工作相比，协作工作有几个明显的优势：更有效的分工，能够扩展知识、视角和经验的覆盖面，通过其他小组成员的想法来激发创造力（OECD，2013）。CPS 是一种特殊的协作类型。在教育环境中，可将 CPS 定义为一个包括认知和社会实践的过程，其中通过两个或多个同伴相互交流、分享和协商之前的观点和经验，来共同规范、协调行为和学习活动，并应用社会策略来维持人际交往以解决共同问题。可将 CPS 的定义描述为个人认知和社会认知的过程（Dillenbourg、Järvelä 和 Fischer，2009；Järvelä、Volet 和 Järvenoja，2010；Liu、Hao、von Davier、Kyllonen 和 Zapata - Rivera，2015；Van den Bossche、Gijselaers、Segers 和 Kirschner，2006）。

虽然协作有其优势，但并不一定能带来更好的结果。团队成员间的有效协作同样十分重要，即使对于一群能力很强的人构成的团队而言，协作可能会改善结果或提高生产力，也可能会导致结果更差或使生产力下降。因此，可使协作成功的 CPS 能力是指个体具有有效参与一个过程的能力。在这个过程中，两个或多个个体将知识和技能进行汇集，通过分享对解决方案的理解一起努力找到解决问题的方案（OECD，2013，p.6）。

CPS 被认为是 21 世纪学术和职业成功的关键技能（Griffin、McGaw 和 Care，2012）。关于 CPS 的大多数研究都集中在学习上，例如，寻找在（计算机）协作环境中促进学习的有效方法（Koschmann，1996；Stahl、Koschmann 和 Suthers，2006）或制定任务以培养协作能力，从而改善学习（Sottilare、Brawner、Goldberg 和 Holden，2012）；在智能化的协作环境中寻找促进学习的有效方法（Koschmann，1996；Stahl，Koschmann 和 Suthers，2006）或开发任务来培养协作能力，从而提高学习效率（Sottilare、Brawner、Goldberg 和 Holden，2012）。CPS 评估方面的研究则相对较少。对 CPS 的精确测量具有挑战性，例如在部分评估的心理测量中，需要解决测量的有效性、可靠性和公平性等问题。

在现有的 CPS 评估研究中，大多数是从揭示 CPS 重要性的角度出发（Cohen、Lotan、Scarloss 和 Arellano，1999；DeChurch 和 Tj-magnus，2010；O'Neil，2014；Woolley、Chabris、Pentland、Hashmi 和 Malone，2010）。最近，von Davier 和 Halpin（2013）对这方面的研究进行了回顾，发现它们通常不会使用标准化评估。标准化评估指的是在同一项目中，评分程序和解释在不同的测试形式中是一致的，并且测试管理本身是预先确定和标准化的。然而，在 2015 年第六次调查中（OECD，2013），为国际学生评估计划（PISA）制定的标准化 CPS 评估是一个例外，在此评估中，学生与不同数量的虚拟伙伴（智能体）合作完成一组基于计算机的协作任务，并从预先定义的文本列表中选择虚拟伙伴与其进行沟通，使用虚拟伙伴和预定义文本是为了确保标准化的折中。另一个值得注意的评估是 Griffin 及其同事为 21 世纪技能项目（ATC21S）的评估和教学开发的 CPS 评估（非标准化）（Care 和 Griffin，2014；Griffin 等人，2012），在这项评估中，两名学生通过文本聊天进行合作，解决计算机的协作任务。根据 CPS 架构，为他们的聊天沟通、按键和响应时间自动编码（Adams 等人，2015）。在撰写本章时，PISA 2015 和 ATC21S 的最终 CPS 评估结果尚未公布。

为 CPS 制定标准化评估极具挑战性。本章的目标是探讨如何设计标准化协作评估，并提出几种解决策略。为说明我们提出的策略，我们使用了特定的评估原型——协作科学评估原型（CSAP）（Hao、Liu、von Davier 和 Kyllonen，2015），该原型由美国教育考试服务中心开发，主要用于评估科学领域中的 CPS 能力。本章我们没有展示对该项目的全面调查结果，而是侧重于说明所提议战略的实施情况。

9.2 实际挑战和建议策略

对 CPS 进行评估是一项挑战，尤其是标准化评估。本质上，评估是一种工具。借助评估，测量人员可以得到某些预定义架构的测量结果。为得到更有用的结果，需在前期仔细地设计评估的组成要素，例如，评估框架（Mislevy 和 Riconscente，2006）遵循循证设计（Evidence-Centered Design，ECD）的建议。

9.2.1 CPS 架构定义

评估 CPS 的第一个挑战就是准确定义复杂的 CPS 架构。CPS 涉及不同方面的能力，如认知、非认知和社交等。各方面能力在不同的任务、领域和团队组成中可能有不同的表现，这使情况变得更加复杂。因此，我们应在给定的评估中对 CPS 的具体能力进行界定。比如 PISA 2015 涉及三项 CPS 的关键能力：建立团队并达成共识、采取行动解决问题和共同维护团队组织（OECD，2013）。ATC21S 则针对五项能力：参与其中、观点采择、社会和任务监管以及知识储备（Hesse、Care、Buder、Sassenberg 和 Griffin，2015）。PISA 2015 和 ATC21S 所开发的评估方法旨在评估广泛的、通用的能力。本节设计了一个特定领域的评估方法，侧重关注四个 CPS 能力，以便围绕科学领域内的任务进行协作（Liu 等人，2015），后面将对此进行介绍。

9.2.2 CPS 架构和依据间的复杂关系

第二项挑战就是 CPS 架构与依据间的复杂关系，其中依据来源于评估 CPS 架构的各类具体协作任务。一般来说，在协作任务中，直接可观察的依据有两种类型：测试者对任务的响应以及协作期间测试者的交流。响应可以是多项选择项中的选择，也可以是构建响应项中的文本输入，还可以是测试者对复杂/交互式项目（如游戏或模拟）的响应的时间戳过程。团队成员之间的沟通可以通过不同的模式进行，例如文本聊天、音频、视频或面对面交流。关于 CPS 的底层架构的推断必须基于直接可观察的依据（通过循证设计过程确定）。

对于测试者的个人表现评估取决于项目的性质、测试者的反应以及客观的测量条件。在这种情况下，当测试的设计较好时，依据和架构间的映射会相应地变得简单一些。而协作环境中的评估会更复杂，为说明这种复杂性，我们用最简单的协作案例举例，即二元协作。将二元协作中的两名参与者表示为 A 和 B。为直接记录协作效能，我们还假定在协作前后捕捉参与者对项目的响应。由于一个人的回答既取决于个人能力，也取决于与另一名团队成员的互动，因此即使是再简单的设置，依据和架构间的映射也可能很复杂。团队成员之间的互动则受制于成员的认知能力和 CPS 能力。因此，协作后的结果取决于项目的属性、测试者自己的认知能力、队友的认知能力、两位团队成员的 CPS 能力，以及一些非 CPS 的人格因素和测量条件。特定协作流程的实施也会产生影响。图 9-1 总结了依据和架构之间可能的映射，此图仅反映最简单的协作，即二元协作。当成员更多时，架构和依据间的映射将会相互关联，变得越发复杂。

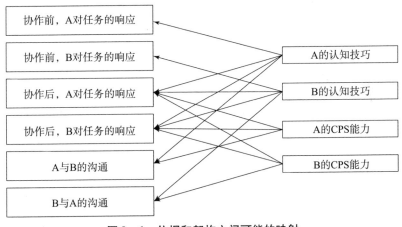

图 9-1　依据和架构之间可能的映射

在图 9-1 中，我们仅说明依据和架构间可能存在的映射。实际上，映射还会受到领域和任务的影响，从而需要通过特定领域和任务的数据经验来解决问题。复杂的相互关联将使由依据推测架构变得复杂且具有挑战性。

应对挑战的策略尽管有限但依然存在，即通过评估设计来打破复杂的相互关联；在 CPS 评估中，在同一领域对每个人的认知能力开展单独评估；或者在协作前为团队中的每位成员提供机会对项目做出响应；抑或两者兼而有之。在开发协作科学评估原型的过程中，我们选择两者兼而有之。但是考虑到具体任务的情况和领域，协作科学评估原型无法对依赖关系开展深入调查。这将在未来的研究中开展。

9.2.3 贡献确认

第三项挑战是如何根据协作公平地为每位团队成员确认贡献，评估的主要目标是反映在被测结构中个人或群体的表现情况。在理想情况下，CPS 评估的分数将反映每名测试者的 CPS 能力。但是每个人的 CPS 能力表现均会受到团队其他成员的影响，更重要的是，如果有团队成员不配合，团队协作可能会受到严重影响。因此在协作中建立公平的贡献确认方式是一大挑战。

提供个人分数的策略是将每个人与不同的抽样伙伴组成不同的团队。基于协作表现，绘制出测试者的 CPS 能力分布。显然，这样的设计安排需要确保在测试管理期间有足够数量的人员在场，从而使团队工作的测试中包含不同的任务和协作伙伴。目前，实践此类设计极为困难。一种替代方法是使用不同特征的智能体，如 PISA 2015 中所做的那样。但目前可用的人工智能技术还无法支持与真人进行开放式交流。一种可能的方式是将人与人协作和人与智能体协作巧妙地组合起来。在我们的协作科学评估原型中，我们将人与人之间的协作作为一个开端。

此外，如果我们从确认个人 CPS 能力上退一步，专注于群体 CPS 能力的统计特性，可能会大大简化这种情况。例如，来自不同学校或公司的人的整体 CPS 能力差异也是有意义的。在这种情况下，最简单的设计就是随机抽取来自同一群体的成员（例如学校或公司），并将他们分配到团队中以完成 CPS 任务。大型群体的 CPS 表现是每个团队 CPS 能力的总和。只要每个大型群体中有足够数量的团队，并且成员是随机挑选的，群体级别的统计数据就具有代表性。这种情况下大家不会担心如何公平地确认个人贡献，而会对总体结果更感兴趣。随机分配应平衡不同的影响。此种安排可能会使其实践更有意义。例如，大公司更关心其员工的平均 CPS 表现，而非某个人的 CPS 表现。在我们的协作科学评估原型中，我们主要关注团队而非个人的 CPS 能力的统计特性。

9.2.4 混杂因素

第四项实际挑战是存在潜在的混杂因素，如性别、文化背景和语言熟练程度。这些因素可能影响协作的过程和结果（Kreijns、Kirschner 和 Jochems，2002；

Sycara、Gelfand 和 Abbe，2013；Van den Bossche 等人，2006）。应对这一挑战的策略是选择适当的沟通渠道，以减少协作过程中的混杂因素。在各种常见的沟通方式（如音频、视频、面对面和文本聊天）中，文本聊天最不可能暴露个人生物识别信息和背景信息，因此可以大大减轻潜在混杂因素的影响。然而，以文本聊天为媒介的沟通可在多大程度上模拟面对面沟通仍是一个悬而未决的问题，应通过实证研究来解决。目前文本聊天沟通的另一个明显优势是在其沟通带宽、自动化处理和评分潜力方面的技术可行性。此外，与其他沟通手段（例如视频和音频）相比，在文本沟通中，隐私问题较不明显。在我们协作科学评估的原型中，选择使用了文本沟通。

9.2.5 团队组成的影响

第五项挑战涉及团队组成。团队成员人数及其认知和 CPS 能力都可能影响协作过程，从而影响团队中其他成员的 CPS 能力。普遍认为，团队成员拥有不同的认知能力水平将改善协作成果（Webb、Nemer、Chizhik 和 Sugrue，1998）。团队成员在认知和 CPS 能力方面的平衡会影响评估结果。团队成员的数量也会影响协作成果和过程。增加团队成员的数量会引发更多的社会性惰化（Karau 和 Williams，1993）。一种解决方法是根据团队成员与领域相关的认知能力水平或一些其他有意义的因素（如个性）进行平衡分配，并将团队成员的数量限制在少数，例如两或三名（团队规模本身是一项重要的研究课题）。

9.2.6 任务选择

在本章中，我们最后探讨的问题是选择 CPS 评估中的任务和项目。为衡量 CPS，我们必须有一套允许人们协作解决的任务或项目，其制定和选择至关重要。在协作中，学生需要寻找共同的参照，以识别理解上的差异，并且通过谈判解决这些差异以达成共识（Barron，2003；Roschelle，1992）。普遍认为有价值的协作任务或项目包括以下几点（Lotan，2003）：

（1）它们是开放式的，需解决复杂的问题。
（2）它们为学生提供多个任务切入点和不同的机会以展示智力水平。
（3）它们能处理以学科为基础的、重要的知识内容。
（4）它们具有积极的相互依存关系以及个人问责制。
（5）它们包含评估群体成果的明确标准。

当我们选择任务时，我们必须考虑到协作评估与协作学习之间的区别。毫无疑问，具有群体价值的任务将使协作学习更加有效。从评估的角度而言，具有群体价值的任务可能会造成鹰架教学或强迫协作的情况。鹰架教学是指教学者提供部分信息，以帮助学习者。已证明鹰架教学对学习有益，但在评估中并不总是有用。在 CPS 评估中，过度的鹰架教学将教会人们如何协作并为支持协作提供广泛的帮助，所以 CPS 能力也会被高估。此外，由于每位团队的成员都有平等的机会展示 CPS 能力，因此具有群体价值的任务的开放式性质增加了额外的复杂性。强制协作是指强制参与者协作，如具有群体价值的典型任务之一是拼图任务，其中每位团队成员将获得不同的信息，为了完成任务，所有成员必须协作，将各自信息进行拼凑，以便获得足够的信息来完成任务。但是，从评估的角度来看，需仔细设计任务，以确保每位团队成员在获得不同信息时不会影响成员在协作中的表现，这对任务设计者来说是一项挑战，需要更多的经验与迭代来验证任务的有效性。循证设计可结合任务模型、学生模型和团队模型扩展。

为应对这一挑战，我们需要在群体价值和鹰架教学之间找到最佳点，同时尽可能平衡参与者在任务中的角色。一个实用的策略是牺牲一些具有群体价值的特征来平衡角色，并提供可控的系统指导和辅助，以确保团队成员参与协作。同样，确定适当的辅助水平也是一项实践研究，我们需要进行实验来找到最佳的辅助水平。我们在原型中采用的策略是促进者（智能体）或系统提示。

到目前为止，我们已经概述了开发 CPS 评估的多项挑战，并提供了我们为应对这些挑战所做的策略考虑。需要强调的是，这一挑战清单远未完成，我们提出的方法不一定是最佳的。并非所有问题都可通过纯粹的理论化来解决，还需要实验研究来找到更好的策略。

9.3 协作科学评估原型（CSAP）

在前面的内容中，我们概述了制定标准化 CPS 评估的各种挑战，提出了应对这些挑战的若干策略，并简要介绍了我们在协作科学评估原型上开展的工作。在本节中，我们将更详细地阐述协作科学评估的原型，并探讨协作科学评估原型如何实现设想的策略，以便于 CPS 的各方面评估调查。协作科学评估原型是使我们能够更好地理解挑战，并探索策略实践可行性的原型。

9.3.1 评估工具

协作科学评估原型项目（以下简称 CSAP）旨在衡量科学领域的 CPS 能力，解决我们先前介绍的六项挑战。首先，我们介绍了本研究中使用的评估工具，然后介绍了如何实施这六种策略。CSAP 研究中有以下五种评估工具[①]：

(1) 一般科学知识的独立测试，由 37 个多项选择题组成，改编自科学素养测量（Scientific Literacy Measurement，SLiM；Rundgren、Rundgren、Tseng、Lin 和 Chang，2012）。

(2) 人格调查，十项人格测量（Ten Item Personality Measure，TIPI；Gosling、Rentfrow 和 Swann，2003）。

(3) 改编自美国国家教育进步评价（National Assessment of Educational Progress，NAEP，2013）的人口统计调查。

(4) 两个版本的火山科学模拟网络任务。

(5) 协作版本（又名 Tetralogue）：两名参与者与模拟中的两个虚拟智能体进行交互协作，以完成一项关于火山的科学任务。

(6) 单用户版本（又名 Trialogue）：单名参与者在模拟中与两个虚拟智能体交互以完成关于火山的科学任务。

(7) 协作后满意度调查。

这两项模拟任务都是从现有的模拟单用户版本（Trialogue）（Zapata-Rivera 等人，2014）中修改而来的。此模拟是基于 ECD（Mislevy 和 Riconscente，2006）设计的，使用了多项选择（Multiple-Choice，MC），构建了响应（Constructed-Response，CR）和会话项目来衡量学生的科学探究能力。在三方模拟中，学生与两个智能体（一名担任学生同伴，另一名担任导师）互动完成一系列关于火山的（科学）任务。单用户版本这一名称描述了学生和两个虚拟智能体之间的对话（Feng、Stewart、Clewley 和 Graesser，2015）。单用户版本用于两个目的：①它用作检查协作效果的控制；②我们使用单用户版本中的响应来提供项目属性的基线，例如项目正确率。在三方模拟的协作版本中，除允许两名测试人员使用沟通的聊天窗口外，还有允许团队与智能体使用沟通的窗口。因此，协作版本（Tetralogue）名称是指这个模拟中的四元组。

[①] 我们在本章中介绍了所有要素，但部分结果并未在此报告（例如，个性、一般科学知识测试）。

在两个版本的模拟中,问题的时间戳响应和各轮沟通都已记录到精心设计的日志文件中(Hao、Smith、Mislevy、von Davier 和 Bauer,2016a)。对话可衡量 CPS 能力,对模拟项目的反应可以衡量科学探究能力(Zapata‐Rivera 等人,2014)。请注意,本分析不包含人和虚拟化身之间的互动,主要是因为我们首先关注的是人与人之间的互动。在图 9-2 中,我们将展示模拟任务的单用户(左)和协作(右)版本的截图。单用户和协作版本之间的主要区别是协作版本中有用于沟通的附加聊天框。

图 9-2　协作式模拟任务截图

9.3.2　策略实施

1. CPS 架构定义

为采用这六种策略来应对上述挑战,首先需要关注科学领域的 CPS 能力。尽管 PISA 2015 和 ATC21S 项目都认为 CPS 能力对领域的依赖程度较低,但我们采取了一些方法来衡量特定领域(即科学领域)内的 CPS 能力。基于计算机支持的协作学习研究(CSCL;Barron,2003;Dillenbourg 和 Traum,2006)以及 PISA 2015 和 ATC21S 的 CPS 框架,我们通过针对科学领域的 CPS 能力开发了 CPS 框架(Liu 等人,2015)。我们的研究有四项 CPS 能力:分享想法、协商思路、规范问题解决和保持沟通。在这些主要类别中,每一个都有子类别,总共产生 33 个子类别。编码规则的摘要可以在表 9-1 中找到。

表 9-1　本节 CPS 能力编码规则

CPS 能力	学生表现(子类别)
分享想法	1. 学生向队友提供任务相关的信息(个人响应)
	2. 学生找出检索任务相关信息的资源
	3. 学生响应队友对任务相关信息谈判想法的需求

续表

CPS能力	学生表现（子类别）
协商思路	4. 学生表示同意队友
	5. 学生与队友持不同意见
	6. 学生明确同意或不同意
	7. 学生要求队友重复陈述
	8. 学生要求队友澄清陈述
	9. 学生改写/完成队友的陈述
	10. 学生在他或她自己的想法和队友的想法中发现冲突
	11. 学生使用相关依据指出队友声明中的差距
	12. 学生详细阐述自己的见解
	13. 学生在听取队友的推理后改变自己的想法
规范问题解决	14. 学生确定对话的目标
	15. 学生建议小组下一步采取的行动
	16. 学生表示困惑/沮丧或缺乏理解
	17. 学生表达其进一步理解
	18. 学生反思该小组行动
	19. 学生表达解决问题的团队协作中缺少的内容
	20. 学生的理解程度
	21. 学生评估某些小组贡献是否对解决问题有用
	22. 学生对小组表现的满意度
	23. 学生在小组决定中指出的差距
	24. 学生在解决问题时发现问题
保持沟通	25. 学生回答队友的问题（使用文本和文本符号）
	26. 学生设法使对话生动（使用文本和文本符号，使用适当的社交语言）
	27. 学生在轮到自己前等待队友完成他/她的陈述
	28. 学生使用适合社交的语言（如问候语）
	29. 学生提供帮助
	30. 学生为无意中断而道歉
	31. 学生否认队友的建议，却不给出原因
	32. 学生输入无意义的内容
	33. 学生对队友的挫败感表示理解

2. 依据与 CPS 架构之间的复杂关系

为了解开团队成员 CPS 能力和认知能力之间复杂的相互关联，我们使用科学知识为每个人的科学能力提供单独的评估测试。此外，协作版本的模拟任务可在协作前后捕捉每位团队成员的科学探究能力。模拟回答问题的过程如下：

（1）在协作前，针对项目的单独响应，给每名参与者提示。

（2）提示每名参与者与其伙伴讨论该项目。

（3）提示每名参与者在需要时可修改最初回复。

（4）随机选择代表提交团队答案。

通过这种方式，协作前的响应可捕捉到每位成员在特定任务方面的科学探究能力，而协作后响应的变化反映了协作的有效性，并为我们直接探究哪些 CPS 子能力可能产生更好的协作效能。上述程序中的第四步主要是为避免协作中的漏洞而设计。如果无法达成共识，我们则需要一种机制来继续下一个项目。

3. 贡献确认

为了应对这一挑战，在我们的一些分析中，如前一节所述的那样，我们将团队作为衡量单位，并介绍了许多团队的 CPS 能力的统计特性。为此，我们不需要为每位测试者分配多个团队，只需将参与者随机分配到二元组。这是我们为第一个原型和初步探索性研究在时间、预算和技术基础设施上所施加的限制做出的妥协。这些发现还为我们未来测量个人 CPS 能力提供了信息，研究还从个人的协作过程中观察数据，以调查其参与度（Halpin、von Davier、Hao 和 Liu，出版中），并对个人的特定协作行为倾向（Andrews 等人，出版中）做出了其他尝试。这里暂不讨论这些研究。

4. 混杂因素

为应对这一挑战，我们选择文本聊天作为我们的沟通手段，并对每位参与者进行人格和人口统计调查，以衡量文化背景、性别和人格等因素。

5. 团队组成

为应对这一挑战，我们选择从最简单的设置开始（即将团队成员的数量限制在两个，并将团队成员随机分配给每个二元组）。

6. 任务选择

为应对这一挑战，我们选择了一项基于模拟的任务，其中包括一种更简单的协作形式，并且按照循证设计过程仔细开发。我们还假设提供复杂数字环境的教育模拟更有可能引发协作。然而这个特定的任务只有最低限的群体价值，因为它是从现有的模拟中修改而来的,最初是为在模拟中与两个虚拟化身交互的单个用户而设计的(Zapata-Rivera 等人,2014)。为了确保参与者参与协作,我们设计了一套辅助信息,来提示团队成员协作。具体来说,开发了上述四步响应程序以辅助协作流程。

9.3.3 数据收集和评分

我们通过众包数据收集平台——亚马逊人端运算平台(Amazon Mechanical Turk)收集数据(Kittur、Chi 和 Suh,2008)。此外,我们在美国招募了1 500 名至少接受了一年大学教育的参与者,对他们开展了一般科学测试、人格测试和人口统计调查;然后随机选择 500 名参与者,开展单用户版本模拟;剩下的 1 000 名参与者被随机配对成二元组,以进行协作版本的模拟。每个团队的模拟任务数据包括对项目的响应以及项目团队成员之间的文本聊天沟通,模拟任务中有七个类似多项选择的项目,每个项目大约有五轮对话。去除不完整回答后,我们得到 483 对数据。根据 Zapata-Rivera 等人(2014)提出的相应评分标准对七个类似多项选择项目的回答进行评分。除了对结果响应进行评分外,我们还基于 CPS 框架对协作期间的聊天沟通进行注释(Liu 等人,2015)。两名评估者接受了 CPS 框架的培训,他们对一部分话语数据(15%数据)进行了双重编码。以对话的回合或对话的话语划分作为分析对象。在开始独立编码前,评估者开展了两次培训。在第一次培训中,评估人员接受了对 CPS 框架的 33 个子类别的培训,使用每个子类别进行能力定义和编码示例。在第二次培训课程中,培训师和两名评估者将来自一个二元组的数据编码在一起,以练习特定代码的应用,并使用 CPS 框架解决分类特定话语的问题。训练结束后,两位评估者独立编码 79 个二元组的话语数据。每回合分配 33 个子类别,所有 33 个子类别的未加权 Kappa 评分者间一致性为 0.61。根据子类别和表 9-1,我们推导出相应的四大类 CPS 能力。

基于四个主要类别的未加权 Kappa 值的评估者间信度为 0.65。根据 Fleiss 和 Cohen(1973)的研究,Kappa 值为 0.4 是社会科学实验可接受的一致性水平。目前,我们正努力为上述聊天开发一个自动评分引擎(Flor、Yoon、Hao、Liu 和 von Davier,2016)。该引擎将根据数据和人类评分员的分数进行训练。其余数据由一名评分者编码。

对 483 个二元组回复数据的进一步审查中显示,许多团队甚至在系统引导他们讨论前就开始了对话。这意味着他们在应单独做出初始响应前或期间就开始对话。不同的团队对不同的项目子集进行了非提示性对话，这使分析变得更复杂。在这些团队中，有 82 个团队并未开展非提示性谈话，而其余团队至少针对不同数量的项目有一些非提示性讨论。我们通过独立样本的双尾 t 检验比较了 82 支参与者队伍的一般科学知识测试分数与其余队的分数，发现两组没有差异（$p = 0.38$）。但是我们将重点放在 82 个团队的数据上。

9.3.4 量化协作成果

修订后的响应与初始响应之间的差异是衡量协作成果的一个指标。如果我们将每个二元组作为分析单位，我们需要变量来量化每个项目的答案变化。首先，引入变化的数量（用 n 表示），以量化每个项目中二元组的成员初始响应与修订后的响应有多少不同。n 的可能值为 $\{0, 1, 2\}$：$n = 0$ 表示无人进行任何更改，$n = 1$ 表示只有一人进行更改，$n = 2$ 表示两人进行了更改。接下来，我们引入分数变化（用 s 表示）来量化项目的二元组成员修订后的响应和初始响应之间的总分变化。s 即为二元组成员初始响应和修订后的响应之间的得分差异之和，即 $s = (r_1 - i_1) + (r_2 - i_2)$，其中 r_j 和 i_j 分别表示对人（j）和项目修订后的响应和初始响应。s 的可能值是 $\{-2, -1, 0, 1, 2\}$。应注意的是，状态 $s = 0$ 时，有两种不同的可能。一种可能是两名成员都未改变各自响应；另一种可能是一名成员将响应从错误改为正确，另一名成员从正确更改为错误。因此，为了在二元水平上完整描述变化，我们为每个项目引入向量"项目协作效应"，$\delta_k = (s_k, n_k)$，δ_k 定义项目级别，下标 k 表示项目编号。对于任务级别，我们仅需对所有项目求和，$\Delta = (S, N)$，$S = \sum_k s_k$，$N = \sum_k n_k$。按照惯例，我们用 n 和 s 来表示项目级别的变化；用大写的 N 和 S 来表示任务级别的变化。

需要注意的是，协作后的反应变化并不一定意味着团队中每位成员的认知能力都有所提高。该变化仅表示团队成员的互动产生了影响，即成员之间更好的沟通（协作）可促进人们相互学习（听到）并反思初始响应。如果解散团队后对成员再次进行单独测试，每位成员可能仍处于其之前的水平，因为短期协作工作不太可能改变认知能力。仍需要更多的实验数据来验证这些变化是否可在不同任务中始终如一地应用。

9.3.5 量化 CPS 能力

将每轮对话归类到四类 CPS 能力中（如分享想法、协商想法、规范问题解决和保持沟通）。我们引入了 CPS 概况表示二元组 CPS 能力的定量，概况由四个 CPS 能力类别中的每个或其组合的频率计数定义，并且具有一元模型和二元模型两个级别。在自然语言处理中使用一元模型、二元模型甚至 N – Gram 级别，来表示单独出现的文本片段（通常是单词）。两个片段作为连续对，或更多地作为文本片段的序列出现。我们借用这一想法来表示 CPS 子能力和它们显示的顺序，但是由于频率计数对于 N – Gram 而言太低，我们仅使用了一元模型和二元模型。由于不同 CPS 子能力的频率计数用于一元级别，而对话中连续的 CPS 能力对的频率计数用于二元级别，因此每个二元组的沟通均可由相应的 CPS 概况表示。

尽管我们仅考虑了 CPS 能力的一元和二元模型，但也可将其他与协作相关的信息附加到概况中，例如轮数和单词总数。本质上，这种概况是每个团队所展示的协作能力的矢量表示，其向量性质能够轻松计算出团队之间的相似度或不相似度。

剩下的问题是，N – Gram 频率在不同任务中的可比性如何。假设频率的绝对值对于类似项目有可比性，而完全不同的项目无可比性。不同 N – Gram 特征的相对频率在任务之间可能更稳定。这个问题只能通过涉及不同任务的大量实验数据来解决。

9.4 初步调查结果

综上所述，本章的目标是概述制定 CPS 标准化评估的难点以及应对挑战的一些策略。CSAP 的综合报告结果超出了本章的范围，但我们有两个有趣的发现。首先，关于模拟任务中属性与协作量的关系，即所引发的沟通中的单词总数和沟通的轮数之间的关系。第二个是关于 CPS 概况与协作成果之间的关系（Hao、Liu、von Davier、Kyllonen 和 Kitchen，2016b）。

评估 CPS 最重要的问题之一是确定使用哪些任务。人们会期望不同的任务能引发多少不同的沟通，并引出不一样的协作成果。因为非常简单的任务可能不会引起过多协作，所以我们需要正确理解任务属性与其引发的协作量之间的关系，这对于选择合适的项目进行评估具有重要意义。在协作科学评估原型的模拟任务中，我们分析的前七项项目是选择性响应的项目，并且运用二进制计算正确/不正确得分。正如我们的研究设计包括了由个人参与者完成的单用户版本的模拟任务，通过他们对任务的响应我们能够正确校准项目比例。基于对前七个项目的分析，得到了 0.65 的信度系数。

在图 9-3 中，我们展示了项目正确率、平均字数和平均轮数的结果。结果表明，项目正确率与交流中的单词和轮数之间存在线性关系。这种关系为 CPS 评估任务选择合适的项目提供了信息指导。

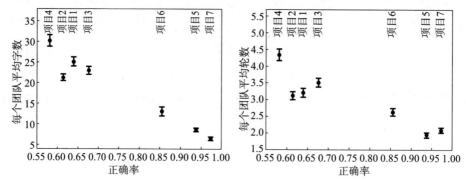

图 9-3　项目正确率与交流中的平均单词（左）和
交流中平均轮数（右）之间的关系

（图中的点和错误柱分别代表平均值和标准平均差）

为展示 CPS 概况与协作效能之间的关系，我们引入了基于变量 N 和 S 的有效协作和无效协作，以量化协作效能：

（1）有效协作：$N>0 \cap S>0$（即协作带来积极的变化）。

（2）无效协作：$(N>0 \cap S \leq 0) \cup N=0$（即协作导致消极变化或未导致变化）。

有效协作的标准并非保持不变。在目前的研究中，只要有一名成员从错误变为正确，协作就视为有效。如果团队中没有人做出至少一项完全正确的更改，我们将协作归类为无效。图 9-4 表示了 82 个团队如何分布在以 S 和 N 为标尺的空间中。

接下来，我们比较了有效和无效协作团队的平均 CPS 概况，结果如图 9-5 所示。从结果可以看出，在一元模型层面有效协作的团队比无效协作的团队表现出更强的协商能力。在二元模型级别，有效协作的团队展示了更多的 CPS 能力：即分享—协商、协商—分享、规范—分享和协商—协商；协作效率低下的团队则更多地表现为分享—分享。

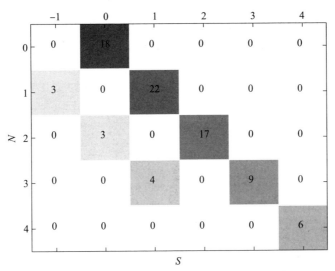

图9-4 团队在 S 和 N 为标尺的空间中的分布

9.4.1 CPS 能力的相对重要性

图9-5显示，有效协作比无效协作更能体现某些 CPS 能力，而有的 CPS 能力则相反，表现出两种协作并无区别。为量化衡量 CPS 能力（或能力对）的相对重要性，我们使用了以下两种方法。

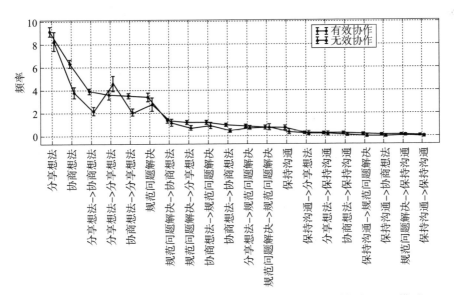

图9-5 有效协作和无效协作对应团队的 CPS 能力的一元模型和二元模型

第一种方法，我们对有效协作和无效协作组的每项 CPS 能力（或能力对）进行了 t 检验，使用 p 值来判断能力或能力对的一致性。CPS 概况的每个要素的 p 值如图 9-6 所示。如果选择 0.05 作为显著性水平，则协商相关值较高。

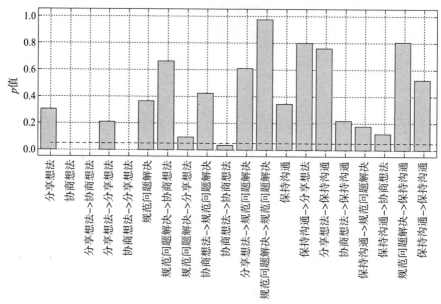

图 9-6　针对有效协作和无效协作对应团队的不同 CPS 能力的 t 测试的 p 值

第二种方法，从随机森林算法（Breiman，2001；Ho，1995）中获得相对重要性。该算法应用于特征变量（如构成概况的 CPS 能力或能力对），标签对应有效和无效协作。算法对每个特征变量进行了决策切割。决策树中节点特征的相对深度表示该特征相对于目标标签的可预测的相对重要性。通常决策树顶层使用的特征在最终预测方面会影响较大部分的样本。因此森林中树木的预期分数可估计特征的相对重要性。图 9-7 显示了 CPS 能力和能力对的相对重要性。而与协商相关的能力位居榜首。

这两种不同的分析结果证明了一点，即协商是成功协作的关键能力。这一结果与知识建构话语文献中的发现是一致的（Scardamalia 和 Bereiter，1994；Stahl，2006），即知识往往建立在其使用基础之上，而通过协商含有的解释过程可赋予交流的思想意义。

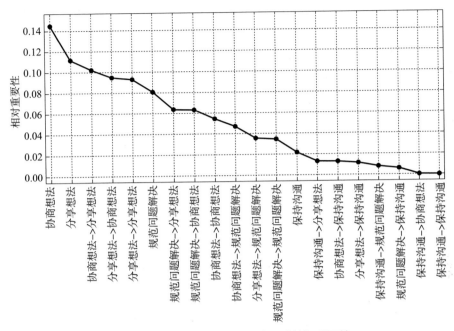

图 9-7　基于随机森林算法的相对特征重要性

9.5　讨论

在本章中，我们确定了 CPS 标准化评估的六大挑战并概述了解决这些问题的一般策略。我们需要应对这些实际挑战，以便能制定任务来解决可靠性、有效性、可比性和公平性等重要的心理测量问题。我们还介绍了任务、数据收集设计以及协作科学评估原型的初步结果。目前为止，都是从科学的角度看待上述大多数挑战，但从团队中收集数据并非易事，所以开发 CPS 评估仍面临诸多技术挑战，如测试管理和将测试者完美配对成二元组所需的基础设施，以及数据的收集和管理都是还没讨论的大挑战。这是我们第一次探索如何测量 CPS 能力，尽管这项探索性研究存在局限性，但该数据集能够挖掘出许多发人深省的关系。同时我们也在此过程中积累了一手经验，吸取了很多教训。我们会在即将开展的工作中报告 CSAP 项目的综合分析和发现。

参考文献

[1] ADAMS R, VISTA A, SCOULAR C, et al. Automatic coding procedures [M].

New York, NY, USA: Springer, 2015: 115 – 132.

[2] ANDREWS J, KERR D, MISLEVY R, et al. Using a simulation – based task to explore gender and cultural differences in collaboration [J]. Journal of Educational Measurement, in press.

[3] BARRON B. When smart groups fail [J]. The Journal of the Learning Sciences, 2003, 12 (3): 307 – 359.

[4] BREIMAN L. Random forests [J]. Machine Learning, 2001, 45 (1): 5 – 32.

[5] CARE E, GRIFFIN P. An approach to assessment of collaborative problem solving [J]. Research & Practice in Technology Enhanced Learning, 2014, 9 (3): 367 – 388.

[6] COHEN E G, LOTAN R A, SCARLOSS B A, et al. Complex instruction: Equity in cooperative learning classrooms [J]. Theory Into Practice, 1999, 38 (2): 80 – 86.

[7] DECHURCH L A, MESMER – MAGNUS J R. The cognitive underpinnings of effective teamwork: A meta – analysis [J]. Journal of Applied Psychology, 2010, 95 (1): 32 – 53.

[8] DILLENBOURG P, JÄRVELÄ S, FISCHER F. The evolution of research on computer – supported collaborative learning [M]. New York, NY, USA: Springer, 2009: 3 – 19.

[9] DILLENBOURG P, TRAUM D. Sharing solutions: Persistence and grounding in multimodal collaborative problem solving [J]. Journal of the Learning Sciences, 2006, 15 (1): 121 – 151.

[10] FENG S, STEWART J, CLEWLEY D, et al. Emotional, epistemic, and neutral feedback in autotutor trialogues to improve reading comprehension [C]// C. Conati, N. Heffernan, A. Mitrovic, et al. Proceedings of the 17th international conference on artificial intelligence in education. New York, NY, USA: Springer, 2015: 570 – 573.

[11] FLEISS J L, COHEN J. The equivalence of weighted kappa and the intraclass correlation coefficient as measures of reliability [J]. Educational and Psychological Measurement, 1973, 33 (3): 613 – 619.

[12] FLOR M, YOON S Y, HAO J, et al. Automated classification of collaborative

problem solving interactions in simulated science tasks [C]//Proceedings of 11th workshop on innovative use of NLP for building educational applications. Stroudsburg, PA, USA: Association for Computational Linguistics, 2016: 31 – 41.

[13] GOSLING S D, RENTFROW P J, SWANN W B. A very brief measure of the big – five personality domains [J]. Journal of Research in Personality, 2003, 37 (6): 504 – 528.

[14] GRIFFIN P, MCGAW B, CARE E (Eds.). Assessment and teaching of 21st century skills: Methods and approach [M]. New York, NY, USA: Springer, 2012.

[15] HAO J, LIU L, VON DAVIER A, et al. Assessing collaborative problem solving with simulation based tasks [C]//O. Lindwall, P. Hakkinen, T. Koschmann, et al. Exploring the material conditions of learning: The computer supported collaborative learning (CSCL) conference 2015 (Vol. 1), 2015: 544 – 547.

[16] HAO J, SMITH L, MISLEVY R, et al. Taming log files from game and simulation – based assessment: Data model and data analysis tool (Research Report No. RR – 16 – 10) [R]. Princeton, NJ, USA: Educational Testing Service, 2016.

[17] HAO J, LIU L, VON DAVIER A, et al. Collaborative problem – solving skills versus collaboration outcomes: findings from statistical analysis and data mining [C]. Proceedings of the 9th International Conference on Educational Data Mining, 2016.

[18] IIESSE F, CARE E, BUDER J, et al. A framework for teachable collaborative problem solving skills [M]. New York, NY, USA: Springer, 2015.

[19] HO T K. Random decision forests [C]//Proceedings of the third international conference on document analysis and recognition (Vol. 1). Los Alamitos, CA: IEEE Computer Society Press, 1995: 278 – 282.

[20] JäRVELä S, VOLET S, JäRVENOJA H. Research on motivation in collaborative learning: Moving beyond the cognitive – situative divide and combining individual and social processes [J]. Educational Psychologist, 2010, 45 (1):

15 - 27.

[21] KARAU S J, WILLIAMS K D. Social loafing: A meta - analytic review and theoretical integration [J]. Journal of Personality and Social Psychology, 1993, 65 (4): 681 - 706.

[22] KITTUR A, CHI E H, SUH B. Crowdsourcing user studies with Mechanical Turk [C]//CHI 08: Proceedings of the SIGCHI conference on human factors in computing systems. New York, NY, USA: ACM, 2008: 453 - 456.

[23] KOSCHMANN T D. CSCL: Theory and practice of an emerging paradigm [M]. New York, NY, USA: Routledge, 1996.

[24] KREIJNS K, KIRSCHNER P A, JOCHEMS W. The sociability of computer - supported collaborative learning environments [J]. Educational Technology & Society, 2002, 5 (1): 8 - 22.

[25] LIU L, HAO J, VON DAVIER A A, et al. A tough nut to crack: Measuring collaborative problem solving [M]. Hershey, PA, USA: IGI Global, 2015: 344 - 359.

[26] LOTAN R A. Group - worthy tasks [J]. Educational Leadership, 2003, 60 (6): 72 - 75.

[27] MISLEVY R J, RICONSCENTE M. Evidence - centered assessment design [M]. New York, NY, USA: Routledge, 2006: 61 - 90.

[28] https://nces.ed.gov/nationsreportcard/bgquest.aspx.

[29] O'NEIL H F. Workforce readiness: Competencies and assessment [M]. New York, NY, USA: Psychology Press, 2014.

[30] Organization for Economic Co - operation and Development. PISA 2015 draft collaborative problem solving assessment framework [S]. Paris, France: OECD, 2013.

[31] ROSCHELLE J. Learning by collaborating: Convergent conceptual change [J]. Journal of the Learning Sciences, 1992, 2 (3): 235 - 276.

[32] ROSCHELLE J, TEASLEY S D. The construction of shared knowledge in collaborative problem solving [M]. New York, NY, USA: Springer, 1995: 69 - 97.

[33] RUNDGREN C J, RUNDGREN S N C, TSENG Y H, et al. Are you slim?

Developing an instrument for civic scientific literacy measurement (SLiM) based on media coverage [J]. Public Understanding of Science, 2012, 21 (6): 759 – 773.

[34] CARDAMALIA M, BEREITER C. Computer support for knowledge – building communities [J]. The Journal of the Learning Sciences, 1994, 3 (3): 265 – 283.

[35] STAHL G. Group cognition: Computer support for building collaborative knowledge (acting with technology) [M]. Cambridge, MA, USA: MIT Press, 2006.

[36] STAHL G, KOSCHMANN T, SUTHERS D. Computer – supported collaborative learning: An historical perspective [M]. Cambridge, UK: Cambridge University Press, 2006: 409 – 426.

[37] SYCARA K, GELFAND M, ABBE A. Models for intercultural collaboration and negotiation [M]. New York, NY, USA: Springer, 2013.

[38] VAN DEN BOSSCHE P, GIJSELAERS W H, SEGERS M, et al. Social and cognitive factors driving teamwork in collaborative learning environments team learning beliefs and behaviors [J]. Small Group Research, 2006, 37 (5): 490 – 521.

[39] VON DAVIER A A, HALPIN P F. Collaborative problem solving and the assessment of cognitive skills: Psychometric considerations (Research Report No. RR – 13 – 41) [R]. Princeton, NJ, USA: Educational Testing Service, 2013.

[40] WEBB N M, NEMER K M, CHIZHIK A W, et al. Equity issues in collaborative group assessment: Group composition and performance [J]. American Educational Research Journal, 1998, 35 (4): 607 – 651.

[41] WOOLLEY A W, CHABRIS C F, PENTLAND A, et al. Evidence for a collective intelligence factor in the performance of human groups [J]. Science, 2010, 330 (6004): 686 – 688.

[42] ZAPATA – RIVERA D, JACKSON T, LIU L, et al. Assessing science inquiry skills using trialogues [C]. New York, NY, USA: Springer, 2014: 625 – 626.

第10章　以双眼追踪为工具探索协作评估

Jennifer K. Olsen、Vincent Aleven 和 Nikol Rummel

摘要：在致力于揭开高效协作学习机制的过程中，双眼追踪是一种富有潜力的方法。双眼追踪是一种对人们在完成一项任务时的眼动追踪数据进行联合分析的方法，它可以提取联合视觉注意的指标。我们探索了注视与有效协作学习的关系，并且通过分析双眼追踪数据来提升对其他数据流的分析能力。在本章中，我们确定了三个较为宽泛的分析领域，其中双眼追踪可增强对协作学习过程的理解：①注视与其他沟通方式的关联；②注视与任务环境特征的关联；③注视与学习成果的关联。我们使用了28对四年级和五年级学生在智能辅导系统中共同学习分数相关知识的数据集，通过联合视觉注意来对这些领域进行分析。通过结合眼动追踪、对话记录、辅导软件日志和预测试/后测试数据，我们展示了使用双眼追踪能更好地理解协作学习过程的潜力。

关键词：协作学习；智能辅导系统；双眼追踪

10.1 引言

协作可以是一种有效的学习方式。然而，在团队中识别高效协作机制，以及确定学生在小组中如何开展学习却是极具挑战性的。协作伙伴之间的沟通可能对团队协作起到重要作用（Chi 和 Wylie，2014），在协作环节中，不同的过程会影响学习，例如言语、联合视觉注意和辅导软件的反馈。通过对这些不同的过程进行单独和合并分析，我们就能够更好地理解协作学习过程。在本章中，我们将聚焦于双眼追踪，即通过收集来自协作伙伴的眼动追踪数据并对其进行联合分析，以研究眼动数据是否揭示了在其他数据流中可能没有被明显揭示的协作信息（Jermann、Mullins、Nüssli 和 Dillenbourg，2011；Richardson 和 Dale，2005）。我们专注于研究四年级和五年级的学生通过智能辅导系统（Intelligent Tutoring system，ITS）学习分数的过程。该系统能够支持协作学习，这对于其他智能辅导系统来说并不常见（Olsen、Belenky、Aleven 和 Rummel，2014）。我们探讨了如何将双眼追踪数据与其他数据流一起用于分析学生的协作互动。通过使用包括双眼追踪数据在内的多个数据流，我们或许能够得到相关领域独一无二的发现。

研究表明，注视与交流密切相关，因此眼动追踪成为一种具有前景的分析协作学习的方法（Meyer、Sleiderink 和 Levelt，1998）。以往的研究已证明注视和言语之间的联系（Griffin 和 Bock，2000；Meyer 等人，1998）。当人们通过言语听到提及的目标时，他们的注视点很可能会跟随被提及的目标而发生转移。类似地，当人们描述一幅图片时，他们的目光可能会在进行描述之前锁定到图片的相关部分。这些研究表明言语和注视之间存在双向联系：注视可发生在提及一个目标之前或之后。当人们一起处理一项任务时，也会出现同样的模式。协作者的注视点与被提及的目标存在紧密的耦合关系（Richardson、Dale 和 Kirkham，2007），这意味着协作者的目光几乎可能在交流的同一时间点锁定对话中所提到的目标，例如，在提到它之前和提到它之后。当每名协作者拥有相同的初始信息并且可通过视觉共享他们在讲话中提到的重要目标时，注视耦合会更紧密（Jermann 和 Nüssli，2012；Richardson 等人，2007），这表明，任务特性将影响注视。协作团队中的此类耦合可能被视作评估互动质量和理解水平的一项指标（Jermann 等人，2011；Richardson 和 Dale，2005）。假设通过更紧密的注视耦合交互可获得更多的理解和领悟，那它（注视耦合）也可能会引发更好的学习过程。眼动追踪除了作为一种分析工具，还可在学习环境中向协作伙伴发出信号，告诉他们每个人正在看什么（Schneider 和 Pea，2013）。以往将眼动追踪作为分析工具的研究主要聚焦在注视与言语的关联上。目前尚不确定如何使用双眼追踪来评估协作学习的效果，以及它与其他过程数据（尤其是在智能辅导系统中）之间有什么关系。

在本章中，我们将探讨三大类可以利用双眼追踪来回答的问题：①注视与其他交流方式有何关联？②注视与任务的特性有何关联？③注视与学习成果有何关联？我们在学生使用智能辅导系统的情况下对以上三个问题进行考察。已有研究证明，在进行独立学习的情况下，使用智能辅导系统非常有效，尤其是对于数学学习（Ritter、Anderson、Koedinger 和 Corbett，2007；Rau、Aleven 和 Rummel，2012）。在智能辅导系统中，我们通过嵌入的协作脚本支持协作，并且能够通过收集日志数据、文字记录数据、双眼追踪数据和预测试/后测试数据来研究协作。

通过回答上述问题，我们可以更好地理解学习过程的不同特征之间的关系，以及它们对学生协作学习的影响。

通过双眼追踪可利用多种指标来了解协作过程中的注视。在本章中，我们重点关注的一个指标是联合视觉注意，利用其来测量注视耦合，即两名协作者在同一时间看同一区域的相对持续时间。我们利用从四年级和五年级学生学习分数的智能辅导系统中收集而来的数据集，分别对上述每个领域的一个特定问题进行了探索。这些探索性分析展示了将双眼追踪和其他数据流相结合来分析协作学习的潜力。

10.2 方法

10.2.1 实验设计及步骤

我们的数据集涉及 14 对四年级和 14 对五年级的学生，这是我们另一个大型研究的一部分，其内容是对协作学习与个人学习的差异性效益进行测试来验证一个猜想（Olsen 等人，2014）。本章的重点并非基于这一猜想，而在于协作学习研究中双眼追踪的使用。这些学生成对参与了使用网络协作智能辅导系统的问题解决活动，并仅通过 Skype 语音进行通信。

这项研究采用了受试者间设计。每位教师将参与这项研究的学生配对，匹配可通力协作且具有相似性，但非同等数学能力的学生。然后，这些配好对的学生被随机分配——协作学习或单独学习，并完成面向过程或面向概念的问题集（在本章中，我们仅展示来自学生对的数据）。每对学生在学校的实验环境中使用 45 分钟辅导软件。

在使用辅导软件之前及之后，学生都有 25 分钟的时间在计算机上单独完成预测试和后测试，以评估他们的学习情况。尽管实验是在学校内进行的，但除了能够收集到预测试/后测试的数据之外，还能收集双眼追踪数据、对话数据和辅导软件日志数据。

10.2.2 辅导软件设计

在我们的研究中，被配对的学生们使用了我们利用认知辅导编写工具开发的一个分数学习辅导系统（Aleven、McLaren、Sewall 和 Koedinger，2009；Aleven

等人，2016；Olsen 等人，2014）。这个辅导软件由两组问题集组成，一组为面向过程的知识，另一组是等值分数的概念知识。面向过程的知识包括解决问题所需的步骤以及按照正确顺序执行这些步骤的能力（Rittle – Johnson、Siegler 和 Alibali，2001）。概念知识是指领域内不同元素之间有什么关联（Rittle – Johnson 等人，2001）。考虑到上述研究目标，研究中的每一对学生只做这两组问题集中的一组。在每个问题中，辅导软件都提供标准化的支持，如步骤提示、下一步提示和步骤级反馈，使问题能够适应学生的问题解决策略（VanLehn，2011）。协作是将上面提到的智能辅导系统支持与嵌入式协作脚本相结合。问题中一次只出现一个子目标，即一组相关的步骤（例如，找出 9 的因数）。虽然每名学生在不同计算机上学习，但均可看到针对协作辅导软件的视图。这使学生在共享问题空间和同步工作的同时，可看到略有不同的信息，并采取不同的行动。

除了在每个问题中为学生提供步骤指导外，辅导软件还设计了三种不同的方式来支持学生之间进行有效协作。第一种方式是在诸多步骤中，给学生分配不同的角色（见图 10 – 1），这个过程已被证明能够使协作脚本更高效（King，1999）。不同角色的分配通过为学生在给定的问题中分配特定的任务来支持协作。这为学生提供了针对自己职责的指导，并使他们对其协作伙伴的职责有所了解。在带有不同角色步骤的辅导软件中，一名学生负责输入答案，另一名学生负责询问他或她的协作伙伴需要解决什么问题并帮助他们得出答案。辅导软件利用屏幕上的图标来为学生们指示当前的角色是什么（见图 10 – 1）。支持协作的第二种方式是为学生提供需要与协作伙伴共享的信息，即个人信息（Slavin，1996）。学生们各自获得了解决问题所需的不同信息片段，于是他们需要与其协作伙伴分享信息，如"Share"（分享）图标所指（见图 10 – 2）。最后一个用来支持协作的特性是群体认知意识，即每名学生在小组中拥有的知识会被告知小组所有成员（Janssen 和 Bodemer，2013）。这个特性在问题的步骤中是这样实现的：学生需要从之前的步骤中提取出模式，每名学生都有机会单独回答一个问题，然后学生们互相展示答案并提供一致的答案（见图 10 – 1）。

10.2.3 数据和独立性测量

我们开发了一个电脑化测验，以匹配辅导软件中涵盖的目标知识。该测试基于类似的试验性研究，开发出五个过程性测试项目和六个概念性测试项目。我们开发了两套同构问题集，其在测试结果的表现上并无差异，$t(79) = 0.96$，$p =$

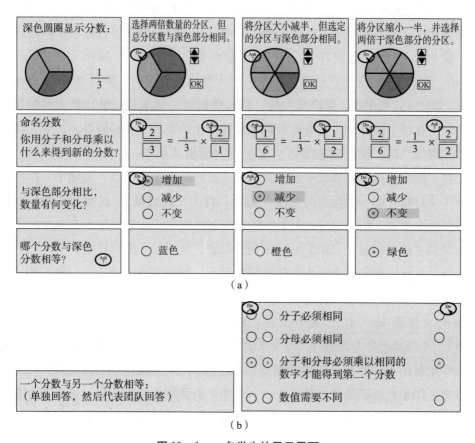

图 10-1 一名学生的显示界面

[(a) 展示一个关于每个子目标角色的示例,"Do"图标指示学生负责输入答案,"Ask"图标指示学生负责提出问题并帮助找到正确答案。(b) 展示一个关于群体认知意识的示例]

(a) 寻找等值分数;(b) 定义等价数

0.34。这些作为预测试/后测试的表现是相互平衡的。在面向概念的知识的预测试($M=2.06$, $SD=1.25$)和后测试($M=2.56$, $SD=1.05$)之间,存在显著的学习收益,$F(1,25)=7.66$, $p=0.010$。但在面向过程的知识的预测试($M=0.70$, $SD=0.77$)到后测试($M=0.87$, $SD=0.84$)中并无学习收益,$F(1,25)=1.13$, $p=0.296$(Belenky、Ringenberg、Olsen、Aleven 和 Rummel,2014)。

此外,我们还收集了预测试和后测试数据之外的过程数据,包括双眼追踪数据、辅导软件日志数据和对话数据。我们使用了两台 SMI Red 250 Hz 红外眼动仪来收集眼动数据,分别记录了每名学生的眼动,同步了每个学生的视线追踪记录,并联合分析了每组学生的注视数据。我们通过注视复现率来度量联合视觉注

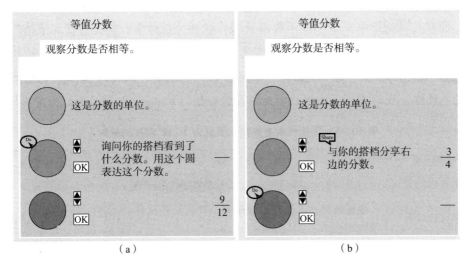

图 10–2　个体信息的示例

[学生 A 负责正确表达出在协作伙伴学生 B（右侧）的显示屏上
以符号形式出现的分数。这个分数必须由学生 B 分享]

意（Belenky 等人，2014；Marwan、Romano、Thiel 和 Kurths，2007）。注视复现率是指协作者将其目光同时集中在同一地方的时间比例。换句话说，这是指学生的注视之间发生耦合的时间比例。为了从注视数据中计算出联合视觉注意，使用了距离阈值为 100 像素的注视复现率来估算学生在同一时间看同一事物的时间比例。这一距离阈值的选择与之前的研究（Jermann 等人，2011）保持一致，并且与许多界面元素的相关数据接近。

日志数据记录了学生与智能辅导系统进行的带有时间戳的互动，包括解决问题的每一个步骤和每一次要求给出提示。日志数据还包括辅导软件的响应、解决问题时的尝试是否正确、他们涉及的知识要点、犯了哪些错误，以及辅导软件向学生们提供的所有提示和反馈信息。

我们对学生的对话进行了转录，并使用四类评级标准对转录数据进行编码：交互式对话、建设性对话、建设性独白及其他。我们制定的这一评级标准与 ICAP（Interactive/Constructive/Active/Passive，交互/建设性/主动/被动）框架保持一致（Chi，2009），并能够根据我们的假设对其可能对学习的有益程度进行评级，进而区分不同类型的对话。在分析中，我们聚焦于与 ICAP 的联合对话模式相一致（Chi，2009）的交互式对话，并假设交互式对话比其他类型的谈话方式更有益于学习。在交互式对话中，学生参与了诸如顺序构建和共同构建等活动。

在顺序构建中，每名学生都要等到其协作伙伴完成任务后，才可以添加额外的信息；而在共同构建中，学生并不等待其协作伙伴完成任务，而是直接完成协作伙伴的想法。我们使用评级标准的目的是考察与每个子目标（即解决辅导系统提出的问题的一组相关步骤）相关的话语，以解释学生之间的交互情况。为确定评级者之间的一致性，我们进行了评级者间的可靠性分析（Kappa = 0.72）（见表 10–1）。

表 10–1 评级标准类别定义及其对 ICAP 框架的映射

谈话类型	外显行动	ICAP 框架
交互式对话	讨论答案、共同架构、寻求帮助或者确认一致	联合对话
建设性对话	集体猜测、论证但不加解释，赞同协作伙伴但不新增内容	个体对话
建设性独白	自我解释	个体对话
其他	说出答案、工作协作、主动阅读，以及离题演讲	

10.3 研究问题与分析

现在说明我们如何结合其他数据来源使用双眼追踪数据、研究协作学习过程及其与学习的关系。我们依次聚焦在以下三个问题：

10.3.1 注视与对话的关系

第一个宽泛的分析领域是注视如何与其他交流方式相关，特别是对于对话数据的编码。通过了解注视和其他交流方式之间的联系，我们可能了解注视和对话之间的相互关系，以及双眼追踪可能提供但不能揭示的对话数据的协作信息。具体而言，我们研究了无谈话的子目标和有谈话的子目标之间的联合视觉注意的差异。基于先前工作，我们猜想有谈话的子目标可能比无谈话的子目标有更高的联合视觉注意水平。如前所述，研究表明谈话是与注视结合在一起的，特别是言语可引导视觉注意力（Meyer 等人，1998）。

通过观察注视和对话之间的关系，我们扩展了先前分析，即这种关系是否因解决问题时遇到不同的情况而变化，如辅导软件所示，学生解决问题是犯了错误还是正确地进行了哪些步骤。如前所述，当学生在辅导软件界面上输入他们解决一个步骤的尝试时，软件通过提供彩色编码来反馈正误，绿色表示正确答案，红色表示错误答案。因为错误常常被看作学习的机会（Ohlsson，1996），下面是一个比较有趣的问题：在协作学习的场景中，哪些场景更倾向于产生特别强烈的协作。受这一概念提示，我们在数据集中发现有错误的子目标会引发更高的谈话频率（Olsen、Rummel 和 Aleven，2015）。

我们研究了错误与注视之间的关系，这种关系可能让人感到十分有趣，以及错误是否会改变注视和对话之间的关系。错误是最后一步由外部输入的记录，由于红色反馈在辅导软件中显得尤为突出，所以错误在屏幕上有着清晰的视觉表现。此外，当学生讨论错误时，他们的目光可能会盯着所讨论的目标（即错误，Richardson 等人，2007）。因此，我们猜想发生了错误的子目标会比未发生错误的子目标引发更高的联合视觉注意水平。

为了验证这些猜想是否正确，我们探寻了有谈话的子目标和无谈话的子目标之间的联合视觉注意有何不同。我们还探索了错误和谈话之间是否存在关于视觉注意水平的交互作用，例如发现有谈话和错误的子目标的联合视觉注意水平最高（见图 10-3）。我们使用了一个具有两个嵌套层次的分层线性模型来分析子目标中的谈话与因变量联合视觉注意之间的关系。在第一层，我们把子目标中是否发生谈话和是否发生一个或多个错误作为自变量进行建模。在第二层，我们考虑了随机的双人差异。我们发现错误对联合视觉注意力并无影响，所以把模型中作为自变量的错误变量删除。相比较无谈话的子目标（$M=0.22$，$SD=0.14$，$t(1\,705)=2.66$，$p<0.001$），我们发现有谈话的子目标（$M=0.25$，$SD=0.13$）的联合视觉注意水平最高，$\omega^2=0.06$。这表明在谈话和联合视觉注意之间存在着耦合关系，这说明以往的结论在年轻学生们使用智能辅导系统的实验中依然适用。然而，对于"错误对联合视觉注意有影响"这一假设，我们并没有找到相关支持证据。

10.3.2 注视与辅导软件协作支持之间的关系

第二个宽泛的分析领域是注视如何与任务环境的特性相关联，在本章的例子中，"任务环境的特性"指的是为使辅导软件支持协作所做的界面设计。因为界面设计的目的是使学生易于理解问题的步骤，所以辅导软件为不同类型的问题提供了不同的界面。上文所述的支持协作的辅导软件的三个特性（角色、个体信息和群体认知意识）贯穿这些不同的界面。我们聚焦于协作特性以及界面设计对共

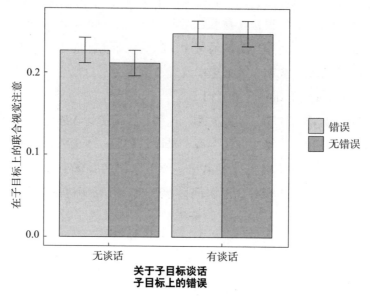

图 10-3 联合视觉注意函数（标准差）

（自变量为在给定的子目标中是否有谈话、在给定的子目标中是否有错误）

同注视指标的影响。通过分析注视和不同任务特性之间的关联，我们可以开始了解任务特性在过程层面上的影响，而不是从学生对话中提取任务特性的影响。此外，这项调查还揭示了辅导软件提供的协作支持在联合视觉注意中所展现的程度。基于先前的工作，我们猜想：由于屏幕上没有学生的联合参考（Jermann 和 Nüssli，2012），与具有其他两个协作特性的子目标相比，通过个体信息支持的子目标的联合视觉注意水平可能是最低的。我们对认知意识特征与角色特性是否会导致联合视觉注意产生差异没有预期。

为了研究协作特征和联合视觉注意之间的联系，我们使用了一个具有两个嵌套层次的分层线性模型来分析协作特性与作为因变量的联合视觉注意的联系。在第一层，我们将子目标的协作支持类型与控制这一协变量的谈话类型共同作为自变量进行建模。在第二层，我们考虑了随机的双人差异。我们发现通过群体认知意识支持的子目标（$M = 0.19$，$SD = 0.11$）的联合视觉注意低于通过角色支持的子目标（$M = 0.25$，$SD = 0.14$），$t(1\,705) = -4.19$，$p < 0.001$，$\omega^2 = 0.10$。这表明任务环境如何支持协作似乎会对联合视觉注意产生影响（见图 10-4）。这些结果并不支持我们的猜想——通过个体信息支持的子目标可能会产生最低水平的联合视觉注意。

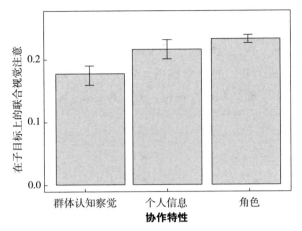

图 10-4 联合视觉注意函数（标准差）

（自变量为展现出的协作特性）

10.3.3 注视与学习成果之间的关系

第三个宽泛的分析领域是注视如何与学习收益相关联。在这一领域中，我们研究了联合视觉注意与面向概念和面向过程的知识的学习收益的关系，这些都通过预测试和后测试来测量。我们最初的猜想是：联合视觉注意可能与更大的学习收益有关，且对于面向概念知识的学习来说，这种关联更为强烈。这一猜想检验了这样一种直觉：如果有效协作学习过程的指标之一是共同注视，那么共同注视应与学习过程的成果相关。这一概念在早期的研究中得到了一些支持。这些研究发现理解和共同注视之间存在一种正相关关系（Richardson 和 Dale，2005）。然而，该研究并未区分不同知识的类型。考虑到学生所面对的知识类型并参考先前的工作，我们得出猜想：协作对学习面向概念的知识比对学习面向过程的知识更有益（Mullins、Rummel 和 Spada，2011）。于是，我们预测共同注视与面向概念的学习收益之间的相关性比共同注视与面向过程的学习收益之间的相关性更强。

为研究这一问题，我们计算了一个具有两个嵌套层次的分层线性模型，以分析后测试分数（因变量）与作为自变量的联合视觉注意的联系，同时控制作为协变量的预测试分数。在第一层，我们为联合视觉注意和预测试分数进行了建模。在第二层，我们考虑了随机的双人差异。我们计算每个学生对在整个 45 分钟环节中的联合视觉注意。我们发现，正如猜想的那样，在控制了面向概念的预测试分数后，联合视觉注意明显地预测了面向概念的后测试分数。但是与我们的预期相反的是，这种效应仅限于面向过程的学习条件下的学生，$t(11) = 2.30$，$p = 0.04$，$\omega^2 = 0.57$（见图 10-5）。回顾发现，这些学生只解决了针对分数的面向过程的知识的问题。面向过程的学习与联合注视之间并不存在显著相关性（见图 10-6）。上述结果为我们的猜想提供了部分支持。我们注意到，这些结果与基于这些数据的一个子集的初步发现相一致（Belenky 等人，2014）。

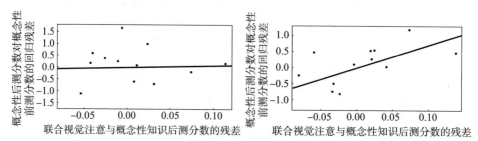

图 10-5　在面向概念的条件（左）和面向过程的条件（右）中，学生们的联合视觉注意与面向概念的知识后测试分数的偏相关

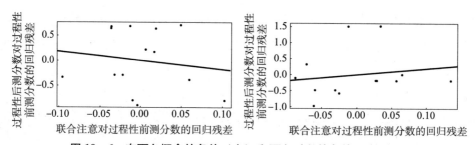

图 10-6　在面向概念的条件（左）和面向过程的条件（右）中，学生们的联合视觉注意与面向过程的知识后测试分数的偏相关

10.4　讨论

我们的项目研究在协作辅导环境中的学习。其目标之一是利用多个数据源（包括双眼追踪）来了解联合视觉注意、对话、解决问题的表现和学习之间的关系。在本章中，我们探讨了双眼追踪通过与其他数据源相结合，能够在对这些关系的理解上发挥不同的作用。这可能有助于明确双眼追踪在理解协作学习方面的作用。

尽管先前已研究过注视与言语的对应关系，但目前尚未确定是否可以用双眼追踪来评估协作学习的有效性,如何评估,以及双眼追踪如何与其他过程数据相关联。据我们所知,双眼追踪以前并未用于研究小学生通过智能辅导系统软件进行的数学学习。在本章中,通过展现使用双眼追踪数据进行分析的三个不同的领域,我们探讨了注视在协作学习分析中的重要性。特别是当与其他数据流结合使用时,这三个领域能提供广阔的架构,也能说明双眼追踪的潜力。这些分析领域提供了一些有趣,有时甚至是意想不到的发现,值得进一步研究。

双眼追踪在多大程度上有助于理解协作学习过程?我们将先前的工作(Richardson 等人,2007)扩展到年轻学生们在智能辅导系统环境中的学习,通过分析发现有谈话的子目标比无谈话的子目标具有更高水平的联合视觉注意。这一结果与之前的工作一致,表明言语可帮助协调联合视觉注意,例如指向屏幕中所提到的对象。有趣的是,即使在可能已经将目光吸引到屏幕某些特定区域的任务环境中,它也可以做到这一点,例如在辅导软件中,向导一步一步地指示,并且一次显示一个子目标,这可以强烈地指示协作者应当将其注意放在何处。与我们的猜想相反,我们并未发现学生犯了错误的子目标上有更大程度的联合视觉注意。如果正如我们对对话数据的分析所表明的那样(Olsen 等人,2015),错误会使协作变得更频繁或更紧密,这种效应也并没有通过更高水平的联合视觉注意体现。可能无论是辅导软件在屏幕上用红色标记错误的反馈,还是协作伙伴对于错误的讨论,都不会引发比原始方式回答问题更高水平的联合视觉注意。尽管这可能与对话数据不一致,但错误有可能不会导致更强的协作。另外,联合视觉注意可能会在时间尺度上过于粗糙,特别是在子目标层面考虑时,不能作为协作的衡量标准。如果在错误发生后立即分析联合视觉注意(即在更精细的时间颗粒度下),可能会更好地标示错误对联合视觉注意的影响。

此外,我们以某种意想不到的方式发现了联合视觉注意与三个旨在支持协作的辅导软件特性相关水平的差异。与通过角色支持的子目标相比,通过群体认知意识支持的子目标的联合视觉注意水平较低,这与我们的预期相反。必须注意到这一结论是初步的,因为分析并未完全区分分数子目标的具体类型(例如,学生是否试图理解因数,以及等价分数的概念,即将分子和分母乘以相同数字可以得到等价分数)的影响与协作支持的具体类型的影响。并非所有的问题类型都与所有的支持类型相交叉。

一个有趣的问题是:为什么具有认知意识特性的子目标可能比具有角色特性的子目标具有更低的联合视觉注意水平。回顾在通过群体认知意识支持的子目标中，学生首先单独回答多项选择题（见图 10-1），接着他们可以看到协作伙伴的答案，然后（大概是在讨论了各自的答案之后，至少在他们有分歧时）提供了达成共识的答案。虽然学生可能将注意放到同样的问题上，但由于试图理解来自协作伙伴的视觉信息，所以可能不会看着问题的同一区域。也可能学生在知晓小组答案之前没有进行小组讨论，因此缺乏引导注视的共同言语。对共同注视进行更及时的细颗粒度分析可能有助于阐明这种多少有些推测性的解释。

值得考虑的是，当协作伙伴的各自答案出现分歧时，是否可能存在更大的联合视觉注意（也许伴随着更多的交谈）。此外，当学生们得到角色支持时，可能会随着协作伙伴提交某个步骤的答案而保持关注点不变，这将导致更高水平的联合视觉注意。当基本没有谈话时，通过观察屏幕，协作伙伴能够了解在何时输入每一步问题的解决方案，此时视觉注意就成为关键。对眼动追踪数据进行更精细的分析可能也会有所帮助。

最后，考察共同注视和学习成果之间的相关性很重要，因为这些相关性可能支持将联合视觉注意作为学生进行有效协作程度的指标（Jermann 等人，2011；Richardson 和 Dale，2005）。正如猜想的那样，我们发现联合视觉注意是面向概念的后测试分数的重要影响变量。而与猜想相反的是，我们仅在面向过程的条件下发现这种相关性，学生在这种条件下解决的是针对面向过程的学习的问题。与我们的猜想相反的另一点是，面向过程的学习和联合注视之间未发现相关性。结合对面向概念的知识学习中的收益发现，我们可推断出协作和联合视觉注意力对于学习面向概念的知识很重要，特别是在面向概念的知识未得到直接支持的情况下。当辅导软件中已经有对于面向概念的知识的支持，学生们在一起学习可能就不会有额外的收获，而且他们可能会有更少的共同注视。问题的设计方式也可能导致这种相关性的差异。面向概念的问题往往比面向过程的问题更偏重文本，这可能导致前者具有更少的整体共同注视。

我们的结果还显示了双眼追踪具有更好理解协作的潜力，特别是当它与其他数据流一起使用时，样本量较小且存在一些局限性，而且尚不清楚该结果在数据集之外如何一般化。我们的分析确实表明双眼追踪可揭示其他数据流中不明显的额外信息，并且与其他数据流相结合的分析可以帮助做出基于眼动追踪数据的尝试性解释。我们在三个不同的分析中都看到了这一点。当我们分析在一个子目标中的谈话和共同注视之间的相关性时，显示数据集中存在一种关系，它提供了学生言语以外的信息，可使学生将对话过程中发现的问题特性联系起来。对于在辅导软件中使用的协作特性，我们通过分析共同注视在不同特性之间如何不同，进一步明确哪些特性可能对协作有影响。我们也发现在学习方面，与进行面向过程的学习的学生相比，面向概念的学习与共同注视存在更强的相关性。这可能有助于我们了解在学习过程中何时进行协作适合学生。总之，所有这些分析都表明结合共同注视来分析教育数据的好处。

在未来的工作中，我们希望将双眼追踪的三个分析领域扩展到联合视觉注意之外。还有其他的度量方法，比如兴趣区域（Areas of Interest，AOI）分析和注视模式，也可能在这三个领域进行有趣的分析。这些不同的注视度量方法不仅可通过观察兴趣区域和协作伙伴同时发生的注视模式来提供额外的方式，以比较小组内的协作，还可通过与单独学习的学生的比较来了解协作如何影响学习过程。例如：兴趣区域分析可以帮助区分在文本和在图形表现区域的联合视觉注意，以及了解个体学习和协作学习的学生们在这些表现之间的注意分配模式是否有所不同。到目前为止，我们已分析了在子目标级别和学生对级别上的联合视觉注意，但对颗粒度等其他领域的分析（比如出现错误前后的数秒钟以及问题级别上），可能会让我们应对更广泛的问题。

在本章中，我们展示了双眼追踪可与其他过程的测量相结合，揭示合作学习过程的机制，否则这些机制可能无法被了解。通过了解这些不同的数据流之间的关系，我们可以在未来的工作中混合使用这些数据流，以更好地理解协作学生的学习成果，以及个体对学习的贡献。在本章中，我们研究了共同注视与整体学习收益的关系，但其他的过程测量也可以与共同注视一起使用以提供更完整的描述。辅导软件日志记录了小组答案，提供了辅导软件内部对学生对的学习过程的测量指标。通过将辅导软件日志与其他过程数据（例如言语和注视）相结合，我们或许能够通过了解哪位学生可能提出了答案以及某位学生是否通过引导注视来引导讨论，这些可以用来衡量个人对团队的贡献。通过结合不同的数据流，我们也许可以更好地理解学生之间如何相互影响以促使成功协作和进行有益学习。

致谢

感谢 CTAT 团队、Michael Ringenberg、Daniel Belenky 和 Amos Genn 的帮助。本工作受到美国教育部（IES）教育培训专项补助金 #R305B090023 和奖金 #R305A120734 的支持。

参考文献

[1] ALEVEN V, MCLAREN B M, SEWALL J, et al. A new paradigm for intelligent tutoring systems: Example – tracing tutors [J]. International Journal of Artificial Intelligence in Education, 2009, 19 (2): 105 – 154.

[2] ALEVEN V, MCLAREN B M, SEWALL J, et al. Example – tracing tutors: Intelligent tutor development for non – programmers [J]. International Journal of Artificial Intelligence in Education, 2016, 26 (1): 224 – 269.

[3] BELENKY D M, RINGENBERG M, OLSEN J, et al. Using dual eye – tracking to evaluate students'collaboration with an Intelligent Tutoring System for elementary – level fractions [C]//P. Bello, M. Guarini, M. McShane, B. Scassellati. Proceedings of the 36th Annual Conference of the Cognitive Science Society. Austin, TX: Cognitive Science Society, 2014: 176 – 181.

[4] CHI M T H. Active – constructive – interactive: A conceptual framework for differentiating learning activities [J]. Topics in Cognitive Science, 2009 (1): 73 – 105.

[5] CHI M T, WYLIE R. The ICAP framework: Linking cognitive engagement to active learning outcomes [J]. Educational Psychologist, 2014, 49 (4): 219 – 243.

[6] GRIFFIN Z M, BOCK K. What the eyes say about speaking [J]. Psychological Science, 2000, 11 (4): 274 – 279.

[7] JANSSEN J, BODEMER D. Coordinated computer – supported collaborative learning: Awareness and awareness tools [J]. Educational Psychologist, 2013, 48 (1): 40 – 55.

[8] JERMANN P, MULLINS D, NÜSSLI M A, et al. Collaborative gaze footprints: Correlates of interaction quality [C]//H. Spada, G. Stahl, N. Miyake, N. Law. Connecting Computer – Supported Collaborative Learning to Policy and Practice: CSCL2011 Conference Proceedings (Vol. 1, No. EPFL – CONF – 170043). Hong Kong, China: International Society of the Learning Sciences, 2011: 184 – 191.

[9] JERMANN P, NÜSSLI M A. Effects of sharing text selections on gaze cross –

recurrence and interaction quality in a pair programming task [C]//Association for Computing Machinery (Ed.), Proceedings of the ACM 2012 Conference on Computer Supported Cooperative Work. New York: Association for Computing Machinery, 2012: 1125 - 1134.

[10] KING A. Discourse patterns for mediating peer learning [M]. Mahwah, NJ: Lawrence Erlbaum Associates, 1999: 87 - 117.

[11] MARWAN N, ROMANO M C, THIEL M, et al. Recurrence plots for the analysis of complex systems [J]. Physics Reports, 2007 (438): 237 - 329.

[12] MEYER A S, SLEIDERINK A M, LEVELT W J M. Viewing and naming objects: Eye movements during noun phrase production [J]. Cognition, 1998 (66): B25 - B33.

[13] MULLINS D, RUMMEL N, SPADA H. Are two heads always better than one? Differential effects of collaboration on students'computer - supported learning in mathematics [J]. International Journal of Computer - Supported Collaborative Learning, 2011, 6 (3): 421 - 443.

[14] OHLSSON S. Learning from performance errors [J]. Psychological Review, 1996, 103 (2): 241 - 262.

[15] OLSEN J, BELENKY D, ALEVEN V, et al. Using an intelligent tutoring system to support collaborative as well as individual learning [C]//S. Trausan - Matu, K. E. Boyer, M. Crosby, K. Panourgia. Proceedings of the 12th International Conference on Intelligent Tutoring Systems, ITS 2014. Berlin: Springer, 2014: 134 - 143.

[16] OLSEN J K, RUMMEL N, ALEVEN V. Finding productive talk around errors in intelligent tutoring systems [C]//O. Lindwall, P. Häkkinen, T. Koschmann, P. Tchounikine, S. Ludvigsen. Exploring the Material Conditions of Learning: Proceedings of the International Conference on Computer Supported Collaborative Learning 2015 (Vol. 2). Gothenberg, Switzerland: International Society of the Learning Sciences, 2015: 821 - 822.

[17] RAU M A, ALEVEN V, RUMMEL N. Sense making alone doesn't do it: Fluency matters too! ITS support for robust learning with multiple representations [C]//S. Cerri, W. J. Clancey, G. Papadourakis, K. Panourgia. Proceedings of

the 11th International Conference on Intelligent Tutoring Systems. Berlin/Heidelberg: Springer, 2012: 174 – 184.

[18] RICHARDSON D C, DALE R. Looking to understand: The coupling between speakers'and listeners'eye movements and its relationship to discourse comprehension [J]. Cognitive Science, 2005 (29): 1045 – 1060.

[19] RICHARDSON D C, DALE R, KIRKHAM N Z. The art of conversation is coordination: Common ground and the coupling of eye movements during dialogue [J]. Psychological Science, 2007, 18 (5): 407 – 413.

[20] RITTER S, ANDERSON J R, KOEDINGER K R, et al. Cognitive tutor: Applied research in mathematics education [J]. Psychonomic Bulletin & Review, 2007, 14 (2): 249 – 255.

[21] RITTLE – JOHNSON B, SIEGLER R S, ALIBALI M W. Developing conceptual understanding and procedural skill in mathematics: An iterative process [J]. Journal of Educational Psychology, 2001, 93 (2): 346 – 362.

[22] SCHNEIDER B, PEA R. Real – time mutual gaze perception enhances collaborative learning and collaboration quality [J]. International Journal of Computer – Supported Collaborative Learning, 2013, 8 (4): 375 – 397.

[23] SLAVIN R E. Research on cooperative learning and achievement: What we know, what we need to know [J]. Contemporary Educational Psychology, 1996, 21 (1): 43 – 69.

[24] VANLEHN K. The relative effectiveness of human tutoring, intelligent tutoring systems, and other tutoring systems [J]. Educational Psychologist, 2011, 46 (4): 197 – 221.

第11章 智能学习与评估系统中的多模式行为分析

Saad M. Khan

摘要：在当今学习环境中，现实与虚拟的界限越来越模糊，人们越来越需要新的评估工具来捕捉针对评估技能的关键行为，例如解决问题、沟通和协作等。这方面的主要挑战是捕捉和理解学生的行为，当他们通过多种媒介，包括讲话、身体姿势、手势和凝视表现出来时，能够以足够的保真度来估计认知和情感状态。然而，孤立地分析这些模式可能会导致结果的不一致；此外，一个人的情感状态在时间上也会表现出显著的变化。为应对这些技术挑战，本章提出了一个框架来开发分层计算模型，该模型提供了一个系统的方法，从嘈杂的、非结构化的数据中提取有意义的证据。这种方法利用多模态数据，包括音频、视频和活动日志文件，对学生行为模式的时间动态进行建模。为了证明此方法的有效性，我们在协作学习和非语言行为的组内评估领域提出了两项试点研究，该方法已成功实施。

关键词：机器学习；多模态融合；分层处理模型

11.1 引言

要想在当今这个以技术为媒介、快速发展的世界中取得成功，学生不仅必须在阅读、数学和科学等领域拥有很强的能力，而且必须熟练掌握21世纪的新技能，如批判性思维、沟通、解决问题、坚持不懈和协作等能力（Farrington 等人，2012）。这些能力已被证明可提高学习效果，而且被迅速纳入许多高风险的标准化评估系统中（智能平衡评估联盟，北卡罗来纳州）。然而，对协作和沟通等技能的评估是困难的，因为这需要理解整个过程，而不仅仅是最终结果（Bejar，1984；Romero 和 Ventura，2007）。分析这些过程不仅需要跟踪认知过程，还需要跟踪非认知行为，例如，动机、自制力，以及影响人际互动的情绪和情感状态。此外，在传统的多项选择测验和自我报告的基础上，许多评估设计的基础架构已越来越成熟。相比之下，教育模拟和游戏为学生提供了接触真实教育任务的机会，并允许他们与严肃的学术内容进行互动和探索（Fisch，2005；National Research Council，2011）。通过这种方式，能够在组内捕获丰富的流程数据。组内的意思是指，在涉及协作、问题解决和其他复杂任务的执行期间。这些数据可以是多模态的，这意味着，除传统的计算机交互数据形式（如鼠标点击流和键盘键入）外，还可包括多种感官形式，如音频、视频和3D（使用深度感知设备，如Microsoft Kinect）。使用这种多模态数据的关键优势在于，它们能够高保真地感知和跟踪用户的认知和非认知状态，传统日志文件反而会忽略这些状态。然而，由于很多原因，从这些数据中提取相关特征，并作为证据来推断协作等复杂结构的能力，是一项重大的技术挑战。首先，多模态数据的原始时间序列通常没有任何直接的语义意义，而且可能无法被人类本身解释。如前文所述，它可能构成仿真日志文件、音频和可视化数据，如果没有复杂的计算模型，这些数据就无法进行分析，以获得有意义的信息。其次，构建模式识别的方法来检测和识别原始数据中的序列和组合，这需要"训练数据"，而这些数据可能并不易获得。最后，从原始多模态数据中得出的推论和相应的解释所包含的信息，可能在语义和抽象层面上有极大不同，而且可能不容易在评分模型中结合起来，例如，特定面部表情与话轮转换或用户参与程度。

本章旨在提供一个框架和方法，以设计和开发计算模型，能够分析包含噪声的非结构化多模态数据，以评估复杂结构，如协作和通信。具体来说，本章描述了一种分层的数据处理和推理方法，可帮助弥合原始的、低级的多模态数据和高级构造测量之间的差距。为说明这种方法的有效性，本章提出了两个试点研究示例。在示例中，这种方法被用于研究协作学习和使用可穿戴传感器的非语言行为的组内测量（Vivo Measurement）。

11.2 研究学生行为的多模态分析

在计算机化教育环境中，模拟和游戏为评估知识、技能和能力提供了令人兴奋的新范式。这些知识、技能和能力很难通过结构化测试和多项选择项目等传统测量工具获得。这种计算机化的教育环境使强大的视听交互界面能够被用来分析学生的行动、行为，以及他们解决问题的过程，而不仅仅是他们的最终结果。我们特别感兴趣的是：学生每时每刻的情感和认知状态，以及这些状态与任务表现和一般学习结果之间的关系（D'Mello 和 Graesser，2012；Whitehill、Serpell、Lin、Foster 和 Movellan，2014）。

使用计算机化教育环境的一个关键优势是：它们能够以视频流、音频流和模拟日志文件的形式收集丰富的多模态数据。这些数据可以使用多模态分析方法来处理和分析，以研究个人和群体水平的表现。多模态分析（Amer、Siddiquie、Khan、Divakaran 和 Sawhney，2014；Morency、De Kok 和 Gratch，2010；Siddiquie、Khan、Divakaran 和 Swahney，2013）指的是使用先进的传感器技术和机器学习系统来跟踪和理解人类行为。它预示着学习和评估的范式转变，可以从大量的多种感官数据（例如音频和视频）中提供关于人类表现的丰富、自动和有根据的推论。然而，开发一种计算模型，使其从原始、低层次的多模态数据中提取有意义的特征，让特征能够指示人的表现和技能，这还是一项重大的技术挑战。相比之下，当人类观察者评估任务表现时，他们会很自然地整合其所看到（视觉）和听到（听觉）的信息。此外，观察者的大脑将视觉数据转换成有关身体姿势、面部表情和行动的信息。听觉数据被转换成有意义的交流、多人的语言交流，以及声调线索。这些特征被进一步结合起来，使观察者能够对个体行为人的情绪状态、社交技能和技术能力做出判断。

11.2.1 分层推理框架

为应对上述挑战，我们的方法是构建一个分层处理和推理框架。如图 11-1 所示，原始多模态数据构成了框架的第一层。数据是用多种传感器捕获的，包括音频、视频、3D，甚至模拟日志文件。这些数据被用来预处理以提取机器特征，如从视觉数据提取梯度方向直方图（Histogram of Oriented Gradients，HOG），从 3D 骨骼数据提取欧拉角，以及从音频数据提取梅尔频率倒谱系数（Mel-Frequency Cepstral Coefficient，MFCC）等。我们将这种机器特征称为低级特征，它们位于分层框架的第二层。这一层的输出可能是具有语义意义的描述性特征，如面部表情、手势或语音韵律。这种描述性特征称为中级表示，位于层次结构框架的上一层。

在这一层中，对低级特征和中级表现的时间动态进行建模，以生成人类行为状态（如情感、参与度和心流）的整体度量。在层次结构的顶层是另一种特征。

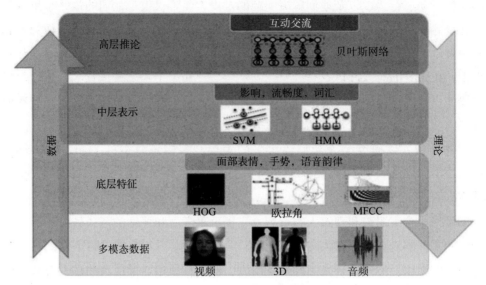

图 11 - 1 分层处理和推理框架

（我们的框架用来弥合低级数字数据和复杂架构测量之间的差距。HMM 为隐马尔可夫模型、HOG 为梯度方向直方图、JHCRF 为联合隐藏条件随机场、MFCC 为梅尔频率倒谱系数、SVM 为支持向量机）

这种特征构成一个理论模型，代表类似于沟通能力或协作技能的兴趣结构。这些特征被称为高级解释。这一层作为中层行为特征的输入评估，运用心理计量模型对兴趣能力进行推断。

11.2.2 用多模态分析研究情感和非认知行为对协作学习的影响

各项研究已证明学生的情感状态和行为对更高的群体智利和学习成果的影响，这些行为包括话轮转换（Woolley、Chabris、Pentland、Hashmi 和 Malone，2010），夹带（聚合）和镜像影响（Lakin、Jefferis、Cheng 和 Chartrand，2003）。这里提出了一项试点研究，利用多模态分析来理解协作问题解决中情感的发生、动态和影响（Luna Bazaldua 等人，2015）。我们的假设是，协作任务的表现情况与参与者的情感状态和行为密切相关。因此，关于这种状态和行为的信息可作为评估协作的整体成功和个人协作能力的重要证据，以及不同的任务如何鼓励协作。因此，关于这种状态和行为的信息可以作为重要证据，来评估协作的整体成功和个人协作能力，以及不同的任务如何促进协作。为验证这一方法，研究人员进行了一项研究，研究涉及 12 名特定的成对者，他们在一个名为 Tetralogue 的科学评估中合作，该科学评估类似于网络游戏（Liu、Hao、von Davier、Kyllonen 和

Zapata – Rivera，2016；Zapata – Rivera 等人，2014）。该平台包括传统的评估组件，例如一组关于一般科学主题的多项选择项目、基于模拟的评估、性格测试和一组背景调查问卷。模拟任务与地质主题有关。基于模拟的任务被开发为与两个虚拟角色交互的单人测试者的任务，以及作为需要两个人类参与者和两个虚拟角色协作以解决地质问题的协作任务。参与者可能在不同的地点，通过在线聊天框和聊天系统帮助请求进行互动（即选择观看有关主题的教育视频）。

图 11 – 2 说明了 Tetralogue 协作活动平台和数据捕获系统的使用。每个参与的二人组对的多模式数据，包括视频和活动日志文件都会被捕获。日志文件包含的行为：两人互相聊天的频率和内容、单独个体和作为一个二人组对（共同作为一个组）对科学问题的响应，以及系统帮助请求（即参与者要求观看有关主题的教育视频，以更好地回答评估问题）。视频数据记录了参与者的非语言行为，这些行为是使用自动面部表情分类器逐帧分析，并由训练有素的人类评判员对高级非认知行为进行注解，包括：展示情感的手势、参与度、焦虑和好奇心。通过对单人和双人组的数据进行分析，使用层次聚类分析得出的结果显示，在统计上显著的证据表明二人组之间的认知和非认知行为是趋同的（详见 3.2 节）。

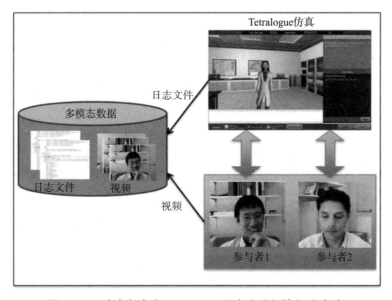

图 11 – 2　当参与者在 Tetralogue 平台上进行协作活动时，
多模式数据捕获视频和动作日志文件

11.2.3 多模态数据和低级特征

视频数据的面部表情分析使用 Facet SDK 进行，这是计算机表情识别工具箱（CERT、Littlewort 等人，2011）的商业版本。该工具可识别精细的面部特征，或面部动作单元（Action Units，AUs），这些都在面部动作编码系统中描述（Ekman、Friesen 和 Hager，1977）。Facet 在视频帧中检测人脸，定位和跟踪面部特征，以及用基于支持向量机的分类器输出一系列面部表情的逐帧检测概率：愤怒、喜悦、蔑视和惊讶。

此外，7 名训练有素的编码人员使用 Anvil 软件对视频进行了审查和编码（Kipp，2001）。每名参与者的视频数据被分配给两名评分者进行标注；然而，在三种情况下，有三位评分者对同一视频文件进行编码，在两种情况下，只有一位评分者可以进行注释。评分者在标注过程中遵循相同的编码方案，即用标签编码数据：手触摸脸、表达参与度、表达焦虑或表达好奇心。这些行为被编码成二进位量表，反映这些行为是不存在还是存在。作为注释过程的结果，Anvil 软件使用 R 语言生成了可扩展标记语言（XML）文件。

参与度、焦虑和好奇心被包含在标注方案中，因为这三种非认知状态在模拟游戏和在线学习系统中发生具有相关性（Baker、D'Mello、Rodrigo 和 Graesser、2010；Calvo 和 D'Mello，2010；D'Mello 和 Graesser，2012；Woolf 等人，2009）。编码还包括手触脸，这是一种与情感和认知状态（如无聊、投入和思考）有关的情感展示手势（Mahmoud 和 Robinson，2011；Whitehill 等人，2014）。

11.2.4 中级特征和构造推理

为了研究行为收敛的证据，我们将 24 名研究对象的日志文件和视频数据的特征表示为由认知行为（消息数和帮助请求数）和非认知行为（即每名参与者表现出这种行为的时间部分）组成的多维行为特征向量。这些行为包括：参与、手触脸、焦虑、好奇、愤怒、高兴、蔑视和惊讶。

我们使用平均连接函数，在欧几里得距离矩阵（即相似矩阵）上进行无监督的分层聚类分析，该矩阵由研究参与者的多维行为特征数据计算而来。我们的假设是，行为趋同会体现在认知和非认知特征上，即同一个二人组的成员在聚类过程一开始就倾向于聚集在一起，也就是说他们在特征空间上比其他人更接近彼此。

我们还分析了二人集群内外参与者行为特征距离的相似矩阵。行为趋同意味着，对于二人组成员，特征空间的平均距离比非二人组成员特征空间的平均距离要小。此外，为了研究认知特征和非认知特征的相对影响，我们还计算了两个额外的相似度矩阵：一个是完全用日志文件中的认知特征计算的（聊天消息的数量和系统帮助请求的数量），另一个是用从视频数据中产生的专门的非认知特征计算的（四个面部表情探测器，以及编码方案中的四个特征）。所有特征都被归一化，以表示 0 和 1 之间的等效缩放值。

表 11-1 展示了二人组和非二人组群体中参与者特征相似距离的均值和标准差。结果一致地表明，二人组的平均距离更小（即二人组的成员表现出比其他成员更相似的行为），支持收敛的前提。此外，使用 t 检验来评估这些结果的统计意义。结果表明，当同时使用认知和非认知特征时，属于同一二人组的参与者之间的特征距离小于对应非二人组的距离，具有统计学上的显著性：$t = 2.335$，$df = 11.7$，$p < 0.02$。然而，当单独使用非认知特征时，并未发现显著的行为趋同模式。

表 11-1 二人组组内和组外行为特征距离的平均值和标准差

特征	群体	均值	标准差
认知和非认知	二人组	0.572	0.228
	名义二人组	0.730	0.243
仅认知	二人组	0.365	0.216
	名义二人组	0.571	0.209
仅非认知	二人组	0.411	0.178
	名义二人组	0.414	0.225

11.3 使用多模态可穿戴传感器的非语言行为组内评估

人类行为建模已经在各种学科中进行了研究，如行为科学、社会科学、认知科学和人工智能等。一些研究人员已经开发出人类行为模型，从认知和情感状态到人类活动。本研究还探讨了个体性格特质对集体活动结果的影响。传统的方法是使用诸如 Big Five（Tosi、Mero 和 Rizzo，2000）或 Facet（Kyllonen、Lipnevich、Burrus 和 Roberts，2014）等工具创建个性配置文件，分析个体性格特质对群体互动任务效果的影响。通常，这需要参与者完成任务前或任务后的问卷调查，这是一项时间密集、代价高昂的活动，并可能带来主观和社会偏见。此外，团队任务中活动和交互没办法每时每刻都被捕获，数据通常过于稀疏和粗糙，无法进行探索性行为分析。与此形成对比的是，目前已有一些令人兴奋的新研究，专注于从环境和可穿戴传感器中使用低水平非语言行为数据，来测量和建模人际行为（Olguin 和 Pentland，2010）。特别有趣的是一项评估在谈判、协作、无领导等任务中的人际交往能力的研究。该研究利用了一种非语言的、潜意识的人际沟通渠道，Pentland 称之为诚实的信号（Pentland，2008）。

多模态分析使用可穿戴传感器以无创方式，在组内练习（真实世界、亲身）中进行此类评估。这些诚实的信号会影响团队任务的结果，因此，关于这种状态和行为的信息可以作为评估协作、个人能力和人际交往技能的整体成功的重要证据，同时也是衡量个性特征本身的另一种方法。

分析非语言行为

人类互动中微妙的、无意识的模式揭示了他们对彼此的态度。这些诚实的信号，如 Pentland 所描述的，是由身体活动、言语活动、亲密度以及其他低级行为线索的模式组成的。这项研究（Pentland，2008；Woolley 等人，2010）已描述了一些影响人际互动的非认知、非语言行为，这将是本研究的重点。我们特别感兴趣的是：

（1）模仿：谈话中人们呼应对方的程度。
（2）话轮转换：对话参与的平衡程度和主导程度。
（3）活动：以身体运动或言语能量来衡量；活动量增加通常表示兴趣和兴奋。

使用可穿戴传感器测量人与人之间面对面交流，这方面的最早尝试之一是社交测量器（Choudhury 和 Pentland，2003）。该可穿戴传感器可用于从感官数据中学习社交互动，并对社交网络的结构和动态进行建模。Pentland 描述了一些统计学习方法，使用可穿戴传感器数据对用户交互进行可靠估计。他详细描述了行为建模和影响建模，前者是从邻近和位置数据中学习和分类用户行为，后者是从另一个对象的数据中预测某个对象的行为。

在美国教育考试服务中心（ETS）正在进行的一项试点研究中，可穿戴传感器，特别是社会计量标牌（Sociometric Badge，Olguin 和 Pentland，2010）被用于测量人类互动中的非语言行为。社会计量标牌是一种可穿戴传感设备,可以用来研究人类行为和社交互动。具体来说,该标牌收集以下信息:①语音特征,如音量、语调和说话时间;②身体运动特征,如体能和一致性;③附近佩戴标牌的人的信息;④蓝牙设备的接近程度;⑤近似位置信息。标牌不会记录讲话或对话内容,除非手动启用此选项。图 11-3 所示为可穿戴社会计量标牌的图像。这项研究包括 24 名参与者,他们被分成四人一组,进行一项决策任务。每名小组成员都被赋予了一个角色(例如,财务副总裁、运营副总裁),这些小组的任务是选择一个最适合他们公司进入国外市场的店铺位置。每个成员都收到了关于三个潜在商铺位置的正面、负面和中性信息。参与者佩戴社会计量标牌,记录说话和肢体动作的特征。图 11-4 所示的初步分析很容易显示出一些证据,表明社会互动中的轮流和主导地位。在左上角的图像中,每名参与者由连通图中的一个节点(灰度圆圈)表示。连接任意一对节点的边的厚度表示参与者之间的说话次数。可以清楚地看到,灰色、中灰色和深灰色节点所代表的个体之间的说话次数,多于他们与白色节点所代表的个体的说话次数。

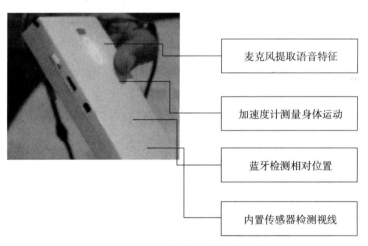

图 11-3 可穿戴社会计量标牌

11.4 结论

本部分提出了一个设计和开发计算模型的框架,该模型能够分析嘈杂的、非结构化的、多模态的数据,以捕获、分析和测量复杂的人类行为。该方法利用多

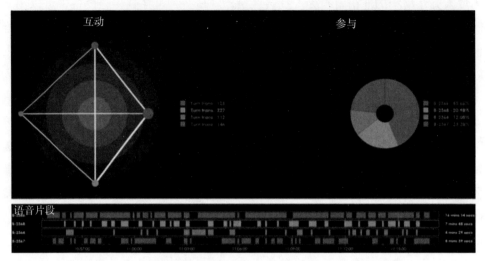

图 11-4 用社会计量标牌测量的四人组的语音频率和片段

模态数据,包括音频、视频和活动日志文件,并构建了一种分层分析方法,以建模人类行为的时间动态和多种数据模式的集成。这种方法的效果通过两项试点研究进行了演示,其中该方法用于研究协作学习,也用于使用可穿戴传感器进行非语言行为的组内测量。

致谢

这项研究得益于以下同事在数据收集工作、技术洞察力和价值反馈等方面的帮助,包括 Diego Luna Bazaldua、Alina von Davier、Jiangang Hao、Robert Mislevy 和 Ketly Jean Pierre。

参考文献

[1] AMER M R, SIDDIQUIE B, KHAN S, et al. Multimodal fusion using dynamic hybrid models [C]//Institute of Electrical and Electronics Engineers. 2014 IEEE Winter Conference on Applications of Computer Vision (WACV). Los Alamitos: IEEE, 2014: 556 – 563.

[2] BAKER R S, D'MELLO S K, RODRIGO M M T, et al. Better to be frustrated than bored: The incidence, persistence, and impact of learners' cognitive – affective states during interactions with three different computer – based learning environments [J]. International Journal of Human – Computer Studies, 2010, 68

(4): 223-241.

[3] BEJAR I I. Educational diagnostic assessment [J]. Journal of Educational Measurement, 1984, 21 (2): 175-189.

[4] CALVO R A, D'MELLO S. Affect detection: An interdisciplinary review of models, methods, and their applications [J]. IEEE Transactions on Affective Computing, 2010, 1 (1): 18-37.

[5] CHOUDHURY T, PENTLAND A. Sensing and modeling human networks using the sociometer [C]//In Institute of Electrical and Electronics Engineers. Proceedings of the 7th IEEE International Symposium on Wearable Computers. Los Alamitos, CA: IEEE, 2003: 216-222.

[6] D'MELLO S, GRAESSER A. Dynamics of affective states during complex learning [J]. Learning and Instruction, 2012, 22 (2): 145-157.

[7] EKMAN P, FRIESEN W V. Facial action coding system [M]. PaloAlto: Consulting Psychologists Press, 1977.

[8] FARRINGTON C A, RODERICK M, ALLENSWORTH E, et al. Teaching adolescents to become learners: The role of noncognitive factors in shaping school performance: A critical literature review [M]. Chicago, IL: Consortium on Chicago School Research, 2012.

[9] FISCH S M. Making educational computer games "educational" [C]//Association for Computing Machinery. Proceedings of the 4th International Conference for Interaction Design and Children. New York, NY: Association for Computing Machinery, 2005: 56-61.

[10] KIPP M. Anvil—A generic annotation tool for multimodal dialogue [C]// Proceedings of the 7th European Conference on Speech Communication and Technology (Eurospeech). Scandinavia: 7th European Conference on Speech Communication and Technology, 2001: 1367-1370.

[11] KRAIGER K, FORD J K, SALAS E. Application of cognitive, skill based, and affective learning outcomes to new methods of training evaluation [J]. Journal of Applied Psychology, 1993 (78): 311-328.

[12] KYLLONEN P C, LIPNEVICH A A, BURRUS J, et al. Personality, motivation, and college readiness: A prospectus for assessment and development

(Research Report No. RR – 14 – 06) [R]. Princeton, NJ: Educational Testing Service, 2014.

[13] LAKIN J L, JEFFERIS V E, CHENG C M, et al. The chameleon effect as social glue: Evidence for the evolutionary significance of nonconscious mimicry [J]. Journal of Nonverbal Behavior, 2003, 27 (3): 145 – 162.

[14] LANG D T (2013). XML: Tools for parsing and generating XML within R and S – Plus (R package version 3.98 – 1.1) [EB/OL]. http://CRAN.R – project. org/package = XML.

[15] LITTLEWORT G, WHITEHILL J, WU T, et al. The computer expression recognition toolbox (CERT) [C]//Institute of Electrical and Electronics Engineers. Proceedings of the IEEE International Conference on Automatic Face and Gesture Recognition. Los Alamitos, CA: IEEE, 2011: 298 – 305.

[16] LIU L, HAO J, VON DAVIER A, et al. A tough nut to crack: Measuring collaborative problem solving [M]. Hershey, PA: IGI – Global, 2016.

[17] LUNA BAZALDUA D A, HAO J, KHAN S, et al. On convergence of cognitive and non – cognitive behavior in collaborative activity [C]//O. C. Santos, J. G. Boticario, C. Romero, et al. Proceedings of the 8th International Conference on Educational Data Mining Conference. Madrid, Spain: International Educational Data Mining Society, 2015: 496 – 499.

[18] MAHMOUD M, ROBINSON P. Interpreting hand – over – face gestures [C]// S. D'Mello, A. Graesser, B. Schuller, et al. Proceedings of the International Conference on Affective Computing and Intelligent Interaction. New York, NY: Springer, 2011: 248 – 255.

[19] MORENCY L P, DE KOK I, GRATCH J. A probabilistic multimodal approach for predicting listener backchannels [J]. Autonomous Agents and Multi – Agent Systems, 2010, 20 (1): 70 – 84.

[20] National Research Council. Assessing 21st century skills [M]. Washington, DC: National Academies Press, 2011.

[21] OLGUIN D O, PENTLAND A. Assessing group performance from collective behavior [R]. Savannah, GA: CSCW 2010 Workshop on Collective Intelligence in Organizations, 2010.

[22] PENTLAND A. Honest signals: How they shape our world [M]. Cambridge, MA: MIT Press, 2008.

[23] ROMERO C, VENTURA S. Educational data mining: A survey from 1995 to 2005 [J]. Expert Systems with Applications, 2007 (35): 135 – 146.

[24] SIDDIQUIE B, KHAN S, DIVAKARAN A, et al. Affect Analysis in natural human interaction using joint hidden conditional random fields [C]//Institute of Electrical and Electronics Engineers. 2013 IEEE International Conference on Multimedia and Expo (ICME 2013). Los Alamitos, CA: IEEE, 2013: 1 – 6.

[25] Smarter Balanced Assessment Consortium. Thermometer crickets: Grade 11 performance task [EB/OL]. http://www.smarterbalanced.org/wordpress/wp-content/uploads/2012/09/performance-tasks/crickets.pdf.

[26] TOSI H L, MERO N P, RIZZO J R. Managing organizational behavior (4th ed.) [M]. Cambridge, MA: Blackwell Publishers, 2000.

[27] WHITEHILL J, SERPELL Z, LIN Y C, et al. The faces of engagement: Automatic recognition of student engagement from facial expressions [J]. IEEE Transactions on Affective Computing, 2014, 5 (1): 86 – 98.

[28] WOOLF B, BURLESON W, ARROYO I, et al. Affect-aware tutors: recognizing and responding to student affect [J]. International Journal of Learning Technology, 2009, 4 (3 – 4): 129 – 164.

[29] WOOLLEY A W, CHABRIS C F, PENTLAND A, et al. Evidence for a collective intelligence factor in the performance of human groups [J]. Science, 2010, 330 (6004): 686 – 688.

[30] ZAPATA-RIVERA D, JACKSON T, LIU L, et al. Assessing science inquiry skills using trialogues [M]. Berlin, Germany: Springer, 2014.

第 12 章　跨文化背景下对协作效能的评估

C. Shawn Burke、Jennifer Feitosa、Eduardo Salas
和 Michele Gelfand

摘要：团队协作的组织方式在许多组织机构（尤其是复杂的组织机构）中已成为常态。然而，研究表明，团队协作并非总是有效的，尽管这种方式很受欢迎（Sims and Salas, 2007）。当团队具有多元文化时，为了创建和维护团队协作的绩效使能，需要付出更大的努力。虽然文化多样性可以产生协同效应，但研究表明，当团队成员试图弥合彼此间态度、信仰和价值观的差距时（这些差异往往隐藏在表面之下并影响团队互动），也可能导致流程损失。因此，本章的目的有两个：其一，指出对具有多元文化的团队而言，可能面临的一些挑战；反过来，这也让我们可以深入了解需要评估的因素；其二，确定在评估多元文化的团队协作效能时必须考虑的一组测量因素。

关键词：文化多元性；多元文化团队；跨文化团队；测量；评估；协作

12.1　引言

曾有一段时间，使用基于团队协作的组织方式是组织机构的竞争优势；但是如今，使用该方法已成为常态。此外，研究表明，尽管团队协作很受欢迎，但并非总是有效（Sims and Salas, 2007）。当面临一项复杂的任务时，组织机构通常会召集一群专家来协作完成任务。然而组织者们并未意识到，一群专家并不等同于一支专家团队。要想获得团队绩效，必然要高效开展工作，而高效工作却不一定能带来高绩效——成员之间还必须进行高效协作，以完成相互依赖性的任务（Morgan、Glickman、Woodard、Blaiwes 和 Salas, 1986）。创造和维护团队协作的绩效本身就是一项复杂的工作，并且针对具有多元文化的团队，这种复杂性会进一步加剧。虽然多元文化团队具有许多维度（例如，国家、组织、专业），但本章我们想要关注与国家文化相关的文化多元性，如"一个国家的共同规范、价值观和实践"（Helmreich，2000，p. 134）。Newman 和 Nollen（1996）将国家文化定义为"在幼年时期学习到的将一群人与另一群人区分开来的价值观、信仰和假设"（p. 754）。同样，Sato（2016）将国家文化定义为"一种价值观、信仰和规范，它们影响我们理解的方式、与我们的经历密切相关，并会对我们所面临的各种情况做出反应"。因此，具有多元文化的团队可以被定义为那些成员在价值观、信仰、认知和行动偏好上存在差异的团队，这些差异是由他们所认同的国家文化决定的。

虽然文化多样性可以产生协同效应，但研究表明，当团队成员试图弥合彼此间态度、信仰和价值观的差距时，也可能导致流程损失，这些差异往往隐藏在表面之下并影响团队互动。例如，Klein（2004）指出，"那些来自不同国家群体的聪明睿智的人有时会在复杂的认知任务中发现不同的问题，制订不同的计划，进行不同的谈判和协调，并做出不同的决定"（p. 250）。研究表明，文化差异会影响沟通、团队凝聚力（Arman 和 Adair，2012）、信任（Brown、Adams、Famewo 和 Karthaus，2008）、态度（Boyd 等人，2009）和情绪（Kanas 等人，2009）。然而研究表明，当团队能够游刃有余地驾驭这些差异带来的问题时，从长期来看，这样的团队可以超越其他同类型的团队。所以目前的问题是，我们如何帮助团队成员发现隐藏的风险，识别到潜在隐患？一种方法是：了解潜在的风险在哪里，并围绕这些领域对团队进行评估，这样他们就可以借助差异来创造一种混合文化，从而使团队绩效得到提升。因此，本章的目的是双重的。第一个目的是我们会指出一些针对多元文化的团队可能存在的挑战。这不仅为我们提供了一种视角，让我们知道应该先评估哪些因素，还强调了在具有多元文化的团队中，"有效"的概念可能会有所不同。第二个目的是明确研究人员在评估不同文化团队协作效能时可能面临的一系列挑战。

12.2 应该评估什么？确定可能的突破点

团队过程被定义为"成员相互依赖的行为，通过一些认知、语言和行为活动将输入转化为结果，旨在组织任务工作，以实现集体目标"（Marks、Mathieu 和 Zaccaro、2001，p. 357）。最近的研究引入了团队在"目标导向行为中的时间周期（称为情节片段）"中执行任务的概念（Marks 等人，2001，p. 359）。行动和过渡阶段均包含在其中。行动阶段是指"团队参与的直接有助于实现目标的一系列时间段"（即任务工作），而过渡阶段是指"团队为指导目标实现所进行的以评估或规划活动为主的时间段"（p.359）。在本章的其余部分，Marks 等人（2001）的框架被用来说明文化多元性可能对团队协作构成哪些挑战，进而点明需要评估的过程类型。之所以选择该框架来进行说明，是因为它代表团队协作类文献中的较前沿的思想，其中的元分析统计方法展示了它对相关过程中团队绩效和团队满意度的预测能力（LePine、Piccolo、Jackson、Mathiue 和 Saul，2008）。由于篇幅限制，我们并未关注团队协作过程中的每个阶段（见表 12-1），而是重点关注该过程中受文化多元性影响最大的阶段。

表 12-1 团队协作过程分类法

相位定义	团队协作过程	定义	关键之处
过渡阶段"团队为指导目标实现所进行的以评估或规划活动为主的时间段"（Marks 等人，2001，p.364）	任务分析	"团队任务的解释和评估，包括确定其主要任务以及确定执行任务所需的环境条件和团队资源"（Marks 等人，2001，p.365）	共享心智模型的开发 反向评估 前瞻研究
	目标规范	"确定任务完成目标和子目标及其优先顺序"（Marks 等人，2001，p.365）	确定并明确阐述目标 目标与策略相一致 如何实现目标 期望 传递任务相关信息 优先级 角色分配 沟通计划
	策略制定	策略制定和规划制定可以用来完成任务的其他方法	
行动阶段团队参与的直接有助于实现目标的一系列时间段	监测进展情况	能够准确监测和评估情况	评估当前状态 明确团队的独特性
	系统监测	包括评估和监测团队的资源，以及监测与任务成果相关的外部环境因素	评估和监测资源 监测外部环境因素
	监测和支持行为	"协助团队成员完成任务，可能通过以下方式实现：（1）提供口头反馈或指导；（2）用行动协助团队成员；（3）为团队成员承担任务并为之努力"（Marks 等人，2001，p.367）	团队成员相互协助 团队成员寻求协助 明确角色

续表

相位定义	团队协作过程	定义	关键之处
行动阶段 团队参与的直接有助于实现目标的一系列时间段	协作	"协调相互依存行动的顺序和时间"（Marks 等人，2001，p.363）	团队成员之间的沟通 团队成员的适应性 有效计划 行动调整计划
人际交往过程 "团队用来管理人际关系的过程"（Marks 等人，2001，p.368）	冲突管理	处理冲突使其不会对团队绩效产生负面影响，包括预防式冲突管理和反应式冲突管理。"预防式冲突管理要求在团队冲突发生之前建立预防、控制或指导团队冲突的条件。反应式冲突管理要求处理任务和团队成员之间的分歧"（Marks 等人，2001，p.363）	识别团队内部的冲突 解决问题 妥协 协作 建立处理冲突的规范
	动机和信任的建立	"产生并保持完成任务的集体信心、动机和基于任务的凝聚力"（Marks 等人，2001，p.363）	鼓励团队成员实现并保持高绩效 对团队成功完成任务的能力表现出信心
	影响管理	在工作期间和工作结束后调节团队成员的情绪	调节情绪 提高士气和凝聚力

注：改编自 Marks 等人，2001。

12.2.1 过渡阶段过程

1. 任务分析

以团队和任务分析中文化多样性的影响为主题的研究少之又少。然而，将文化价值取向方面的工作与任务分析方面的工作结合起来，可为确定潜在影响奠定基础（见表 12-1）。权力距离指的是"一个社会对组织机构中权力分配不均的情况所能接受的程度"（Hofstede，1980，p.45）。

高权力距离的团队认为任务分析主要由团队领导进行，下属不想过多表达意见。这与那些低权力距离的团队形成了直接的对比，在低权力距离文化下，所有人都会很投入。此外，在高权力距离影响下的团队中，领导可能不会鼓励下属发表意见。以上这些会导致信息交流受限，从而进一步阻碍任务分析。

分析性/整体性推理中的文化差异也可能对任务分析构成挑战。具体来说，不同的推理风格可能会导致借助不同的线索，以及不同的过程来进行决策（Choi 和 Nisbett，2000）。分析性推理的特点是运用逻辑和倾向性线索，而整体性推理则主要依赖辩证推理，很少使用形式逻辑。其他影响任务分析的文化维度包括：不确定性规避、高低语境和场景依赖（Salas、Burke、Wilson-Donnelly 和 Burke，2004）。例如，那些对不确定性不太适应的人可能不愿意走出他们的"舒适区"，因此，他们给出的信息必然与那些对不确定性更为适应的人所给出的信息不同（Salas 等人，2004）。高低语境文化的不同将影响他们在口头或书面交流中获得信息的方式，低语境文化主要关注明确陈述的内容；相比之下，高语境文化则更多是基于信息周围的语境和隐含线索获取相关含义（Ting Toomey，1999）。最后，对过去或未来取向的文化偏好（Hall 和 Hall，1990）可能导致个人对所收集的信息给予的重视程度不同，从而影响任务分析。

2. 策略制定

文化多元性可能会以多种方式影响团队策略的制定，需要进一步阐明评估多元性的手段（例如，对不确定性的容忍度、权力距离、假设/具体推理）。如果团队成员的文化取向是对不确定性的容忍度较低，那么他们会认为不确定性给人带来很大压力。关于策略制定，团队成员应：①严格遵守规则和程序（Hall 和 Hall，1990）；②不习惯于在信息不完整的情况下做出决策（Hall 和 Hall，1990）；③重视达成的共识（Lane 和 DiStefano，1992）；④在决策过程中可能会感到不安，但在决策确定后一般不做出改变（Helmreich 和 Merritt，1998）。这个维度的变化可能会导致冲突（Klein，2004），尤其是在计划所需的具体程度、制定应对棘手现状的规范以及重新制订/调整计划方面。

文化也可能影响制定策略时应急计划和心理模拟的舒适度。例如，假设推理和具体推理对"假设"的重视程度不同（Klein，2004）。这不仅会影响策略制定，而且会影响团队的适应能力（因为"假设"和心理模拟拓宽了成员心理模型的广度），从而指导今后的行动。

12.2.2 行动阶段过程

1. 针对目标监测进展

这一阶段在文化方面开展的工作有限。然而，将时间视为稀缺资源的文化取向可能会有助于针对目标监测进展（Arman 和 Adair, 2012）。相反, 对不确定性容忍度较低的团队成员可能比对不确定性容忍度较高的团队成员更频繁地监测目标进展, 从而有助于全面了解情况, 在环境允许的范围内避免不确定性。

2. 团队监测和支持行为

与其他团队协作过程不同, 研究已开始明确考察文化价值观与团队监测/支持行为之间的关系。在考虑团队监测/支持行为时, 本质上有一个评估和反馈（即使是隐含的）的部分。与此相关的是, 集体主义者比个人主义者对团队成员的评价更积极（Gomez、Kirkman 和 Shapiro, 2000）。其他研究虽未明确关注团队, 但确实提供了一些主要是关于监测/支持行为的反馈或协助方面的看法。研究表明, 采用根源导向的文化比采用系统导向的文化更有可能将责任归于个人, 而系统导向文化的归因则更基于环境（Schweder 和 Bourne, 1982）。这反过来可能会影响团队成员对彼此能力的看法。这些归因差异也可能影响寻求反馈或接受反馈的程度。以根本原因为导向的人更有可能寻求反馈, 因为他们将反馈视为学习/改进过程的一部分（Klein, 2004）。系统导向的人则可能将反馈视为对个人的攻击, 而不是对特定能力的评估。二者之间直接形成了对比。

关于权力距离的文化取向可能会对团队支持行为产生影响。在不考虑团队成员身份的情况下, 倾向于低权力距离的团队成员将更愿意接受和提供口头意见和帮助。相反, 来自高权力距离文化的成员不会乐于寻求地位较低的成员的帮助, 也不希望地位较低的成员向团队领导提供监测或支持行为（Klein、Klein 和 Mumaw, 2001）。

3. 协作

虽然以文化多元性对协作的影响为直接研究对象的研究有限, 但到目前为止, 我们所讨论的绝大部分文化差异可能都会在一定程度上影响团队的协作能力。一直以来, 共享心智模型被认为是实现团队协作的机制之一（Langan-Fox、Anglim 和 Wilson, 2004；Rentsch 和 Woehr, 2004）。价值观、态度、信仰和偏好方面的文化差异反映在一个人的文化取向中, 往往会导致团队成员对彼此的潜在认知（形成心理模型和共享心理模型）发生变化, 这些变化在表面上却看不到。因此, 团队成员针对其他团队成员如何看待团队或团队协作过程做出了隐性假设, 但这些假设通常是不正确的。这些假设影响着成员的心理模型和相应的行为, 在具有多元文化的团队中, 通常会导致较低水平的共享心理模型, 从而影响协作。

4. 沟通

沟通虽不是 Marks 等人（2001）研究的维度，却是团队文化多元性研究的最主流方向之一。研究人员已表明，文化多元性往往会导致误解（Adler，1997；Humes 和 Reilly，2007；Kealey，2004；Li，1999）。不同文化的语言不同，这可能导致一定的信息缺失与交流障碍，而且还存在不同的沟通方式，这可能导致具有多元文化的团队出现重大问题（Berger，1996）。国际空间站（International Space Station，ISS）上的研究发现，团队成员在直接和间接交流、个人偏好识别以及参与大型团队沟通时的舒适度方面都存在差异（David、Rubino、Keeton、Miller 和 Patterson，2011）。研究人员发现，"以高权力距离和集体主义为文化导向的俄罗斯宇航员对参与大型团队沟通感到担忧"（David 等人，2011，p.11）。这反过来又会限制信息和观点的共享。

文化差异也会影响信息交换。有人认为，在具有多元文化的团队中，信息交换速度较慢，因为他们需要花费更多的努力来明确对方的意思（Cherrie，1997；Helmreich，2000）。Conyne、Wilson、Tang 和 Shi（1999）发现，与集体主义者相比，个人主义者不太可能直接与领导沟通。虽然集体主义者在提供信息时更犹豫，但当真正到发言时，他们会说更长的时间。人们还发现，不同文化之间的沟通方式也不同。具体而言，个人主义者倾向于直接沟通，而集体主义者倾向于间接沟通（Gudykunst 等人，1996）。这些信息交换的差异可能会影响相关信息的共享以及是否可以确保信息被正确传递。

5. 领导力

团队领导能力高低被认为是团队成败的关键。虽然目前研究有限，但有关研究大多都认为其具有挑战性（Oertig 和 Buergi，2006）。跨文化团队中潜在的误解、误传和冲突会导致一系列复杂的问题出现（Humes 和 Reilly，2007）。人际领导力在团队内部至关重要，它可以融合工作中出现的各种声音，进而推进工作（Watson、Johnson 和 Zgourides，2002）。一旦人际关系问题得到解决，具有多元文化的团队就能够比同质性文化团队更有效地执行任务。

先前的研究表明，与团队领导相关的跨文化差异也可能产生影响。例如，有研究表明，个人管理人际关系和人际网络的熟练程度和舒适度是领导能力的关键指标，并且在不同文化中有所不同（House、Hanges、Javidan、Dorfman 和 Gupta，2004）。此外，不同文化对行动与思考的偏好不同（Kirkman 和 Shapiro，2001）；这些变化会影响领导过程。与那些以反思和理解为价值取向的人相比，以行动为价值取向的人更倾向于重视行动（Kluckhohn 和 Strodbeck，1961）。这些差异不仅会影响人际关系的管理，还会推动任务分析、规划、目标设定和策略制定过程。与此相关的研究结果表明，中国领导人更看重团队的成功，而不是个人的参与（Conyne 等人，1999）。

12.3 评估不同文化团队的关键流程

以上可能对多元文化团队产生影响的因素，正是评估此类团队需要关注的重点，这样一来，团队凝聚力一旦不处于最理想状态（即令团队绩效得到提高的共同情感、行为和认知）前，就能够被发现。团队凝聚力下降的趋势发现得越晚，就越容易形成错误的思维模式，越容易产生消极影响，从而限制信息共享，并可能导致团队内小派系的产生。接下来，我们将重点介绍研究人员在评估多元文化团队中的团队协作过程时可能面临的一些挑战。其中的大多数已在前文提及，这里将详细阐述特定的案例。

团队绩效评估并不是什么新鲜事，但它往往是协作发展中最容易被忽视和误解的部分之一，而且，鲜有文献明确指出评估具有多元文化的团队时，会遇到哪些挑战。一些有关团队绩效评估的文献以绩效良好的团队具有的特征作为评估团队绩效的相关标准。例如，研究人员认为团队绩效评估应该：①基于能力或有理论支持；②情境化和任务相关；③从多个来源收集；④描述团队绩效；⑤捕捉团队绩效的动态和纵向性质；⑥明确并区分多个绩效水平（Rosen 等人，2012）。然而，少有研究涉及这些标准如何应用于多元文化团队的评估。Gelfand、Raver 和 Ehrhart（2002）确定了跨文化研究必须遵循的几种方法标准，包括：①使用成熟的理论以指导问题研究、评估方式和文化取样；②避免使用跨文化共同性观念；③确保所选择的方法在文化上是合适的，将团队绩效评估的要求与跨文化研究的要求相结合。由此，我们将阐明如何将以上这些标准落到实处，以采取相关措施，推动团队发展。

12.3.1 思考1：评估什么/提供什么指导？

传统来说，要评估的知识、技能、态度和能力（Knowledge，Skills，Attitudes and Abilities，KSAO）将根据工作和/或任务分析而确定（更多信息参照 Brannick、Levine 和 Morgeson，2007）。对于团队来说，则是由团队任务分析决定

（更多信息参照 Burke，2005）。这一过程具有理论和实证框架的支持。该框架描述了那些已被证明能够有效提高团队绩效的协作过程和紧急状态（Marks 等人，2001；Mathieu、Maynard、Rapp 和 Gilson，2008；Salas、Shuffler、Thayer、Bedwell 和 Lazzara，2015）。在为多元文化团队构建评估标准时也是如此。然而，对这些过程的审视必须通过更广阔的文化视角（如价值观、信仰、规范、态度、行动偏好），在该视角下，我们可以看到文化取向差异如何影响该过程的实施。例如，尽管有大量的调查工作在研究其驱动因素（如前因、过程、状态），但在多元文化团队背景下针对驱动因素展开的研究却少之又少。当前的许多文献比较的是文化同质性团队之间的差异，如果进行的是跨团队比较，团队内部互动的情况则有所不同。例如，Conyne 等人（1999）研究了美国和中国团队中讨论小组成员之间的互动。在中国团队中，成员更可能直接与团队领导沟通，而在美国团队中则相反。中美团队成员在领导方式、团队成员沟通方式和团队成员发言意愿方面都存在差异。

虽然这项研究对文化同质性团队具有指导意义，但并未涉及中国和美国团队成员在同一团队中的互动方式。仅研究内部同质化的团队，未能得知在同一团队环境中，不同文化背景的价值观和偏好如何相互影响，且目前没有相关文献，因此无法对培训和评估多元文化团队成员的负责人提供指导。本章上述内容指出了在具有多元文化的团队中，团队协作过程最有可能出现的问题（从而引出了一个评估的重要领域）。然而，实际的团队文化构成可能会对团队协作过程产生怎样的影响，这一方面有关的讨论并不多见。因此需要在这方面开展更多的研究，以便更好地指导那些负责制定评估标准的人。

当我们为具有多元文化的团队制定评估标准时，需从多方面的文化视角来看，不仅要考虑团队协作过程是如何相互影响的，而且要考虑实际的团队任务分析如何实施（Arthur、Villado 和 Bennett，2012；Burke，2005）。虽然团队任务分析旨在明确需要协调配合的任务，并确定需要运用哪些知识、技能、态度和能力，但所用的许多方法与传统的任务分析（即访谈、调查、观察、档案文件分析）方法相似。因此，当研究具有多元文化的团队时，我们必须考虑团队成员的文化对他们接受调查的影响，他们面对调查者的反应，并关注他们接受的程度。本章后面部分将做详细介绍，这里不做赘述。

12.3.2　思考2：是否避免使用非主位观点？

多元文化团队研究中的一个主要挑战是：需要确保评估标准依据主位观点

(即观念体系的特定文化含义，从其内部出发的观点)，而非更常见的非主位观点（即第三方如何看待特定观念体系的含义）。这种情况之所以存在，是因为对团队开展的大多数工作（调查有效团队绩效的驱动因素、表现形式和评估）都是由西方学者完成的。这对那些想要在具有多元文化的团队中评估团队绩效的人来说是一个挑战，因为研究表明，不同文化对团队运作的思维模式造成的影响不同，因此他们在描述团队时使用了不同的代表类型。这又对团队成员如何定义团队过程产生了影响。例如，Gibson 和 Zellmer - Bruhn（2001、2002）发现了五种跨文化团队协作的代表类型（即家庭、运动、社区、伙伴和军事）。这些代表类型让我们了解到来自不同文化的个人如何看待团队的范围、规范和广度，从而让我们获得有关团队的主位观点。属于运动代表类型的团队协作文化将团队描述为：活动范围狭窄，仅限于身体和社会互动、角色明确、等级制度水平低和具有明确后果的具体和可衡量的目标。相反，属于军事代表类型的文化将团队视为"活动范围相当有限，仅限于专业性、体能性和教育活动"（Gibson 和 Zellmer - Bruhn，2002，p.8）。其特点还包括等级制度分明，并具有明确的目标。

Gibson 和 Zellmer Bruhn（2002）还调查了国家文化在多大程度上影响着团队协作代表类型。结果发现，来自个人主义文化的个体多使用活动范围较窄的类型（如运动、伙伴），而来自集体主义文化的个体倾向于使用范围较广的类型（如家庭、社区）。此外，研究发现，高权力距离与具有明确目标（如军事）的类型有关。反过来，这些类型反映了本章前面描述的团队互动过程中可实施的一些偏好和期望。这些思维模式中的差异（隐藏在表面之下）在其中一些多元文化团队协作过程中构成了挑战。

在跨文化背景下，领导力是为数不多的被广泛研究的团队过程之一，反过来，这项工作可以提供对领导的主位观点的洞察。具体而言，全球领导力和组织行为效能（Global Leadership and Organizational Behavior Effectiveness，GLOBE）项目的研究人员认为，不同文化中的内隐领导理论各不相同。结果表明，普遍认可的领导风格包括魅力型/价值型和团队导向型领导；人性化和参与式风格也几乎得到了普遍认可。相比之下，自主性和自我保护型领导则不一定被认可。研究发现，内隐领导风格也与文化相关（另见 Brodbeck 等人，2000）。总的来说，这项工作为早期研究结果提供了进一步的证据，表明不同文化中有效领导力的原型也有所不同（Bass，1997；Hofstede，1993；Triandis，1993）。魅力型团队领导得到普遍认可，但在集体主义文化中更为普遍（Pillai 和 Meindl，1998）。最后，研究认为，跨文化变革型领导与团队效能和成员自我效能相关（Jung 和 Yammarino，2001）。

团队协作类型和跨文化团队领导力研究为这些领域的主位观点研究提供洞见，但尚未使用这种方式对大多数团队过程进行调查研究。这给进行评估的人员加重了负担，因为他们需确保正在评估的构念是真正有意义的，且在评估中实施的方式在文化领域上看是有效的。负责评估的人员可以使用文化观察、采访相关领域的专家、档案文本的分析以及语义学等方法，来确保研究的依据是主位观点。

12.3.3 思考3：我的方法在文化上是否合适？

虽然评估团队有多种方法可供使用，但在实际团队协作中和跨文化领域的文献中都显示，使用调查这一方法占据主导地位。采用调查的优点是易于管理。然而，在具有多元文化的团队中，在指令和术语的理解方式、完成任务的动机和反应心向等方面，不同文化之间可能存在差异（Gelfand 等人，2002；Triandis，1993）。例如，Moshinsky（2000）发现，对于来自俄罗斯的参与者来说，让他们独立完成调查与他们的文化期待和价值观不一致，而俄罗斯人习惯于以协商的方式完成任务，这更接近于他们的思维模式［如 Gelfand 等人（2002）所述］。

在调查具有多元文化的团队时，还需要考虑调查所使用的措辞方式或评估方式。例如，在偏集体主义的文化中，同一评估维度的两个极端同时存在可能会使效率降低。如果存在一位工作效率较低的团队成员，因为其他成员不愿意批评组内成员，那么将导致整体效率下降。类似的情况也会出现在高权力距离的文化中，级别较低的成员被要求汇报的内容是级别较高成员的情况。由于文化规范，在这两种情况下，调查得到的结果几乎是可以确定的。解决这一问题的一种潜在方法（除了对基于文化的权力动态非常了解之外）是设计一种量表，使其端点能够减少社会期望偏差（在这种情况下，与文化有关）。这一想法可以实现的原因是量表端点是由文化偏好决定的（例如，重新定义具有负面价值的项目）。

调查无疑是团队研究中使用最广泛的方法，但是依然可利用其他跨文化研究方法，包括知识启发技术（Cooke、Salas、Cannon‐Bowers 和 Stout，2000；DeChurch 和 Mesmer‐Magnus，2010）、直接观察法、文物分析（如报纸文章）和实验。有一种方法是把受试者作为"数据提取器"（例如，知识启发和观察），在此情况下必须考虑文化价值和行为偏好的影响（以及反馈的质量）。例如，访谈或有声思维法是知识启发的方法之一，而文化动力学（如权力距离、高低语境和个人主义/集体主义）可能会影响这种方法的使用，特别是影响信息共享的舒适度以及给出反应的长短。

虽然具有挑战性，但这一障碍并不难克服。我们的经验是：在选择获取数据的方法时，你需要考虑指令和格式会从哪些文化层面的角度被看待。可用的方法很多。研究人员仅需完善多样的方法，并对评估实施的文化背景加以考察。

12.3.4 思考4：我的数据源在文化上是否合适？

与该方法密切相关的是数据源。虽然在所有的团队评估方式中，数据源（即谁提供团队信息）始终是一个需要考虑的因素，但在多元文化团队中，它变得更加复杂。在传统意义上，数据源可以是与我们相关的个人（即自我报告），也可以是直接参与团队绩效评估的第三方或其他几方（即主管、领导、评分员/观察员）。还有一些罕见情况，其数据源是整个团队。这不会产生个人评分（个人评分更为常见），反而会产生一致的评分，并形成某种类型的团队总分。较为科学的方法指出，选择数据源的依据，应是与构念评估相关的理论，然而（例如，最易观察或报告结构的人——局外人更容易观察到行为，而不是态度或认知），其选择往往出于方便。在多元文化团队中，这可能更具挑战性，因为团队成员往往处于不同的时间和空间。此外，还需要考虑到数据与不同成员的文化期待是否一致，数据能否令成员接受。

1. 自我报告

在关于团队协作过程评估的文献中，最常见的数据源可能就是团队成员本身。使用自我报告作为数据源，尤其有助于测量团队的互动和他们共同朝着团队目标（即团队协作）努力。由于信息直接来自完成任务的个人，因此他们的反应会受到几种传统类型的评分者偏差的影响（所有的主观评估都如此）。也许自我报告中最常见的偏差是分数偏高。然而，在文化多样的团队中，个人主义/集体主义和权力距离等因素都可能会影响自我报告数据。例如，集体主义者往往更关心自己和他们团队的"面子"，因此不太可能在自我报告中给出负面评分。与性别相关的权力距离和文化观点方面的差异也可能影响参与者完成自我报告评估的动机和认真程度。

2. 主管评分

收集数据的第二个常见来源是主管或团队领导。该数据源的使用提供了一个不同于自我或同行评分的视角，并且最好用于评价那些容易被观察到的行为，而非内隐性的行为。主管评分可能会忽略团队中各成员的差异（例如，个体差异）以及个人对团队协作层面的贡献。由于主管用固定的加权方式来评估团队内的个人行动，团队成员之间的细微差别往往会消失，或者至少不那么明显。在多元文化团队中，领导原型和性别文化的差异，会导致成员权衡这些评分标准的方式不同。

3. 同行评分

除自我或主管评分外，另一种选择是使用同行评分。通过招募同行（其他团队成员）进行评估，团队协作过程的评估可能更接近团队内部发生的实际过程。对单个团队成员参与特定团队行为的程度进行同行评分是一种越来越普遍的做法，用于考察团队协作过程的结构以及团队网络（这在考察领导力时最常见；见 Carson、Tesluk 和 Marrone，2007）。在文化多样的团队中，同行评分可能有助于减轻自我评分中的一些潜在偏见，然而，根据文化期望和团队互动的内隐理论，同行评分也可能在具有多元文化的团队中显示出更大的可变性。重要的是应注意：要想评估团队协作过程，不建议单独使用同行报告、主管或自我报告。实际上，我们建议：在获取数据时将多种方法结合起来使用，因为这可以更全面地描述复杂的团队运作。获取数据的最佳来源（例如，同行、自我、主管）将根据团队的文化组成和被评估的结构（即外显的程度）而有所不同。

12.3.5 思考5：何时评估团队协作过程？

在考量评估团队协作过程的时间因素时，不仅要确定最有效的评估时间，还要考虑到评估的内容。一些研究表明了考虑时间因素的重要性。例如，Marks 等人（2001）认为"目标导向行为中的时间周期，称为情节片段"（p. 359）。这些情节片段包括行动阶段和过渡阶段，而团队处于行动阶段还是过渡阶段将导致团队的主要关注点不同。从本质上讲，行动阶段是团队主要关注任务完成并直接参与任务的阶段。过渡阶段则是指团队的主要关注点是规划和监测活动的时期。这一阶段的行为既具有评估功能，又是后续行动阶段的基础（Marks 等人，2001）。故此，我们建议在行动阶段结束时评估团队协作过程，以便能及时提供反馈，引出过渡阶段。Gersick（1988）提出了另一个观点，即在过渡阶段中期评估团队协作绩效。Gersick 发现，在组建团队时，团队首先要有一套完成任务的策略，这些策略在团队进入过渡阶段的中期之前不会发生显著变化。Gersick 认为，这个过渡阶段的中期是一个标志性时间，意味着到了团队的最初组建和正式截止日期之间的中点。就评估具有多元文化的团队协作过程而言，我们建议围绕过渡阶段中点这个自然转折点进行评估，此时他们最易接受来自评估者的反馈。虽然这些建议对于具有多元文化的团队都可适用，但时间导向和时间流动性等因素可能会影响这些阶段能否被清晰地识别出来。

对评估团队绩效时机的其他见解来自团队发展阶段模型（例如，Morgan 等人，1986；Tuckman，1965）。例如，Tuckman 表示团队协作过程分为五个发展阶段：组建期、激荡期、规范期、执行期和休整期。就多元文化团队的评估而言，前四个阶段最为相关，这里将简要说明。在组建期，团队成员开始建立基本规则，成员开始相互了解，但行动方式主要是以个人为单位。这一阶段的特点通常是很少达成一致，对团队的投入程度不同，目标不明确。在激荡期，成员开始沟通，但仍然把自己看成个体，而非团队的一部分。团队目标开始变得更加清晰和明确，这导致冲突和权力斗争时有发生。对于具有多元文化的团队而言，表象多元化（例如，社会类别不同）将主要推动前两个阶段的互动，并强化先前的刻板印象。因此，这一阶段的评估可能侧重于确定开始推动互动的文化刻板印象，以便纠正现有不准确的刻板印象。规范期的特点是制定规范，明确角色和责任。从这一阶段开始，深层多元化（例如态度、价值观、信仰等方面的文化差异）将更明确地推动成员之间的互动。最后，执行期的特点是拥有明确的目标和团队愿景，重点是完成集体任务。正是在这一阶段，团队协作过程将得到最充分的发展。这对具有多元文化的团队非常重要，表层文化差异的影响将被最小化。过程缺失通常是由深层多元化造成的。虽然有些人批评团队发展阶段模型关注的是线性发展而不是周期性发展，但它仍然广受欢迎，而且在评估方面，它强调了团队在不同时间点有着不同关注点。这是评估多元文化团队的一个重要因素，因为它提出了在特定时间点最适合对什么构念进行评估。

12.3.6 思考6：如何理解反馈（统计指数和汇总）？

评估的最后包括统计指数和汇总。从研究团队协作过程的文献中可见，大部分做法是以团队作为参照物，从单个团队成员那里收集数据。然而，如上所述，部分研究要求团队作为一个整体来回答相关问题，从而采集团队层面的数据。当把团队作为参照物从个人处收集数据时，汇总变得至关重要，而使用后一种方法，汇总则没有那么重要。为合理地将个体反馈汇总到团队水平，并考量统计指数方法是否得当时，我们必须考虑几个衡量基准：①理论；②提问方式（例如，问题是否指团队层面）；③经验证明团队内部的一致性大于团队之间的一致性（Kenny 和 LeVoie，1985；Tesluk、Farr 和 Klein，1997，计算出此结果的统计数据）。指数是指用于表示数据结构的统计数据（例如，平均值、方差、差异分数、最小值或最大值）。关于团队协作过程的文献中最常用的统计指数方法是使用团队平均值。虽然取平均值仍然是最广为人知的方法，但最近有几位研究者指出，需要真正思考哪种统计指数方法最能代表利益结构（Kozlowski 和 Klein，2000；Smith–Jentsch，2009）。这应与理论、团队特征和任务特征相关。属于团队特征之一的文化多样性的程度也是可能影响统计指数和汇总的因素。

研究团队的相关人员认为，团队构念主要有以下两种——团队组成或团队汇集（Kozlowski 和 Klein，2000）。团队组成反映了个体水平（即较低水平）变量与团队水平变量同构，因此被评估的构念在个体和团队水平上基本相同。在这种情况下，由于不满足方差的使用条件，表示团队层面的汇总最好的方法就是通过总和或平均值。相反，若是团队汇集的情况，它主要是基于以下观点：不同较低水平属性的结构会产生较高水平属性（即群体层次构念；Kozlowski 和 Klein，2000）。这样的构念并不相当于不同水平具有共享特征（即它们不是同构的），由于性质上的不同，模式不同，构念也不同。鉴于多元文化团队内文化期待不同，许多团队协作过程的模式可能团队汇集，并且在不同水平之间不同构。这反过来意味着指数最好不通过平均值来表示，而是通过方差、最小值或最大值、剖象相似性或其他考虑到这种模式的方式来表示（Kozlowski 和 Klein，2000）。

12.4 结论

全球化正在使国家之间的物理边界消失，这使得各组织机构无惧空间的限制，均可吸引具有专业知识技能的人才。它们希望能够集合多名专家来共同处理如今铺天盖地的各类繁杂棘手的协作任务。这也是导致多元文化团队在组织机构中越来越常见的因素之一。然而，多个领域（即体育、军事、航空、医学）的实例表明，一群专家不等同于专家团队，二者之间的转变不会自动发生。在组合中增加文化多元性，尽管会增强协作效应，从而带来潜在优势，但因为团队成员要学会处理文化层面隐藏的"地雷"，这往往会使团队协作的初始阶段工作更加复杂。因此，针对团队协作能力的纵向评估（以及相应反馈）至关重要。

在本章中，我们重点说明了团队协作过程中最有可能导致文化多元性团队的协作偏离原定计划，陷入无效进程的一部分。因此，我们对评估系统应该关注的团队协作过程提供了一些初步的见解。我们并不是说只有以上团队协作过程的部分才是重要的（利用跨文化文献来进行团队研究的工作仍有待继续深入），但这样可以更好地理解具有各种文化取向的团队成员如何互动（在某些情况下会产生协同效应，而在其他情况下则会导致过程损失）。我们强调了一些需要重点评估的过程，并摘取了关于建立高质量团队绩效评估标准和跨文化评估标准已有的研究成果，借此提出以上六个思考（以及相应做法）。这些应当被负责为多元文化团队制定评估标准的人员充分了解和认识，以便最大限度地提高评估效率。我们希望这不仅可以引发相关人员的深思，而且能够助力该领域的更多研究。

致谢

这项工作得到了美国国家航空航天局（NNJ13HF08P）的资助。本章中表达的观点是作者的观点，并不一定反映其所属的组织或其赞助机构的观点。

参考文献

[1] ADLER N J. International dimensions of organizational behavior (3rd ed.) [M]. Cincinnati, OH: International Thomson Publishing, 1997.

[2] ARMAN G, ADAIR C K. Cross-cultural differences in perception of time: Implications for multinational teams [J]. European Journal of Work and Organizational Psychology, 2012, 21 (5): 657-680.

[3] ARTHUR W, JR, VILLADO A J, et al. Innovations in team task analysis: Identifying team-base task elements, tasks, and jobs [M]. New York, NY: Routledge/Taylor and Francis Group, 2012: 641-661.

[4] BASS B M. Does the transactional-transformational leadership paradigm transcend organizational and national boundaries? [J]. American Psychologist, 1997, 52 (2): 130-139.

[5] BERGER M. Cross cultural team building: Guidelines for more effective communication and negotiation [M]. New York: McGraw-Hill Book Company Limited, 1996.

[6] BOYD J E, KANAS N A, SALNITSKIY V P, et al. Cultural differences in

crewmembers and mission control personnel during two space station programs [J]. Aviation, Space and Environmental Medicine, 2009, 80 (6): 532 – 540.

[7] BRANNICK M T, LEVINE E L, MORGESON F P. Job and work analysis: Methods, research, and applications for human resource management [M]. Thousand Oaks, CA: Sage Publications, 2007.

[8] BRODBECK F C, FRESE M, AKERBLOM S, et al. Cultural variation of leadership prototypes across 22 European countries [J]. Journal of Occupational and Organizational Psychology, 2000, 73 (1): 1 – 29.

[9] BROWN A L, ADAMS B D, FAMEWO J J, et al. Trust in . culturally diverse teams (Contractor Report No. DRDC Toronto CR 2008 – 097) [R]. Toronto, Canada: Defence Research and Development, 2008.

[10] BURKE C S. Team task analysis [M]. Boca Raton, FL: CRC Press, 2005.

[11] CARSON J B, TESLUK P E, MARRONE J A. Shared leadership in teams: An investigation of antecedent conditions and performance [J]. Academy of Management Journal, 2007, (50): 1217 – 1234.

[12] CHERRIE S F. Multinational mine – strike recovery operation [J]. Engineer, 1997, 27 (3): 6.

[13] CHOI I, NISBETT R E. Cultural psychology of surprise: Holistic theories and recognition of contradiction [J]. Journal of Personality and Social Psychology, 2000, 79 (6): 890 – 905.

[14] CONYNE R K, WILSON F R, TANG M, et al. Cultural similarities and differences and differences in group work: Pilot study of a U. S. – Chinese task group comparison [J]. Group Dynamics: Theory, Research and Practice, 1999, 3 (1): 40 – 50.

[15] COOKE N, SALAS E, CANNON – BOWERS J A, et al. Measuring team knowledge [J]. Human Factors, 2000 (42): 151 – 173.

[16] DAVID E M, RUBINO C, KEETON K E, et al. An examination of cross – cultural interactions aboard the International Space Station (NASA Technical Report No. TM – 2011 – 217351) [R]. Human Research Program, Behavioral Health and Human Performance Element, Space Medicine Division, 2011.

[17] DECHURCH L A, MESMER – MAGNUS J R. The cognitive underpinnings of

effective teamwork: A meta-analysis [J]. Journal of Applied Psychology, 2010, 95 (1): 32-53.

[18] GELFAND M J, RAVER J L, EHRHART K H. Methodological issues in cross-cultural organizational research [M]. Malden, MA: Blackwell Publishing, 2002.

[19] GERSICK C J G. Time and transition in work teams: Toward a new model of group development [J]. Academy of Management Journal, 1988, 31 (1): 9-41.

[20] GIBSON C B, ZELLMER-BRUHN M. Metaphors and meaning: An intercultural analysis of the concept of teamwork [J]. Administrative Science Quarterly, 2001, 46 (2): 274-303.

[21] GIBSON C B, ZELLMER-BRUHN M. Minding your metaphors: Applying the concept of teamwork metaphors to the management of teams in multicultural contexts [J]. Organizational Dynamics, 2002, 31 (2): 101-116.

[22] GOMEZ C, KIRKMAN B L, SHAPIRO D L. The impact of collectivism and in-group/out-group membership on the evaluation generosity of team members [J]. Academy of Management Journal, 2000, 43 (6): 1097-1106.

[23] GUDYKUNST W B, MATSUMOTO Y, TING-TOOMEY S T E L L A, et al. The influence of cultural individualism-collectivism, self construals, and individual values on communication styles across cultures [J]. Human Communication Research, 1996, 22 (4): 510-543.

[24] HALL E T, HALL M R. Understanding cultural differences [M]. Boston, MA: Intercultural Press, 1990.

[25] HELMREICH R. Culture and error in space: Implications from analog environments [J]. Aviation, Space and Environmental Medicine, 2000, 71 (9-11): 133-139.

[26] HELMREICH R, MERRITT A. Culture at work in aviation and medicine: National, organizational and professional influences [M]. Brookfield, VT: Ashgate, 1998.

[27] HOFSTEDE G. Culture's consequences: Comparing values, behaviors, institutions, and organizations across nations [M]. Beverly Hills, CA: Sage Publications,

1980.

[28] HOFSTEDE G. Cultural constraints in management theories [J]. Academy of Management Perspectives, 1993, 7 (1): 81 – 94.

[29] HOUSE R J, HANGES P J, JAVIDAN M, et al. Culture, leadership, and organizations: The GLOBE study of 62 societies [M]. Thousand Oaks, CA: Sage, 2004.

[30] HOUSE R J, HANGES P J, RUIZ – QUINTANILLA S A, et al. Cultural influences on leadership and organizations: Project GLOBE [M]. Stamford, CT: JAI Press, 1999.

[31] HUMES M, REILLY A H. Managing intercultural teams: The eorganization exercise [J]. Journal of Management Education, 2007, 32 (1): 118 – 137.

[32] JUNG D I, YAMMARINO F J. Perceptions of transformational leadership among Asian Americans and Caucasian Americans: A level of analysis perspective [J]. The Journal of Leadership Studies, 2001, 8 (1): 3 – 21.

[33] KANAS N, SANDAL G, BOYD J E, et al. Psychology and culture during long – duration space missions [J]. Acta Astronautica, 2009, 64 (7 – 8): 659 – 677.

[34] KEALEY D J. Research on intercultural effectiveness and its relevance to multicultural crews in space [J]. Aviation, Space, and Environmental Medicine, 2004, 75 (7, Supplement 1): C58 – C64.

[35] KENNY D A, LAVOIE L. Separating individual and group effects [J]. Journal of Personality and Social Psychology, 1985 (48): 339 – 348.

[36] KLEIN H A. Cognition in natural settings: The cultural lens model [M]. Bingley, UK: Emerald Group Publishing, 2004: 249 – 280.

[37] KLEIN H A, KLEIN G, MUMAW R J. Culturally sensitive aviation demands (Technical Report Prepared for the Boeing Company under General Consultant Agreement 6 – 111 – 10A – 0112) [R]. Fairborn, OH: Wright State University, 2001.

[38] KLUCKHOHN F R, STRODBECK F L. Variations in value orientations [M]. Evanston: Row, Peterson and Company, 1961.

[39] KIRKMAN B L, SHAPIRO D L. The impact of team members' cultural values on productivity, cooperation, and empowerment in self – managing work teams [J].

Journal of Cross – Cultural Psychology, 2001, 32 (5): 597 – 617.

[40] KOZLOWSKI S W J, KLEIN K J. A multilevel approach to theory and research in organizations: Contextual, temporal, and emergent properties [M]. San Francisco: Jossey – Bass, 2000: 3 – 90.

[41] LANE H, DISTEFANO J. International management behavior: From policy to practice [M]. Boston, MA: PWS – Kent, 1992.

[42] LANGAN – FOX J, ANGLIM J, WILSON J R. Mental models, team mental models, and performance: Process, development, and future directions [J]. Human Factors and Ergonomics in Manufacturing & Service Industries, 2004, 14 (4): 331 – 352.

[43] LEPINE J A, PICCOLO R F, JACKSON C L, et al. A meta – analysis of teamwork processes: Tests of a multidimensional model and relationships with team effectiveness criteria [J]. Personnel Psychology, 2008 (61): 273 – 307.

[44] LI H Z. Communicating information in conversations: A cross – cultural comparison [J]. International Journal of Intercultural Relations, 1999, 23 (3): 387 – 409.

[45] MARKS M A, MATHIEU J E, ZACCARO S J. A temporally based framework and taxonomy of team process [J]. Academy of Management Review, 2001, 26 (3): 356 – 376.

[46] MATHIEU J M, MAYNARD M T, RAPP T, et al. Team effectiveness: 1997 – 2007: A review of recent advancements and a glimpse into the future [J]. Journal of Management, 2008, 34 (3): 410 – 476.

[47] MOHSINSKY D. Acculturation gap and granparent's perceptions of their grandchildren in families of refugees from the former Soviet Union [D]. Parker: University of Maryland, College Park, 2000.

[48] MORGAN B B, JR, GLICKMAN A S, WOODARD E A, et al. Measurement of team behaviors in a Navy environment (Tech Report No. NTSC TR – 86 – 014) [R]. Orlando, FL: Naval Training Systems Center, 1986.

[49] NEWMAN K L, NOLLEN S D. Culture and congruence: The fit between management practices and national culture [J]. Journal of International Business Studies, 1996 (27): 753 – 779.

[50] OERTIG M, BUERGI T. The challenges of managing cross – cultural virtual project teams [J]. Team Performance Management: An International Journal, 2006, 12 (1/2): 23 –30.

[51] PILLAI R, MEINDL J R. Context and charisma: A "meso" level examination of the relationship of organic structure, collectivism, and crisis to charismatic leadership [J]. Journal of Management, 1998, 24 (5): 643 –671.

[52] RENTSCH J R, WOEHR D J. Quantifying congruence in cognition: Social relations modeling and team member schema similarity [M]. Washington, DC: American Psychological Association, 2004.

[53] ROSEN M A, SCHIEBEL N, SALAS E, et al. How can team performance be measured, assessed, and diagnosed [M]. Oxford: Oxford University Press, 2012.

[54] SALAS E, BURKE C S, WILSON – DONNELLY K A, et al. Promoting effective leadership within multicultural teams: An event –based approach [M]. Mahwah, NJ: Lawrence Erlbaum Associates Inc, 2004.

[55] SALAS E, SHUFFLER M L, THAYER A L, et al. Understanding and improving teamwork in organizations: A scientifically based practical guide [J]. Human Resource Management, 2015, 54 (4): 599 –622.

[56] SATO E. Non – cognitive factors, culture, and fair and valid assessment of culturally – and linguistically – diverse learners [R]. Presentation given to the National Council on Measurement in Education, 2016.

[57] SCHWEDER R, BOURNE E J. Does the concept of the person vary cross – culturally [M]. Dordrecht: Reidel, 1982.

[58] SIMS D E, SALAS E. When teams fail in organizations: What creates teamwork breakdowns? [M]. Cheltenham: Edward Elgar Publishing Limited, 2007.

[59] SMITH – JENTSCH K A. et al. The devil is in the details [M]. New York, NY: Routledge/Taylor & Francis Group, 2009.

[60] TESLUK P E, FARR J L, KLEIN S R. Influences of organizational culture and climate on individual creativity [J]. The Journal of Creative Behavior, 1997, 31 (1): 27 –41.

[61] TING – TOOMEY S. Communicating across cultures [M]. New York, NY:

Guildford Press, 1999.

[62] TRIANDIS H C. Collectivism and individualism as cultural syndromes [J]. Cross-Cultural Research, 1993, 27 (3/4): 155-180.

[63] TUCKMAN B W. Developmental sequence in small groups [J]. Psychological Bulletin, 1965, 63 (6): 384-399.

[64] WATSON W E, JOHNSON L, ZGOURIDES G D. The influence of ethnic diversity on leadership, group processes, and performance: An examination of learning teams [J]. International Journal of Intercultural Relations, 2002 (26): 1-16.

第 13 章 协作式问题解决的包容性设计

Markku T. Hakkinen 和 Jason J. G. White

摘要：将残障人士包括在内的协作任务设计为研究工作带来了特殊的挑战和机遇。在本章中，我们回顾了法规和国际标准所建立的背景，开发无障碍协作软件正是处于这样的背景中。本章简要回顾了此类系统设计的先前工作，并且确定了一个尚未解决的问题，该问题存在的领域还未成为可持续研究和实施经验的主题。

关键词：辅助技术；无障碍；规则制度；国际标准；包容性；协作式问题解决

13.1 引言

信息技术在支持协作式问题解决中发挥着关键作用，为残障人士融入社会提供了机遇，也带来了挑战。本质上，协作式问题解决是一种人类活动。因此，信息技术在从事共同任务的人类之间起着中介作用。Abrami 和 Bures（1996）以及 Schneiderman、Alavi、Norman 和 Borkowski（1995）认识到在协作学习中考虑残障人士需求的重要性，但他们的中期结果却喜忧参半。虽然技术可以实现包容性，但当某种技术因为系统的技术能力与该系统用户的感官、认知或物理需求之间的不匹配而排除了某些特定人群时，也会造成一定障碍（Lazar 和 Jaeger，2011）。许多国家已出台立法，考虑残障人士需求，并对信息和通信技术提出明确技术要求，以辅助残障人士生活，例如可供视障者使用的屏幕阅读软件。通过在设计和实施周期的早期，应用无障碍和通用设计惯例，可创建可供不同终端用户社区使用的系统。新系统可以实现"天生无障碍"（Wentz、Jaeger 和 Lazar，2011）。这是一种新兴范式，但也面临许多挑战，其中之一就是技术人员和开发人员缺乏必要的知识和技能。如果无法在一开始就解决无障碍问题，这可能会需要成本高昂的补救措施和重新设计,以使系统符合无障碍的法律和标准要求。

在本章中,我们将首先介绍通用设计和辅助技术在帮助残障人士使用信息和通信技术方面的作用。然后,通过对适用于开发协作式问题解决系统的法律和技术标准进行审查,概述协作式问题解决的包容性设计,并简要总结有关无障碍协作的研究。最后,我们对未来研究中的挑战与机遇提出了展望。

13.2 理解残障与辅助技术

残疾并非边缘现象,涉及人数也不少。据世界卫生组织统计,全球15%的人口患有残疾(世界卫生组织,2015)。这一人群可包括在身体、感官、认知、精神和学习方面存在各种残障的人。目前全球人口为73亿(美国人口普查局,2016)。这意味着约有10亿人患有某种形式的残疾。此外,许多残障人士有不止一种功能障碍或缺陷。这些残疾确实对残障人士融入教育和就业等日常活动造成了困扰。随着数字世界的不断发展,基于技术的产品和服务已改变了我们交流和共享信息的方式。然而,对许多残障人士来说,与普通日常技术互动的能力可能成为一项挑战,并导致了所谓的影响残障人士的数字鸿沟(Waddell,1999),或者更恰当地说,是"残疾鸿沟"(Dobransky 和 Hargittai,2006;Solomon,2000)。一个关键的挑战是如何为患有如听力障碍或者视力障碍的残障人士服务。在基于计算机的通信和协作平台中,固有的视觉或听觉呈现方式可能会为视障人士或听障人士设置特定障碍。此外,新出现的手势和触摸界面可能会给在身体或行动上存在障碍的人们带来挑战。

对于残障人士而言,有两种方法可以克服障碍:通用设计和辅助技术,这两种方法往往是互补的(Vanderheiden,1998)。通用设计定义了一种方法,在此方法中,系统从一开始就直接设计为同时支持健全者和残障人士。虽然没有一个系统能够真正为所有用户提供通用访问,但设计方法仍然可以提高广大用户的总体可用性。相比之下,传统上,辅助技术被视为软件和硬件附加组件,提供系统的可使用性。否则,特定残障人士将无法使用该系统。辅助技术的示例包括屏幕阅读器(将视觉应用程序转换为盲人和视力受损用户的口语和盲文演示)、屏幕放大(为视力低下用户放大视觉的应用程序)、切换访问界面(允许无法使用鼠标或键盘的用户创建输入),以及增强通信工具(允许有言语障碍的用户进行通信)。

如今，越来越多的现成产品（如智能手机、平板电脑、机顶盒和个人电脑）将通用设计与内置辅助技术相结合，大大减少了残障用户使用的障碍。例如，视障用户可以轻松地打开设备的辅助功能，以启用屏幕读取或放大功能。对于未安装内置功能的系统，可下载并安装许多辅助应用程序（有些是免费或低成本的）。

虽然通用设计功能和辅助技术的存在使残障用户拥有使用的机会，但与用户进行交互的应用程序和内容也必须支持辅助技术。这种支持是通过符合无障碍的标准和最佳实践来实现的，应用程序和内容既要适配平台的能力，又要遵循无障碍标准的软件代码（Brunet、Feigenbaum、Harris 和 Laws，2005）。将无障碍标准纳入国家和国际立法，确保残障人士的无障碍，这强调了无障碍标准的重要性。

13.3 立法和指导方针

在当代政策环境中，交互式协作软件同时受制于复杂的法规和国际标准。尽管对适用标准和监管要求的详细处理超出了本章范围，但仍可开展相关分析，以识别和分类相关政策来源。

有关国际技术标准可分为两大类。首先，有具体的标准来定义协作软件实现中可能使用的技术的细节。例如，在开发无障碍联网应用程序（包括协作工具）时，通常需要使用可访问的富因特网应用程序（WAI‐Accessible Rich Internet Applications，ARIA）1.0 规范［万维网联盟（World Wide Web Consortium，W3C），2014］中定义的工具。该标准使定制交互式用户界面控制系统能够通过屏幕阅读器进行访问，并可通过其他辅助技术进行访问（尽管尚未实施）。它还提供了可以自定义的标志，允许屏幕阅读器用户将导航焦点移动到联网应用程序的特定部分，例如搜索表单或主要内容的区域。这些标志识别重要位置，使用户可概览用户界面主要元素，识别这些内容的关键部分，并直接跳到这些点，以实现高效阅读和与应用程序交互。类似地，定时文本标记语言 1.0 第二版（W3C，2013）和 WebVTT（W3C，2016；截至 2015 年 12 月仅为社区小组报告草案，但已在网络浏览器中实施）是专门为在视频内容中包含文本轨迹而设计的技术。特别是，这些技术中的任何一种都可以用于为视频的音频部分提供字幕，从而满足失聪人士或听障人士的需求。

其次，有更抽象和通用的技术标准，以便确定能够满足文档或应用程序可访问的要求。这些标准中引用最多的是《网络内容可访问指南》（Web Content

Accessibility Guidelines，WCAG）1.0 和近期出版的 2.0 版本（W3C，2008），其范围足够广泛，可涵盖高度交互式的联网应用程序，包括通过网络技术实现的协作软件。WCAG 2.0 阐述了 Web 可访问性的四项一般原则，包括应用程序在内的可访问内容必须是残障人士"可感知的""可操作的"和"可理解的"，以及某种意义上的"稳健的"支持与各种网络浏览器和辅助技术的兼容性。在这四项原则中的每一项中都出现了更具体的指南，每个都与成功的评判标准相关联——可测试的评判必须是真实的，才能满足随附指南中表达的要求。成功标准根据三个一致性级别进行排序，其中每个连续级别均建立了更高程度的通用可访问性。第二级合规性，即 AA 级，因其在国际现行和拟议的法规和政府政策中被引用而引人注目（Rogers，2016）。在司法和行政诉讼中，也提到了 WCAG 2.0 及其前身 WCAG 1.0，例如在美国司法《美国残疾人法》规定的涉嫌歧视案件达成的和解协议中就提到过（司法部，2014，2015），在加拿大联邦法院也提及过，见 *Jodhan v. Canada*（2010）。

　　与协作软件无障碍性相关的法律在各国间差异很大，还可能随着监管政策、司法裁决和行政政策的变化而发生重大变化。确定在特定情况下哪些法律适用于协作软件，需要细致的法律分析。总的来说，该法律以两种不同的方式对信息和通信技术的无障碍性做出规定。首先，负责研发、传播或使用这些技术的人应被禁止歧视残障人士。禁令适用的确切条件取决于特定管辖区现行立法的细节。美国 1990 年《美国残疾人法》的非歧视条款、英国 2010 年的《平等法》和澳大利亚 1992 年的《禁止歧视残疾人法》（英联邦）均可证明这种普遍禁止的规定。其次，法律应要求禁止对某一组织或者某一活动领域的人进行歧视。例如，美国 1973 年《康复法》第 508 条及其配套条例（《电子和信息技术无障碍标准》，2011）规定了无障碍技术标准，除某些特殊情况外，联邦政府开发或采购的软件均应满足此标准。这一无障碍要求及其相应的要求，通过只向产品和服务符合规定标准的供应商开放公共部门市场来产生经济激励。

　　在教育环境中使用的协作软件也可能受特定法规的约束。2005 年《残疾教育标准》（澳大利亚，2005）就是一个例子，这是澳大利亚政府根据 1992 年《残疾人歧视法》制定的一项法规，要求对课程、方案进行"合理的调整"，包括学习经验和评估，以使残障学生能够像无残障学生"在同样的基础上"接受教育。此外，在某些情况下，通过语音、视频或短信等方式实现参与者之间实时交互的协作软件可作为一种电信服务加以规范。美国联邦通信委员会根据 1934

年《通信法》第617条发布了规定，要求对有听觉、视觉、语言、行动和认知障碍的人士提供"高级通信服务"。

正如本章所讨论的，协作软件的无障碍性受到各种条例约束，每一条例均有特定的适用条件，并提出不同的实质性要求。正如这里所述，考虑到国际有关法律的样本，这种监管多样性尤其明显。虽然遵守国际无障碍标准并不能保证满足某一特定的法律要求，但在设计和开发协作性问题解决系统时，实施这些标准是一项重要而有价值的措施。

本章所述条例和政策的基本原则是，使残障人士能够在与非残障人士平等的基础上使用信息和通信技术。遵循国际标准，特别是 WCAG 2.0 AA 级的设计原则，并遵循既定的无障碍软件开发实践，是交互式协作应用作者们为贯彻这一原则需采取的重要措施。在监管环境的差异性和不确定性的特点下，必须时刻牢记平等待遇的统一原则。此外，我们应关注具体的、实际的细节，以了解不同能力的人（其中某些人使用各种辅助技术）将如何使用最终创建的软件。同样，应用国际标准时也应考虑其目的，而非以法律或技术官僚的方式，仅满足字面上的要求，反而忽视在软件设计和实施过程中做出的决定对残障用户的影响。这些评论绝不构成有关遵守法律要求的建议，但在协作软件的开发中具有特别重要的意义，由于在上述协作环境无障碍方面的研究和实践经验有限，它们可以用来指导在构建新的交互式协作系统时做出的决策。

13.4 协作式问题解决的无障碍标准的发展

近几十年来，技术无障碍标准的发展主要集中在万维网上，尽管并非完全如此。此外，在协作教育应用的背景下，网络技术占据着基本地位。一般而言，大型网络工具的独立协作应用程序和协作组件可通过标准协议、内容格式和程序接口实现。同样，网络技术也用于开发可封装和部署在移动设备上的软件。因此，Web 技术和标准在应用程序开发的相关实践的核心地位，恰恰证明了下面内容讨论的重要性。

万维网联盟（W3C）是负责创建、修订和传播与网络相关的技术标准和专门负责无障碍标准的重要组织。其他组织，如教育技术领域的教学管理系统（Instructional Management System，IMS）、全球学习联盟（Global Learning Consortium in Education Technology）也发挥了一定的作用，但影响技术发展和公共政策的底层标准是 W3C 的标准。正如 W3C 的过程文件（W3C，2015）所正式规定以及在实践中所进行的那样，技术标准的制定是一项合作活动，参与者通过这种活动努力在其之间达成共识，并与更广泛的评审者达成共识。由联盟成员组织代表和受邀技术专家组成的工作组编制文件，定期发布草案以征求更广泛的审查，并收集实践经验，所有这些均在协作式问题解决的背景下进行。

自 1997 年 W3C 网络无障碍倡议提出以来，往往在制定复杂的技术标准时，残障人士已参与了协作式问题解决的过程。通过使用基于标准的协作工具，包括互联网邮件列表、电话会议、用于同步讨论的互联网中继聊天（Internet Relay Chat，IRC）、用于收集评论的在线调查和用于管理文件协作开发的修订控制软件，促进了有不同访问需求的人参与。通过坚持支持不同操作系统、辅助技术和用户界面类型，W3C 成功地使残障人士参与其中。为方便残障人士使用，协作学习应用程序的设计同样应考虑到灵活性，同时应符合相关技术标准。

13.5　协作学习环境中的可及性方法

在设计包容性协作式问题解决系统时，面临的挑战是：作为协作进程的输入端，如何确保每位参与者能够感知和理解有意义的信息并构建回应。文本是呈现和输入信息的最基本和最容易获得的形式，也一直是研究和实践中的关键组成部分。基于文本的信息易于通过键盘、其他输入设备或语音识别创建，并可通过辅助技术转化为口语形式，也可通过盲文转化为触觉形式。此外，其视觉呈现可根据用户的需求而变化，包括字体大小和样式及前景色和背景色的对比。在某些情况下，可通过操作系统或基于浏览器的控件来实现，而无须辅助技术的介入。Batson（1993）对聋哑学生协作写作任务中文本的使用进行了描述，对于听力障碍者，文本已成为协作学习中的重要方式。手语（例如美国手语或美国手势语言）是许多听障人士的重要话语手段，文本和手语的穿插可能有益，例如在科学学习任务中（Lang 和 Steely，2003）。作为一种有效的、被接受的方法，文本和语言合成可将书面语转化为视觉障碍患者可接受的口语形式。但是使用"文字形象化"的方法将文本转化为手语仍是一个重要的研究领域，尽管人们普遍认为，在实际应用方面，它还未准备就绪（Kipp、Nguyen、He，和 Matthes，2011）。在很大程度上，这种转变的难点在于：它需要将一种语言自动翻译成另一种语言，例如，将英语翻译成美国手势语言。因此，这个问题的复杂性与其他需要实现语言间文本翻译自动化的任务类似,例如,在跨文化环境中,合作者对一种共享语言的知识不足以完成将要执行的任务。然而,在计算语言学缺乏实质性创新的情况下,直接进行文本交流(未经自动翻译媒介)仍是最广泛的可用于协作环境的交流媒介。

在实践中,协作式问题解决任务涉及的不仅仅是基于文本的交互。空间信息和任务应是阐述问题或其解决方案的关键。非语言线索,如面部表情、手势或凝视,可传达重要的、实时的信息。这些信息不易被辅助技术转化为文本形式。无障碍研究者一直在探索将空间信息和非语言信息转换为适合视觉障碍患者的不同方法。超声处理就是这样一种传送数据和空间信息的方法(Hermann、Hunt 和 Neuhoff,2011)。以 Tanveer、Anam、Rahman、Ghosh 和 Yeasin(2012)的研究为例,他们提出了一种能动态地将面部表情转换为有声音频的感觉替代系统。利用触觉来传递信息的方法——哈普特语(Haptics)也是一种富有前景的方式。Winberg(2006)描述了一种融合听觉和触觉反馈的跨模态协作系统,使得一名视力正常和一名视力受损的学生能够共同执行排序和切换任务。Pölzer 和 Miesenberger(2014)将音频和触觉等多种模态与人类口译员相结合,来描述无法以其他形式转换的信息,从而呈现协作头脑风暴中的非言语交际。

将非语言线索传达给在交流中有障碍的参与者,仍是对无障碍协作系统设计的实质性挑战。另一个挑战来自协作工具所引起的通信的同步性,即对话者可能因使用辅助技术(例如,替代输入设备)而产生信息的延迟。这可能会对完成实时性的协作任务产生不利影响。从积极的方面来看,作为实时交互的补充,异步通信方法可促进不同能力的人或者来自不同语言背景的参与者之间进行交流。W3C 的协作过程很好地说明了这一点。在此过程中,电子邮件仍是一种补充的核心协作手段,但并未被同步交互手段(即电话会议和 IRC)取代。由于使用辅助技术而导致的异常缓慢的反应也可作为参与者存在残疾的一个指标,这也引起对软件协作环境中隐私维护的担忧。

对于协作式问题解决系统的设计者来说,其他挑战来自参与者需要将注意力集中在要执行的任务上,同时适当地提醒协作者的交流行为。来自同伴参与者的非接触性交流指征需要以一种参与者适应的感官方式来提供。这也可能有利于使用一种单独的感官形式进行交流,而这种形式是用来与所操纵的实体进行互动的。例如,盲人用户可通过盲文或触觉显示器来进行交互,同时与合作者进行交流。这是一个开放的研究问题,如果用户有能力,那么这种安排在很大程度上可通过降低参与者的总体认知负荷，来提高任务绩效。此外，要求所有协作者同时访问同一个任务对用户界面提出了有趣的要求。例如，对于视觉用户来说，虽然在工作区中以图形方式绘制对象既简单又方便，但系统需要明确地捕获所绘制对象的语义，例如以元数据或描述性文本的形式，将其传达给以非视觉方式工作的协作者。对于聋哑或听力障碍的用户参与有关音频编辑的任务而言，显然也有类似的需要。当然，写作者之间的同步通信渠道使其能够解决无障碍问题，但软件设计显然需被设计成通过鼓励（如果不做要求）信息以不同的感官模式和用户的各种需求自动呈现，从而减少参与者额外通信，以克服访问障碍的需求。

参与者之间相互交流与解决问题时的步骤为评估个体和群体绩效提供了有用的数据。例如，在 Hao 等人（本书）所写的文章中，文本聊天被用作协作渠道，也被用作主要指标。正如我们所描述的，这种方法应为满足广泛的残障人士合作者的无障碍需求提供支持。然而，就残疾和辅助技术对协作互动的影响以及如何适应任何变化而言，仍然存在问题。例如，身体残疾的学生可能需要软件和硬件适配，以支持文本输入。目前已开发了专门的键盘接口，例如屏幕键盘，并且在某些情况下可直接嵌入计算机操作系统中（例如，微软系统，2016）。虽然屏幕键盘可方便输入文本，但在目前针对残障人士设计的界面上，有效的输入速率仅在每分钟 9～12 个单词（Anson 等人，2006）甚至可能低至每分钟 2 个单词（Tumlin 和 Heller，2004）。当使用辅助技术时，任务参与者之间文本输入率的差异可能会导致延迟，从而影响沟通和任务完成的绩效。这些延迟如何影响参与者的互动和工作，以及采取何种措施来减轻这些延迟的影响是一个值得研究的领域。总的来说，对于设计协作性问题解决的人来说，一个关键问题是理解在过程数据中如何考虑辅助技术的存在，从而使其在测量性能时透明化。为了回答这个问题，研究者需要在残疾、无障碍、辅助技术等方面密切合作。

13.6 结论

协作式问题解决领域的研究人员和开发人员面临着一个挑战，即建立基于技术的系统，且不排除残障人士的参与。研究现行和新颁布的无障碍法案（特别是在教育和就业领域），以及提供指导的技术标准，这是一个关键的起点。将残疾、无障碍和辅助技术方面的专家纳入研发工作也是一个关键的起点。此外，残障人士的参与式设计和评估对于确保最终系统能够展示可用的无障碍和真正支持包容性也是至关重要。正如前面所讨论的,大量研究挑战仍有待克服:想要设计充分包容的协作软件,需要开发新的策略,为无障碍性提供支持。这些策略超出了现行国际标准的技术要求和实施技术。为深入了解参与者的知识和技能,分析参与者互动行为的意愿,提出了有待进一步研究的问题。

参考文献

[1] ABRAMI P C, BURES E M. Computer – supported collaborative learning and distance education [J]. American Journal of Distance Education, 1996, 10 (2): 37 – 42.

[2] ANSON D, MOIST P, PRZYWARA M, et al. The effects of word completion and word prediction on typing rates using on – screen keyboards [J]. Assistive Technology, 2006, 18 (2): 146 – 154.

[3] BATSON T. ENFI research [J]. Computers and Composition, 1993, 10 (3): 93 – 101.

[4] BRUNET P, FEIGENBAUM B A, HARRIS K, et al. Accessibility requirements for systems design to accommodate users with vision impairments [J]. IBM Systems Journal, 2005, 44 (3): 445 – 466.

[5] Commonwealth of Australia. Disability standards for education 2005. Government of Australia federal register of legislative instruments no. F 2005L00767 [S]. Canberra, Australia: Australian government department of education and training, 2005.

[6] Communications Act. (1934). 47 U. S. C. § 151 et seq.

[7] Department of Justice. (2014). Settlement agreement between the United States of America and ahold U. S. A., Inc. and Peapod, LLC. Under the Americans with disabilities act. DJ No. 202 – 63 – 169. Retrieved June 7 2016, from https://www.justice.gov/file/163956/download.

[8] Department of Justice. Settlement agreement between the United States of America and EdX Inc. under the Americans with disabilities act. DJ No. 202 – 36 – 255. Retrieved June 7, 2016, from https://www.justice.gov/sites/default/files/opa/press – releases/attachments/2015/04/02/edx_settlement_agreement.pdf.

[9] DOBRANSKY K, HARGITTAI E. The disability divide in internet access and use

[J]. Information, Communication & Society, 2006, 9 (3): 313 -334.

[10] Electronic and Information Technology Accessibility Standards [S]. 36 C. F. R. pt 1194, 2011.

[11] HERMANN T, HUNT A, NEUHOFF G. The sonification handbook [M]. Berlin, Germany: Logos Verlag, 2011.

[12] Jodhan v. Canada (Attorney General). FC 1197, 2010.

[13] KIPP M, NGUYEN Q, HELOIR A, et al. Assessing the deaf user perspective on sign language avatars [C]//ACM. Proceedings of the 13th International ACM SIGACCESS Conference on Computers and Accessibility. New York, NY: ACM, 2011: 107 -114.

[14] LANG H G, STEELY D. Web - based science instruction for deaf students: What research says to the teacher [J]. Instructional Science, 2003, 31 (4 - 5): 277 -298.

[15] LAZAR J, JAEGER P. Reducing barriers to online access for people with disabilities [J]. Issues in Science and Technology, 2011, 27 (2): 69 -82.

[16] Microsoft Corporation. Use the on - screen keyboard (OSK) to type [EB/OL]. http://windows. microsoft. com/en - us/windows - 8/type - with - the - on - screen - keyboard.

[17] PÖLZER S, MIESENBERGER K. Presenting non - verbal communication to blind users in brainstorming sessions [M]. Cham, Switzerland: Springer International Publishing, 2014.

[18] Rehabilitation Act. (1973). 29 U. S. C. § 794d.

[19] ROGERS M. Government accessibility standards and WCAG 2 [EB/OL]. http://www. powermapper. com/blog/government - accessibility - standards/.

[20] SHNEIDERMAN B, ALAVI M, NORMAN K, et al. Windows of opportunity in electronic classrooms [J]. Communications of the ACM, 1995, 38 (11): 19 - 24.

[21] SOLOMON K. Disability divide [S]. The industry standard, 3, 2000.

[22] TANVEER M I, ANAM A S M, RAHMAN A K M, et al. FEPS: A sensory substitution system for the blind to perceive facial expressions [C]// ACM. Proceedings of the 14th International ACM SIGACCESS Conference on

Computers and Accessibility. New York, NY: ACM, 2012: 207-208.

[23] TUMLIN J, HELLER K W. Using word prediction software to increase typing fluency with students with physical disabilities [J]. Journal of Special Education Technology, 2004, 19 (3): 5-14.

[24] U.S. Census Bureau. U.S. and world population clock [EB/OL]. http://www.census.gov/popclock/.

[25] VANDERHEIDEN G C. Universal design and assistive technology in communication and information technologies: Alternatives or complements? [J]. Assistive Technology, 1998, 10 (1): 29-36.

[26] WADDELL C. The growing digital divide in access for people with disabilities: Overcoming barriers to participation in the digital economy [EB/OL]. http://www.icdri.org/legal/the_growing_digital_divide.htm.

[27] WENTZ B, JAEGER P T, LAZAR J. Retrofitting accessibility: The legal inequality of after-the-fact online access for persons with disabilities in the United States [EB/OL]. http://journals.uic.edu/ojs/index.php/fm/article/view/3666.

[28] WINBERG F. Supporting cross-modal collaboration: Adding a social dimension to accessibility [M]. Berlin, Germany: Springer, 2006.

[29] World Health Organization. Disability and health World health organization fact sheet No. 352 [EB/OL]. http://www.who.int/mediacentre/factsheets/fs352/en/.

[30] World Wide Web Consortium. Web content accessibility guidelines (WCAG) 2.0 [EB/OL]. http://www.w3.org/TR/WCAG20/.

[31] World Wide Web Consortium. Timed text markup language 1 (TTML1) (2nd ed.) [EB/OL]. http://www.w3.org/TR/ttaf1-dfxp/.

[32] World Wide Web Consortium. Accessible rich internet applications (WAI-ARIA) 1.0 [EB/OL]. http://www.w3.org/TR/wai-aria/.

[33] World Wide Web Consortium. World wide web consortium process document [EB/OL]. http://www.w3.org/Consortium/Process/.

[34] World Wide Web Consortium. WebVTT: The web video text tracks format [EB/OL]. https://w3c.github.io/webvtt/.

第二部分　建模与分析

第 14 章 通过关系事件理解和评估协作过程

Aaron Schecter 和 Noshir Contractor

摘要：高效团队的特点是他们在向共同目标努力时能巧妙协作、协调以及互动。本质上，这些协调或互动的过程是动态的，最好通过一系列事件（即交互）来表示。其他针对团队的研究方法侧重于描述团队的属性或结构，而以事件为中心的研究框架有可能提供针对协作本质的独特见解。因此，我们在分析方法中引入了专门设计的利用事件数据的统计工具——关系事件框架。该方法对合作关系形式的序列模式以及这些模式如何执行进行统计推断。在本章中，我们将向读者介绍关系事件建模，概述必要的数据、测量和统计模型，以及如何利用这种统计方法来评估和理解协作过程。

关键词：关系事件；团队；团队过程；社交网络分析；事件历史模型；结构特征；生成机制

14.1 引言

完成复杂任务需要高效率、高技能团队的努力，这些专业团队合作产生的成果远超任何个体。从科学到医学，从工业到商业，团队存在于生活的方方面面，越来越多的个体从业者无法与配合良好且巧妙的团队竞争。但是，我们常常无法解释是什么促成了成功协作。致力于协作任务的团队是活生生且各具特点的有机体，因此，研究它们需要一套与群体行为复杂性相适应的框架。

针对团队的研究得出的结果是直截了当的：如果我们有一个更好的团队，就可能有更好的协作。然而，想要回答这个看似无关紧要的问题却不容易。为此我们提出了另一个简单的问题：为什么有些团队失败而有些团队成功？通常，问题并不是出在对团队的投入上，通过合理的设计，每个人都可以了解或熟练掌握手头的任务。相反，失败的根源在于不良的互动或缺乏"化学反应"。虽然我们都理解通常所说的人际关系中的"化学反应"，但人们对团队的"化学反应"知之甚少。要真正理解是什么造就了一个高效的团队，我们不仅要看投入和产出，还要看得更深。具体来说，随时间进行的行为及互动可以表现团队本质。

许多理论解释了团队互动的性质和质量，以及协作能力和最终产出之间的关系。Kozlowski 和 Klein（2000）通过涌现性来分析团队。涌现性是团队及队内个人的特性，也是团队内部属性的配置。例如，可以通过团队协作期间执行的计划行为数量来评估某一团队。Marks、Mathieu 和 Zaccaro（2001）将时间纳入团队协作分析中，扩展了上述分析框架。一般来说，协作在不同的阶段需要不同类型的交互。例如，在项目启动时，个体可能专注于目标定义和角色分配；而在项目后期，他们可能更多地专注于具体任务协调或情绪管理。最近，Crawford 和 LePine（2013）提出了一种团队协作的架构，认为团队协作的模式和结构会影响结果。例如，集中围绕一个人工作的团队可能与分布式协作的团队表现不同。

在这些团队协作的评估框架基础上，Leenders、Contractor 和 DeChurch（2015）提出了一种研究团队协作过程的新范式，即关系事件。该范式关注个体互动随着时间推移的变化，将协作和交流定义为一系列事件，这些事件的发生或解释为内因（团队成员先前采取的行动）或解释为外因（团队环境的变化）。关系事件框架识别了个体之间行为的涌现模式，以及引起未来行为的其他因素（Butts，2008）。因此，关系事件模型（Relational Event Models，REMs）回答了 Marks 等人（2001）提出的"什么时候会发生什么事件"的问题，同时也回答了 Crawford 和 Lepine（2013）提出的"谁与谁交谈"的问题。与之前的方法相比，关系事件模型是多层次的，包括个体、二元、三元、群体不同层次，该模型可获取不同层次特征对协作过程动态发展的影响。因此，我们不需要再对团队成员之间做出同质性假设，也不需要再忽略时间的影响。

在本章中，我们将描述关系事件框架，并说明如何将其应用于协作评估。我们规范了评估分析的数据结构，并描述了基于事件统计的发展，以验证提出的假设。之后，我们简要概述了如何拟合关系事件模型，以及如何使用这些结果来评估协作效果。最后，我们给出了一个简单的关系事件模型应用实例。

14.2 关系事件框架

14.2.1 什么是关系事件？

关系事件是指一个个体对另一个个体的任何互动或行为（Butts，2008）。关系事件被编码为数据单元,其中包含事件发送者、目标和时间等相关信息,以及其他可以观察和记录的信息(Marcum 和 Butts,2015),例如事件类型(如电话或短信)、权重(Foucault Welles、Vashevko、Bennett 和 Contractor,2014)、效果(如积极或消极互动,Brandes、Lerner 和 Snijders,2009)。完整的关系事件数据集实际上是协作过程中事件的准确记录。

关系事件可应用于多个不同的语境中,最简单的例子就是两人之间发送消息。表 14-1 所示为三人项目组中一系列关系事件序列示例。

表 14-1 关系事件序列示例

时间(下午)	发送者	接收者	消息
2:01:00	亚当	鲍勃	你是否完成你那部分?
2:01:05	鲍勃	亚当	没有,还没完成
2:01:14	克里斯蒂娜	亚当,鲍勃	我完成了我的,你俩谁需要我帮忙?

表 14-1 可直接转换为事件序列:$e_1 = (a, b, t_1)$,$e_2 = (b, a, t_2)$,$e_3 = (c, \{a, b\}, t_3)$。整个数据集均可重复这个转换过程。但事件并不局限于消息,例如,事件可以从个体转移到任务或工具。Quintane、Conaldi、Tonellato 和 Lomi(2014)使用关系事件模拟软件开发人员和代码块之间的交互。Vu、Pattison 和 Robins(2015)研究了学生使用在线课程材料的点击行为,以及他们与聊天室的互动。另外,事件可能以自我为中心(即仅关注于一个个体),Marcum 和 Butts(2015)使用这个模型来跟踪老年人一天中的行为。

14.2.2 如何应用关系事件?

关系事件序列不同于其他社会网络模型,如指数随机图模型(Exponential Random Graph Models,ERGMs;Lusher、Koskinen 和 Robins,2012)或随机行动者导向模型(Stochastic Actor - Oriented Models,SAOMs;Snijders,1996)。我们分析了单个图的结构,个体之间在指数随机图模型中的关系架构与随机图的预期相比被判定为更常见或更少见。指数随机图模型可用于研究状态相对稳定的、体现出集中化或多重性(同时出现多个关系)的网络关系结构(如信任),但不适用于研究偶发事件关系(如聊天消息)。Snijders 及其同事通过马尔可夫过程,在当前网络的基础上进行状态转换,对网络动力学的演化进行建模。随机行动者导向模型将时间引入社交网络的分析中,该模型是面向参与者的,因为他们(参与者会根据他们在网络中的当前位置判断是否创建、维护和解除关系)在推动网络内部发生变化。虽然这些模型尤其适合以离散时间间隔(如一天、一个月或一年)收集网络数据快照,但是无法反映网络的底层流程。

关系事件模型扩展了这两个模型框架,可以容纳完全可观察,并且越来越多的交互数据,例如在线聊天日志或对话记录。关系事件数据用于认定 Leenders 等人(2015)提出的顺序结构特征(Sequential Structural Signature,SSS),顺序结构特征模拟了指数随机图模型中使用的统计数据的动态,是一系列以特定模式发生的关系事件序列,用于表示理论上有趣的行为序列。顺序结构特征在多个层次上描述了各种类型的交互,可能在个体、二元、三元或者更高层次上。此外,顺序结构特征可以包括参与者属性以及关系本身。

我们用一个简单的例子说明顺序结构特征。偏好依附代表个体与处于互动中心的其他个体的交往倾向(Barabási 和 Albert,1999)。简而言之,随着个体 A 不断地从个体 B 那里发送和接收信息,那么个体 C 就越来越有可能向个体 B 发送信息。通过这一机制,可以得到受欢迎程度对未来交流的驱动程度。在图 14-1 中,我们展示了偏好依附的顺序结构特征,实线表示过去的交流,虚线表示潜在的新交流,箭头表示方向。

图 14-1 偏好依附的顺序结构特征的可视化表示

现在我们解释如何在数学上建立图 14-1 所示的特征。设 n_{ijt} 是到 t 时刻,从 i 到 j 发送的消息数。正如我们在对偏好依附的描述中所述,这一特征代表了个体相对于网络其余部分的活动水平。我们的度量公式如下(假设有 N 个个体):

$$s_{PA}(C,B,t) = \frac{\sum_{k=1,\cdots,N} n_{Bkt} + \sum_{k=1,\cdots,N} n_{kBt}}{\sum_{l=1,\cdots,N}\left(\sum_{k=1,\cdots,N} n_{lkt} + \sum_{k=1,\cdots,N} n_{ljt}\right)} \quad (14.1)$$

其中,$s_{PA}(C,B,t)$ 是 t 时刻,发送者 C 和接收者 B 之间的偏好依附的具体分值,分子为节点 B 到目前为止发送和接收的所有消息的总和。分母是任意一对个体 (l,k) 之间在网络中发送和接收的所有消息的总和。

虽然该结构很简单,但还可以建立更复杂的顺序结构特征。例如,两个个体在一个软件项目上合作。假设 A 和 B 是个体,X 是他们准备从事的软件项目。我们在图 14-2 中描述了这种情况。实线表示 B 以前参与过这个项目,也表示 A 和 B 一直在进行的沟通。虚线表示 A 随后参与软件项目并"重做" B 刚刚完成的事情的倾向。

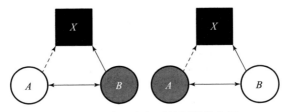

图 14-2　沟通和行动的可视化表示

在图 14-2 中,我们用灰色阴影代表 A 和 B 中经验更丰富的成员。我们利用 A 和 B 先前的沟通、B 之前的活动以及他们之间的技能差异等统计数据,反映 A 从事 B 已经做过的工作的倾向。沿用前面相同的 n_{ijt} 并让 z_A 表示个体 A 的技能水平,我们可以创建以下度量:

$$s_W(A,X,t) = n_{BXT} \times (nABt + n_{BAt}) \times (z_A - z_B) \quad (14.2)$$

如果 B 在软件项目 X 上更频繁地开展工作,A 和 B 经常交流,并且 A 更熟练,则该统计量将很大且为正。如果 S_W 增加的同时,A 变得不倾向于参与工作,那么我们认为 A 对 B 完成工作的能力有信心;如果 A 变得更有可能参与 X,那么我们可能会推断 A 对 B 的工作缺乏信心,并决定修改该项目。

这种生成顺序结构特征并对其进行操作的方法几乎可以适用于任何存在跟踪数据的情境。与指数随机图模型或随机行动者导向模型一样,顺序结构特征可以创建沟通和行动的可视化结构,并使用累积交互来表示假定的连接强度。如上所述,关系或节点本身的属性很容易合并。我们根据事件涌现动机的理论解释来选择需要计算的统计数据,目前,基于指数随机图模型或随机行动者导向模型的扩展方法已经被用于对关系事件的研究。Butts(2008)和 Brandes 等人(2009)还提供了一个生成统计数据的模板,一般来说,模板中术语的数量和复杂性很大程度上取决于理论假设、数据语境和数据可用性。

14.2.3　如何拟合关系事件模型?

关系事件模型基于率函数规则,事件的发生率表示事件随时间变化的速度,相对于低发生率事件,高发生率事件发生的可能性更大。事件历史分析将生存模型应用于事件数据,并用风险函数表示事件的发生率(参见 Blossfeld 和 Rohwer,1995),一个事件之前没有发生过,它的风险率是指该事件发生的瞬时可能性。我们用生存函数说明事件之间的时间间隔,生存函数表示事件在特定时间跨度内不发生的可能性,可以直接由风险率计算得出。因此,我们通过确定风险率的函数形式建立关系事件序列的显性模型。

Butts(2008)将相关事件的风险率 λ 定义为充分统计量 s 和发生率 θ 线性组合的指数函数。如前所述,充分统计量只是顺序结构特征的简单数学表示,发生率类似于逻辑回归模型的参数,其符号和特征表明了相应的模式对未来事件的影响。风险率的函数形式如下:

$$\lambda_{ij}(t;\theta) = \exp\left(\sum_{p=1,\cdots,p} \theta_p s_p(t)\right) \qquad (14.3)$$

事件序列似然函数的数学表示等效于 Cox(1972)的比例风险模型。为了修正特定事件序列的发生率参数,可以直接对对数似然函数进行最大似然估计,或者用更有效的贝叶斯估计,详情请参阅 Butts(2008)。

14.3 基于关系事件模型的评估工具

评估过程需要深入了解团队结构及其随时间的互动演化。结构特征的编码提供了一种前所未有的高保真度定量测量方法,用于测量某些行为模式在事件历史中重复出现的频率,从而可以用从未有过的方法来研究团队的沟通和协作过程。关系事件模型确定了每个顺序结构特征对未来行为的相对影响,并输出一个可以跨团队进行比较的标准统计指标;使用顺序结构特征作为分析团队行动的指标,可以直接且显性地解释团队协作过程的结构和特性。

在群体或网络层面,顺序结构特征表示交互网络中某些行为模式的普遍性。跨团队或跨个体之间出现的机制差异表明个体和/或团队间互动模式的结构出现改变,不同团队之间关系事件模型参数估值的差异可以用来解释这些团队成效之间的差异。为了得到这个结论,我们将标准化的关系事件参数估值作为自变量,团队成效(如绩效或创造力)作为因变量开展统计分析。

14.3.1 实例

为了说明如何使用关系事件模型来评估多个协作工作的有效性,可以参考之前个体参与软件项目的例子。假设我们需要衡量图 14-2 中团队成员重复其他成员工作的倾向，需要根据团队成员之间的交流和技能差异得到其顺序结构特征。假设有许多团队在从事不同的软件项目，并且有一些衡量产出质量的标准（例如从崩溃中恢复的可靠性或用户下载的数量）可以用来比较各软件项目。

我们为每个团队建立假设的顺序结构特征，并利用关系事件模型评估特征参数，得到的结果代表了每个团队在协作过程中参与特定行为模式的程度。我们可以比较各个团队的估值，并判定在多大程度上行为的变化可以影响结果的变化。我们可以用这种分析形式得到以下问题的答案："如果一个团队更频繁地参与行为 X，他们的协作是否会更好地输出 Y？"

14.4 讨论

关于有效协作的研究，需要了解个体如何表达他们的协作流畅性或协作技能，但测量这些过程一直是一个挑战。有效协作理论（Olson、Malone 和 Smith，2001；Olson、Zimmerman 和 Bos，2008）与阐明和测试这些协作机制的方法框架之间还存在着差距，但随着数字跟踪数据的广泛使用，如今复杂的人际互动也变得可观测。关系事件框架是一种统计工具，专门利用这些新获取的跟踪数据，对协作关系的序列模式以及它们的执行情况做出统计推断。

以前的方法通常侧重于聚合交互的性质或质量，而从未考虑其节奏、模式或速度。将个体的行为和关系编码为时间事件，就能够精准体现团队运作的动态过程。顺序结构特征是事件历史记录的函数，是一种能够解释突发行为的动态交互模式，这些指标非常灵活，并且可以与协作环境相匹配。

关系事件框架反映了一种行为模式，可用于评估团队为达到预期结果而采取的协作过程的质量。一般来说，关系事件方法旨在帮助人们理解团队如何一起工作、团队成员如何沟通以及他们如何与手头的任务和工具进行交互。关系事件模型是一种令人振奋的新型统计工具，可以用于对协作性质和质量方面的相关理论进行开发和测试。

致谢

本章得到了美国陆军社会与行为科学研究所资助，合同编号为 W5J9CQ12C0017。

本章中包含的观点、意见和/或发现均为作者的观点,除非由其他文件指定,否则不应被解释为陆军部门的官方立场、政策或决定。

参考文献

[1] BARABÁSI A-L, ALBERT R. Emergence of scaling in random networks [J]. Science, 1999, 286 (5439): 509-512.

[2] BLOSSFELD H-P, ROHWER G. Techniques of event history modelling: New approaches to causal analysis [M]. Mahwah, NJ: Erlbaum, 1995.

[3] BRANDES U, LERNER J, SNIJDERS T A B. Networks evolving step by step: Statistical analysis of dyadic event data [R]. Athens: The IEEE/ACM International Conference on Advances in Social Network Analysis and Mining, 2009.

[4] BUTTS C T. A relational event framework for social action [J]. Sociological Methodology, 2008, 38 (1): 155-200.

[5] COX D R. Regression models and life-tables [J]. Journal of the Royal Statistical Society: Series B (Methodological), 1972, 34 (2): 187-220.

[6] CRAWFORD E, LEPINE J. A configural theory of team processes: Accounting for the structure of taskwork and teamwork [J]. Academy of Management Review, 2013, 38 (1): 32-48.

[7] FOUCAULT WELLES B, VASHEVKO A, BENNETT N, et al. Dynamic models of communication in an online friendship network [J]. Communication Methods and Measures, 2014, 8 (4): 223-243.

[8] KOZLOWSKI S W J, KLEIN K J. A multilevel approach to theory and research in organizations: Contextual, temporal, and emergent processes [M]. San Francisco, CA: Jossey-Bass, 2000.

[9] LEENDERS R, CONTRACTOR N, DECHURCH L. Once upon a time: Understanding team processes as relational event networks [J]. Organizational Psychology Review, 2015, 6 (1): 92-115.

[10] LUSHER D, KOSKINEN J, ROBINS G. Exponential random graph models for social networks: Theory, methods, and applications [M]. New York, NY: Cambridge University Press, 2012.

[11] MARCUM C S, BUTTS C T. Constructing and modifying sequence statistics for

relevent using informR in R [J]. Journal of Statistical Software, 2015, 64 (5): 1-36.

[12] MARKS M A, MATHIEU J E, ZACCARO S J. A temporally based framework and taxonomy of team processes [J]. Academy of Management Review, 2001, 26 (3), 356-376.

[13] OLSON G M, MALONE T W, SMITH J B. Coordination theory and collaboration technology [M]. Mahwah, NJ: Erlbaum, 2001.

[14] OLSON G M, ZIMMERMAN A, BOS N. Scientific collaboration on the Internet [M]. Cambridge, MA: MIT Press, 2008.

[15] QUINTANE E, CONALDI G, TONELLATO M, et al. Modeling relational events: A case study on an open source software project [J]. Organizational Research Methods, 2014, 17 (1): 23-50.

[16] SNIJDERS T A. Stochastic actor-oriented models for network change [J]. Journal of Mathematical Sociology, 1996, 21 (1-2): 149-172.

[17] VU D, PATTISON P, ROBINS G. Relational event models for social learning in MOOCs [J]. Social Networks, 2015 (43): 121-135.

第15章 利用点过程对协作建模

Peter F. Halpin 和 Alina A. von Davier

摘要：在本章中，我们介绍了点过程和其他用于人际互动中对时间依赖性建模的相关方法的应用。首先，我们介绍了体育运动团队合作的案例，随后，我们讨论了分析数据时的三个相关步骤：①定义和检测团队成员开展活动时的时间依赖性问题；②通过时间聚类表征依赖性；③使用霍克斯过程进行聚类建模。第三步提供了一个参数化模型，用于描述和比较团队个体成员或团队子集之间互动的统计规律。最后，我们发现了这种方法是如何体现团队互动中与协作式问题解决的绩效评估有关的各个要素的。

关键词：点过程；霍克斯过程；人际互动；协作

15.1 引言

本章主要概述了一些分析人际互动中时间依赖性的方法。von Davier 和 Halpin（2013）在此前的文章中全面探讨了相关建模方法及其在协作式问题解决（Collaborative problem solving，CPS）中的潜在应用。本章旨在提供一个更便于理解的情况介绍，并以体育运动中的团队合作问题为例进行说明。

协作式问题解决与多个研究领域存在交叉，本书涉及知识面的广度也印证了这一点。在此背景下，本章介绍的方法主要解决了如何量化单个团队成员或团队成员子集对团队整体贡献的问题。请注意，我们使用"绩效"一词的描述意义来描述团队成员在执行任务时如何互动。

尽管团队绩效也可以被理解为评估的一部分（例如是否成功完成了某项任务），但这不是我们讨论的重点。我们的研究目的也并非定义或直接衡量可能使个人成为优秀合作者的因素（例如，Griffin 和 Care，2015；Griffin、McGaw 和 Care，2012；Hao、von Davier 和 Kyllonen，2015；Liu、Hao、von Davier 和 Kyllonen，

2015）。然而，在了解现有的统计方法如何用于检验团队互动的基础上，我们希望本研究能够对在基于绩效的情况下研究此类问题提供帮助。

第15.2节给出了一个示例，且我们在整章都使用这一示例来说明协作式问题解决使用的方法，其数据主要来自一支职业篮球队单场比赛——费城76人队在1984年第四场季后赛对阵芝加哥公牛队的比赛。虽然这一示例提供了一个研究团队行为时间依赖性的直观背景，但也存在一些局限性，即在教育和评估方面比较协作式问题解决效果存在一定难度（例如，团队培训的作用，比赛中的球员替换）。因此，我们在本章的结论部分才会深入讨论如何在评估方面应用此类方法。

在第15.3节，我们引入了事件时间的概念，这一概念是分析本章所提出方法的基本单位。在团队合作背景下，事件能够代表持续时间相对于研究中的观察期可忽略不计的人类行为。事件与国家或政权是相对的，因为国家或政权在时间上具有持续性。在示例中，研究中的观察期是76人队的进攻时间，我们关注的事件是（a）传球和（b）投篮。

在第15.3节，我们还根据时滞互信息（例如，Brillinger，2004年；Cover和Thomas，2005年）给出了事件时间依赖性的定量定义。重要的是，此定义可以适用于团队成员的任何子集，包括个体成员本身。我们使用团队单元这一术语来指称一个兴趣子集。当独立考虑单一团队单元时，时滞互信息描述了该单元当前行为对其自身过去行为的依赖，我们称之为内部依赖。在考虑团队单元之间的依赖关系时，我们使用相互依赖这一术语。一般来说，我们认为内部依赖和相互依赖为团队绩效提供了两种竞争性解释。我们还使用这一示例来展示如何使用时滞互信息进行数据分析，进而推断是否存在某种类型的依赖关系。

在定义了事件时间依赖性后，我们分析方法的第二步是描述其性质。以往对人类动力学的研究支持这样的假设：多种类型的人际互动可以表示为时间序列聚类（例如，Barabási，2005；Crane和Sornette，2008；Halpin和De Boeck，2013；Matsubara、Sakurai、Prakash、Li和Faloutsos，2012；Oliveira和Vazquez，2009）。在团队相互依赖的情况下，聚类意味着一个团队单元的行动会导致其他单元接下来进行行动的概率提升。回顾示例，这一观点意味着A球员将球传给B球员会导致B球员接下来传球或投篮的概率提升。在第15.4节中，我们讨论了评估事件数据中时间聚类的方法，不出所料，我们发现上述示例中存在这一模式。

在倒数第二节，我们描述了该方法的第三步，即在聚类结构事件的时间维度建立一个参数化模型。聚类模型（例如，兴奋过程）和非聚类模型（例如，调节过程）间存在很大区别。霍克斯过程（Hawkes，1971 年；Hawkes and Oakes，1974 年）为聚类结构事件时间提供了一个相对通用的框架，通过分析团队单元对自身和单元间反应结果的统计规律，分析团队行为的整体时间依赖性。如示例所示，我们能够用该模型的参数来描述和比较团队单元的表现，并描述团队互动的整体动态特性。

最后一节中，我们总结了所用方法和相关分析，重点讨论了基于表现的协作式问题评估的潜在应用，并讨论了其局限性和未来的研究方向。

15.2 示例数据说明

如前所述，我们的示例取自单场职业篮球比赛。之所以使用职业篮球比赛说明点过程在协作式问题解决中的应用，其原因包括：①数据是公开的；②团队成员个人做出的许多"动作"满足持续时间可忽略不计的要求；③一名球员的行为可以依赖于另一名球员的行为。尽管可从商业供应商处购买每场比赛的数据集，但这些数据集仅记录与得分直接相关的动作，主要是上篮和篮板球。由于没有关于传球的信息记录，所以无法研究进攻控球中球队的动态变化情况。为获得此数据集（包括传球数据），我们对视频数据进行了手工编码，这有助于对团队互动进行更细致的观察，但也同时缩短了我们能够研究的团队比赛时间。一般而言，一个理想数据集应编码在较长时间段内与任务相关的各种活动。

在我们分析的比赛案例中，费城 76 人队共有 92 次进攻性控球，共有 $N = 401$ 次传球和投篮。我们可以从因子设计的角度对事件进行分解：球员 × 类型（传球或投篮）× 成功率（传球成功或投篮得分）。如果在整场比赛中只有不变的 5 名球员在场，将产生 20 个单元格。然而，在本场比赛中，先后共有 9 名球员在球场上活动（ = 36 个单元格）。其中许多单元格为空或事件数很少，因此，单场比赛中没有足够的数据用于单元层面的时间序列分析。基于上述原因，我们在数据分析中做出了一些必要的妥协。

因为我们主要关注的是团队互动，所以我们将注意力放在了球员的边际活动上，而忽略了每个事件的类型和成功与否。为了处理场上换人和不经常上场球员的小事件计数，我们将球队分为三个团队单元：①控球后卫（1 和 12 号球员），其中有且仅有一名队员打全场，负责带球并组织进攻；②查尔斯·巴克利（34

号球员，76 人队的明星球员）参与了大半程比赛，作为大前锋和当晚的主要得分手在比赛中发挥了重要作用；③其他球员，或团队所有其他成员。将团队的其他成员置于同一个单元，意味着我们可以基本忽略球员替换的影响，从而大幅简化分析过程。然而，在更大的数据集里，可以将其他球员进一步划分为有意义的球队单元，例如其他球队位置（如控球后卫、中锋、小前锋）。

为了将我们的分析重点放在 76 人队的进攻上，公牛队的控球被替换成了较短的（≈7 秒）随机时间缓冲区。这确保了 76 人队的一系列后续动作在统计学上不存在依赖关系。每个时间缓冲区都是从指数分布中随机抽取的，其系数等于 76 人队等待时间分布的 95%。我们还忽略了巴克利不在场的时间段（约 3 分钟）以及中场休息和电视广告时间，但保留了所有其他休息时间（例如暂停、罚球）。跳球时间点视为 $t=0$，以秒为单位记录，直到比赛的最后 1 分钟。之后比赛主要由暂停和罚球组成。需要指出的是，记录的时间并不是指比赛时间，而是指 76 人队的全部控球时间，包括暂停和罚球。数据统计结果在图 15-1 中。

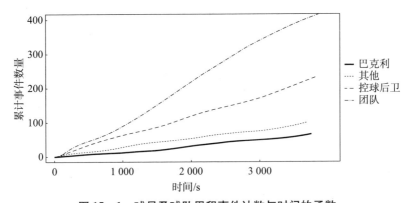

图 15-1　球员及球队累积事件计数与时间的函数

15.3　定义时间依赖性

如前所述，第一项挑战是定义事件时间是否以及在何种程度上表现出时间依赖性。

为此，设 $X=(X_1,X_2,\cdots,X_N)$ 和 $Y=(Y_1,Y_2,\cdots,Y_M)$ 为表示两个事件时间序列的随机变量。例如，巴克利的事件时间开始于 14.00、19.33、44.08，表示他前三个动作的时间，以秒为单位。从图形上看，事件时间是图 15-1 中累积事件计数增加的时间点。事件时间也与我们熟悉的等待时间或响应时间概念有关。在单变量情况下，事件时间和等待时间是一个点过程的等效表示（参见 Daley 和 Vera – Jones，2003），然而，在多变量情况下，等待时间具有多种定义（即边际之间和边际内），因此更易描述事件时间。

X 和 Y 的互信息定义为：

$$I_{XY} = E_{X,Y} \ln\left[\frac{f(X,Y)}{f_X(X)f_Y(Y)}\right] \tag{15.1}$$

其中，f 是联合概率密度函数，f_X 和 f_Y 是边际函数，ln 是自然对数。

Brilinger（2004）用通俗易懂的方式对时滞互信息理论和数据分析基础进行了讨论。这里我们简单列出一些相关特征：

（1）$I_{XY}=0$，当且仅当 X 和 Y 在统计上独立，否则，$I_{XY}>0$。

（2）I_{XY} 对 X 和 Y 之间的关系类型做出了宽泛的假设，特别是指出这种关系可以是非线性的。

（3）当 $I_{XY}=0$ 时，其样本估计（见公式 15.2）有一个已知的抽样分布，这为"无团队互动"假设提供了置信界限。

（4）I_{XY} 可推广到两个以上的事件时间序列。例如，考虑三个序列 X、Y_1、Y_2，然后定义 $Y=Y_1+Y_2$，并应用公式 15.1 的定义。这里的加号表示 Y_1 和 Y_2 的"叠加"，且只是 Y_1 和 Y_2 中所有事件时间序列的叠加（有关技术讨论参见 Daley 和 Vera – Jones，2003）。尽管 X 和 Y 的选择将取决于所研究的具体问题，但我们发现让 X 表示单个团队单元，而 Y 表示所有剩余团队单元是很有用的，这可以用来描述任意一个团队单元行为是如何依赖于团队其他单元的行为的。

（5）I_{XY} 与历史相依性的关系显而易见，我们此前将其称为时滞互信息。例如，让 $Y=X-a$，其中 $a>0$，表示从 X 的每个元素中减去的一个固定常数。$I_{XY}=I_{XX}-a$ 表示在滞后 a 时，事件流对其过去的依赖性。在引言中，我们将其称为内部依赖。类似地，$I_{XY}-a$ 表示在滞后 a 时，X 对 Y 过去的依赖性。这就是我们在引言中所说的相互依赖。如随后所示，将内部依赖和相互依赖视为 a 的函数来处理，就可以把事件时间对过去事件时间的依赖关系量化出来。

事件数据 I_{XY} 的粗略"插件"样本估计如下（有关其他方法的评论请参见 Paninski，2003）：首先，将时间间隔 $[0, T]$ 离散化，例如，变为 $k=1$；…；K 个宽度为 $\delta = T/K$。这里 T 表示观察期的结束时间。对于我们的示例数据，$T \approx 3\,744$ 秒，或大约 62 分钟。接下来，根据随机变量 U 的 K 个实现重新编码事件流 X，如果 X 事件发生在区间中，则 $z_k=[\delta(k-1),\delta k]$，否则 $u_k=0$。类似地，

使用实现 w_k 的随机变量 W 重新编码 Y，则：

$$I_{XY} \approx I_{UW} = \sum_{i,j \in \{0,1\}} p_{ij} \ln\left(\frac{p_{ij}}{p_{i+} p_{+j}}\right) \tag{15.2}$$

式中，$p_{ij} = \text{Prob}\{U = i; W = j\}$，$p_{i+}$ 和 p_{+j} 是边际函数。当 U 和 W 独立时，I_{UW} 的抽样分布与 1 个自由度上的卡方统计量成正比（参见 Brillinger，2004）。

这种估计方法有两个主要限制。其一，多个事件可能落入单个区间 z_k，导致 U 和 W 不能很好地近似于 X 和 Y。理论上，这并非一个严重的问题，因为离散程度主要由分析师控制，并且当 $K \to \infty$ 时，近似值会变得更精确。但是，计算时间取决于 K 的值，因此我们通常选择使用相对较少的间隔。在我们的示例中，我们选择 $\delta = 1\text{s}$ 作为 bin 的间隔宽度，则 $K = 3\,374$ 个 bin。

第二个限制是对于 p_{ij} 的估计。在实践中，我们对 i.i.d. 采用了标准的最大似然估计，即 $\hat{p}_{ij} = \sum_k u_k w_k / K$，当 $I_{UW} = 0$ 时，不存在偏差，这一取值方式主要考虑到了运算的便利性。一般来说，在二进制数据中解决序列依赖问题时，需要指定一个依赖性模型（例如，Budescu，1985 年）。直到 15.5 节介绍霍克斯模型前，我们始终采用显式模型。

尽管存在一定局限性，我们发现公式 15.2 可成为有用的数据挖掘工具——它对信号的统计性质做出了弱假设，且可以扩展到非常大的数据集，因为它的计算复杂度随着 K 而非事件数量的增加而增加。相反，使用霍克斯模型一类的参数模型进行估算易受模型误定的影响，并且计算量相对较大。因此，我们建议使用公式 15.2 对数据进行"初筛"。

图 15-2 描述了示例数据的内部和相互依赖函数，可以被视为时滞 $a \in [0, 20]\text{s}$ 函数。左图显示了每个团队单元的行为如何依赖于该单元自己的历史行为。右图显示了每个团队单元的行为如何依赖于所有剩余团队单元的历史行为。两图还描述了整个团队行为如何依赖于整个团队的历史行为（即"团队"的函数在两图中是相同的）。阴影区域表示 99% 的无效假设置信区间，即 $I_{UW} = 0$。

观察球队的依赖函数，我们看到整个球队的进攻动作依赖于他们之前大约 5 秒内的动作。这意味着在任何给定时间点上，球队中任何球员投篮或传球的概率取决于球队在过去 5 秒内所做的动作。然而，如左图所示，没有一个单独的团队单元表现出内部依赖性。因此，"团队层面"的依赖性不能用任何单个团队单元的动作来解释。相比之下，右图显示每个团队单元的行为取决于团队其他单元的行为。换句话说，每名球员在给定时间点行动的概率取决于此前其他团队单元做

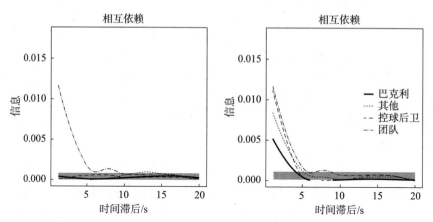

图 15-2 整个团队和球员单位的内部和相互依赖函数示例（时滞函数）

出的行动。因此，我们可以认为 76 人队的进攻表现出三个球队单元之间较强的相互依赖和较弱的内部依赖。

在篮球比赛场景下，这些发现不足为奇：我是投篮还是传球取决于其他球员是否将球传给了我。当依赖结构不那么明显时，我们在结论中讨论了这种模式的效用。

15.4 聚类评估

在推断出团队单元行为间的时间相互依赖性后，下一步是描述其性质。特别是，我们评估了观察期内事件发生的频次，它们相对于泊松分布显得过度分散。如果产生事件时间的点过程是齐次泊松过程，那么观测周期内发生的事件的频次具有泊松分布特性。此外，如果点的数量相对于泊松分布呈现过度分散特征，则事件时间就会出现在频率相对较高的"集群"中，并被频率较低的周期分隔开（参见 Daley 和 Vera-Jones，2003）。因此，此类数据通常被称为聚类数据。聚类和非聚类数据的综合示例如图 15-3 所示，其中两个示例中的 N 均为 300。

如前所述，聚类是人际互动的普遍特征这一假设已经得到经验证据的支持（例如，Barabási，2005；Crane 和 Sornette，2008；Halpin 和 De Boeck，2013；Matsubara 等人，2012；Oliveira 和 Vazquez，2009）。除聚类和过度分散外，这项研究还经常用突发分布、重尾分布或幂律分布来表述。在团队工作和协作的背景下，聚类假设似乎也是合理的。这里的聚类意味着一个团队单元的行动会增加其

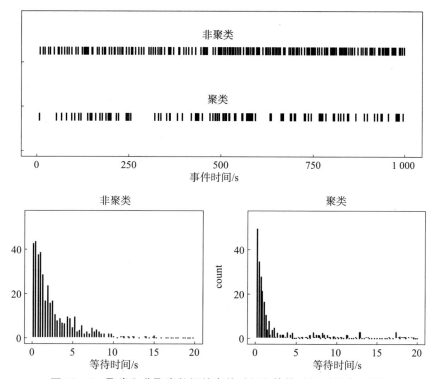

图 15-3 聚类和非聚类数据的事件时间和等待时间（综合示例）

他团队单元未来行动的概率，反之亦然。这在许多情况下似乎与团队合作是对立的，然而，聚类是否有助于描述一般的团队合作仍然有待实证。

为测试篮球数据的聚类，我们受时变理论（参见 Daley 和 Vera-Jones，2003，第7章）启发（该定理指出，一个正确的特定点过程的残差中的等待时间是参数为1的指数分布），得出的结果为评估点过程模型的拟合优度提供了一种相对通用的方法。

为了测试过度分散性，我们将齐次泊松过程拟合到整个团队的事件时间和每个团队单元的等待时间（等待时间被认为是从上一个团队事件时间开始算起，而不是该团队单元的上一个事件）。图 15-4 对残差分析进行了总结。

需要注意的是，我们已经初步评估了示例数据是否与齐次泊松过程兼容，因为在这种情况下，它们的相互依赖函数（见图 15-2，右）在所有滞后期都将为零。然而，这里我们正在寻找一种偏离泊松模型的特定模式，即聚类。在分位数-分位数图（Q-Q 图）中，聚类表现为参考线周围的 S 形模型，我们发现存在更多比预期短和比预期长的等待时间。这种模式对于整个团队以及每个团队单元都显而易见。因此，我们得出结论，篮球比赛示例中（见图 15-2）体现出的相互依赖关系表现出聚类的特点（见图 15-4）。

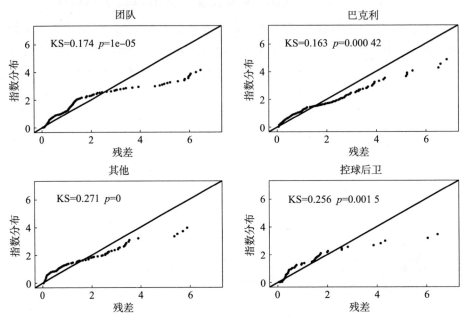

图 15-4　泊松过程的残差等待时间与参数为 1 的指数分布的分位数-分位数图

15.5　使用霍克斯过程建模团队互动

在这一点上，我们提供了证据，证明我们的示例数据表现出了时间依赖性，并且这种依赖性是由聚类造成的。霍克斯过程是一种适用于聚类事件时间统计模型的方法（例如，Hawkes，1971；Hawkes 和 Oakes，1974）。在我们这一示例中，霍克斯过程将每个团队单元的行为描述为对其自身过去行为或其他团队单元行为的响应。该模型大体上假设了这种响应能够解释我们观察到的聚类——这对于篮球比赛的示例来说是显而易见的。

由于篇幅限制，我们并未涉及霍克斯过程的形式规范，这可从许多其他来源获得（例如，Brillinger，1975；Daley 和 Vera-Jones，2003；Halpin 和 De Boeck，2013；Hawkes，1971；Rasmussen，2012）。而我们参考式（15.3），为模型的整体设置提供了一个非技术性解释：

$$\boldsymbol{\phi}(t) = \begin{bmatrix} \phi_{BB}(t) & \phi_{BO}(t) & \phi_{BP}(t) \\ \phi_{OB}(t) & \phi_{OO}(t) & \phi_{OP}(t) \\ \phi_{PB}(t) & \phi_{PO}(t) & \phi_{PP}(t) \end{bmatrix} \qquad (15.3)$$

这里 $\boldsymbol{\phi}(t)$ 是一个响应函数矩阵，每个元素都表示为 $\phi_{ij}(t)$。下标代表球队的团队单元：B = 巴克利，O = 其他成员，P = 控球后卫。第一个下标代表响应的团队单元（输出过程），第二个下标代表响应的团队单元（输入过程）。$\boldsymbol{\phi}(t)$ 的对角线代表了一个团队单元对其过去行为的反应。根据我们的初步分析（第 15.3 节），我们将对角线元素设置为零——因为本数据集中并无证据表明存在内部依赖性。非对角线元素代表一个团队单元对其他团队单元行动的响应能力。我们在数据中发现了可以证明相互依赖的证据，所以这些响应函数是本次分析的重点。

对于霍克斯过程，响应函数可写为 $\phi_{ij}(t) = \alpha_{ij} \times f(t; \xi_{ij})$，其中 $\alpha_{ij} \in (0,1)$ 称为强度参数，f 是用参数向量 ξ_{ij} 在 $\mathbb{R}+$ 上定义的概率密度函数。在本次分析中，设 f 为双参数伽马密度函数，一些示例响应函数如图 15 – 5 所示。参考该图，横轴上的零值表示事件发生的时间，当我们沿着横轴移动时，该事件会退回到过去。响应函数的作用是描述事件如何与接下来发生的另一事件的概率相关联。换句话说，响应曲线代表了不同团队单元的"记忆"。

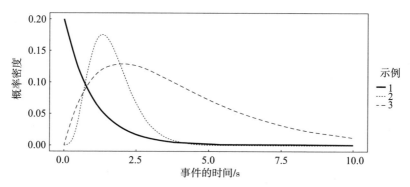

图 15 – 5　使用双参数伽马分布的密度函数表示响应函数的三个示例

我们使用 Halpin 和 De Boeck（2013）以及 Halpin（2013）开发的最大期望算法对篮球比赛数据的霍克斯过程进行了估计。我们使用与图 15 – 4 中讨论的泊松过程相同的方法评估模型的拟合优度。霍克斯过程的残差如图 15 – 6 所示；总体而言，它们与假设的分布相一致。对于控球后卫来说，霍克斯过程似乎在某种程度上过度矫正了聚类，但柯尔莫可洛夫－斯米洛夫检验（the Kolmogorov－Smirnov Test）的检验结果表明这种过度矫正并不显著。我们得出结论，霍克斯过程充分解释了数据中的聚类。

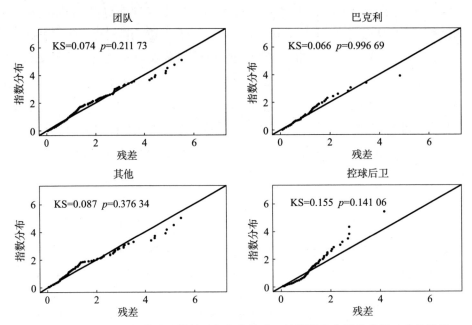

图15－6　霍克斯过程的残差等待时间与参数为1的指数分布的分位数－分位数图

继续解释模型参数，图15－7描述了估计的响应函数 $\hat{\phi}_{ij}(t) = \hat{a}_{ij} \times f(t;\hat{\xi}_{ij})$，该函数与方程式15.3的非对角元素相关。通过最左侧的图像，我们可得出结论，巴克利的动作与其他成员在2～4秒以后的动作有相关性。这是合理的，因为巴克利通常位于篮下，所以一旦他接到球，他很可能会立即投篮或传球。相比之下，控球后卫对其他队员的依赖更加持久。

这可以解释为，因为控球后卫负责向前场运球，并在接到内线传球后发起进攻。其他图示情节也可以用类似的方式来解释。

此外，也可使用最大似然估计的标准程序（例如，沃尔德检验，the Wald Test）来检验不同响应函数之间是否相等或模型的参数是否等于预先设定的意义值。特别是，许多关于整体团队动态的假设可用矩阵 $\phi(t)$ 表述。例如，如果矩阵被认为是对称的，我们可以推断出这是团队单元间互利性的证据。另一种情况下，一个团队可在其整体响应能力（即在 α_{ij} 中）中表现出互利性，但无法在响应函数的形状或"记忆"中得到证明。或者可以说仅有部分团队单元表现出相

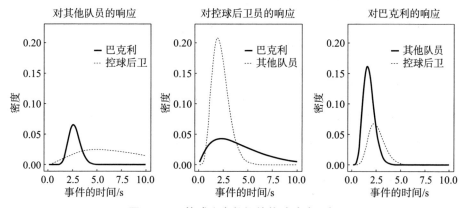

图 15-7 篮球比赛数据的估计响应函数

同的响应能力,而其他团队单元则没有表现。显然,可以根据所研究的问题和分析者的兴趣提出和检验许多关于团队动态的假设。

15.6 评估应用的未来方向和局限性

我们希望前面的小节能够使读者相信,点过程可提供一个看待人际互动和团队合作的有趣视角。我们还希望,我们提出的关于如何进行此类分析的建议能够引发对该专题进一步的研究。然而,我们尚未将其与评估建立明确的联系,这也是本结论部分的目的所在。总的来说,我们认为这里讨论的方法为分析基于绩效的协作式问题解决评估中的过程数据提供了一种可行的手段。不过,这样的评估实际上并未被广泛使用,为此我们使用了来自体育界的示例,而不是评估相关文献中的案例。因此,在考虑未来的方向和局限性时,我们认为主要在于如何利用点过程方法来进行协作式问题解决评估,以及在什么情况下该方法可能无法处理协作式问题解决的重要问题。当然,这些考虑并非为了详尽无遗,而只是为了解决我们认为最突出的一些问题。

15.6.1 衡量团队互动的任务设计

通过从团队单元、内部和相互依赖、时间序列聚类和互利性等概念角度分析真实团队的互动,我们在评估团队成员如何通过互动实现其共同目标方面取得了一些进展。这要求开发基于绩效的评估方法,这样可以证明此类团队动态模式是否存在。例如,如果我们想评估一个团队是否能够展示出比内部依赖更高程度的相互依赖，我们会设计什么类型的任务？如果我们想知道一个团队单元的行动是否与其他团队单元采取进一步行动的概率增加有关，我们会设计什么类型的任务？这些在目前的评估相关文献中尚未有解答。然而，如果我们希望超越本文的协作式问题解决分析方法，肯定还需要基于绩效的环境，以展示和记录协作者的互动。

15.6.2 团队互动和个人能力关系建模

在篮球比赛的示例中，每次上篮投篮都有可能成功，也有可能失败，球员投篮的整体成功率可被认为能够证明他或她作为篮球运动员的能力。这一总体思路与心理学和教育学的测试评分方式类似，在这一示例中，我们也参考了这一思路。根据15.3节中的分析，我们可以得出结论，投篮前大约5秒的传球时间可以用来预测投篮时机。然而，我们尚未分析出投篮成功率与传球时机间的关系，也有可能根本无法通过球队动态来预测投篮成功率。又或者，通过分析投篮前的动作顺序或时序，我们可能更容易推测出投篮成功率。本章讨论的方法未能解决上述问题，这是本章所提出的方法在推断单个团队成员能力方面的一个主要缺陷。我们希望通过应用标记点过程可以取得相关研究进展（例如，Daley和Vera-Jones，2003），可以把任务要素的成功完成建模为在点过程分析框架内的时变协变量。感兴趣的读者可参考von Davier和Halpin（2013）的研究，进行深入探讨。

参考文献

[1] BARABÁSI A L. The origin of bursts and heavy tails in human dynamics [J]. Nature, 2005 (435): 207-211.

[2] BRILLINGER D R. The identification of point process systems [J]. Annals of Probability, 1975 (3): 909-929.

[3] BRILLINGER D R. Some data analyses using mutual information [J]. Brazilian Journal of Probability and Statistics, 2004 (18): 163-182.

[4] BUDESCU D V. Analysis of dichotomous variables in the presence of serial dependence [J]. Psychological Bulletin, 1985 (97): 547-561.

[5] COVER T M, THOMAS J A. Elements of information theory [M]. New York, NY: Wiley, 2005.

[6] CRANE R, SORNETTE D. Robust dynamic classes revealed by measuring the response function of a social system [J]. Proceedings of the National Academy of Sciences of the United States of America, 2008 (105): 15649-15653.

[7] DALEY D J, VERA-JONES D. An introduction to the theory of point processes: Elementary theory and methods (2nd ed., Vol. 1) [M]. New York, NY: Springer, 2003.

[8] GRIFFIN P, CARE E. Assessment and teaching of 21st century skills: Methods and approach [M]. New York, NY: Springer, 2015.

[9] GRIFFIN P, MCGAW B, CARE E. Assessment and teaching of 21st century skills [M]. New York, NY: Springer, 2012.

[10] HALPIN P F, DE BOECK P. Modelling dyadic interaction with Hawkes processes [J]. Psychometrika, 2013 (78): 793-814.

[11] HAO J, LIU L, VON DAVIER A, et al. Assessing collaborative problem solving with simulation-based tasks [C]//O. Lindwall, P. Häkkine, T. Koschmann, et al. Exploring the material conditions of learning: The computer supported collaborative learning conference (Vol. 2). Gothenberg, Sweden: International Society of the Learning Sciences, 2015: 544-547.

[12] HALPIN P F. A scalable EM algorithm for Hawkes processes [C]//R. E. Millsap, L. A. van der Ark, D. M. Bolt, et al. New developments in quantitative psychology: Proceedings of the 77th international meeting of the psychometric society. New York: Springer, 2013: 403-414.

[13] HAWKES A G. Point spectra of some mutually exciting point processes Point spectra of some mutually exciting point processes [J]. Journal of the Royal Statistical Society, Series B33, 1971 (104): 438-443.

[14] HAWKES A G, OAKES D. A cluster process representation of a self-exciting process [J]. Journal of Applied Probability, 1974 (11): 493-503.

[15] LIU L, HAO J, VON DAVIER A, et al. A tough nut to crack: Measuring collaborative problem solving [M]. Hershey, PA: IGI-Global, 2015.

[16] MATSUBARA Y, SAKURAI Y, PRAKASH B A, et al. Rise and fall patterns of information diffusion: Model and implications [C]//KDD'12: Proceedings of the 18th ACM SIGKDD. New York, NY, USA: ACM, 2012: 6-14.

[17] OLIVEIRA J G, VAZQUEZ A. Impact of interactions on human dynamics Impact of interactions on human dynamics [J]. Physica A, 2009 (388): 187-192.

[18] PANINSKI L. Estimation of entropy and mutual information [J]. Neural Computation, 2003 (15): 1191-1253.

[19] RASMUSSEN J G. Bayesian inference for Hawkes processes [J]. Methodology and Computing in Applied Probability, 2012 (15): 623-642.

[20] VON DAVIER A A, HALPIN P F. Collaborative problem solving and the assessment of cognitive skills: Psychometric considerations (ETS Research Report No. RR-13-41) [R]. Princeton, NJ: ETS, 2013.

第 16 章 同伴辅导互动的动态贝叶斯网络模型（隐马尔可夫模型）

Yoav Bergner、Erin Walker 和 Amy Ogan

摘要：即使在指导者无法提供辅导的情况下，协作学习中自动区分有效和无效模式的能力为提升成对学习或分组学习的效果提供了可能。在本章中，我们使用隐马尔可夫模型（Hidden Markov Models，HMMs）以两种方式对基于计算机沟通的一次性同伴辅导课程的数据进行建模。第一个模型使用输入—输出隐马尔可夫模型来比较不同指导者输入对被指导者纠正错误的步骤过程中的帮助程度。此模型仅使用根据指导者对话语境和认知性内容自动生成的代码。第二个模型预测了被指导者在实验条件下从测前到测后的归一化学习增益。从指导者对话中标注的认知和情感标签（人工编码）以及被指导者正确情况、错误情况、撤回重做和反馈均包含在模型内。与使用相同可观察项的总数的"静态"逻辑回归模型相比，隐马尔可夫模型的表现更佳。尽管在高增益组和低增益组之间开展更深入的比较仍在进行，模型中一些隐藏的状态已变得容易解释。

16.1 引言

对知识的社会建构是学习的一个重要方面，比如学生通过与同伴的对话，交流思想，反思自己的错误观念，并达成共识（Schoenfeld，1992）。不幸的是，学生并不总能自发地参与这些积极互动。近年来，人们对开发自适应智能协作学习支持产生了浓厚的兴趣（有关综述，见 Magnisalis、Demetriadis 和 Karakostas，2011）。学生们需要某种类型的资源支持——文本、培训、面授等活动进行有效协作。自适应智能可促进的承诺是：其支持直接针对参与协作的个体，且相比人类指导者需要更低密度的资源。将适应性支持与静态和无支持进行比较的研究提

这项工作是在 Yoav Bergner 受雇于美国教育考试服务中心期间开展

供了证据表明适应性支持可能是一种有效方法（Baghaei、Mitrovic 和 Irwin，2007；Kumar、Rosé、Wang、Joshi 和 Robinson，2007；Walker、Rummel 和 Koedinger，2014）。适应性支持的一个关键组成部分是对有成效和无成效的协作开展建模（Soller 和 Stevens，2007）。因此，自动区分协作学习中有效和无效模式的能力为改善成对学习或小组学习提供了可能。它能够准确地预测协作的效能，以便指导者或自动化系统在适当时候进行干预。它还有助于更深入地了解为什么某些协作是有效的，而另一些协作则是相对低效的。

隐马尔可夫模型（HMMs）是对协作学习中的顺序过程进行建模的一种潜在方法。Soller 和 Stevens（2007）将隐马尔可夫模型用于对有效和无效的知识共享序列或问题解决策略进行建模。可观察的状态包含由参与人的角色和受约束的句子开头。这些句子被刻意组织成不同的类别（例如，通知、请求或确认）。尽管这些研究的结果是乐观的，但其高于基线的表现可能被夸大：因为样本中无效组数量是有效组数量的两倍。Boyer、Phillips、Ingram 和 Ha（2011）将隐马尔可夫模型用于专家辅导行为，为计算机科学本科生的有效辅导策略建模。二元分析用于确定动作的相邻对，并且将注释的对话行为、任务行为或这些行为的连接对构建成可观察的行为集，并在这些数据上训练了一个隐马尔可夫模型分类器，以区分两种不同的辅导风格。其中，学习增益本身并未使用动态模型预测，只有隐藏状态的频率计数在事后被用于预测学习增益。除此之外，与动态模型正式相关的工作还包括使用部分观察到的马尔可夫决策过程来研究学生学习（Almond，2007）。此研究虽然不是针对点对点的协作，但这些模型仍包括数个决定指导者所选活动的决策变量和可表征学生个人能力连续测量值的隐藏状态。

在本章中，我们研究了使用动态贝叶斯网络（Dynamic Bayesian Networks，DBNs）对协作学习进行建模的两种不同方法。在第一个应用中，我们将展示一个模型，其使用输入—输出隐马尔可夫模型（Input－Output Hidden Markov Model，IOHMM；Bengio 和 Frasconi，1995）来比较单个指导者输入的短期辅导的价值。其中辅导（或称"帮助"）用于帮助被指导者纠正其解决问题时所犯的错误。在第二个应用中，我们对指导者和被指导者的关系采取了更全面的看法，并使用单一的输出层对两者的观察输出序列进行建模，这与 Soller 和 Stevens（2007）的方法很相似。从指导者对话中标注的认知和情感标签（人工编码）都包括在内。隐马尔可夫模型的性能也与使用相同观察变量的聚合的"静态"逻辑回归模型进行了比较。通过采用这两种方法，我们证明了在这种类型的建模中使用隐马尔可夫模型的可行性；此外，我们提高了对积极和消极的同伴辅导互动模式和给予帮助这一概念的理解，后者应用于其他参与者分享信息并给予和接受帮助的协作场景。这种动态建模方法的大多数元素也可推广至其他协作类型中。本章的组织结构如下：在第 16.2 节，我们介绍了一些关于隐马尔可夫模型的背景和动态贝叶斯网络的符号约定。在第 16.3 节，我们描述了自适应同伴辅导助手（Adaptive Peer Tutoring Assistant，APTA）及其用于分析的数据特性。在第 16.4 和 16.5 节中，我们描述了两种不同的动态贝叶斯网络模型对这些数据的设计和应用结果。最后是结论和对未来工作的讨论。

16.2 隐马尔可夫模型和动态贝叶斯模型网络

在本节中，我们将介绍隐马尔可夫模型的背景，以帮助我们理解在本章后面使用的建模技术。隐马尔可夫模型的本质至少可追溯到 Blackwell 和 Koopmans（1957）以及 Gilbert（1959）的工作，他们考虑了有限马尔可夫链函数的可识别性问题。Baum 和 Petrie（1966）在图形模型框架中将隐马尔可夫模型参数概括为动态贝叶斯网络类前（Pearl，1988），就已引入对隐马尔可夫模型参数的最大似然估计算法。隐马尔可夫模型在信号处理方面获得了广泛使用，例如，自动语音（Rabiner，1989）、手写（Nag、Wong 和 Fallside，1986），甚至手语（Starner 和 Pentland，1997）识别。Soller 和 Stevens（2007）使用了更传统的隐马尔可夫模型符号，而当代关于贝叶斯方法的文献则更倾向于使用动态贝叶斯网络形式（Reye，2004）。我们最终采用了现代动态贝叶斯网络符号，即用双时间切片视图方式来表示隐马尔可夫模型，如图 16-1 所示。

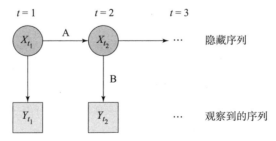

图 16-1 隐马尔可夫模型的双时间切片表示法

在图 16-1 中，两边明确表示了条件独立关系。马尔可夫特性被嵌入长度为

T 的给定序列联合分布的因子化表达中。

将观察到的和隐藏的序列表示为 $Y_{1:T}, X_{1:T}$，这一联合分布可简化为（Ghahramani，2001）：

$$P(X_{1:T}, Y_{1:T}) = P(X_1)P(Y_1 \mid X_1)\prod_{t=2}^{T} P(X_t \mid X_{t-1})P(Y_t \mid Y_t)$$

按照先前研究（Baum 和 Petrie，1966），我们用包含了先验概率 π，（隐性）状态转移矩阵 A，发射矩阵 B 的集合 λ 来表示隐马尔可夫模型。在图 16-2 中添加了状态转移矩阵和发射矩阵的边缘标签。

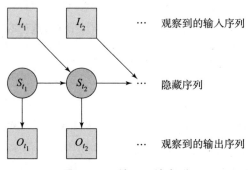

图 16-2　输入—输出型

其关系如下：

$$\pi \Leftrightarrow P(X_1),$$
$$A \Leftrightarrow P(X_t \mid X_{t-1}),$$
$$B \Leftrightarrow P(Y_t \mid X_t).$$

进一步考虑图 16-2 中的输入—输出隐马尔可夫模型（Bengio 和 Frasconi，1995）。增加的观察节点层代表了第二个观察序列，这个序列被理解为通过对隐藏状态的调解来影响输出序列。

另外，每个时间片的隐藏状态不仅取决于之前的隐性状态，而且取决于前面的输入。

用 $I_t \in \{1 \cdots K\}, S_t \in \{1 \cdots N\}$ 来枚举可能的输入状态和隐藏状态。转移状态概率表示为：

$$A = \{a_{ijk}\} \Leftrightarrow P(S_t \mid S_{t-1}, I_{t-1})$$

分解成 K 个独立的 $N \times N$ 矩阵，对每个输入都有：

$$A_k = \{a_{ij}\}_k$$

在第 16.4 节中，我们将使用这一结构来模拟同伴指导者（输入层）和被观察到的被指导者（输出层）之间的互动。另外，在第 16.5 节中，我们将使用图 16 - 1 中的隐马尔可夫模型，但在隐蔽层中对双方状态而不是被指导者状态进行建模。

16.3 自适应同伴辅导助手

我们将两个动态贝叶斯网络模型应用于一组数据中，这组数据来自 Walker 及其同事（Walker、Rummel 和 Koedinger，2009a，2009b，2011）在智能辅导系统和计算机支持的协作学习（Computer - Supported Collaborative Learning，CSCL）研究的交叉点上的一个开发项目和一组实验。实施目标是提供一个环境，支持高中生通过辅导他们的同伴来学习某个特定领域的知识。自适应同伴辅导助手的设计是为了了解学生的辅导行为，并为教师提供关于如何更有效地辅导的及时提示。有证据表明，需要一定量的框架支持来鼓励协作学习者的有效行为，而强加过多的框架可能会过度限制自然行为和/或减少参与度（Dillenbourg，2002；Johnson 和 Johnson，1990），这一设计为此提供了依据。

Walker 修改了认知型代数辅导（卡耐基学习）的界面，使同伴指导者可以查看被指导者在一组练习中的进展。被指导者不是从计算机上接受反馈（如认知辅导设备的典型使用），而是能够通过一个对话窗口请求帮助并与同伴指导者交换信息。同时，同伴指导者收到自动提示/暗示，以改善他或她的辅导。在第四项（也是最后一项研究）中，Walker 开发了一个有效行为的理论模型和一个自动评估同伴指导者对话的算法。

在之前通过使用句子开头启动器（后文简称"启动器"）或分类器为同伴合作提供框架支持的研究基础上，自适应同伴辅导助手鼓励同伴指导者在提供帮助时按下一个按钮，选择"问为什么""解释为什么错""提示"或"解释下一步"。在提供帮助时不触发启动器或在进行偏离主题的对话时触发启动器，都被认为是错误或次优行为。在这些情况下，指导者也可以选择"其他"，这也算作正确不触发启动器的行为。

积极的行为还包括在需要时提供帮助（以及相反的，在不需要时不提供帮助），在适当的时候提供错误反馈，以及提供高层次的概念帮助而不是低层次的下一步帮助。根据被指导者先前的动作，指导者的对话自动触发了 17 条产生式规则中的一条或多条，也就是说可能同时触发多条。在表 16 - 1 中，这些规则按照在实验的完整数据记录中出现的频率递减排列。毫不奇怪，"低层次的帮助"

这一标签经常出现,"不触发启动器无帮助"也是如此,这两个标签设计的目的就是为了包含任务外的对话。

表 16–1　自适应同伴辅导助手数据中自动产生式规则的频率

产生式规则	计数
低层次的帮助 Low Level Help	1 162
不触发启动器无帮助 No Help With No Starters	838
不触发启动器有帮助 No Starters With Help	813
触发启动器有帮助 Help With Help Starters	575
错误后帮助 Help After Incorrect	212
误解后无提示 No Prompt After Misconception	187
误解后无错误反馈 No Error Feedback After Misconception	187
请求后帮助 Help After Request	144
高层次帮助 High Level Help	138
触发启动器无帮助 Starters With No Help	138
错误后无帮助 No Help After Incorrect	64
正确后帮助 Help After Correct	61
短请求后无帮助 No Help After Request Short	43
误解后有错误反馈 Error Feedback After Incorrect	30
错误后有提醒 Prompt After Incorrect	25

续表

产生式规则	计数
解释后有帮助 Help After Explanation	15
长请求后无帮助 No Help After Request Long	2

我们分析的数据集来自124名受试者。他们在62个不相干的小组中工作（包括高中代数1、几何和代数2）大约90分钟（有三个间隔休息时间），加上另外90分钟的辅导、准备、试验前测试（考试）和试验后测试（考试）时间。指导者的行动是由自适应系统实时自动编码的。每个行为所激活的产生式规则是由正则表达式模式匹配，且由早期版本机器学习所生成的指导者的上下文规则共同决定的。我们在模型1的分析中使用了这些代码；然而，需要注意的是，这些代码未经过编码人员的检查，很可能含有不准确之处。正如我们所讨论的，模型1方法的优点之一是其突出显示自动支持系统可能对行动进行错误分类的地方。对于模型2，我们考虑了相同的序列，并对认知和情感特征进行了人工编码，且将重点放在了双人互动的特性上，而不是同伴指导者的行动上。

16.4 模型1：来自指导者话语的直接可比较性帮助

鉴于被指导者在实验过程中受到指导者的直接辅导，从"通过被辅导获得的能力"（下文简称为"被辅导后能力"）而不是"个人对知识的掌握程度"角度来考虑被指导者的心理状态是有意义的。具体来说，如果被指导者遇到障碍，被指导者在解题过程中出现了错误步骤，并在指导者帮助下纠正了错误，我们可询问哪些类型的指导者输入提供了更多的帮助。这就是我们第一个模型的目标，其中指导者话语的类别由表16-1中的标签定义。因此，一个有价值的数据序列总是由一个错误的步骤开始，并由一个正确的步骤结束的。在90分钟的实验中，每个二元组都会产生多个序列，然后我们跨越二元组对所有这些序列进行建模。对于其他数据，如被指导者在未帮助的情况下自我纠正，则会被忽略。

在这里，"帮助"被狭义地理解为使被指导者达到"有能力"的状态，即有可能做出正确的反应。这绝非一个目光长远的定义；告诉被指导者答案是获得正确输出的最快途径。但在开始时，我们接受这种可能性，并对将从数据中学习到什么保持不可知。该模型的图形表示与图 16-2 中的输入—输出隐马尔可夫模型一样，只是我们重新标记了图 16-3 中的节点。每个互动类型的帮助参数 a_k 是在互动 $I = k$ 的条件下，从"无能力状态"过渡到"有能力状态"的概率。a_k 作为状态转移矩阵 A 的一个矩阵元素进入。

我们使用 Python 代码解析了 Walker（2011）所研究的原始 XML 日志（每个二元组各一份）以提取一组序列，并使用输入—输出隐马尔可夫模型进行结果分析。根据设计，一个序列从一个错误步骤开始，在下一个正确步骤结束（每个步骤的正确性由认知指导者评估和记录）。如果表 16-1 中的一条或多条辅导产生式规则在这一时间间隔内被指导者的对话触发，那么每次互动就视为一项观察到的输入。当多个互动同时发生时，它们按记录的（任意）顺序保留；因为中间不可能有可观察到的不正确的步骤，所以数据序列被未观察到的（丢失的）输出步骤填充。然而，在与指导者的互动中，有可能观察到不止一个错误的尝试，如表 16-2 和图 16-3 所示。

表 16-2　指导者—被指导者辅助模型的样本观察序列

被指导者编码	被指导者动作	指导者动作	指导者编码
不正确	【除去 rt】		
		你最后一步错了，你要在两边都除去 $r+v$	错误后帮助 触发启动器有帮助 [5] [7]
	因为现在我还没有解出 t 来 【撤回】		
		不！按我说的做	触发启动器无帮助 [9]
不正确	【除去 $r+t$】 我这样做了，然后呢		
		你除了 $r+t$，我说的是 $r+v$	低水平帮助 不触发启动器有帮助 不触发启动器无帮助 [2] [8] [10]
	【撤回】		
正确	【除去 $r+v$】		

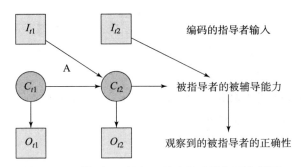

图 16-3　模型 1　输入—输出的隐马尔可夫模型

[方形节点表示被观察状态,而圆形节点表示隐藏状态。为了进一步区分,指导者的输入为填充状态,而对被指导者的观察(正确的、不正确的或未观察到的)为空心状态。]

在图 16-4 中,如果未观察到互动,也就是说,如果被指导者纠正一个错误而不与指导者互动,那么这个序列就被忽略了。

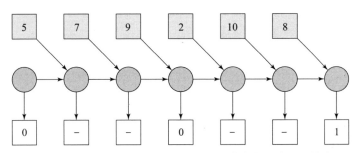

图 16-4　针对表 16-2 中单一数据序列的动态贝叶斯网络表示

因为表 16-1 中的最后 7 个类很少出现,所以我们在本次分析中忽略了它们,而集中在 10 个最频繁的类别上。针对罕见事件学习的参数将是不可靠的,且可能会降低对其余参数的估计。一个全面的标签将是处理这些事件的另一种选择,这也是在自然语言应用中处理稀有词的可能方式。但由于其中一些类别是矛盾的,考虑全部事件将没有可解释的价值。因此,省略某些事件意味着,无论提供何种类型的帮助,其都将在其余类别中重新分配。这就导致了我们并不以某种绝对值来表示帮助效果,而是使用所包括的类别之间的相对比较值来表示。

根据这样的定义,数据集由 343 个序列组成,其中包含 2 169 个时间切片;每个时间切片可能同时包含观察到的输入和输出。观察到的输入层有 10 种状态,学生被辅导后能力中有 2 种潜在层状态，还有 2 个可观察到的输出。输出层有确定的端点——一个不正确的初始状态和一个正确的最终状态，其中中间点有缺失或不正确的状态。所有的参数学习均采用 Murphy（2001）的 Matlab 的 Bayes Net 工具箱进行，它使用了期望最大化（Expectation Maximization，EM）算法的一个变种。由于对数似然流形有局部最大值，因此我们利用了不同初始值的期望最大化多次重启的方式。通过 300 次重启，我们发现，就对数似然而言，10 次最好的动作产生了一致的帮助值。

对帮助参数的样本依赖性的特定衡量很重要，特别是预见到将来有可能提出有关特定亚群的问题。图 16-5 显示了 Delete-d Jackknife 子抽样程序（Shao 和 Wu，1989）的结果，其中 62 个二元组中的 30 个被随机抽样 50 次且未替换。对于每个子样本，将完整数据的估计值作为初始值，用期望最大化运行一次，使其收敛。图中显示的是平均值和标准偏差。

图 16-5 中的横轴上并无互动代码的标签，让读者关注以下显著特点：根据模型，一些互动确实有较高的帮助值，而且它们似乎大致分为两个区间——数值分别介于 0.3 和 0.5 之间以及 0 和 0.18 之间。我们把这些区间内的互动分别称为"命中"（Hit）和"失误"（Miss）。

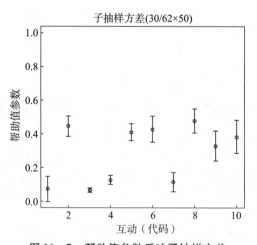

图 16-5　帮助值参数反映子抽样方差

图 16-6 中的条形图显示了来自自适应同伴辅导助手数据的 10 条产生式规则的出现频次（条形高度）和命中/失误分类（分别为填充条形和空心条形），现已完全标记。从左到右的顺序对应于图 16-5 中的编号代码。

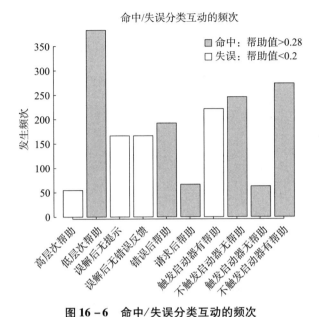

图 16-6 命中/失误分类互动的频次

[条形高度代表频次；黑色条代表具有较高帮助值的互动（命中）；
而白条代表具有较低帮助值的互动（失误）]

从图 16-6 可明显看出，命中/失误分类并不是简单的高频率和低频率的关联，这是另一个好迹象。模型将高层次概念上的帮助分类为失误并不会与常识相冲突，这是因为每次互动的帮助都是一种度量值，用来衡量它帮助学员达到下一个正确步骤的速度有多快。这里的"帮助"必须被理解为一种短期效果，而抽象概念上的"帮助"可能确实会对学习产生更缓慢的影响。接下来的几次互动在表面上也显示出"正确"的分类；也就是说，与"错误后帮助"相比"误解后无提醒"听起来毫无帮助。然而，10 种互动类型中有 2 种是假阳性（"不触发启动器无帮助"和"触发启动器有帮助"），1 种是假阴性（"触发启动器有帮助"）。

首先考虑两个假阳性类别，不管一个人多么不了解使用启动器的重要性，被归类为"没有帮助"的对话都应具有较低的帮助价值。被归类为"不触发启动器无帮助"的互动发生得非常频繁，以至于在 28 个序列中，这是唯一被观察到的序列。仔细看，这 28 条指令中有 11 条包含了如何继续或纠正上一步的具体建议（比如，"对 $-(-y*f-yt)$ 使用乘法分配律""$hq-mk-ks=hq-mk-ks-hq=nt-hq$""$16n$ 而非《好笑的威利》""减去 bh 不是除去它"），而至少 5 条包含了等待或继续的指令（比如，"坚持""赶紧解题！"）。从这个示例可以看出，这个互动标签存在不准确或粒度不足的自动编码问题。确实预料到了不准确性（Walker，2010），但现在模型分类提醒了我们一个潜在的问题：对于某些互动，检测预期值和观察值之间不匹配的能力可以被视为模型中的一个特性（而不是一个错误）。类似故事也出现在"有启动器无帮助"互动中，这并不是单独发生的，但也包含了大约三分之一的有启发性的对话（比如，"你忘记 1 了哈哈""它实际上是 kr""使用减法"）。这些对话也有相当多的动机性言语（例如，"是的，很好，""好，我想我们搞定了！"）和一些来自指导者的评判语句，这是指导者在告诉他的学生：自动编码程序显示你的结果是错误的（"这就是它告诉我""我说，告诉你的伴侣，它是错误的"）。因此，考虑到自动编码的缺陷和辅导性对话的不准确分类，以及编码方案中缺乏对动机性言语行为的考虑，模型中的"假阳性"似乎就能得到解释了。

一个更棘手的问题是，模型将低帮助值分配给标记为"触发启动器有帮助"的互动规则。错误编码似乎是一个可能的解释，也就是说，算法将"非帮助"错误地标记为帮助。一个更可能的解释是，这种互动与序列中其他高层次帮助的互动发生了叠合，这是贝叶斯网络中"解释排除"效应的一个例子（违反了我们的一阶马尔可夫假设）。标签的叠合是因为自动编码算法经常触发同时规则。在 148 个出现"触发启动器有帮助"代码的序列中，该代码从未单独出现过，并且与"低水平帮助"（一个获得高帮助值的标签）重合了 128 次。现存在一些解耦两个经常叠合的互动作用的解决方案。我们可以根据"触发启动器有帮助"是否与"低水平帮助"同时出现，① 而对其发生事件进行不同的重编码，或者我们可以保持"低水平帮助"的帮助值，例如，强制其为零，然后看看相对于其他事物，"触发启动器有帮助"是如何改变的。在回归语言中，后者类似于"控制"一个变量。它的优点是其能揭示其他互动代码是否有通过与"低水平帮助"发生叠合进而与其发生明显的纠缠。将"低水平帮助"的帮助值固定为 0 的结果是，"触发启动器有帮助"确实被判定为"命中"了（帮助值 >0.3）。重要的是，其他八个互动不会因此改变类别；命中和失误的判定结果保持不变。虽然模型本身无法解耦这两种互动，但它可被诱导这样做，这是部分成功的。此外，这种"删除类"过程很容易自动化到分析中。

---

① 这是双元全编码中的特殊情况，也是一种将二阶马尔可夫模型重铸为一阶模型的方法。

使用自适应同伴辅导助手数据的帮助参数已被证明在计算上是可靠的，而且在随机抽查一半的二元组时，其分组也相当稳健。Walker 的实验包括对参与者的实验前测试和实验后测试，这至少需要最后的分析。如果某些互动类型在被指导者的能力水平较高或较低的情况下更具帮助性，那么通过将数据集限制在按被指导者预测试得分的前 30 个二元组中，就可以发现这一点，如图 16 - 7 所示。

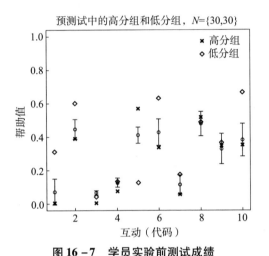

图 16 - 7　学员实验前测试成绩

［高分组和低分组帮助参数差异分类。除了每个互动作用（和每组）的点估计外，
每个互动作用的抽样方差估计也得以显示（见图 16 - 5）］

实验前测试高分组中的被指导者二元组（Xs 形点）的互动帮助值似乎与随机子样本（图 16 - 5 所示的汇总统计中的误差条）以及整个数据集一致。对于低分组的被指导者（菱形表示），10 个互动中有 2 个出现翻转："高层次帮助"从失误变为命中，"错误后帮助"从命中变为失误。其中第一个改变似乎表明，至少在短期内，概念（高层次）上的帮助对准备不足的被指导者更有帮助。一个可能的解释是，准备充分的被指导者（预考分数较高）已经知道这些知识，但只是在执行时被卡住。"错误后帮助"的分类变化也很有意义。一个几乎每一步都易于出错的被指导者很难从被告知错误中获得额外的好处，而一个有点能力的被指导者则可以建设性地吸收这种反馈。表 16 - 1 显示了日志中观察到的事件的频率，但我们在此指出，在区分得分较低和较高的被指导者时，对"高水平"帮助的估计是基于每组 26 次观察，这是一个合适的数量。对"错误后帮助"的帮助值的估计分别基于低分组和高分组的 82 和 107 个观察值。

使用自适应同伴辅导助手数据的模型 1 的主要发现如下：①在重采样条件下，对互动的帮助参数的推理在计算上是可靠和稳定的；②互动似乎自然地分为高帮助和低帮助两类，即命中和失误；③在互动分类与互动编码比较后，有两个明显的误报被解释为编码不准确或粒度不够；④明显的假阴性归因于与另一种互动叠合而产生的强耦合，而对这一错误的现成解决方案确实能使模型估计与预期一致；⑤通过测试前的分数比较了高水平和低水平学生的相对帮助值，对于低水平学生帮助的命中/失误情况并未发生变化，然而低水平学生里分数最低的 10 个学生中有 2 个结果出现反转，这可能表明了不同的认知能力。

第一个分析中的一个不足之处在于互动的自动编码是不准确的。另一个原因是，在输入—输出模型中，输入对应于行为，输出对应于被指导者的正确性，通常情况下，输入要比输出多得多。为了按时间切片排列序列，我们将输出序列填充为"未观察到的"值，即缺失的数据。但是，数据的缺失既不是随机的，又不能被模型中的任何参数解释。为解决此问题，我们可以考虑增加对被指导者的观察输出，不仅包括正确—不正确类别，还包括"拒绝回答"的类别。如果在指导者与被指导者的互动中有意安排轮流发言，这样做是有道理的，但事实并非如此。因为指导者发言可以在同一时间触发多个代码，所以一次被错过的回答尝试可能是人为的。这两个问题将在模型 2 的应用中得到解决，下一节将对此进行描述。

16.5 模型 2：用于预测学习增益的判别式隐马尔可夫模型

我们应用于自适应同伴辅导助手数据集的第二个模型旨在刻画二元组模式的特征，而不是从指导者到被指导者的帮助流。模型 1 中的潜变量是学生知识掌握情况，而现在的潜变量是二元组状态，这并非由理论规定，而是通过探索的方式发现的。对这种隐藏状态的解释必须通过观察与之相关的各种发射概率。正如我们将要展示的，状态的基数将由经验决定。

因为所有的观测（不论是指导者还是被指导者）都是由隐二元状态发出的，所以数据序列不需要用未观察到的值填充。这里所使用的情感编码属于一项情感研究（Ogan、Finkelstein 和 Walker，2012）的编码子集，该研究包括指导者和被指导者的对话。但是，因为被指导者的对话没有被编码为认知标签，所以，所有被指导者的对话都被聚合在通用标签"聊天"下。所使用的所有代码的频率计数如表 16-3 所示。

表 16-3 自适应同伴辅导助手数据中行为码频次

参与人	编码	计数
被指导者	不正确	1 380
	正确	1 690
	撤回	2 544
	聊天	2 333
指导者（认知性）	错误步骤反馈	132
	详细的解释	69
	详细的提示	181
	不详细的解释	1 189
	不详细的提示	168
指导者（情绪性）	欢笑	150
	积极	456
	无礼的	219
	粗蛮的	160
	无编码（话题外）	712

来自自适应同伴辅导助手的原始 XML 日志（每个二元组一个）使用 Python 代码进行解析，以提取有价值的事件，并使用独特的对话字符串将数据与认知和情感编码的对话表合并。值得注意的是，表 16-3 中的认知编码相互排斥，而情感编码可以组合出现。

情感代码可能与认知或其他情感代码结合在一起出现。因为我们的隐马尔可夫模型方法需要一个独特的观察点，所以我们将数据中出现频率最高的 13 个代码组合纳入分析。因此，除了"无礼"之外，还包括"无礼和粗蛮"，后者比"粗蛮"单独出现的频率更高。包括被指导者 4 个可观察的状态（不正确、正确、撤回、聊天），因此有 17 种可能的输出状态。

将数据转换为序列进行隐马尔可夫模型估计的过程如表 16-4 和图 16-8 所示。在数据集中有 10 800 个观察到的输出，这些输出的序列包括从 93 到 327 个动作不等。

表16-4 学习增益模型的样本中指导者-被指导者观察序列

被指导者编码	被指导者动作	指导者动作	指导者编码（包括情绪）
不正确	【除去 rt】		
		你最后一步错了，你要在两边都除去 r+v	错误步骤反馈 不详细的解释
聊天撤回	因为现在我还没有解出 t 来 【撤回】		
		不！按我说的做	无礼，粗蛮
不正确聊天	【除去 r+t】 我这样做了，然后呢		
		你除了 r+t，我说的是 r+v	不详细的解释 不详细的解释
撤回正确	【撤回】 【除去 r+v】		

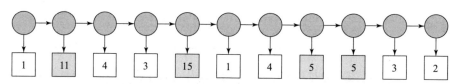

图16-8 根据表16-4中摘录的数据序列的动态贝叶斯网络表示

（方形节点表示被观察状态，而圆形节点表示隐藏状态。为了进一步的视觉区分，指导者输入为有颜色填充，而被指导者动作为无颜色填充。实际上，这个二元组的完整序列比此处展示的长得多）

为了构建分类器，首先根据被测试者从测试前到测试后的归一化增益将二元组分为高增益组和低增益组 $g=(S_{post}-S_{pre})/(1-S_{pre})$。高增益对应于 $g>10\%$（在20对中，平均值 $\bar{g}=28\%$），低增益组对应 $g\leqslant0\%$（在20对中，平均值 $\bar{g}=-3\%$）。由于高增益和低增益的样本组大小相同，分类器的基线比较确实是50%。

我们使用了留一交叉验证法，即每次遗漏一个二元组。对高增益组和低增益组中的所有二元组，学习了一个独立的隐马尔可夫模型。然后根据从每个模型中确定的数据的可能性对遗漏序列进行分类，示意图如图16-9所示。隐藏状态的基数从2到10不等。此外，对每个隐藏状态基数的全数据模型进行了训练，以便计算信息标准 AIC 和 BIC 以评估模型的拟合。

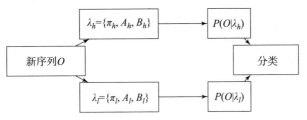

图 16-9　隐马尔可夫模型分类器示意图

模型参数是使用 Matlab 的 Bayes Net 工具箱学习的（Murphy，2001）。由于隐马尔可夫模型的对数似然面是非凹的，参数估计易受局部极大值的影响。在实践中，这意味着估计会从随机参数值中重新启动多次（我们使用了 50 次重新启动），并允许运行几个期望最大化周期（我们运行了 20 次循环）。保留最终对数似然值最高的运行参数。我们使用的重启次数少于模型 1，因为留一过程意味着要重复每个估算步骤 19 次。结果显示在图 16-10 中。

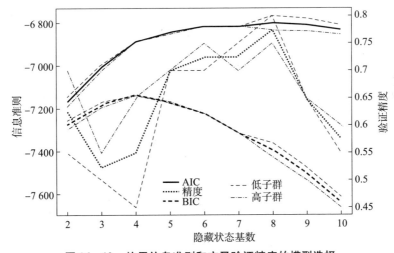

图 16-10　使用信息准则和交叉验证精度的模型选择

（宽线类型从上到下表示 AIC、兰德准确性和 BIC。细线类型则区分每个标准的低子群和高子群）

已观察到最好的交叉验证性能（78% 的准确性），隐藏状态基数为 8，这与 AIC 测量是一致的。BIC 似乎过度惩罚了更复杂模型的附加参数。

为进行比较，我们根据表 16-3 中代码的计数，为高分组和低分组的每个二元组构建了两个逻辑回归分类器。朴素逻辑回归分类器不存在模型选择阶段，只是在每次留一迭代中使用所有可用的数据。或者，我们首先对完整的数据集执行逐步向前—向后的模型选择（R 中的 stepAIC），然后使用留一交叉验证来评估产生的模型误差。最优模型仅包括以下归一化增益的预测因子："不正确""撤回""详细的提示""详细的解释""不详细的解释""欢笑"和"积极"。这些分类器和最佳隐马尔可夫模型性能交叉列表表示如表 16-5 所示。该表还显示了 Goodman 和 Kruskal（1954）的考虑置信区间后成比例减少的误差的 λ 度量。

表 16-5　性能交叉列表表示

分类器	预测标签	实际情况		λ（95% 置信区间）
		高	低	
朴素逻辑分类器	高	11	9	0.10（0.00，0.52）
	低	9	11	
最好的逻辑分类器	高	12	5	0.35（0.00，0.73）
	低	8	15	
隐马尔可夫模型	高	16	5	0.55（0.26，0.84）
	低	4	15	

从表 16-5 中可以看出，尽管隐马尔可夫模型是唯一显著优于 chance（λ = 0）的分类器，但该分析中的样本容量太小，模型间的差异在统计学上并不显著。通过这些表比例，在 95% 的置信水平下，我们将需要大约 10 倍的二元组来区分最佳逻辑模型和隐马尔可夫模型。相反，在当前的样本容量下，隐马尔可夫模型分类器将需要正确地对每一类中 20 个二元对中的至少 19 个进行分类，这是不现实的期望。因此，从优于逻辑分类器的角度来看，本研究的动力不足。实际上，动态模型可能是一个卓越的分类器，利用了输出序列中重复出现的模式，而这些模式在简单的汇总状态时就会被分散。也就是说，逻辑回归分类器也可建立在数据集的双字母组（或三字母组）频率上。

解释习得的隐马尔可夫模型的隐藏状态，尤其是解释高增益组成功的原因是一项更有趣的工作。我们在这里朝着这个方向做了一些尝试，尽管这绝不是一个完整的解释。为便于说明，我们将表 16-6 中高增益组的 8×8 转移状态矩阵（即隐藏状态之间的转移矩阵）包括在内。

第 16 章 同伴辅导互动的动态贝叶斯网络模型（隐马尔可夫模型）

表 16 – 6 高增益组隐藏状态转移矩阵

序号	1	2	3	4	5	6	7	8
1	0.3923	0.0076	0.1578	0.0567	0.0001	0.0015	0.0878	0.2962
2	0.0341	0.0639	0.1428	0.1860	0.0749	0.1429	0.3421	0.0132
3	0.0037	0.0722	0.4405	0.0054	0.1067	0.3175	0.0523	0.0017
4	0.1018	0.2128	0.0586	0.0777	0.0011	0.0033	**0.5274**	0.0172
5	0.0134	0.0387	0.0120	0.0004	**0.8482**	0.0386	0.0045	0.0436
6	0.0253	0.0540	0.5211	0.0039	0.0553	0.0062	0.0209	0.3124
7	0.0378	0.1101	0.0512	**0.6825**	0.0027	0.0408	0.0188	0.0561
8	0.2607	0.0025	0.0871	0.0079	0.0001	0.0022	0.0614	**0.5778**

注：较大数值以黑体显示，以表强调

从表 16 – 6 中可明显看出，状态 5 似乎是一个非常稳定的状态；也就是说，在马尔可夫链中，有 85% 的概率保持在状态 5。同样的状态有 89% 的发射概率。因此，将状态 5 确定为"撤回"状态是合理的；它是稳定的，因为一个"撤回"操作经常会跟着另一个"撤回"操作。沿着表中的对角线可以发现，状态 8 也相当稳定。它是两个与正确回答密切相关的隐藏状态之一（另一个是状态 1）。一系列正确的步骤也是一种常见的模式，这不足为奇。

表 16 – 6 中一个更微妙的特征是状态 4 和 7 之间的跳跃过程或振荡。状态 4 有 53% 的机会过渡到状态 7，然后状态 7 又有 68% 的机会过渡到状态 4。分析 8×17 观察矩阵表明，这是指导者和被指导者之间的"话题外"谈话（因此需要两种状态）。这类观察结果支持在预筛选阶段使用双元分析，正如 Boyer 等人（2011）所做的那样。除 40% 的离题聊天的发射概率，状态 4 也有 19% 的积极聊天的概率，这表明也许这种振荡代表了一种融洽的交流。

对于指导者—被指导者的两种"模式"，即稳定的（被指导者）"撤回"和"话题外"行为，虽然其名义状态编号是不同的，却同样可在低增益转移矩阵中被找到。因此，尽管它们是可以解释的，但仅仅这些模式的存在并不有助于区分高增益行为和低增益行为。正确回答的系列模式在低增益矩阵中明显缺失。相反，在低增益矩阵中，在"不详细的解释"和"正确"之间出现了一个循环（暗示指导者直接将答案反馈给被指导者）。这个循环与 16.4 节的发现一致，即低层次的帮助有较高的帮助值。但是在这个模型中，高层次帮助（详细的提示和解释）对于实验前测试成绩较低学生有较高的帮助分数这一现象并不明显，也许是因为它不常出现。

这些模式和/或其他可解释模式的相对频率是否可以用来更好地理解高效的辅导课程，并最终在同伴学习环境中提供自动反馈，这是一个持续研究的主题。

16.6 结论和未来工作

我们提出了两种不同的方法来利用动态贝叶斯网络对来自协作互动的顺序数据进行建模。在模型1中，编码后的指导者对话被建模为输入，而被指导者的正确性是建模输出的唯一类型。该模型的目的是推断不同指导者话语类型对被指导者被辅导后能力（二元隐藏状态）的比较帮助值，以纠正错误。虽然模型取得了一定的成功，但实时自动代码不精确和数据缺失限制了模型的有效性。

其次，我们将二元状态（$|S|=8$）而不只是被指导者状态建模为一个隐藏层，使用有区别的隐马尔可夫模型方法对高学习增益和低学习增益进行分类。这一次，有17个观察到的动作类别，包括认知和情感的编码标签。尽管样本量太小导致差异不显著，隐马尔可夫模型的分类准确率（78%）还是超过了最好的静态逻辑回归模型（68%）。我们承认，需要进一步的研究来为动态信息在同伴互动建模中的价值做出更有说服力的证明。

虽然学习模型的一些特征很容易解释，但仍有很多工作要做，以了解高增益和低增益群体之间的差异，从而使可行干预成为可能。探索认知和情感因素之间的相互作用也是一个有价值的方向。重新审视同伴间辅导的学习理论，并利用这些理论迭代描述指导者和被指导者对话的代码，可能会找到两种方法间更清晰的联系，从而产生更多可解释的结果。我们认为，我们的贡献在于从概念上证明了如何使用隐马尔可夫模型方法提取协作互动中的模式，例如可用于检测有效和无效的协作互动，并在适当的情况下触发自适应支持。

参考文献

[1] ALMOND R G. An illustration of the use of Markov decision processes to represent student growth (learning) (ETS Research and Development Report No. RR-07-40) [R]. Princeton, NJ, USA: ETS, 2007.

[2] BAGHAEI N, MITROVIC A, IRWIN W. Supporting collaborative learning and problem-solving in a constraint-based CSCL environment for UML class

diagrams [J]. International Journal of Computer - Supported Collaborative Learning, 2007, 2 (2-3): 159-190.

[3] BAUM L, PETRIE T. Statistical inference for probabilistic functions of finite state Markov chains [J]. Annals of Mathematical Statistics, 1966, 37 (6): 1554-1563.

[4] BENGIO Y, FRASCONI P. An input output HMM architecture [M]. Cambridge, MA: MIT Press, 1995.

[5] BLACKWELL D, KOOPMANS L. On the identifiability problem for functions of finite Markov chains [J]. The Annals of Mathematical Statistics, 1957, 28 (4): 1011-1015.

[6] BOYER K E, PHILLIPS R, INGRAM A, et al. Investigating the relationship between dialogue structure and tutoring effectiveness: A hidden Markov modeling approach [J]. International Journal of Artificial Intelligence in Education, 2011 (21): 65-81.

[7] DILLENBOURG P. Over - scripting CSCL: The risks of blending collaborative learning with instructional design [M]. Heerlen, Netherlands: Open Universiteit Nederland, 2002.

[8] GHAHRAMANI Z. An introduction to hidden Markov models and Bayesian networks [J]. International Journal of Pattern Recognition and Artificial Intelligence, 2001, 15 (1): 9-42.

[9] GILBERT E. On the identifiability problem for functions of finite Markov chains [J]. The Annals of Mathematical Statistics, 1959, 30 (3): 688-697.

[10] GOODMAN L, KRUSKAL W. Measures of association for cross classifications [J]. Journal of the American Statistical Association, 1954, 49 (268): 732-764.

[11] JOHNSON D W, JOHNSON R T. Cooperative learning and achievement [M]. New York, USA: Praeger, 1990.

[12] KUMAR R, ROSÉ C, WANG Y, et al. Tutorial dialogue as adaptive collaborative learning support [C]//Proceedings of the 2007 Conference on Artificial Intelligence in Education: Building technology rich learning contexts that work. Amsterdam, The Netherlands: IOS Press, 2007: 383-390.

[13] MAGNISALIS I, DEMETRIADIS S, KARAKOSTAS A. Adaptive and intelligent systems for collaborative learning support: A review of the field [J]. IEEE Transactions in Learning Technologies, 2011, 4 (1): 5 - 20.

[14] MURPHY K P. The Bayes net toolbox for Matlab [J/OL]. Computing Science and Statistics, 2001, 33 (2). https://code.google.com/p/bnt/.

[15] NAG R, WONG K, FALLSIDE F. Script recognition using hidden Markov models [C]//ICASSP'86: IEEE International Conference on Acoustics, Speech, and Signal Processing (Vol. 11). New York, NY: Institute of Electrical and Electronics Engineers, 1986, 2071 - 2074.

[16] OGAN A, FINKELSTEIN S, WALKER E. Rudeness and rapport: Insults and learning gains in peer tutoring [R]. Chania: He 11th International Intelligent Tutoring Systems Conference, 2012.

[17] PEARL J. Probabilistic reasoning in intelligent systems: Networks of plausible inference [M]. San Francisco, CA, USA: Morgan Kaufmann, 1988.

[18] RABINER L R. A tutorial on hidden Markov models and selected applications in speech recognition [J]. Proceedings of the IEEE, 1989, 77 (2): 257 - 286.

[19] REYE J. Student modelling based on belief networks [J]. International Journal of Artificial Intelligence in Education, 2004 (14): 1 - 33.

[20] SCHOENFELD A H. Learning to think mathematically: Problem solving, metacognition, and sense - making in mathematics [M]. New York, NY: Macmillan, 1992.

[21] SHAO J, WU C F J. A general theory for jackknife variance estimation [J]. Annals of Statistics, 1989, 17 (3): 1176 - 1197.

[22] SOLLER A, STEVENS R. Applications of stochastic analyses for collaborative learning and cognitive assessment [R]. Alexandria, Virginia, Egypt: Technical report, 2007.

[23] STARNER T, PENTLAND A S. Real - time american sign language recognition hidden Markov models from video using [M]. Amsterdam, The Netherlands: Springer, 1997.

[24] WALKER E. Automated adaptive support for peer tutoring [D]. Pittsburgh: Carnegie Mellon University, 2010.

[25] WALKER E, RUMMEL N, KOEDINGER K R. CTRL: A research framework for providing adaptive collaborative learning support [J] User Modeling and User - Adapted Interaction, 2009, 19 (5): 387-431.

[26] WALKER E, RUMMEL N, KOEDINGER K R. Modeling helping behavior in an intelligent tutor for peer tutoring [C]//V. Dimitrova, R. Mizoguchi, B. du Boulay, et al. Proceedings of the 14th International Conference on Artificial Intelligence in Education. Amsterdam, The Netherlands: IOS Press, 2009: 341-349.

[27] WALKER E, RUMMEL N, KOEDINGER K R. Designing automated adaptive support to improve student helping behaviors in a peer tutoring activity [J]. International Journal of Computer - Supported Collaborative Learning, 2011, 6 (2): 279-306.

[28] WALKER E, RUMMEL N, KOEDINGER K R. Adaptive intelligent support to improve peer tutoring in algebra [J]. International Journal of Artificial Intelligence in Education, 2014, 24 (1): 33-61.

第 17 章　用动态系统建模技术表示二进制互动过程中的自组织和非平稳性

Sy–Miin Chow、Lu Ou、Jeffrey F. Cohn 和 Daniel S. Messinger

摘要：为了表示随着时间推移的多维和多方向变化过程，动态系统建模技术提供了一个方便的平台。动态系统模型的核心是这样一个概念，即一个系统可能表现出一些突现特性，这些突现特性允许系统通过选定的关键参数的时间波动，自组织成质量上截然不同的状态。利用基于计算机视觉的测量方法，我们对一对母婴的面对面互动过程中的微笑进行了测量，利用广义加性建模技术对具有自组织、时间调节动态参数的多变量动态系统模型进行了拟合。我们发现了婴儿与母亲交叉回归效应随时间的系统性变化的证据，这提供了一个使我们得以观察在互动过程中二元自组织如何进入不同状态的机会，包括母亲的积极性被婴儿的积极性加强和强化的时期，以及母亲的积极性与婴儿过去的积极性水平负相关的时期。

关键词：动态系统；时变系数；自组织；二元互动；广义可加模型；面对面/静态面对面；非平稳性

17.1　引言

模拟群体成员如何行动、反应和互动是一个具有挑战性且固有的高纬度问题。近年来，将群体协作概念化为随时间演变的动态过程的兴趣迅速增长。例如，Soller 和 Stevens（2007）使用隐马尔可夫模型将在线知识共享表示为有效知识共享事件和知识共享崩溃之间的转换序列。在低维环境中，Halpin 及其同事（参见本书第 17 章；同时参见 Halpin 和 Deboeck，2013）已使用霍克斯过程将二元组互动表示为一个动态过程，其中每个个体的行动都会影响二元组进一步行动的概率。

在团队动力学建模中要解决的一个具有挑战性但又至关重要的方面就是涉及

研究人员是否以及如何能够有效地表示团队成员之间由于情况变化而展开的关系实时变化（例如，Hao 等人在一个涉及四语聊天的应用程序的团队成员的交流和协作中展开）。例如，在一个合作的游戏开始时，团队成员可通过互惠而友好的交流与近邻讨论和交换策略。随着时间压力的出现，交流可能会变得更加激烈，甚至升级为分歧或争吵。团队中的特定成员可能开始成为团队领导者，并对团队施加比他们受团队其他成员影响更大的影响。在动态系统的术语中，据说该团队通过选定的关键参数或有价值的变量（例如，这个特定例子中的时间压力；Barton，1994；Haken，1977、1983；Kelso，1995；Smith 和 Thelen，1993；Thelen，1989）的变化，在质量上自组成不同的状态。在这一章中，我们通过亲子互动的特殊情况——二元过程来说明自组织特性的实例。尽管我们此处仅限于二元过程建模的低维问题，但是探索两个个体的自组织动态的工具为更大规模团队的评估提供了基本的构件。

亲子影响包括婴儿对父母（父母反应）和父母对婴儿（婴儿反应）的影响（Brazelton、Koslowski 和 Main，1974）。研究发现，中度到高度的父母反应与以下因素有关：婴儿对父母的安全依附理论的发展（Isabella 和 Belsky，1991；Jaffe 等人，2001）、婴儿对良心规则的遵循（Kochanska、Forman 和 Coy，1999）、婴儿对发展中的情绪表达的理解（Stern，1985；Tronick，1989），以及语言和认知的发展（Feldman 和 Greenbaum，1997；Feldman、Greenbaum、Yirmiya 和 Mayes，1996；Landry、Smith、Miller-Loncar 和 Swank，1997）。婴儿适应父母行为并展现情绪模式变化的能力也被视为发展的里程碑（Ainsworth、Blehar、Waters 和 Wall，1978；Brazelton 等人，1974；Tronick 和 Gianino，1986）。先前研究已报道了关于婴儿与父母之间秒基时变同步的证据（即在面对面/静态面对面程序中；Chow、Haltigan、Messinger，2010），并且表明婴儿在静止面对面的程序中社交参与的变化（即父母停止互动并对婴儿保持中性表情的短暂时刻）与依附理论安全和内在化问题有关（Haltigan、Messekas 和 Messinger，2013）。

迄今为止，尚无研究同时探讨父母和婴儿在实时互动中相互影响的随时间不变性。如果不建模，这种人与人间的异质性[①]变化构成的非平稳性的来源[②]，可

[①] 异质性可能源于（a）人群中人与人之间因亚组/亚群或其他个体差异特征存在而产生的差异；以及（b）在个人重复评估过程中，个人内部变化特征的差异
[②] 严格平稳性是指假设随机过程的概率分布随时间变化保持不变的性质，而弱平稳性仅要求概率分布的均值和方差不随时间变化（Chatfield，2004）

能会模糊和扭曲我们对系统动力学的理解。缺乏易于获得的工具来诊断和评估这种随时间变化的婴儿—父母关系的性质,是没有按照上述方向开展建模的原因之一(Chow、Hamaker 和 Allaire, 2009; Chow、Zu、Shifren 和 Zhang, 2011; De Jong 和 Penzer, 1998)。反过来,由于缺乏双向影响变化的具体经验证据,因此需要在使用确定的方法前首先探索这种变化的功能形式(Chow 等人, 2011; Molenaar, 1994)。

具有时间和状态相关参数的模型的诸多开创性工作起源于计量经济学、统计和生理建模文献,并在这些文献中得到进一步推广。此类模型的示例包括但不限于单变量时变参数模型,例如局部线性趋势模型(Durbin 和 Koopman, 2001)、时变自回归移动平均(Auto Regressive Moving Average, ARMA)模型(Tarvainen、Georgiadis、Ranta‑aho 和 Karjalainen, 2006; Weiss, 1985)、随机回归模型(Pagan, 1980)和具有时变因子载荷或动态参数的动态因子分析模型(Chow 等人, 2011; Del Negro 和 Otrok, 2008; Molenaar, 1994; Stock 和 Watson, 2008)。在大多数情况下,允许从模型中选择的参数随时间或系统中的其他变量而变化,然后将一个被认为足够灵活以捕捉参数变化的函数合并到原始动态模型中。

在本章中,我们使用灵活的平滑和估计例程来拟合广义加性混合模型(Generalized Additive Mixed Models, GAMM),其作为 R 语言 MGCV 包(Heywood、Cornelius 和 Carver, 2006)的一部分,以诊断、评估和表达自组织动力学。通用 GAMM 框架扩展了广义线性模型(McCullagh 和 Nelder, 1989)和广义加性模型(Hastie 和 Tibshirani, 1990; James, 2002),假设 i 人的响应变量 y_i(其中, $i=1, \cdots, n$,其中 n 表示受试者的总数),可作为指数族的成员(例如,正态分布、泊松分布、伽马分布、多项式分布等);更多示例参见第 13 章(Cohen、Cohen、West 和 Aiken, 2003)。y_i 的均值 $\mu_i \equiv E(y_i)$ 与半参数预测器 η_i 相关联,表示为:

$$\eta_i = X_i\boldsymbol{\beta} + \sum_{k=1}^{K} f_{1,k}(x_{1,ki}) + \sum_{o=1}^{O}\sum_{r=1}^{R} f_{2,o}(x_{2,ri})x_{2,oi}^{*} + \sum_{q=1}^{Q}\sum_{s=1}^{S} f_{3,s,q}(x_{3,qi}, x_{3,si}^{*}) + Z_i b_i \tag{17.1}$$

通过 $\eta_i = g(\mu_i)$,其中 g 是将 y_i 的均值映射到 η_i 的链接函数,而 $g^{-1}(\eta_i)$ 是将 η_i 转换为 μ_i 的逆变换:第一项和最后一项构成标准线性混合效应模型中的常用参数分量;第二、第三和第四项是非参数分量,其中一系列协变量对响应变量均值的影响具有未知的函数形式。具体来说，X_i 是包含 i 人的固定效应分量的设计矩阵，$\boldsymbol{\beta}$ 是固定效应参数的对应向量；Z_i 是 i 人的随机效应设计矩阵，$b_i \sim N(0, \boldsymbol{\psi}_b)$ 假设为具有零均值的多元正态分布的随机效应向量，协方差矩阵 $\boldsymbol{\psi}_b$ 是特定于个人的协变量。$f_{1,k}$ 是第 k 个协变量，即 $x_{1,k_i}(k = 1, 2, \cdots, K)$ 的平滑函数。扩展前面提到的团队动力学示例，研究人员可能希望通过将时间作为 K 协变量之一，来评估每名团队成员的绩效水平中可能存在的非线性时间趋势。或者，诸如压力之类的协变量可能对每名成员的绩效水平产生非线性影响（Henderson、Snyder、Gupta 和 Banich，2012），并且可能作为另一个协变量包含在这个特定的平滑项中。

第三项 $f_{2,o}(o = 1, \cdots, O)$ 表示 O 个平滑函数，它允许协变量 x_{2,r_i} 与另一个（不平滑的）协变量 x^*_{2,o_i} 具有平滑变化的互动（Hastie 和 Tibshirani，1993；Ibrahim、Leelahanon 和 Li，2005）。换句话说，这组平滑函数允许协变量 $x_{2,r_i}(r = 1, \cdots, R)$ 的影响——例如，压力——在 i 人的第 o 个协变量 x^*_{2,o_i} 的每个值处平滑变化，其中后者通常是离散值协变量，例如性别、离散时间或地理区域①。因此，这一平滑项提供了一种简单的方法来测试 x^*_{2,o_i} 中的协变量是否以及如何能够缓和 x^*_{2,o_i} 中的协变量的可能非线性效应。例如，研究人员可能会使用这个平滑术语来寻找压力可能产生的非线性影响中性别或随时间差异的证据。

$f_{3,s,q}(s = 1, \cdots, S; q = 1, \cdots, Q)$ 这项是张量积的 SQ 平滑，用于逼近协变量对 η_i 的未知但联合非线性效应影响（例如，在与 x^*_{3,s_i} 之间的互动）。基于压力和个人表现水平的例子，压力和时间对成员表现的作用可能表现出非线性的相互依赖关系，因此团队成员的表现水平在压力水平较低时可能随着时间的推移相对恒定，但不一致性有所提升——在高水平的压力下表现为弱强交替。

虽然等式 17.1 是单变量的（即，仅具有单个因变量），等式 17.1 中所示对应的多变量扩展型可以使用双变量混合效应模型（MacCallum、Kim、Malarkey 和 Kiecolt‐Glaser，1997），从而允许使用 GAMM 建模框架对团队中多名成员之间的多变量依赖关系进行建模。由于 GAMM 框架在处理来自指数族的任何密度方面

---

① GAMM 提供了一系列过程，使用不同平滑项，以逼近这些函数和所得曲线。$f_{1,k}(.) - f_{3,s,q}$ 通常被称为平滑函数，且由这些函数产生的曲线或直线被称为"平滑线"（Hastie 和 Tibshirani，1990；McKeown 和 Sneddon，2014）。注意，在 $x_{1,ki} - x^*_{3,si}$ 中，第一个下标用于区分与特定协变量关联的平滑函数类型，第二个下标用于区别受特定类型平滑函数影响的协变量。在 $x^*_{2,o,i}$ 和 $x^*_{3,si}$ 中，上标用于区分在第二类和第三类平滑参数中出现的两组协变量。例如，$x_{2,ni}$ 表示在 $f_{2,o}$ 中进行平滑处理的第 r 个协变量；而 $x^*_{2,o,i}$ 表示第 o 个（未进行平滑处理）的变量，其缓和了 $f_{2,o}(x^*_{2,ri})$ 对 η_i 的影响

具有通用性，因此本章说明的方法通过扩展也可用于对非正态分布数据（例如，分类和计数数据）进行模型探索，前提是它们符合指数族要求。在这里，我们将自己限制在一个特殊情况中：使用来自面对面互动背景下的单个二元组连续数据。因此，我们假设响应为正态分布（即 $\eta_i = \mu_i$），并且 b_i 不包括随机影响。

17.2 方法

使用不同于在这里采用的 GAMM 技术，本章中用于建模的数据先前在其他文献发表过，以演示如何在面对面互动中自动测量母婴面部表情的应用（Messinger、Mahoor、Chow 和 Cohn，2009）。用于建模的数据来自一对由 6 个月大的婴儿及其母亲组成的小组的面部运动测量值，他们在 43 秒内进行面对面的互动，并且每个同伴的面部均可无障碍地接近完整的正面视图。数据是逐帧获取的（每秒 30 帧，总共 1 292 帧），并以 0.1 秒的间隔（即每 3 帧）汇总，共产生 430 个时间点用于模型拟合。我们使用了通过计算机视觉软件 CMU/Pitt 的自动面部图像分析（Automated Facial Image Analysis，AFA4）获得的微笑强度和眼睛收缩测量值。该软件生成了面部动作编码系统（Ekman 和 Friesen，1978）强度测量值。口张开度的测量为上下嘴唇之间的垂直距离。所有测量值均归一化并表示为 Z 分数。根据先前分析的结果（Messinger 等人，2009），我们计算了婴儿和母亲（以下分别表示为婴儿和母亲）的综合积极分数，使用的措施被发现与积极情绪的连续评级有很强的收敛关联。测量值包括婴儿的微笑强度、张嘴和眼睛收缩水平，以及母亲的微笑强度和眼睛收缩水平。图 17 – 1（a）~（c）显示了用于创建综合积极性分数以及双元组（另一成员）的综合积极性分数随时间变化的自动测量平面图。

我们首先探索以二阶向量自回归模型［即 VAR（17.2）模型］形式的线性参数模型，表示为模型 1，如下所示：

$$\mu_{\text{Mom},t} = \beta_{M1}\text{Tickle}_t + f_{M1}(\text{Time}_t) + \beta_{M2}\text{Mom}_{t-1} + \beta_{M3}\text{Mom}_{t-2} + \beta_{M4}\text{Infant}_{t-1}$$
$$\mu_{\text{Infan},t} = \beta_{I1}\text{Tickle}_t + f_{I1}(\text{Time}_t) + \beta_{I2}\text{Infant}_{t-1} + \beta_{I3}\text{Infant}_{t-2} + \beta_{I4}\text{Mom}_{t-1}$$

(17.2)

其中，$\mu_{\text{Mom},t}$ 和 $\mu_{\text{Infan},t}$ 分别表示母亲和婴儿在时间 t 的预期积极性水平，Time_t 表示时间指数，而 Tickle_t 表示母亲是否在时间 t 挠痒婴儿的二元指标（0 = 否，1 = 是）。

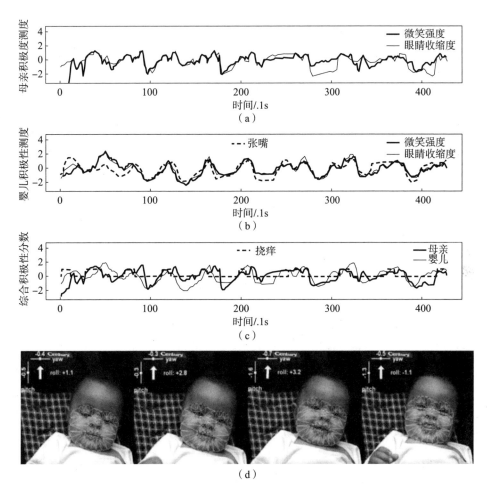

图 17-1　用于创建综合积极性分数以及双元组（另一成员）的综合积极性分数随时间变化的自动测量平面图和 AFA4 的主动外观模型

[图（a）（b）展示了二元组成员积极性水平的自动测量图，而图（c）展示了"挠痒"场景下的母婴综合积极性分数的时间序列图，该二元指数表示母亲何时给婴儿挠痒。图（d）显示了 AFA4 的主动外观模型（Active Appearance Model，AAM）。AAM 是一个网格，可随时间跟踪面部特征（从左到右），同时单独建模刚性头部运动（偏头、俯仰和滚动，在图像的左上部可见）]

β_{M4} 和 β_{I2} 表示每个对子成员在时间 $t-1$ 的先前积极性水平对他/她在时间 t 的积极性水平的线性 lag-1 自回归效应，而 β_{M3} 和 β_{I3} 表示相应的线性 lag-2 自回归效应；同样，β_{M4} 和 β_{I4} 表示其他二元组成员的积极性水平对二元组成员当前积极性水平的线性 lag-1 交叉回归效应。这些交叉回归效应在该模型中被限制为不随时间变化，并作为一个二元组成员的积极性与另一个二元组成员的积极性耦合程度的一般指标。因此，如果母亲（或婴儿）的积极性与前一个时间点的婴儿（母亲）积极性相关或受其影响，即 β_{M4}（或 β_{I4}）在统计学上不为零，则称母亲（婴儿）在整个互动过程中，对婴儿（母亲）积极性的波动做出普遍或平均的反应。

分别通过 $f_{M1}(\text{Time}_t)$ 和 $f_{I1}(\text{Time}_t)$ 显示，母亲和婴儿的时间趋势都是平稳的。这两个平滑项使我们能够捕捉到每个二元组成员积极性水平的非参数的但相对缓慢的波动，这种波动独立于母婴互动过程（例如，由于环境的变化或扰动）而展开，否则可能会使二元组成员之间耦合动力学的估计产生偏差。

然后，我们将模型 1 与模型 2 进行了比较，该模型由挠痒的线性效应、数据中时间趋势的平滑性以及二元组成员的滞后积极性水平的张量积、捕捉每名成员可能的非线性内在动态的时间以及成员与其他二元组成员的关联组成：

模型 2

$$\mu_{\text{Mom},t} = \beta_{M1}\text{Tickle}_t + f_{M1}(\text{Time}_t) + f_{M11}(\text{Mom}_{t-1}, \text{Time}_t) +$$
$$f_{M12}(\text{Mom}_{t-2}, \text{Time}_t) + f_{M13}(\text{Infant}_{t-1}, \text{Time}_t)$$
$$\mu_{\text{Infant},t} = \beta_{I1}\text{Tickle}_t + f_{I1}(\text{Time}_t) + f_{I11}(\text{Infant}_{t-1}, \text{Time}_t) +$$
$$f_{I2}(\text{Infant}_{t-2}, \text{Time}_t) + f_{I3}(\text{Mom}_{t-1}, \text{Time}_t) \quad (17.3)$$

与标准线性自回归模型（如公式 17.2 所示的模型）不同，在该模型中，母亲的自回归效应［包括 $f_{M11}(\text{Mom}_{t-1}, \text{Time}_t)$ 和 $f_{M12}(\text{Mom}_t - 2, \text{Time}_t)$］和婴儿的自回归效应［包括 $f_{I1}(\text{Infant}_{t-1}, \text{Time}_t)$ 和 $f_{I2}(\text{Infant}_t - 2, \text{Time}_t)$］被允许以非线性方式被时间调节。因此，这些项可以称为时间调节的自回归效应。在这个模型中，非常有意义的是时间调节的交叉回归效应［包括 $f_{M13}(\text{Infant}_{t-1}, \text{Time}_t)$ 和 $f_{I3}(\text{Mom}_{t-1}, \text{Time}_t)$］，分别作为描述母亲和婴儿反应性随时间变化的波动表达。

本章提出的两个模型通过惩罚最小二乘估算 R 中的 MGCV 进行估计。在实践中，可使用各种样条函数或惩罚样条函数来获得这些方程中的平滑值［即，所有涉及 $f(.)$ 的项］。常见的选择包括三次样条、B - 样条、P - 样条和其他惩罚回归样条（Green 和 Silverman，1994）。在这里，我们使用薄板回归样条，它使用特征值分解过程来选择可以最大化数据中解释的方差量的分段回归样条系数。薄板回归样条具有以下优点：①不必选择节点位置，从而降低建模的主观性并具有最佳基础（Wood，2006）；②能够容纳比其他样条回归方法更多的预测变量。

17.3 结果

使用 Akaike 信息准则（Akaike Information Criterion，AIC；Akaike，1973）和

广义交叉验证指数（Generalized Cross-Validation Index，GCV）比较模型1和模型2的拟合，这可以作为基于留一交叉验证法的均方预测误差的估计，其中较低的值表示更好的拟合（Wood，2006）。AIC和GCV值都表明，使用张量积项的模型2比线性参数模型1提供了更好的拟合（见表17-1）。为便于比较，我们在表17-1中包括了与模型1和模型2的推理目的相关的参数估计、标准误差估计和其他输出。

表17-1 将模型1、模型2拟合到二元组数据的结果

项目	模型1	模型2
参数组成	参数估计（SE）	参数估计（SE）
β_{M1}	-0.002（0.03）	0.04（0.02）
β_{M2}	1.29（0.03）***	—
β_{M3}	-0.60（0.03）***	—
β_{M4}	0.07（0.04）	—
β_{I1}	0.06（0.02）**	0.05（0.02）**
β_{I2}	1.68（0.04）***	—
β_{I3}	-0.71（0.04）***	—
β_{I4}	-0.01（0.01）	—
非参数（光滑）组成	edf	edf
f_{M1}(Time)	46.93***	5.54
f_{I1}(Time)	1.00	8.87***
f_{M11}(Mom$_{t-1}$,Time)	—	57.02***
f_{M12}(Mom$_{t-2}$,Time)	—	35.77***
f_{M13}(Infant$_{t-1}$,Time)	—	21.07***
f_{I11}(Infant$_{t-1}$,Time)	—	2.94***
f_{I12}(Infant$_{t-2}$,Time)	—	5.76***
f_{I13}(Mom$_{t-1}$,Time)	—	3.86
拟合信息		
调整后的R^2	0.976	0.980
GCV	0.021	0.019
AIC	-887.79	-978.94

说明：SE＝标准误差估计；edf＝有效自由度；GCV＝广义交叉验证指数；AIC＝Akaike信息准则

*** $p<0.0001$；** $p<0.001$；* $p<0.01$

拟合模型 2 的主要结果在图 17-2 和图 17-3 中以图形方式描述。结果表明，模型 2 中 8 个平滑（非参数）项中的 6 个，包括 5 个时间调节的张量积项，被发现具有统计学意义（$p < 0.0001$），有效自由度（edf）与 1.0（见表 17-1 的第二列）。一个 edf 值显著偏离 1.0 表明相关的平滑项的特征与线性显著偏

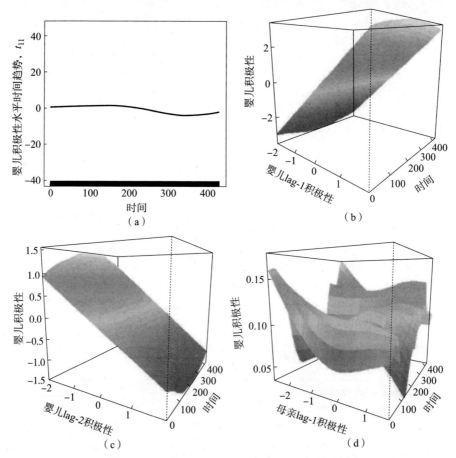

图 17-2　模型 2 中对婴儿积极性的选定影响

[（a）婴儿积极性水平的平滑时间趋势；（b）婴儿在时间 $t-1$ 的积极性水平和时间对时间 t 的婴儿积极性的联合影响，或者换句话说，婴儿积极性的时间调节的 lag-1 自回归效应；（c）婴儿在时间 $t-1$ 的积极性水平和时间对母亲积极性和时间 t 的联合影响，或者换句话说，时间调节的母亲反应性；（d）~（f）从不同角度旋转了母亲在时间 $t-1$ 的积极性水平和时间对时间 t 的婴儿积极性的联合影响，或者换句话说，时间调节的婴儿反应性；和（g）~（i）在时间 $t = 20$、165 和 380 的图（d）~（f）的二维切片，其他变量的值保持在各自的中位数]

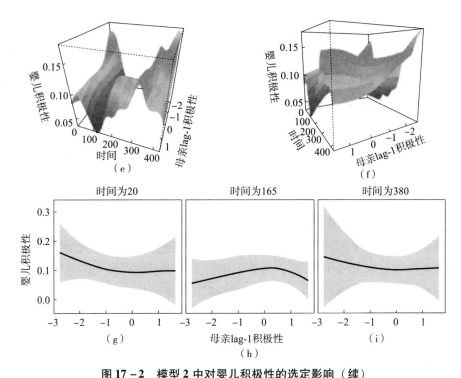

图 17-2 模型 2 中对婴儿积极性的选定影响（续）

[（a）婴儿积极性水平的平滑时间趋势；（b）婴儿在时间 $t-1$ 的积极性水平和时间对时间 t 的婴儿积极性的联合影响，或者换句话说，婴儿积极性的时间调节的 lag-1 自回归效应；（c）婴儿在时间 $t-1$ 的积极性水平和时间对母亲积极性和时间 t 的联合影响，或者换句话说，时间调节的母亲反应性；（d）~（f）从不同角度旋转了母亲在时间 $t-1$ 的积极性水平和时间对 t 时间的婴儿积极性的联合影响，或者换句话说，时间调节的婴儿反应性；和（g）~（i）在时间 $t=20$、165 和 380 的图（d）~（f）的二维切片，其他变量的值保持在各自的中位数]

离①。婴儿的平滑时间趋势，绘制在图 17-2（a）中，表明在 $t=200$ 之前该二元组的婴儿积极性相对恒定，随后是一个轻微的二次下降模式，并在 $t=300$ 之后反弹。这样一个相对平滑的时间趋势从建模母亲和婴儿之间的滞后依赖关系的角度来看是可取的，因为它有助于消除可能对滞后的人际依赖关系有偏差估计的趋势，同时不会过度提取更微妙的微观变化。通过这种方式，在数据中保留了足

---

① edf 与惩罚基函数中用于平滑数据"摆动"的平滑参数成反比。粗略地说，它们可视为这样一种权重，其将与协变量的惩罚平滑系数映射到与协变量相关联的未惩罚线性参数系数。edf 值接近于零，意味着特定协变量在统计学上对因变量不产生显著影响，而 edf 值接近 1.0，意味着并无足够证据证明协变量的影响是非线性的。

够的潮起潮落，以便由其他自变量来解释。平滑时间趋势在解释婴儿而非母亲的积极水平方面发挥了统计学上显著的作用（即该平滑项的95%置信区间通常不包括零）。

时间和婴儿的lag–1自回归效应之间的张量积的平滑度［见图17–2（b）］表明婴儿积极性的lag–1自回归效应是正的并且大部分是线性的。涉及时间的张量积和婴儿的lag–2自回归效应［见图17–2（c）］的相应平滑度通常为负数。描述婴儿在时间$t-1$（即滞后1或0.1s前）和$t-2$（即滞后2或0.2s前）时婴儿当前和先前积极性之间关联的平面角度基本保持不变。因此，这些关联在很大程度上保持线性，并且仅随着时间的推移显示出有限的缓和，正如这两个平滑的相对较低的edf所证实的那样（分别为2.94和5.76）。相反，观察到母亲在时间$t-1$的积极性与婴儿在互动开始时的积极性呈正指数关联，在互动结束时呈线性并略有减弱［见图17–3（a）］。与婴儿相似，母亲积极性的lag–2自回归效应在很大程度上是负面的，但与婴儿相比显示出更多的随时间波动［见图17–3（b）］。

强制模型2中的时间调节自回归和交叉回归效应与模型1中一样是时间不变的，从而掩盖了由$f_{M13}(\text{Infant}_{t-1}, \text{Time})$捕获的从婴儿到母亲的统计效应显著但波动的交叉回归关系，这个平滑项估计具有统计学意义，而由$f_{M13}(\text{Mom}_{t-1}, \text{Time})$捕获的从母亲到婴儿的反向交叉回归关系不具有统计学意义（见表17–1的第二列）。这与使用时不变交叉回归效应拟合模型1的结果形成对比，其中总体或非时变交叉回归效应——β_{I4}和β_{M4}，均被估计为与零不存在显著差异（见表17–1的第一列），并且会导致错误的结论，即并无证据表明该二元组中的父母有反应。

为帮助理解GAMM的结果，我们以不同的角度旋转了这些交叉回归关联的图［分别见图17–2（d）~（f）和图17–3（c）~（e）］，并在特定的时间切片上描绘了这些关联（即在$t=20$、165和380时；参见图17–2（g）~（i）和图17–3（f）、图17–3（h）），并保证其具有大约95%的置信区间（通过从预测轨迹中添加和减去两个标准误差获得）。对这些图的观察表明，母亲→婴儿的耦合效应（婴儿的反应性）是短暂的，并且随着时间的推移会出现噪声波动。这导致了非常宽的置信区间，且通常与零重叠。相反，母亲对婴儿的影响主要通过母亲的挠痒行为表现出来，这导致在统计学意义上，婴儿的积极性水平升高，而母亲的积极性水平未升高（$\beta_{I1}=0.06$，SE$=0.02$，$p<0.01$；与"未统计的情况"相比）。

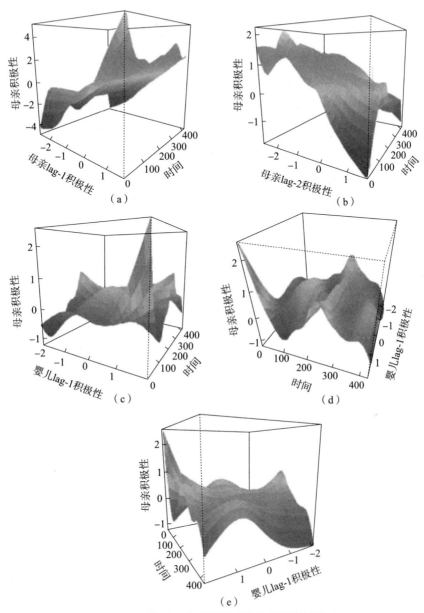

图 17-3　模型 2 中选择的对母亲积极性的影响

[（a）婴儿积极性水平的平滑时间趋势；（b）婴儿在时间 $t-1$ 的积极性水平和时间对时间 t 的婴儿积极性的联合影响，或者换句话说，婴儿积极性的时间调节的 lag-1 自回归效应；（c）婴儿在时间 $t-1$ 的积极性水平和时间对母亲积极性和时间 t 的联合影响，或者换句话说，时间调节的母亲反应性；（d）~（f）从不同角度旋转了母亲在时间 $t-1$ 的积极性水平和时间对时间 t 的婴儿积极性的联合影响，或者换句话说，时间调节的婴儿反应性；和（g）~（i）在时间 $t=20$、165 和 380 的图（d）~（f）的二维切片，其他变量的值保持在各自中位数]

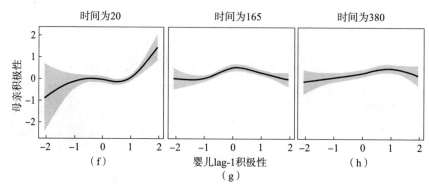

图 17-3　模型 2 中选择的对母亲积极性的影响（续）

[（a）婴儿积极性水平的平滑时间趋势；（b）婴儿在时间 $t-1$ 的积极性水平和时间对时间 t 的婴儿积极性的联合影响，或者换句话说，婴儿积极性的时间调节的 lag-1 自回归效应；（c）婴儿在时间 $t-1$ 的积极性水平和时间对母亲积极性和时间 t 的联合影响，或者换句话说，时间调节的母亲反应性；（d）~（f）从不同角度旋转了母亲在时间 $t-1$ 的积极性水平和时间对时间 t 的婴儿积极性的联合影响，或者换句话说，时间调节的婴儿反应性；和（g）~（i）在时间 $t=20$、165 和 380 的图（d）~（f）的二维切片，其他变量的值保持在各自中位数]

相比之下，具有显著统计学意义的婴儿→母亲耦合效应（父母响应度）仍然随时间而变化，但以稍微更系统的方式变化，并且以更严格的置信区间为特征。观察到这种交叉回归效应在互动开始时是积极的［在 $t=20$；见图 17-3（g）］，可能反映了婴儿在此期间提高母亲随后的积极性的作用。在稍后时间点，这种影响变为消极的，且在 $t=165$ 和 380 时呈轻微的二次趋势。因此，例如，在 $t=165$ 时，$t-1$ 时间的婴儿积极性低（<0）往往会促使母亲提升她的积极性（可能是希望从婴儿身上得到积极性），但这种关联略微消极或在时间 $t-1$ 时（>0），也就是婴儿积极性较高时减弱。由于存在时间趋势及前述耦合动力学中随时间推移的异质性，二元动力学非平稳。此外，婴儿→母亲交叉回归效应持续随时间变化也得以让我们探究在短暂互动过程中如何自组织成不同状态，其中包括母亲的积极性因婴儿的积极性而得到加强的时期，以及母亲的积极性与婴儿过去的积极性水平成反比的时期。如果使用假设平稳性的模型，则嵌入在这种二元内波动中的丰富动态可以很容易地被绕过。

17.4　讨论

过去几十年对婴儿互动动态的研究强调了静态的、基于群体的发展概念。然而，未来也可能越来越达成这样的共识：无论是在个体之间还是在行为之间（De Weerth 和 van Geert，2002），变化（无非稳定）是儿童社会情感功能和发展的运作规范（Fogel 和 Thelen，1987）。使用当前的动态建模方法，我们发现母婴二元组的动态在相对短暂的互动事件中发生了显著变化，并且在母婴二元组成员之间也存在差异。

当前的工作使用来自一个特定二元组的数据作为说明性示例。虽然这种具体的方法是理解人类动力学的关键一步（Molenaar，2004），但 MGCV 框架可以很容易地容纳来自多个受试者的数据，从而为以随机效应的形式捕获二元组之间的差异方面提供了一些灵活性。最终，关于是否可以假设同质测量和变化结构来证明汇集多个受试者（或二元组）时间序列合理性的问题值得仔细考虑（Hamaker、Dolan 和 Molenaar，2005）。

在实证分析中，我们使用来自平均聚合的综合得分来消除局部面部动态随时间推移的一些个体间差异。其他方法也可能达到这点，例如利用显式参数或非参数测量模型将每个自动面部测量与婴儿和母亲积极性的基本结构联系起来的方法。此外，在 MGCV 中实现的广义加法框架可适应指数族成员的测量响应。在本文中，我们专注于对连续数据进行建模。其他类型的测量功能也可以被假定，并且应在适当的时候使用（Moustaki，2000）。

我们使用了 MGCV 库中的一个特定选项，薄板样条回归数据（Wang、Du 和 Shen，2013；Wood，2003，2006）可用于在模型中非参数地构建非线性，同时自动选择节点的位置以获得数据的分段平滑。尽管这种方法在实际应用中具有优势，但仍应谨慎行事，因为选定节点的最终数量和相应的 edf 可能仍对用户指定的起始值敏感。

我们的说明性应用只是一个示例，用于说明如何分解动力学中的非平稳性和异质性来源，以阐明感兴趣的变化现象。我们希望该论证有助于展示如何利用样条函数和非参数函数来帮助开发和探索动态系统模型，特别是具有自组织特性的模型，或动力学中的其他非平稳性和异质性来源。实际上，这些模型为群体动力学分析开辟了新天地。通过对自回归和互动（交叉回归）参数的时变变化进行显式建模，我们使用 GAMM 揭示了时变二元过程被不太灵活的时不变模型掩盖。同时，这类模型可揭示可能伪装成人际影响的个体过程的缓慢变化。

致谢

作者感谢参与研究的团队，并感谢来自美国国立卫生研究院（NIH）的补助金（编号：R01GM105004）、来自美国国家卫生基金会（NSF）的补助金（编号：BCS - 0826844）、来自宾夕法尼亚州立大学社会科学倡议研究的支持及国家转化科学推进中心的补助金（编号：UL TR000127）。

参考文献

［1］ AINSWORTH M D S, BLEHAR M C, WATERS E, et al. Patterns of attachment: A psychological study of the strange situation［M］. Oxford, England: Lawrence Erlbaum, 1978.

［2］ AKAIKE H. Information theory and an extension of the maximum likelihood principle［C］//B. N. Petrov, F. Csaki. Second International Symposium in Information Theory. Tsahkadsor, Armenia: Akad. Kiadó, 1973: 267 - 281.

［3］ BARTON SCOTT. Chaos, self - organization, and psychology［J］. American Psychologist, 1994, 49（1）: 5 - 14.

［4］ BRAZELTON T B, KOSLOWSKI B, MAIN M. The origins of reciprocity: The early mother - infant interaction［M］. New York, NY: Wiley - Interscience, 1974.

［5］ CHATFIELD C. The analysis of time series: An introduction (6th ed.)［M］. Boca Raton, FL: CRC Press, 2004.

［6］ CHOW S - M, HALTIGAN J D, MESSINGER D S. Dynamic patterns of infant - parent interactions during Face - to - Face and Still - Face episodes［J］. Emotion, 2010, 10（1）: 101 - 114.

［7］ CHOW S - M, HAMAKER E J, ALLAIRE JASON C. Using innovative outliers to detecting discrete shifts in dynamics in group - based state - space models［J］. Multivariate Behavioral Research, 2009（44）: 465 - 496.

［8］ CHOW S - M, ZU J, SHIFREN K, et al. Dynamic factor analysis models with time - varying parameters［J］. Multivariate Behavioral Research, 2011, 46（2）: 303 - 339.

［9］ COHEN J, COHEN P, WEST S G, et al. Applied multiple regression/correlation analysis in the behavioral sciences (3rd ed.)［M］. Mahwah, NJ: Lawrence Erlbaum, 2003.

［10］ DE JONG P, PENZER J. Diagnosing shocks in time series［J］. Journal of the

American Statistical Association, 1998 (93): 796 – 806.

[11] DE WEERTH C, VAN GEERT P. Changing patterns of infant behavior and mother – infant interaction: Intra and interindividual variability [J]. Infant Behavior and Development, 2002 (24): 347 – 371.

[12] DEL NEGRO M, OTROK C. Dynamic factor models with time – varying parameters: Measuring changes in international business cycles [J]. Federal Reserve Bank of New York Staff Reports, 2008 (326): 1 – 46.

[13] DURBIN J, KOOPMAN S J. Time series analysis by state space methods [M]. New York, NY: Oxford University Press, 2001.

[14] EKAS N, HALTIGAN J D, MESSINGER D S. The dynamic still – face effect: Do infants decrease bidding over time when parents are not responsive? [J]. Developmental Psychology, 2013, 49 (6): 1027 – 1035.

[15] EKMAN P, FRIESEN W V. Manual for the facial action coding system [M]. Palo Alto, CA: Consulting Psychologists Press, 1978.

[16] FELDMAN R, GREENBAUM C W. Affect regulation and synchrony in mother – infant play as precursors to the development of symbolic competence [J]. Infant Mental Health Journal, 1997, 18 (1): 4 – 23.

[17] FELDMAN R, GREENBAUM C W, YIRMIYA N, et al. Relations between cyclicity and regulation in mother – infant interaction at 3 and 9 months and cognition at 2 years [J]. Journal of Applied Developmental Psychology, 1996, 17 (3): 347 – 365.

[18] FOGEL A, THELEN E. Development of early expressive and communicative action: Reinterpreting the evidence from a dynamic systems perspective [J]. Developmental Psychology, 1987 (23): 747 – 761.

[19] GREEN P J, SILVERMAN B W. Nonparametric regression and generalized linear models: A roughness penalty approach [M]. Boca Raton, FL: CRC Press, 1994.

[20] HAKEN H. Synergetics, and introduction: Non – equilibrium phase transitions and self – organization in physics, chemistry and biology [M]. Berlin, Germany: Springer, 1977.

[21] HALPIN P F, DE BOECK P. Modelling dyadic interaction with Hawkes

processes [J]. Psychometrika, 2013 (78): 793 – 814.

[22] HAMAKER E L, DOLAN C V, MOLENAAR P C M. Statistical modeling of the individual: Rationale and application of multivariate stationary time series analysis [J]. Multivariate Behavioral Research, 2005 (40): 207 – 233.

[23] HASTIE T, TIBSHIRANI R. Varying – coefficient models [J]. Journal of the Royal Statistical Society: Series B (Methodological), 1993, 55 (4): 757 – 796.

[24] HASTIE T J, TIBSHIRANI R J. Generalized additive models [M]. London: Chapman and Hall, 1990.

[25] HENDERSON R K, SNYDER H R, GUPTA T, et al. When does stress help or harm? The effects of stress controllability and subjective stress response on stroop performance [J]. Frontiers in Psychology, 2012, (3): 484 – 498.

[26] HEYWOOD I, CORNELIUS S, CARVER S. An introduction to geographical information systems (3rd ed.) [M]. Upper Saddle River, NJ: Prentice Hall, 2006.

[27] IBRAHIM A, LEELAHANON S, LI Q I. Efficient estimation of a semiparametric partially linear varying coefficient model [J]. Annals of Statistics, 2005, 33 (1): 258 – 283.

[28] ISABELLA R A, BELSKY J. Interactional synchrony and the origins of infant – mother attachment: A replication study [J]. Child Development, 1991, 62 (2): 373 – 384.

[29] JAFFE J, BEEBE B, FELDSTEIN S, et al. Rhythms of dialogue in infancy: Coordinated timing in development [J]. Monographs of the Society for Research in Child Development, 2001, 66 (2): 1 – 132.

[30] JAMES G. Generalized linear models with functional predictor variables [J]. Journal of the Royal Statistical Society: Series B, 2002 (64): 411 – 432.

[31] KELSO SCOTT J A. Dynamic patterns: The self – organization of brain and behavior [M]. Cambridge, MA: MIT Press, 1995.

[32] KOCHANSKA G, FORMAN D R, COY K C. Implications of the mother – child relationship in infancy for socialization in the second year of life [J]. Infant Behavior and Development, 1999, 22 (2): 249 – 265.

[33] LANDRY S H, SMITH K E, MILLER - LONCAR C L, et al. Predicting cognitivelanguage and social growth curves from early maternal behaviors in children at varying degrees of biological risk [J]. Developmental Psychology, 1997, 33 (6): 1040 - 1053.

[34] MACCALLUM R C, KIM C, MALARKEY W B. et al. Studying multivariate change using multilevel models and latent curve models [J]. Multivariate Behavioral Research, 1997 (32): 215 - 253.

[35] MCCULLAGH P, NELDER J A. Generalized linear models (2nd ed.) [M]. London: Chapman and Hall, 1989.

[36] MCKEOWN G J, SNEDDON I. Modeling continuous self - report measures of perceived emotion using generalized additive mixed models [J]. Psychological Methods, 2014, 19 (1): 155 - 174.

[37] MESSINGER D S, MAHOOR M H, CHOW S - M, et al. Automated measurement of facial expression in infant - mother interaction: A pilot study [J]. Infancy, 2009, 14 (3): 285 - 305.

[38] MISLEVY R J, ORANJE A, BAUER M I, et al. Psychometric considerations in game - based assessment [M]. Redwood City, CA: Glass Lab Games, 2014.

[39] MOLENAAR P C M. Dynamic latent variable models in developmental psychology [M]. Thousand Oaks, CA: Sage Publications, 1994.

[40] MOLENAAR P C M. A manifesto on psychology as idiographic science: Bringing the person back into scientific psychology - this time forever [J]. Measurement: Interdisciplinary Research and Perspectives, 2004 (2): 201 - 218.

[41] MOUSTAKI I. A latent variable model for ordinal variables [J]. Applied Psychological Measurement, 2000 (24): 211 - 223.

[42] PAGAN A. Some identification and estimation results for regression models with stochastically varying coefficients [J]. Journal of Econometrics, 1980 (13): 341 - 363.

[43] SMITH LINDA B, THELEN ESTHER. A dynamic systems approach to development [M]. Cambridge, MA: MIT Press, 1993.

[44] SOLLER A, STEVENS R H. Applications of stochastic analyses for collaborative learning and cognitive assessment [M]. Greenwich, CT: Information Age

Publishing, 2007.

[45] STERN D N. The interpersonal world of the infant: A view from psychoanalysis and developmental psychology [M]. New York, NY: Basic Books, 1985.

[46] STOCK J H, WATSON M H. Forecasting in dynamic factor models subject to structural instability [M]. Oxford, England: Oxford University Press, 2008.

[47] TARVAINEN M P, GEORGIADIS S D, RANTA – AHO P O, et al. Time – varying analysis of heart rate variability signals with Kalman smoother algorithm [J]. Physiological Measurement, 2006 (27): 225 – 239.

[48] THELEN E. Self – organization in developmental processes: Can systems approaches work? [M]. Hillsdale, NJ: Lawrence Erlbaum Associates, 1989.

[49] TRONICK E. Emotions and emotional communication in infants [J]. American Psychologist, 1989 (44): 112 – 119.

[50] TRONICK E Z, GIANINO A. Interactive mismatch and repair: Challenges to the coping infant [J]. Zero to Three Bulletin of the National Center for Clinical Infant Programs, 1986 (3): 1 – 6.

[51] WANG X, DU P, SHEN J. Smoothing splines with varying smoothing parameter [J]. Biometrika, 2013, 100 (4): 955 – 970.

[52] WEISS A A. The stability of the AR (1) process with an AR (1) coefficient [J]. Journal of Time Series Analysis, 1985 (6): 181 – 186.

[53] WOOD S N. Thin plate regression splines [J]. Journal of the Royal Statistical Society: Series B (Statistical Methodology), 2003, 65 (1): 95 – 114.

[54] WOOD S N. Generalized additive models: An introduction with R [M]. Boca Raton, FL: CRC Press, 2006.

第 18 章 社交网络模型在协作建模中的应用

Tracy M. Sweet

摘要：社交网络模型用于推断网络关系、网络结构以及其他属性。许多网络模型聚焦于单个网络的推断，并将节点或联结级协变量与联结联系起来。当网络数据涉及多个独立的网络时，就会使用另一种类型的网络模型。此模型既概括了单网络模型的发现，又在模型的更高层次上推断关系，解决新的研究问题。在本章中，我们将介绍在教育研究中常用的网络模型，并描述这些模型如何用于协作和团队动力学的研究。

关键词：社交网络分析；社交网络模型；潜在空间模型；会员混合模型；寻求建议；多级；协作

18.1 绪论

社交网络被定义为一组个体之间的关系集合，例如一组学生之间的友谊。社交网络是许多学科的研究对象，并且自然地出现在社会科学中，这是因为诸如教育、政治科学和社会学等领域涉及个体之间的互动。社交网络的例子包括友谊、研究人员之间的合作、教师之间的建议咨询和国家之间的贸易联盟，但任何类型的互动均可描述为一个网络。例如，在一个协作任务或团队项目中，个体之间通常以不同的频率和不同的目的互动，我们可以从这些互动中构建不同的网络。

社交网络分析是指对关系数据、收集到的有关网络联结的数据和网络中的个体进行定量分析的一套方法。社交网络模型是这些侧重于统计推断方法的子集。网络——所有个体之间的联结关系集——被认为是结果或因变量，然后我们使用网络模型来估计各种网络特征与网络联结的关联。网络模型可细分为两大类模型：①模拟整个网络的模型；②模拟联结概率的模型。在本章中，我们将重点讨论后者。

单个社交网络的社交网络模型通常将网络结构或节点协变量与网络联结的集合联系起来。因此大部分的分析均发生在节点层面；也就是说，我们感兴趣的是哪些节点属性与网络联结相关联。例如，我们可能感兴趣的是：同一种族的学生是否比不同种族的学生更易成为朋友？然而，在教育领域中，我们往往一次学习一个以上的网络。我们收集多间教室学生之间的友谊或多所学校教师之间协作的数据，我们对发生在所有学校之间的广泛模式感兴趣。种族是否在所有学校都起作用，或者仅在少数族裔学生比例很小的学校中起作用？团队研究也可能是如此；我们对大多数团体所共有的效果感兴趣。例如，人们可能感兴趣的是团队成员之间的网络如何与团队表现相关，或者团队的目标或团队的组成如何与团队成员之间发展的某些关系。对于这些问题以及其他将网络和网络层面结果联系起来的问题，就需要分级社交网络模型。

分级社交网络模型可容纳多个孤立的网络，这些模型假设网络彼此独立。例如，我们可研究学生的课堂网络，在多个课堂上收集网络数据；也可研究团队互动，在多个团队中收集数据。在许多情况下，我们可以假设这些团队之间没有联系。术语"分层"（Hierarchical）是从嵌套数据的层次化线性建模文献（Raudenbush和Bryk，2002）中借用。多个社交网络也是集群数据的一个例子；一组网络联结嵌套在每个网络中。同样地，术语多级网络模型有时也被用来描述这些模型。

本章的目的是介绍社交网络模型，重点介绍在教育研究中使用的分级网络模型，这些模型也可以为协作研究提供信息。本章剩余部分将按下列方式组织。我们首先介绍社交网络分析，并汇总了常用统计模型。然后，我们给出了两个分级社交网络模型，并举例说明了这些模型可解决的研究问题类型。

术语

社交网络有几种表达方法。一种常见的方法是使用邻接矩阵：一个维数等于节点数的方阵 Y，使得输入 Y_{ij} 是从个体 i 到个体 j 之间关系的值。这些关系值往往是二元的——表示关系的存在或不存在——但它们也不一定是二元的。例如，友谊联结可能是有序的或连续的，代表着互动的紧密程度或频率的度量。

我们还用图形来直观地表示社交网络。最常见的图形是一个社交图，其中节点或个体被描绘成顶点，联结被描绘成边。对于二元联结，人们会观察到边有时存在，有时缺失，而边的颜色或宽度可能代表有价值的联结，箭头传达了有向（或非对称）关系。图18-1展示了一个包含十个个体的二元有向网络的示例。

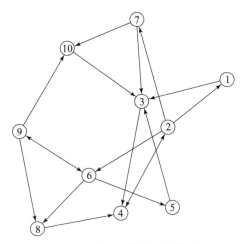

图 18-1　社交网络的可视化表示

（顶点表示个体，而箭头表示每个有向关系的存在）

网络分析的方法一般分为两类：探索性分析和推论性分析。虽然这两类分析方法并不相互排斥，但后者一般侧重于统计模型。探索性或描述性统计包括网络和节点层面的汇总测度。最常见的网络级统计是密度，它被定义为在所有可能的连接中观察到的（二元）联结的比例。需要注意的是，当网络中存在 $n(n-1)$ 对个体，就可能有 $n(n-1)$ 个联结。稀疏网络的密度在 0 附近，而稠密网络的密度在 1 附近，尽管特定环境才能构成稠密网络。

其他网络统计方法包括关于节点的度量；入度是指节点接收到的联结数，出度是指节点发送的联结数。如果联结是无向的，我们使用术语度，即给定节点拥有的联结数。这些度量方式可识别出特别有影响力的节点或更孤立的节点。（入/出）度的分布通常对网络的描述很重要。其他的网络统计方法侧重于确定网络联结，这是为了确定中心联结/边，还有一些侧重于网络的某些特征或模式，如互惠联结或三元组的数量。关于综合列表等信息，参见 Wasserman 和 Faust（1994）或 Kolaczyk（2009）。

为开展统计推断，我们经常使用模型。一般情况下，社交网络统计模型将整个网络缺失的和当前存在的网络联结的全集作为因变量，然后估计节点属性或网络特征的影响。网络模型多种多样。指数随机图模型（Wasserman 和 Pattison，1996）是从所有可能网络的空间中观察特定网络的概率。事实上，Zhu（第 19 章）使用这些模型来探索在第 10 章中的团队组建。潜在空间模型（Hoff、Raftery

和 Handcock，2002）和随机块模型（Holland、Laskey 和 Leinhardt，1983）以某种潜在结构为基础，对联结（或联结值）的概率进行建模。由于在这种潜在结构下，联结被建模是独立的，所以我们使用条件独立的联结模型来描述这些模型。

对单网络模型也有许多扩展。要跨越几个时间点来收集关系的一组个体需要一个纵向网络模型。最常见的一类纵向模型是随机面向对象模型（Snijders，1996），它模拟了联结随时间变化、形成或持续的动态过程。Schector 和 Contractor（第 14 章）使用的是关系事件模型，这是一个不同类型的动态模型，它关注的是联结形成序列，这项工作与 Halpin 和 von Davier 在第 15 章中介绍的点过程模型并不无关。

正如第 18.1 节所指出的，另一个扩展是对多个网络的扩展，分级网络模型（Sweet、Thomas 和 Junker，2013）描述了扩展单网络模型以容纳多个网络的框架。与纵向模型不同，此网络不包括相同的节点，是独立的网络，例如学校内部的教师或团队中的个人。我们有兴趣一起分析这些网络，因为我们有理由相信这些网络是相似的，跨多个站点的分析提高了通用性。但需要注意的是，在社交网络文学中，"多级模型"一词一般是指涉及不同层级之间联结的多级网络模型（Wang、Robins、Pattison 和 Lazega，2013）。例如，对于聚集在组织中的个人，我们可以想象个人之间的联系、每个个体与一个或多个组织之间的联系以及组织之间的联系。

18.2 条件独立的社交网络模型

在许多统计模型中，我们假设观测是独立的。例如，在有关身高和体重的简单线性回归中，我们假设数据是从独立个体收集的。线性回归模型将不适合从一个家庭收集的数据，因为它们的体重不太可能相互独立。为此，需要其他模式，以适应独立性的缺失。例如，对于同一个体的重复测量，有纵向模型；对于适应同一群体或集群中个体间更高的相关性，则有多级模型。

如果我们把网络联结当作我们的观察对象，就会立即看到，网络中的联结很少是独立的。例如，个体 i 与个体 j 和 k 的关系会影响 j 和 k 的关系，因为 j 和 k 很可能通过 i 相互影响。此外，i 是否与 j 和 k 有联系也会影响 l 和 m 的联系，因为个体进行社会交往的时间有限。同样，联结的缺失也是相关的。如果 i 和 j 是朋友，且 j 与 k 没有关系，则 i 与 k 有关系的可能性较小；人们可以想象越来越复杂的例子。

因此，网络联结之间的依赖结构非常复杂，难以形式化。一种方法是通过在模型中加入术语来明确定义依赖关系。例如，可将某些结构的参数衡量考虑其中，例如，相互关联的联结的比例（从 i 到 j 的联结会与从 i 到 j 的联结同时出现）或构成三元组的相邻联结的数量（从 i 到 j 和从 j 到 k 的联结会和从 i 到 k 或从 k 到 i 的联结同时出现）。任何结构均可包括在内。但是，我们假设的是，联结是独立于这些结构的，这就使得选择哪种网络度量去包含这些结构成为一个重要而普遍的难题。

另一种适应关系依赖性的方法是包含代表这种结构的潜在变量。采取这种方法的模型被称为条件独立的网络模型，其假设联结或二元组独立于模型中的其他参数或潜变量。这些模型也是有用的，因为一旦这些潜变量被估计出来，联结可独立建模以便于模型估计。

我们回顾了两种这样的网络模型：潜在空间模型（Latent Space Models，LSM；Hoff 等人，2002）和随机块模型（Holland 等人，1983）。潜在空间模型假设网络中的个体在潜在社会空间中占有一席之地；对于二元关系，在这个社会空间中相距较远的个体不太可能有关系，而在这个空间中非常接近的个体则更可能有关系。然后，联结的概率是该空间中节点对之间距离的函数。这种启发式也可以针对序数关系或连续关系进行修改。考虑到这些位置和模型中的其他协变量，假设联结是独立的。

给定二元网络 Y，我们将 $Y_{ij}=1$ 定义为从 i 到 j 的联结。给出了一个简单的潜在空间模型：

$$P(Y \mid X,Z,\beta) = \prod_{ij} P(Y_{ij} \mid X_{ij}, Z_i, Z_j, \beta)$$

$$\text{logit}[P(Y_{ij}=1) \mid X_{ij}, Z_i, Z_j, \beta] = \beta X_{ij} - |Z_i - Z_j| \quad (18.1)$$

其中，$Z=(Z_1, \cdots, Z_n)$，Z_i 为节点 i 的潜空间位置，Z_j 为 j 的位置。我们还包括协变量 X，既可以包括节点级协变量，如年龄或性别，也可以包括二元水平协变量，如年龄差异或同性别。

在教育研究中，潜在空间模型被用来估计各种协变量对网络联结的影响。人们还可以估计潜在的位置，从而为实质性研究提供信息。例如，我们可能感兴趣的是网络是否有子群结构或其他在网络中不可见的有趣结构。

如果我们有理由相信网络中的个体是自组的，那么随机块模型可能更可取。

这些模型假设个体属于一个潜在的簇或块，而该块的隶属度则决定了联结的可能性（或价值）。我们往往假设块内的联结比块间的联结更易发生——正如自分组的情况一样——但这个模型也可以包含其他假设。

对于二元联结，给出的随机块模型为：

$$P(Y \mid g, \boldsymbol{B}) = \prod_{ij} P(Y_{ij} \mid g_i, g_j, \boldsymbol{B}) P(Y_{ij} = 1 \mid g_i, g_j, \boldsymbol{B}) = B_{g_i g_j} \quad (18.2)$$

其中，g_i 为节点 i 的块隶属度，g_j 为 j 的隶属度，$\boldsymbol{B}$ 为块—块联结概率矩阵。$\boldsymbol{B}$ 矩阵的维数等于块数，这是事先指定的。这个模型很简单，但实际上，g_i 是对网络中所有节点的估计，$\boldsymbol{B}$ 矩阵的所有条目也会被估计。块模型对于识别每个节点的簇成员非常有用，特别是对于个体已被分配了角色或已被组织成子群的研究。

该模型的一个常见扩展是混合隶属度随机块模型（Mixed Membership Stochastic Block-Model，MMSBM；Airoldi、Blei、Fienberg 和 Xing，2008），该模型中每个节点的块隶属度概率不同。实际上，g_i 被 θ_i 代替，θ_i 是属于每个块的概率向量。因此，当每个 i 和 j 在网络中互动时，块成员会有所不同。混合隶属度随机块模型如下所示：

$$P(Y \mid \boldsymbol{B}, S, R) = \prod_{ij} P(Y_{ij} \mid S_{ij}, R_{ji}, \boldsymbol{B}) P(Y_{ij} = 1 \mid S_{ij}, R_{ji}, \boldsymbol{B}) = S'_{ij} \boldsymbol{B} R_{ji}$$

$$(18.3)$$

其中，S_{ij} 为当 i 发送联结到 j 时 i 的块隶属度指示符，R_{ji} 为 j 收到 i 的联结时 j 的块隶属度指示符。值得注意的是，S_{ij} 和 R_{ji} 对 (i, j) 的所有组合都是不同的并且由块概率向量 θ_i 决定。实际上，将混合隶属度随机块模型写成一个层次贝叶斯模型，这是说明如何从这个模型生成网络的一种方法：

当 γ 接近 0 时，子群变得非常孤立，块之间几乎无联结。

$$\begin{aligned} Y_{ij} &\sim \text{Bernoulli}(S'_{ij} \boldsymbol{B} R_{ji}), \\ S_{ij} &\sim \text{Multinomial}(\boldsymbol{\theta}_i, 1), \\ R_{ji} &\sim \text{Multinomial}(\boldsymbol{\theta}_j, 1), \\ \boldsymbol{\theta}_i &\sim \text{Dirichlet}(\gamma/g), \\ B_{lm} &\sim \text{Beta}(a_{lm}, b_{lm}), \\ \gamma &\sim \text{Gamma}(c, d) \end{aligned} \quad (18.4)$$

其中，g 是假定网络中存在的子群或块的数目。这样就可以看出 S_{ij} 和 R_{ji} 对于每一对节点是如何变化的。此外，我们还包括 θ 和 γ 的先验分布，它们表示模型中的附加层次结构。

混合隶属度随机块模型的一个优点是允许节点属于多个组，以便在子群结构不太明显时使用。事实上，甚至还有一个参数 γ，用于衡量子群的孤立性（Sweet 和 Zheng，2016，2017）。当 γ 很小时，θ 很可能是极端的，使得每个节点归属于一个块的概率变得很高，而归属于其他块的概率变得很小。随着 γ 的增大，θ 变得不那么极端。

接下来，我们将考虑图 18-2 所示的网络。这些网络是由具有不同 γ 值的混合隶属度随机块模型生成的。当 γ 接近 0 时，我们发现网络是非常孤立的，但当 γ 较大时，网络更加集成。为此，γ 可用于估计块或子群奇异性的孤岛量（Sweet 和 Zheng，2016、2017）。

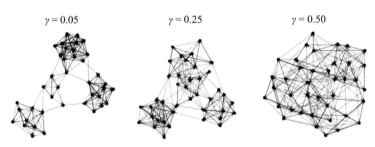

图 18-2　不同 γ 参数的混合隶属度随机块模型生成的三个网络示例

18.3　分级网络模型

许多研究问题无法通过单一网络得到充分回答，即关于这些结果是否可推广到其他网络及网络间如何进行比较的问题。例如，单个网络可以告诉你网络节点是否倾向于按性别分组，或者倾向于寻求更有经验的教师的建议，但是我们需要考察几个（即使不是很多）网络，来确定这些关系是否为这个网络所特定的，或者是否在许多网络中发现类似的模式，并且普遍会预期这些模式。此外，我们也可能对网络层面的效应感兴趣。例如，密集网络是否与较高的学生成绩或较少的教学方法的变化有关？为解决这类问题，我们需要收集多个网络的数据，在这个框架中，我们把每个网络看作一个分立的（和独立的）观察对象。

为此，我们需要一个容纳众多网络的社交网络模型。在单一网络模型中，网络联结的集合就是结果；现在，有了多个网络，我们在每个网络中聚集了多组网络联结。请记住，这种嵌套结构类似于聚集在教室和/或学校内的学生分级线性模型结构（Raudenbush 和 Bryk，2002）。此外，Sweet 等人（2013）为社交网络统计模型引入了一个称为"分级网络模型"的框架，在该框架中，联结被聚集在网络中。大多数针对独立网络的多级社会网络都属于这一类模型。类似于多级线性模型，这些模型允许协变量效应在网络中变化并对网络层面的影响做出估计。

一般分级网络模型定义为：

$$P(Y \mid X, \Theta) = \prod_k P(Y_k \mid X_k \Theta_k)(\Theta_1, \cdots, \Theta_k) \sim F(W_1, \cdots, W_k \mid \psi) \tag{18.5}$$

其中，Y_k 为网络 k，X_k 和 Θ_k 为网络 k 的协变量和参数。由此，我们可以将网络建模为根据模型中的参数为条件的独立的复制，并将其建模为具有某种联合分布 F。这里需要注意的是，F 可任意分布，允许有多种依赖假设。

现在，我们考虑两个分级网络模型示例，分级潜空间模型和分级混合隶属度随机块模型，分别是对第 18.2 节中提出的潜空间模型和混合隶属度随机块模型的扩展。

18.3.1 分级潜在空间模型

分级潜在空间模型（the Hierarchical Latent Space Model，HLSM；Sweet 等人，2013）是公式 18.1 所示的潜在空间模型（Hoff 等人，2002）的多级扩展。对于一组二元网络（$Y_1, \cdots, Y_k$），一个分级潜在空间模型被表示为：

$$\begin{aligned} P(Y \mid X, Z, \beta) &= \prod_k P(Y_k \mid X_k, Z_k, \beta_k), \\ \text{logit}[P(Y_{ijk} = 1)] &= \beta_k X_{ijk} - |Z_{ik} - Z_{jk}|, \\ \beta_k &\sim N(\mu_\beta, \sigma_\beta^2), \\ Z &\sim \text{MVN}(\mu_Z, \Sigma_Z) \end{aligned} \tag{18.6}$$

其中，Z_k 是网络 k 的潜在空间位置的集合，β_k 包含网络间固定或变化的参数集合。我们往往在贝叶斯框架中编写这些模型，以便我们可以包含 μ_β, μ_Z 和 Σ_Z 的先验分布。

分级潜在空间模型可用于估计多个网络中协变量的影响以及估计网络层面的影响。例如，Hopkins、Lowenhaupt 和 Sweet（2015）使用分级潜在空间模型估计了作为英语教师与其他教师在寻求建议方面联系的集合效应，发现这些教师寻求建议和被寻求建议的可能性较小。Sweet 和 Zheng（2015）研究了使用教师寻求建议联结的分级潜在空间模型在网络层面的影响，发现教师征求关于读写能力的建议的概率高于征求关于数学的建议。

分级潜在空间模型还可用于研究协变量效应如何在网络间变化。为说明这一点，我们拟合了节点级协变量效应在不同网络中变化的分级潜在空间模型。我们使用的数据来自 Pitts 和 Spillane（2009），包括来自某地区 15 所小学的教师寻求建议联结和人口学信息。这些学校大多是小学，但有些学校是 8 年制学校。值得注意的是，这些都是 Sweet 和 Zheng（2015）分析的相同数据。建议寻求网络如图 18-3 所示。学校的规模和网络密度各不相同。

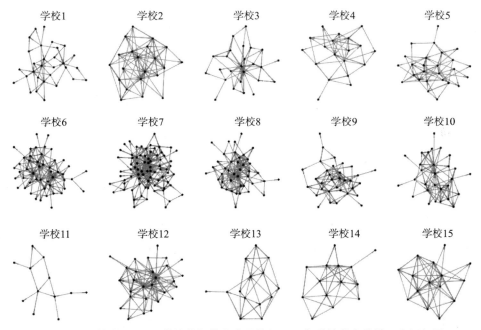

图 18-3 某地区 15 所学校教师的咨询网络显示：各学校的咨询情况各不相同

为了考察协变量在不同学校之间的影响差异，我们选取了三个二元联结水平变量：①教师经验是否相似；②教师是否有类似的创新教学信念；③教师是否教过相同的年级。我们将下列分级潜在空间模型拟合到包含 15 个教师的咨询网络中：

$$\begin{aligned}
\text{logit}[P(Y_{ijk} = 1)] &= \beta_{0k} + \beta_{1k}X_{1ijk} + \cdots + \beta_{3k}X_{3ijk} - |Z_{ik} - Z_{jk}|, \\
\beta_{ik} &\sim N(\mu_i, \sigma_i^2), \\
\mu_i &\sim N(0,1), \\
\sigma_i &\sim \text{Inv-Gamma}(10,15), \\
Z_{ik} &\sim \text{MVN}\left(\begin{pmatrix}0\\0\end{pmatrix}, \begin{pmatrix}20 & 0\\0 & 20\end{pmatrix}\right)
\end{aligned} \quad (18.7)$$

为拟合这个模型，我们采用了马尔可夫链蒙特卡罗算法（Markov Chain

Monte Carlo，MCMC；Gelman、Carlin、Stern 和 Rubin，2014），其编码于 R（R 开发核心小组，2016），可通过 R 包分级潜在空间模型访问（Adhikari、Junker、Sweet 和 Thomas，2014）。使用 MCMC 算法拟合的模型得到每个参数的贝叶斯后验分布样本。这些分布往往采用它们的后验均值（或模式）和 95% 可信区间来概括。后验均值及相应可信区间如图 18-4 所示。

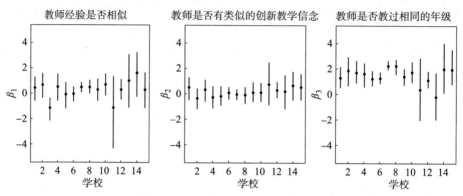

图 18-4　每所学校的后验均值（点）和 95% 等尾置信区间（线）

（每张图显示了所有 15 所学校的协变量效应的后验总结）

对于教师经验是否相似这点，效果似乎略为积极（但不显著），而且在各所学校的效果也有所不同。事实上，学校 3 和 11 都表现出了类似教学经验的负面影响。可信区间的宽度也不同：学校 11、13 和 14 的置信区间都较宽，说明这些学校的信息较少。对于教师是否有类似的创新教学信念，我们发现对寻求建议联结的影响很小，并且变化不大。最后，教师是否教过相同的年级有着更积极（甚至可能是显著）的效果，因为在大多数学校都有积极的效果，置信区间远离 0。再一次地，我们在学校 11、13、14 中看到了较大的标准错误，这在一定程度上是网络规模较小和学校之间的差异性造成的。

除了将学校间的信息融合在一起外，用分级潜在空间模型代替单独的潜在空间模型拟合每所学校的另一个好处是，我们可在公式 18.7 中估计每个 β 的总体效应均值和方差，参数分别为 μ_i 和 σ_i^2。各协变量效应的后验均值 μ 和 σ^2 如表 18-1 所示。我们发现类似经验和信念在总体上产生积极影响，尽管这两个置信区间都包括零，零表明未产生显著影响。考虑到 σ^2 的估计，这一点并不令人意外，原因可能是数据中的网络数量很少。同一年级的教学变量具有显著且积极的总体均值，这表明该变量在所有学校都有很强的作用。最后，我们发现对于每个协变量，σ^2 是变化的；我们还发现同一年级的教学效果的差异最小，而类似的经验和信念的效果的差异较大。

表 18-1 各协变量效应 β 总体均值以及方差（μ 和 σ^2）的后验均值和 95% 置信区间

协变量 β	总体均值 μ	总体方差 σ^2
教师经验是否相似	0.25 [-0.73, 1.08]	3.97 [2.10, 7.50]
教师是否有类似的创新教学信念	0.15 [-0.90, 1.05]	4.27 [2.12, 8.25]
教师是否教过相同的年级	1.24 [1.05, 2.09]	2.41 [1.64, 3.78]

因此，潜在空间模型和分级潜在空间模型对于研究协变量对网络联结影响的研究人员是有用的。我们发现，在寻求建议时，正式职位（比如教同一年级的学生）比对创新或经验的信念更重要，其他研究也得出了类似结论（例如，Spillane、Kim 和 Frank，2012）。然而，对于其他关系，如合作教学，其他变量可能更为重要，而对于其他情境，如学生合作，这些变量可能完全不同。分级潜在空间模型还可估计协变量效应和网络层面效应中网络间的可变性。这些模型也可用于研究团队的分解，确定哪些属性对接触关系联结的贡献最大。

18.3.2 分级混合隶属度随机块模型

和单网络混合隶属度随机块模型一样，分级混合隶属度随机块模型（Hierarchical Mixed Membership Stochastic Block Models，HMMSBM；Sweet、Thomas 和 Junker，2014）最适合用于存在一些块结构的网络。并非所有的网络都需要具有块结构，但为了使这些模型能够很好地匹配，必须有相当一部分网络具有这种结构。

当首次引入混合隶属度随机块模型时，我们讨论了一个参数，该参数评估了存在于子群体之间的孤立程度。分级混合隶属度随机块模型允许我们在网络样本中估计这个测度，以便网络可以相互比较。实际上，这个测度是相对的，因此必须在与其他网络比较的过程中进行估计。

我们可以用与式 18.3 相同的格式编写这个模型：

$$P(Y \mid \boldsymbol{B}, S, R) = \prod_k \prod_{ij} P(Y_{ijk} \mid S_{ijk}, R_{jik}, B_k) P(Y_{ijk} = 1) = S_{ijk}^t B_k R_{jik}$$

(18.8)

但是，由于我们的重点是不同层次的参数，所以我们通常使用层次贝叶斯框架来表示分级混合隶属度随机块模型。虽然这对一些读者来说可能显得有些不合常规，但用这种方式编写的模型对于理解数据如何从模型中产生却非常直观。我们把分级混合隶属度随机块模型写成：

$$
\begin{aligned}
Y_{ijk} &\sim \text{Bernoulli}(S'_{ijk}B_kR_{jik}), \\
S_{ijk} &\sim \text{Multinomial}(\theta_{ik},1), \\
R_{jik} &\sim \text{Multinomial}(\theta_{jk},1), \\
\theta_{ik} &\sim \text{Dirichlet}(\gamma/g), \\
B_{lmk} &\sim \text{Beta}(a_{lm},b_{lm}), \\
\gamma &\sim \text{Gamma}(c,d)
\end{aligned}
\tag{18.9}
$$

其中，B、R、S 与公式 18.8 中的定义相同。值得注意的是，在这个模型中，我们假设网络都具有相同的 γ 值，但是我们也可以指定一个模型，其中，γ 在网络中变化，并且 c 和 d 是可以估计的。对于 B 的值也是如此；我们可以让 B 的值在网络中变化，增加一个额外的层次结构。

这些模型对于理解网络中个体如何构成子群体很有帮助。在跨网络的研究中，我们可以看到不同群体的子群体数量是如何变化的。此外，我们还可以度量跨网络子群的孤立性。如第 18.2 节所述，γ 是子群整合的度量；γ 值低的网络非常孤立，而 γ 值高的网络相对集成（见图 18-2）。我们可能感兴趣的是，在某些外部变量的影响下，γ 的值在网络中如何相似或不同。

例如，考虑一种干预，在这种干预中，教师协作网络被随机分配到处理或控制条件。实验的目的是改变教师互动的方式。教师目前在部门内进行协作，学校网络由高度孤立的子群组成。这样做的目的是鼓励跨部门的协作，因此我们期望在处理后的网络中看到更多子群之间的集成。为了说明这种情况，我们使用了模拟数据。

我们从以下分级混合隶属度随机块模型中模拟数据：

$$
\begin{aligned}
Y_{ijk} &\sim \text{Bernoulli}(S'_{ijk}B_kR_{jik}), \\
S_{ijk} &\sim \text{Multinomial}(\theta_{ik},1), \\
R_{jik} &\sim \text{Multinomial}(\theta_{jk},1), \\
\theta_{ik} &\sim \text{Dirichlet}(\gamma/g), \\
\gamma &= 0.1 + 0.5X_k
\end{aligned}
\tag{18.10}
$$

其中，X_k 为处理指标，B 为 3×3 矩阵，对角线元素等于 0.6，非对角线元素等于 0.005，且在网络间相同。这意味着教师很可能只与他们同一部门的教师协作。

我们模拟了 30 个网络，每个网络有 20 个节点；每个条件下有 15 个网络。

图 18-5 显示了其中 10 个网络的样本。顶行的网络处于控制状态，三个子群是非常孤立的；底行显示了一些处理后的网络，其子群更加集成。

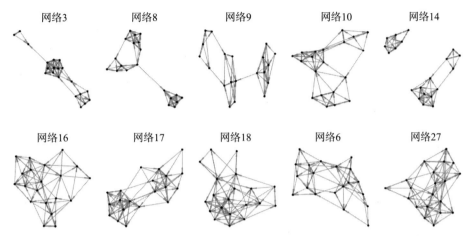

图 18-5 由分级混合隶属度随机块模型生成的（上）处理和（下）控制条件网络样本

我们将下列分级混合隶属度随机块模型与模拟数据拟合：

$$\begin{aligned}
Y_{ijk} &\sim \text{Bernoulli}(S'_{ijk} B_k R_{jik}), \\
S_{ijk} &\sim \text{Multinomial}(\theta_{ik}, 1), \\
R_{jik} &\sim \text{Multinomial}(\theta_{jk}, 1), \\
\theta_{ik} &\sim \text{Dirichlet}(\gamma/g), \\
\gamma &= \gamma_0 + \alpha X_k, \\
\gamma_0 &\sim \text{Gamma}(1, 10), \\
\alpha &\sim \text{Uniform}(0, 1)_\circ
\end{aligned} \qquad (18.11)$$

值得注意的是，虽然 γ 可以是任意正数，$\gamma > 1$ 时网络子群结构通常是集成状态，但由于子群结构的缺失，$\gamma > 1$ 时，将较难恢复 γ。事实上，当 $\gamma = g$ 时，狄利克雷分布等价于多元均匀分布。

至于拟合一个分级混合隶属度随机块模型，我们在可能时采用 Gibbs 更新的 MCMC 算法对模型进行拟合，而在其他情况下使用 Metropolis 更新的算法；附加细节可参见 Sweet 等人（2014）的研究。我们注意到模型中存在一个可识别问题，因为 γ 的值和 B[①] 的项是一体的；较大的 γ 和 B 中的某些项都会造成集成子群形成。Sweet 和 Zheng（2017）详细探讨了这一问题，并建议修正 B 矩阵以准

---

① 当 B 的对角线项接近 B 的非对角线项时，生成集成网络

确地恢复 γ。尽管分级混合隶属度随机块模型是一个过度参数化的模型，但不存在任何其他的可辨识性问题，MCMC 链趋于快速收敛。例如，在前数百步内 γ_0 和 α 都会收敛。

γ_0 和 α 均得到很好的恢复。后验均值和置信区间如表 18-2 所示。如式 18.10 的生成模型所示，并在这里得到了验证，我们发现控制条件下的网络具有较小的 γ 值，并且正处理效应增加了处理网络中的 γ 值，产生更多的集成子群。

表 18-2 分级混合隶属随机块模型后验总结

项目	γ_0	α
真值	0.1	0.5
均值	0.11	0.48
95% 置信区间	[0.09, 0.14]	[0.42, 0.54]

使用分级混合隶属度随机块模型来估计干预效果，对于理解某些干预是否有效地改变个体之间的互动方式以及干预如何改变网络结构都很重要。特别是，分级混合隶属度随机块模型可解决网络子群结构是否受到影响的问题。同样，在一项观察性研究中，我们可能有兴趣探讨子群孤立性在团队间的可变性。

此外，子群如何在一个更大的网络中进行互动，这为团队研究提供其他方面的信息。例如，研究者可能对协变量如何影响网络整合感兴趣。Sweet 和 Zheng (2016) 引入了一个模型，其中 $\gamma_k = \exp(\beta' X_k)$。模型将课堂上学生的友谊网络与教师课堂管理风格联系起来。通过类比研究，可考察更大的协作网络和集成子群对群体性能的影响，或者相反，团队属性对子群集成的影响。

当然，需要注意的是，这些模型要求网络具有一定数量的子群结构；如果网络样本不具有任何子群结构，那么它对于这些模型是不合适的。关注具有自然发生的子群网络，如青少年友谊网络或组织成小社区（例如部门）的个体网络，将有助于产生具有使用这些模型所必需的子群结构的网络数据。

18.4 结论

社会网络模型使研究者得以估计节点或网络特征与网络联结之间的关系。条件独立的网络模型，如潜在空间模型和随机块模型，将联结的值建模为某种潜在结构的条件。这也使得研究者可以方便地考察各种协变量对联结值的影响，并将这些模型扩展到多个网络中使用。

单网络模型解决的是关于节点和联结的研究问题，而分级网络模型则侧重于对这些研究问题进行概括，并回答网络之间的可变性和网络自身属性的附加问题。网络层面的研究问题包括探讨干预对网络的影响，或将某些网络属性与各种网络结构联系起来，例如子群簇的方式。

不管研究问题如何，网络模型特别适合团队和群体之间的复杂关系及其难以处理的相互依存关系。除了可分析协作的网络数据外，还可用于分析其他类型关系的网络数据，如互动、友谊，甚至是对立关系，从而帮助研究者调查和评估团队。

然而，存在这样一种限制：这些模型是断面的；网络联结并未改变。这对一组个体之间的每一个互动（甚至是互动的子集进行建模）提出了更大的挑战。一种解决方法是将一系列互动视为一个计数，或许使用有价值的联结，然后使用描述性方法或本章或另一章中介绍的模型。另一种解决方法是使用动态网络模型，如 Schector 和 Contractor（第 10 章）中提出的关系事件模型或时间网络模型来研究随时间的互动。

致谢

本研究得到卡内基梅隆大学教育科学研究所（IES）教育研究针对分级网络模型的 R305D120004 专项补助金以及教育科学研究所（IES）针对分级网络模型——中介模型和影响的 R305D150045 专项补助金的支持。

参考文献

[1] ADHIKARI S, JUNKER B W, SWEET T M. et al. HLSM：Hierarchical latent space, network model（R package version 3.0.0）[M]. Pittsburgh, PA：USA Carnegie Mellon University, 2014.

[2] AIROLDI E, BLEI D, FIENBERG S, et al. Mixed membership stochastic blockmodels [J]. Journal of Machine Learning Research, 2008 (9)：1981 - 2014.

[3] GELMAN A, CARLIN J B, STERN H S. Bayesian data analysis (Vol. 2) [M]. New York, NY：Taylor & Francis, 2014.

［4］ HOFF P D, RAFTERY A E, HANDCOCK M S. Latent space approaches to social network analysis ［J］. Journal of the American Statistical Association, 2002 (97): 1090 – 1098.

［5］ HOLLAND P, LASKEY K, LEINHARDT S. et al. Stochastic blockmodels: First steps ［J］. Social Networks, 1983 (5): 109 – 137.

［6］ HOPKINS M, LOWENHAUPT R, SWEET T M. Organizing instruction in new immigrant destinations: District infrastructure and subject – specifific school practice ［J］. American Educational Research Journal, 2015 (52): 408 – 439.

［7］ KOLACZYK E. Statistical analysis of network data: Methods and models ［M］. New York, NY: Springer, 2009.

［8］ PITTS V, SPILLANE J. Using social network methods to study school leadership ［J］. International Journal of Research & Method in Education, 2009 (32): 185 – 207.

［9］ RAUDENBUSH S, BRYK A. Hierarchical linear models: Applications and data analysis methods (Vol. 1) ［M］. Thousand Oaks, CA: Sage, 2002.

［10］ R Development Core Team. R: A language and environment for statistical computing ［M］. Vienna, Austria: R Foundation for Statistical Computing, 2010.

［11］ SNIJDERS T. Stochastic actor – oriented models for network change ［J］. Journal of Mathematical Sociology, 1996 (21): 149 – 172.

［12］ SPILLANE J P, KIM C M, FRANK K A. Instructional advice and information providing and receiving behavior in elementary schools exploring tie formation as a building block in social capital development ［J］. American Educational Research Journal, 2012 (119): 72 – 102.

［13］ SWEET T M, THOMAS A C, JUNKER B W. Hierarchical network models for education research: Hierarchical latent space models ［J］. Journal of Educational and Behavioral Statistics, 2013 (38): 295 – 318.

［14］ SWEET T M, THOMAS A C, JUNKER B W. Hierarchical mixed membership stochastic blockmodels for multiple networks and experimental interventions ［M］. Boca Raton, FL: Chapman & Hall/CRC, 2014.

［15］ SWEET T M, ZHENG Q. Multilevel social network models: Incorporating network – level covariates into hierarchical latent space models ［M］. Charlotte, NC:

Information Age, 2015.

[16] SWEET T, ZHENG Q. A mixed membership model – based measure for subgroup integration in social networks [J]. Social Networks, 2017 (48): 169 – 180.

[17] WANG P, ROBINS G, PATTISON P, et al. Exponential random graph models for multilevel networks [J]. Social Networks, 2013 (35): 96 – 115.

[18] WASSERMAN S, FAUST K. Social network analysis: Methods and applications (Vol. 8) [M]. New York, NY: Cambridge University Press, 1994.

[19] WASSERMAN S, PATTISON P. Logit models and logistic regressions for social networks: I. An introduction to Markov graphs and p ∗ [J]. Psychometrika, 1996 (61): 401 – 425.

第 19 章　重叠成员团队可用的网络模型

Mengxiao Zhu 和 Yoav Bergner

摘要：成员重叠的团队系统出现在就业、培训和教育环境中。在这些系统中，存在团队间的相互依赖性，可能会混淆于研究团队组建和表现时考虑个人和团队属性的分析。本章介绍了用于成员重叠的团队间网络模型分析的二分网络。在这些网络中，个人和团队由两种不同类型的节点表示，联结代表团队隶属关系。本章回顾了两种分析个人和团队属性的二分网络的方法：指数随机图模型（Exponential Random Graph Models，ERGM）和对应分析（Correspondence Analysis，CA），并给两种方法提供了示例，做出讨论并进行比较。

关键词：团队网络模型；二分网络；指数随机图模型（ERGM）；对应分析

19.1　引言

团队由一组为实现目标而协同工作的个人组成。在就业、培训和教育环境中，个人可以同时或依次参与多个团队。在这种成员重叠的团队系统中，自然会出现一些有趣的问题。例如，当团队组成是自愿时，是什么因素推动了这个过程，年龄还是性别？社会关系或先前的合作经历在多大程度上影响队友的选择？无论是自组织的团队还是分配的团队，都可能通过考虑团队成员的个人能力、社交关系、以往的经验来预测团队表现。团队级别属性和团队历史也可能会影响团队表现。

与成员重叠的团队相关联的统计依赖性会使团队和团队表现的分析变得非常复杂（Kozlowski 和 Klein，2000）。过去，研究人员有时会通过忽略团队成员重叠或者仅选择不存在成员重叠的团队来避开这个问题（Cummings 和 Cross，2003；Oh 等人，2004）。然而，这种方法忽略了有价值的信息，忽略了许多组织的现实

此项工作由 Matthias von Davier 在美国教育考试服务中心（ETS）任职期间完成

特征。

网络模型（特别是二分图）可有效地用于成员重叠的团队间建模。在网络数据中，观察的是节点和联结，以及节点属性或联结属性。在二分网络中（Wasserman 和 Faust，1994），存在两种不同类型的节点，并且联结仅在不同类型的节点之间运行。因此，就会自然地将个人和团队表示为两种不同类型的节点，并用联结表示团队成员身份。

在本章的其余部分，我们将介绍使用二分网络表示具有重叠成员的团队的系统，并讨论两种适用于此类网络数据的统计分析技术。具体来说，我们描述了指数随机图模型（ERGM，也称为 $p*$）的应用，扩展到二分网络（Robins、Pattison、Kalish 和 Lusher，2007；Wang、Sharpe、Robins 和 Pattison，2009）和对应分析（Nenadic 和 Greenacre，2007；Wasserman、Faust 和 Galaskiewicz，1990）。我们还比较了这两种方法的特点及其在研究团队组建和表现方面的应用。

19.2 团队的二分网络模型

考虑图 19-1（a）中的团队系统。该系统可使用图 19-1（b）中所示的二分网络来表示，其中实心圆表示个人，三角形表示团队。二分网络中的联结代表团队。人员 a 是团队 1 的成员，也是团队 3 的成员。

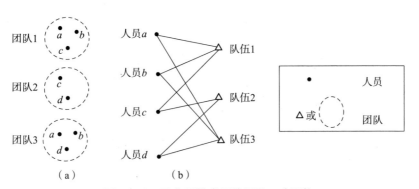

图 19-1 具有重叠成员的团队二分网络

由个人和团队组成的二分网络 B 可使用隶属矩阵 A 来表示。按照惯例，矩阵每一行代表一个人，每一列代表一个团队。此隶属矩阵中的值 a_{ij} 表示团队成员。

$$a_{ij} = \begin{cases} 1 & \text{如果个体 } i \text{ 在群体 } j \text{ 中} \\ 0 & \text{其他} \end{cases}$$

图 19-1 的二分网络可以使用图 19-2 中的 4×3 关联矩阵来表示。请注意，行边际值 $\{a_{i+}\}$ 代表每个人参与的团队数量，而列边际值 $\{a_{+j}\}$ 代表团队规模。

	团队1	团队2	团队3
人员a	1	0	1
人员b	1	0	1
人员c	1	1	0
人员d	0	1	1

图 19-2　二分网络的隶属矩阵表示

二分网络以紧凑的方式编码了个人和团队级别的属性，同时保留团队成员资格和相关的依赖关系。当个人参与多个团队时，这一点尤其重要。在这种情况下，无论是团队还是个人都不能被独立地观察。

图 19-3 显示了一个由 159 个团队组成的二分网络，该网络由 168 个人从大型多人在线角色扮演游戏（Massively Multiplayer Online Role-Playing Game，MMORPG）中组装而成（Zhu、Huang 和 Contractor，2013）。黑色圆圈表示玩家，白色三角形表示游戏战队。在游戏中，玩家自行组队，在虚拟世界中进行战斗，大多数玩家加入了不止一个战队。一大群玩家（如右侧的斑点所示）通过共享的团队成员资格联系在一起。然而，左侧新月形中较小的组成部分表明，许多玩家在同一个小分组内组建和重组了团队。

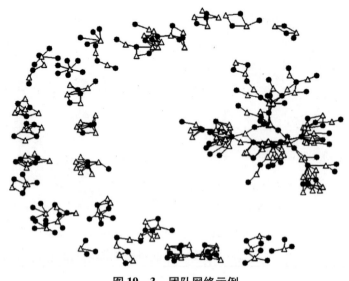

图 19-3　团队网络示例

对二分网络的分析可帮助确定团队参与的模式和表现。哪些个人倾向于一起工作？哪些个人或团队属性与高表现度相关？下面我们将回顾两种可用于解释这些网络数据中嵌入的依赖关系的方法。

19.3 用于二分网络的指数随机图模型

指数随机图模型（ERGM），也称为 $p*$ 模型，可用于检验和测试关于网络结构以及节点属性与网络结构间相互作用的相对复杂的假设。指数随机图模型是一类随机模型，具有以下通用形式（Wasserman 和 Pattison，1996）：

$$P(Y = y) = \frac{1}{k(\theta)}\exp(\theta^{\mathrm{T}}\boldsymbol{g}(y))$$

其中，Y 是一个随机变量，表示网络实现，其状态空间是具有与被观测网络相同节点数的所有可能网络的集合，表示为 y，而 $P(Y = y)$ 是观测到 y 的概率。网络统计向量 $\boldsymbol{g}(y)$，包括网络结构，例如链路、三元组和星形。该向量还可包括节点属性和网络结构之间的互动，例如同性别玩家之间的边计数。其他相关矢量包括系数矢量 θ 以及 $k(\theta)$，它是通过在可能的网络空间上对 $\exp(\theta^{\mathrm{T}}\boldsymbol{g}(y))$ 进行求和而计算的归一化常数。

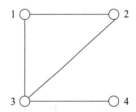

图 19-4 具有四个节点的简单网络

考虑图 19-4 所示的网络。这是一个具有四个节点且不具备自环的无向网络。如果我们仅关注边，而忽略其他网络结构，那么，网络统计的向量可写成：

$$\boldsymbol{g}(y) = [y_{12}, y_{13}, y_{14}, y_{23}, y_{24}, y_{34}]^{\mathrm{T}} = [1,1,0,1,0,1]^{\mathrm{T}}$$

其中，每个 y_{ij} 是节点 i 和节点 j 间网络中边的指示符。对于 $\boldsymbol{g}(y)$ 中的每个元素，θ 中都有一个相应系数：

$$\theta = [\theta_{12}, \theta_{13}, \theta_{14}, \theta_{23}, \theta_{24}, \theta_{34}]^{\mathrm{T}}$$

归一化常数 $k(\theta)$ 是在具有四个节点的所有可能的网络上，将 $\exp(\theta_{12}y_{12} + \theta_{13}y_{13} + \theta_{14}y_{14} + \theta_{23}y_{23} + \theta_{24}y_{24} + \theta_{34}y_{34})$ 相加计算的。这个无向网络中有六个可能的边，所以有 $2^6 = 64$ 个可能的网络。因此，观察到图 10-1 中网络的概率可以表示为：

$$P(Y = y) = \frac{1}{k(\theta)}\exp(\theta_{12}y_{12} + \theta_{13}y_{13} + \theta_{14}y_{14} + \theta_{23}y_{23} + \theta_{24}y_{24} + \theta_{34}y_{34})$$

$$= \frac{1}{k(\theta)}\exp(\theta_{12} + \theta_{13} + \theta_{23} + \theta_{34})$$

关于同质性和依赖性的特定假设可能会被强加在通用的指数随机图模型上。例如，假设网络中的所有边为同质且独立的，可得到 Bernoulli 或 Erdös–Rényi 模型（Erdös 和 Rényi，1959）：

$$P(Y = y) = \frac{1}{k(\theta)} \exp\left(\theta \sum_{ij} y_{ij}\right)$$

在这种情况下，唯一的网络统计数据是边数。

其他依赖假设的例子包括 $p1$ 模型（Holland 和 Leinhardt，1981），它假设二分体（而不是边）是相互独立的。对于无向网络，$p1$ 模型等价于伯努利模型。然而，对于有向网络，$p1$ 模型包括边缘统计和互惠统计。$p2$ 模型（Lazega 和 van Duijn，1997；Van Duijn、Snijders 和 Zijlstra，2004）通过将边限制在节点级属性上扩展了 $p1$ 模型。当节点属性是网络结构的主要驱动力时，这是合适的。在 $p1$ 和 $p2$ 模型中，均假设了网络上的同质性，即节点和边并非通过其指数来区分。此外，马尔可夫相关性（Frank 和 Strauss，1986）假设节点 i 和 j 之间的可能边依赖于涉及节点 i 或节点 j 的任何其他边。

指数随机图模型对二分网络的扩展（例如，Agneessens 和 Roose，2008；Agneessens、Roose 和 Wage，2004；Faust、Willert、Rowlee 和 Skvoretz，2002；Wang 等人，2009）对于分析成员重叠的团队系统尤其有用。

为说明此应用程序，我们使用图 19-3 中的示例网络。图 19-5 显示了可用于二分数据集测试的网络结构和相关假设的三个示例（更多详情，参见 Zhu 等人，2013）。

和以前一样，圆形代表个体，三角形代表团队。在这里，阴影形状用于指示什么时候节点属性与假设相关。当除了拓扑网络结构之外还包括节点属性时，我们将组合对象称为网络配置。加号/减号指示是否相关的网络配置会比随机机会更频繁/更不频繁地被观察到。最后，节点大小表示属性的高值或低值。例如，图 19-5（a）显示了可用于检验涉及单个属性（技能）和单个团队关系假设的网络配置，例如 H1：高技能的个体比低技能的个体更不可能组成团队。带阴影的圆圈表示具有技能级别属性的个体，节点越大，表示个体技能水平越高。负号表示较高级别的个人加入团队的结构不太可能被观察到。相关的网络统计是个人-团队联结的加权和，其中以个人的技能作为权重。

图 19-5（b）中的网络结构包括具有属性的两个单独节点、一个组节点和分组链路。它可以用来代表假设 H2：个人不太可能与拥有相同专业知识的其他

人组成团队。相关的网络统计是两个具有相同专业知识的个人联结到同一团队的结构数量的计数。网络配置的减号表示此网络配置预计被观察的频率低于随机机会。最后，图 19-5（c）代表 H3：个人更有可能加入那些他们以前合作过的团队。相应的网络结构是指两个或两个以上个人加入两个团队。

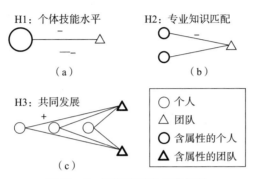

图 19-5 网络配置和相关假设

使用指数随机图模型对二分网络进行假设检验，可用诸如 BPNet（Wang 等人，2009）等免费提供的软件包开展。马尔可夫误差修正模型的参数使用蒙特卡罗最大似然技术估计（Robins 等人，2007），其解释方式与普通回归模型中的参数类似（Wang 等人，2009）。

19.4 二分网络的对应分析

最初，对应分析（CA；Greenuck，2007）及其扩展的多重对应分析（多重对应分析）是作为分类数据的多变量统计分析技术而发展起来的。这两种工具都是数据分析和可视化工具，均以联想表作为输入，并将数据表示为二维图。多重对应分析可应用于两个以上的分类变量。网络研究人员已开发出将对应分析应用于常规和二分网络数据的方法（例如，Wasserman 等人，1990；D'Esposito、De Stefano 和 Ragozini，2014；Roberts，2000；Zhu、Kuskova、Wasserman 和 Contractor，2015）。

要将对应分析应用于二分网络，请参见第 10.2 节中描述的方式，将隶属矩阵 A 作为输入。其中，行代表人员，列代表团队，矩阵元素代表团队隶属度指标 $\{0, 1\}$。对应分析为行和列生成一组分数，可用于将个人和团队节点嵌入较低维空间（通常是二维）中。这种原始数据集的简化和可视化可使研究人员对相似的个人或团队进行聚类，并在团队关系中找到模式。

该过程如下：给定一个 $p \times t$ 隶属矩阵 A，在等于或小于 $W = \min(p-1, t-1)$ 的维度上生成一组分数和参数。这包括一组 p 行分数 $\{u_{ik}\}$，对于 $i = 1, \cdots, p$ 和 $k = 1, \cdots, W$ 在每一个人的 W 维度上；代表一组 t 列分数 $\{v_{ik}\}$，用于 $i = 1, \cdots, t$ 和 $k = 1, \cdots, W$ 在每个队的 W 维上，代表一组 W 主惯性（特征值）$\{\eta_k^2\}$，对于 $k = 1, \cdots, W$，表示行和列之间的相关性（Wasserman 和 Faust，1994）。分数和主惯性满足联立方程：

$$\eta_k u_{ik} = \sum_{j=1}^{h} \frac{a_{ij}}{a_{i+}} v_{jk}$$

$$\eta_k v_{jk} = \sum_{j=1}^{g} \frac{a_{ij}}{a_{+j}} u_{ik}$$

其中，a_{ij} 是隶属矩阵 A 中的一个元素，而 a_{i+} 和 a_{+j} 是行和列的边缘。主坐标（特征向量）可重新缩放，以获得标准坐标 $\tilde{u}$ 和 $\tilde{v}$（Greenacre，1984），加权平均值为 0，加权方差为 1：

$$\tilde{u}_{ik} = u_{ik}/\eta_k$$

$$\tilde{v}_{jk} = v_{jk}/\eta_k$$

二维图通常用于显示对应分析的结果（Nenadic 和 Greenacre，2007；Wasserman 和 Faust，1989）。R 包 CA（Nenadic 和 Greenacre，2007）等开源软件和 SAS 等商业软件程序具有对应分析和多重对应分析的功能。

对于二分网络，图中的数据点代表网络中的节点，点位置代表标准化的主坐标。图19-6 列出了类似于图 19-3 网络的对应分析结果示例，其使用了 R 包 CA 和 ggplot2（Wickham，2012）生成。轴标签"第一特征向量"和"第二特征向量"表示标准化坐标的前两个维度。圆圈代表个人，三角形代表团队，而点附近的数字则是标识符。

对于相同类型的节点（即个人之间或团队之间），接近意味着相似。如果相似的个人是 T 的成员，或者相似的团队包括 P 或两者兼而有之，则获得个人 P 和团队 T 之间的接近度。对应分析图中的聚类与图 19-3 所示网络中的图组件一致；有一个大聚类和几个小聚类。对应分析提供了一种有用的方法，以图形方式表示二分网络以及低维空间中不同类型节点之间的相似性（D'Esposito 等人，2014）。

对应分析的用途超越了二分网络的可视化分析。多重对应分析（Multiple Correspondence Analysis，MCA）（Nenadic 和 Greenacre，2007；Wasserman 等人，

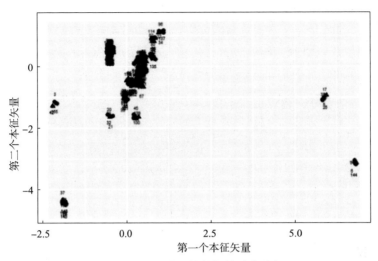

图 19-6　二分网络数据的对应分析

1990）可用于添加个人和团队级别的属性。

下文列出了一个多指标矩阵的构造。对于隶属矩阵中的每个非零单元格，即每个个人—团队成员关系，在多指标矩阵中创建一行。如果个人和团队级别的属性尚未分类，则必须对其进行分类，并将其虚拟编码为指标变量的向量。全套属性指标变量包括多指标矩阵的列。例如，如果单个性别属性取值是女性或男性，则将创建两个对应的列。构建的多指标矩阵是多重对应分析的输入。

对于图 19-3 中的数据，我们对一个个人属性—性别和一个团队属性—团队表现进行了多重对应分析。个人性别对应于游戏玩家的真实性别（而非在线化身）。团队表现以团队在虚拟游戏中杀死的怪物数量来衡量，分为低、中、高性能。使用 R 包 CA（Nenadic 和 Greenacre，2007）中的多重对应分析例程进行分析。主惯性表明此示例中存在三个维度。前两者分别解释了观测到的方差：36.3% 和 33.3%。

个人和团队级别的节点属性被绘制在图 19-7 中的简化二维空间中。圆圈代表性别，三角形代表团队表现水平。点的接近度表明不同属性级别之间的关联性更强。从整体上看，我们发现男性玩家往往隶属于表现不佳或表现一般的游戏战队，而女性玩家则隶属于表现出色的游戏战队。事实上，所有这些信息都来自与多重对应分析中的第一个维度（x 轴）相关的方差。当投影到 y 轴上时，结果不会区分性别，但的确表明了表现一般或表现出色的团队属性之间的相似性。

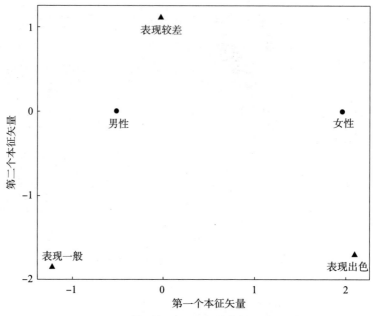

图 19-7 性别与团队表现的多重对应分析

19.5 讨论与结论

在本章中,我们介绍了用于对具有重叠成员的团队进行建模的二分网络。由于成员重叠,这些团队不能被视为彼此独立。想要分析团队组建模式以及个人和团队属性间的关系,需正确解释这种相互依赖关系的建模框架。我们回顾了两种适用方法:二分网络的指数随机图模型和对应分析。接下来,我们将简要比较这两种方法。

用于二分网络的指数随机图模型使用网络结构(例如,边)和结构属性配置(例如,具有匹配属性的个体之间的边)作为分析的基本构建块。这种方法的主要优势在于:它能够识别具有统计意义的配置,即那些比偶然发生的频率更高的配置。因此,这种方法通常用于回答在当前系统中观察到哪些类型的协作、哪些类型的个人倾向于相互协作或哪些类型的团队倾向于吸引更多成员等相关的研究问题。但考虑到目前的局限性,这类模型无法测试个人和团队属性之间的互动。此外,指数随机图模型的估计计算成本很高,尤其是对于大型网络。

相比之下,对应分析可灵活地考虑个人或团队级别的属性以及每种类型级别之间的互动。可以使用二维图而非列表数字来探究结果。例如，对应分析可用于探究研究问题，例如，哪些类型的团队表现出色，或者哪些类型的个人倾向于加入表现出色的团队。本质上，对应分析是探索性的，并不为观察到的关联提供显著性检验。此外，它仅限于分类数据，如果与连续属性一起使用，就会带来潜在的问题。

鉴于各自的优点和缺点，这两种方法最好用于回答不同的研究问题或以互补的方式使用。对应分析可以很容易地应用于大数据集。对应分析具有数据探索功能，且估计过程成本相对较低，使其成为探索数据和发现变量关系的有力工具。这种探索可能为成本更高的指数随机图模型构建和估计提供基础。当有充分根据的假设可表示为网络配置时，指数随机图模型分析可提供更稳健的显著性检验。

参考文献

[1] AGNEESSENS F, ROOSE H. Local structural patterns and attribute characteristics in 2 - mode networks：p * models to map choices of theater events [J]. Journal of Mathematical Sociology, 2008 (32)：204 - 237.

[2] AGNEESSENS F, ROOSE H, WAEGE H. Choices of theatre events：p * models for affifiliation networks with attributes [J]. Developments in Social Network Analysis, Metodoloski Zvezki, 2004 (1)：419 - 439.

[3] CUMMINGS J N, CROSS R. Structural properties of work groups and their consequences for performance [J]. Social Networks, 2003, 25 (3)：197 - 210.

[4] D'ESPOSITO M R, DE STEFANO D, RAGOZINI G. On the use of multiple correspondence analysis to visually explore affifiliation networks [J]. Social Networks, 2014 (38)：28 - 40.

[5] ERDÖS P, RÉNYI A. On random graphs I [J]. Publicationes Mathematicae, 1959 (6)：290 - 297.

[6] FAUST K, WILLERT K E, ROWLEE D D, et al. Scaling and statistical models for affifiliation networks：Patterns of participation among Soviet politicians during the Brezhnev era [J]. Social Networks, 2002 (24)：231 - 259.

[7] FRANK O, STRAUSS D. Markov graphs [J]. Journal of the American Statistical Association, 1986, 81 (395)：832 - 842.

[8] GREENACRE M. Theory and applications of correspondence analysis [M]. London: Academic Press, 1984.

[9] GREENACRE M. Correspondence analysis in practice (2nd ed.) [M]. New York, NY: CRC Press, 2007.

[10] HOLLAND P W, LEINHARDT S. An exponential family of probability distributions for directed graphs (with discussion) [J]. Journal of the American Statistical Association, 1981 (76): 33-65.

[11] KOZLOWSKI S W J, KLEIN K J. A multilevel approach to theory and research in organizations: Contextual, temporal, and emergent processes [M]. San Francisco, CA: Jossey-Bass, 2000.

[12] LAZEGA E, VAN DUIJN M. Position in formal structure, personal characteristics and choices of advisors in a law fifirm: A logistic regression model for dyadic network data [J]. Social Networks, 1997 (19): 375-397.

[13] NENADIC O, GREENACRE M. Correspondence analysis in R, with two- and three-dimensional graphics: The ca package [J/OL]. Journal of Statistical Software, 2007, 20 (3). http://www.jstatsoft.org/.

[14] OH H, CHUNG M -H, LABIANCA G. Group social capital and group effectiveness: The role of informal socializing ties [J]. Academy of Management Journal, 2004, 47 (6): 860-875.

[15] ROBERTS J M. Correspondence analysis of two-mode network data [J]. Social Networks, 2000 (22): 65-72.

[16] ROBINS G, PATTISON P, KALISH Y, et al. An introduction to exponential random graph (p*) models for social networks [J]. Social Networks, 2007, 29 (2): 173-191.

[17] VAN DUIJN M A J, SNIJDERS T A B, ZIJLSTRA B J H. p2: a random effects model with covariates for directed graphs [J]. Statistica Neerlandica, 2004 (58): 234-254.

[18] WANG P, SHARPE K, ROBINS G L, et al. Exponential random graph (p*) models for affifiliation networks [J]. Social Networks, 2009, 31 (1): 12-25.

[19] WASSERMAN S, FAUST K. Canonical analysis of the composition and structure

of social networks [J]. Sociological Methodology, 1989 (19): 1-42.

[20] WASSERMAN S, FAUST K. Social network analysis: Methods and applications [M]. Cambridge, England: Cambridge University Press, 1994.

[21] WASSERMAN S, FAUST K, GALASKIEWICZ J. Correspondence and canonical analysis of relational data [J]. Journal of Mathematical Sociology, 1990 (1): 11-64.

[22] WASSERMAN S, PATTISON P. Logit models and logistic regressions for social networks: I. An introduction to Markov graphs and p* [J]. Psychometrika, 1996, 61 (3): 401-425.

[23] WICKHAM H. ggplot2 [Computer software] [EB/OL]. https://cran.r-project.org/.

[24] ZHU M, HUANG Y, CONTRACTOR N S. Motivations for self-assembling into project teams [J]. Social Networks, 2013, 35 (2): 251-264.

[25] ZHU M, KUSKOVA V, WASSERMAN S. et al. Correspondence analysis of multirelational multilevel network affifiliations: Analysis and examples [M]. New York, NY: Springer, 2015.

第 20 章 团队神经动力（含观察评级）与团队表现的关系

Ronald Stevens、Trysha Galloway、
Jerry Lamb、Ron Steed 和 Cynthia Lamb

摘要：我们研究了由专业评估者确定的团队韧性水平与脑电图（Electroencephalography，EEG）确定的团队神经动力程度之间的关联性。神经动力模型由潜艇导航团队创建，能够在所需模拟训练中获取对不断变化的任务环境的动态反应。两名专业评估者使用了由美国海军开发的团队过程评估标准对团队韧性水平做出了评估。每名组织成员每秒都会创建一个 1～40 Hz 的脑电图频段，并以符号表示神经动力信号。这些符号可在其他团队成员和任务背景中捕获每名成员的脑电图功率，而符号分布随时间变换的状态则通过香农熵的滑动窗口建立。每当滑动窗口中的符号分布变化变小时，比如组织成员间的脑电图功率间的关系延长或受限时（即神经动力学灵活性降低），就会出现熵减少的情况。团队韧性与这个熵相关。然而，正相关还是负相关取决于预模拟报告中负相关程度和情景训练中正相关程度的比重。这些研究表明，可建立一种团队神经动力表示方式，以将测量到的微观脑电图与宏观的行为评估联系起来。从训练结果中可以看出，在团队为模拟做准备时，神经动力刚性（即每个人处于同一层次）是有益的。在实际场景中，增加的神经动力学灵活性对团队韧性水平的意义更明显。

关键词：团队神经动力；脑电图；团队韧性；同步性；香农熵；社会动力学；符号建模

20.1 引言

由于缺乏量化和客观的团队合作衡量标准，我们对如何组建、训练和提高团

队表现的解读进展缓慢。目前，对执行正常任务团队的评估大多数依赖专业人员，他们在较不明确但关键的维度上对团队进行观察和评级，比如领导力、团队结构和某种被认可的评估标准。一个广泛运用的评估标准是"提高医疗质量和患者安全的团队策略和工具包"（Team Strategies and Tools to Enhance Performance and Patient Safety，TeamSTEPPS）。该工具包是为评估医疗团队而开发的（Baker、Amodeo、Krokos、Slonim 和 Herrera，2009）。另一项评估标准为"潜艇团队行为工具包"（Submarine Team Behavior Toolkit，STBT）。该工具包诞生的背景是：海军潜艇医学研究实验室想要为潜艇部队提供一种同时关注事件背景和人的行为本身的方法，以减少人为错误的影响，从而提高作战表现。

TeamSTEPPS 工具包和 STBT 工具包的观察/行为评估往往依赖团队表现的宏观特征，这需要在长时间观察结果并进行概括。尽管团队的短期动态在最终评级中也占有一定比重，但动态细节常常考虑不到。因此，团队在正常情况下的瞬态变换尚未得到有效的探索。

最近，在检测人类生理和行为方面的技术取得了突破，为在短时间内捕获团队表现数据提供了新的方式，从而催生出对团队合作的新概念。例如，心率监测器定期声脉冲的变化可能会同时触发所有团队成员大脑视觉、听觉或皮质区域等类似大脑活动，从而产生一种自然同步。这种同步在观看影片的测试对象中重复观测到（Hasson、Nir、Levy、Fuhrmann 和 Malach，2004），特别是当影片中包含情感丰富的场景时（Dmochowski、Sajda、Dias 和 Parra，2012；Nummenmaa 等人，2012）。在这些研究中，团队同步的思想更常见于在自然环境中执行复杂任务的团队，尤其是任务中特别重要的部分对团队成员的神经动力将表现出神经动力学心率同步化。

然而，在重要性方面，团队与个人观影是不同的。尽管任务信号会传达给每名成员，但每名成员的想法和职能不同，对任务信号的感受也不尽相同。

在团队中，除成员之间的相互影响外，团队还可通过社会协作改变故事情节。这种协作会产生第二组信息信号，该信号来自团队成员间的相互理解而不是环境或者任务本身。

这种理解来自成员间的信息交换，并包含在语言（Cooke、Gorman 和 Kiekel，2008）和非语言的交互（Menoret 等人，2014），如手势（Schippers、Roebroeck、Renken、Nanetti 和 Keysers，2010）、姿势（Shockley、Santana 和 Fowler，2003）、面部表情（Anders、Heinzle、Weiskopf、Ethofer 和 Haynes，2011），甚至是沉默

行为。这些都有助于团队的整体神经动力表现。

神经生理过程是团队动态协调的基础,比如,讲话者—倾听者关系(Stephens、Silbert 和 Hasson,2010)。在 9~12Hz 的频率范围内,该研究也描述了多个社会协调的神经标记(Tognoli 和 Kelso,2013),其中包括 10.9 Hz 的 phi 复合处,由有意协调(Tognoli、Lagarde、De Guzman 和 Kelso,2007)以及 α(9~11 Hz)和 β(15~20 Hz)频率中的右侧脑电图 Mu 波组成,这能够代表与人类镜像神经元系统相关的活动(Oberman、Pineda 和 Ramachandran,2007;Pineda,2008)。镜像神经元系统是一组神经元的集合,会对我们看到的动作做出反应。在一个人执行运动和他或她观察另一个人执行该动作时,这些神经元都处于活跃状态(Caetano、Jousmaki 和 Hari,2007;Rizzolatti、Fogassi 和 Gallese,2001)。通过这个系统,一个人不断变化的动作序列会以一种社会"共振"的形式影响到其他人的动作序列(Schippers 等人,2010)。

尽管这些类似的研究反应了社会协调的低层面细节,但这些研究对于如何指导团队合作过程和评估却微乎其微。其中一个原因是,上述微观层面的言语、手势、姿势和神经动力学变量较为短暂,相关领域或任务的特异性较弱,无法轻易将评级者的宏观观察(即团队评估的黄金标准)相关联。想要进一步确定衡量团队表现的短期活动是否有用,一种方法是将其分为快速和慢速变量的层次结构(Flack,2012)。顾名思义,慢速变量产生于自然整合更快的微观动力学基质,其代表了可容纳干扰项的活动平均值。例如,当神经动力学层次从较快的维度过渡到较慢的维度时,在神经元尖峰生成和传播过程中丢失的机械化细节将会通过与更容易识别、观察者定义的变量(例如团队一致性、灵活性或弹性)建立更紧密的关系来获得。这样就可以通过"中级"的方式,在大脑处理的毫秒级信号及专业协调员观测表现能力之间搭建具有意义的桥梁。"中间表示"(Intermediate Representation)是从计算机编程中借用的术语,用于描述介于源语言和目标语言之间的语言。一个好的中间表示是一种完全独立于源语言和目标语言的表示,因此它可最大限度地在不同情况下重复使用。

我们假设,有意义的中间表示可能会被开发出来,跨越数秒到数分钟的时间尺度,这将弥合社会调节中常见的神经生理学标记的快速动态与由 STBT 和 TeamSTEPPS 等工具包中行为观察产生的较慢的表现力变量。这些模型能够以一种可理解的方式将理论和实践联系起来,适用于许多不同的团队环境,并且可作为团队合作的客观衡量标准。

多年前，我们探索了一种以信息/组织为中心的方法，用于定量映射团队的神经生理组织，并将其动态过程和团队活动、沟通及绩效联系起来（Stevens、Galloway、Wang 和 Berka，2011；Stevens 和 Galloway，2014，2015）。该方法的目标是开发具有内部结构的数据流，包含有关团队和团队成员当前和过去的团队、职能和表现力的时间信息。

我们选择脑电图（EEG）来开展研究，因为它以"隐蔽"的方式提供实时和高分辨率的时间测量。脑电图能够记录大脑在头皮不同区域的电活动。来自不同大脑区域的电振荡中的节律模式包含代表大脑活动复杂方面的信号，其中许多位于 1~200 Hz 的频率范围内（Buzaki，2006）。通常描述的频率范围包括：①δ（~1~5 Hz）。这通常与深度睡眠相关，并且可能在抑制干扰内部注意力的感觉刺激中起作用（Harmony，2013）；②θ（~7 Hz），与情节信息处理、预测导航以及记忆编码和检索有关（Battaglia、Sutherland 和 McNaughton，2004；O'Keefe 和 Dostrovsky，1971）；③α（~10 Hz），清醒人脑中的主要脑电图频率，虽然被认为是视觉注意力的标志，但其已扩展为普遍注意力，并优先考虑视觉刺激（Palva 和 Palva，2007；Bonnefond 和 Jensen，2015）；④β（~20 Hz），这反映了运动过程的认知控制，以及一般自上而下的大脑过程；⑤γ（>30 Hz），涉及注意力、记忆编码和检索，可能通过跨大脑区域传输信息的时间序列来运作——γ 振荡通常嵌套或锁相到 θ 或 α 节奏（Lisman 和 Jensen，2013）。

对这种动态过程建模的方法是，每秒创建一个标记，来表示每名团队成员在头皮不同部位每赫兹脑电图频率下的功率水平。一系列跨越时间尺度的脑电图功率符号表示将包含团队的整个神经动力过程（按秒计），其分辨率将取决于所分析的频率和通道的数量。

如果任务活动和团队成员间的交互是可预测的，那么这样的标记流就会相对平滑。当整个团队被任务活动或其他团队成员的互动吸引时，标记流中最有趣的部分（也就是结构性最强的部分）就会受到影响。在这些情况下，可能会在跨团队成员之间发展并持续存在一种更受限的神经动力学关系。本研究提出的问题是我们是否可检测到这种跨团队成员的持续神经动力学结构，以及片段的频率、幅度和持续时间是否可以与专业评估者对团队表现力的评估相关联。

20.2 方法

20.2.1 潜艇驾驶和导航模拟

这些研究的任务需要潜艇驾驶和导航模拟（Submarine Piloting and Navigation，SPAN），其目标是安全驾驶潜艇进出港口。每次 SPAN 对话包含三个片段。首先，应有一个简报（20~30 分钟），其中介绍了任务训练目标以及潜艇位置、该地区其他船只、天气、海况和船长安全操作命令的信息。其次，是第二段（50~120 分钟），这是一项更具动态和不断发展的任务，包含易于识别的团队合作过程以及其他不太明确的过程。一项常规任务是定期确定船舶的位置。该过程每 3 分钟重复一次，并按照 1 分钟到下一回合、30 秒到下一回合、待机标记回合和标记回合结束的顺序进行。汇报部分（20~30 分钟）是对有效方式、可采取的其他选项以及长期和短期教训的公开讨论。汇报是最有条理的培训，由个别团队成员报告。这种简报情景任务结构并非军事训练所独有的，也可存在于其他高风险的团队活动，例如外科手术。

20.2.2 潜艇团队行为工具包

STBT 研究工作起源于对潜艇事故的研究，从而了解新出现的复杂性对人类行为的影响。研究表明，除技术技能外，深思熟虑和有效的团队实践对于管理战术行动中出现的各种日益复杂的问题也是必要的。STBT 的发展为评估团队表现提供了观测指南。在为团队韧性的整体行为评级时，STBT 观测员评估了一组包含五种实践的团队，这些实践为潜艇战术团队应如何在海上作战提供了新的见解。这些实践包括对话、决策、批判性思维、人才实力和解决问题的能力。每项实践均包含多个行为线程。对于决策而言，这些行为线程是果断的，且与领导分离；而对于批判性思维而言，这些行为线程是规划时间范围、设置内容、管理复杂性和强制备份。这些实践的存在与否与描述不同团队在复杂环境中如何表现的四个韧性级别有关（见图 20-1）。

团队韧性水平（按降序排列）为：①高级团队韧性，即团队能够管理多个动态问题；②以团队为基础的韧性，即在受压环境下也可管理日常活动；③依赖领导者的战斗节奏，即使在受压环境下，团队仍保持节奏，但仅因为有人对此负

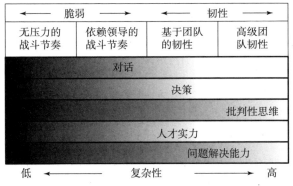

图 20 -1 潜艇团队行为工具包评级量表

责;④无压力的战斗节奏,即团队表现出节奏,但仅在未中断的情况下。评价者的排名从 0 到 4。

20.2.3 脑电图

先进大脑监测公司（Advanced Brain Monitoring Inc.）的 X-10 无线耳机用于数据收集。该无线脑电图耳机系统包括传感器站点位置 F3、F4、C3、C4、P3、P4、Fz、Cz 和 POz,采用参考链接乳突（Mastoids）的单极配置;（Wang、Hong、Gao 和 Gao,2007）。来自每名团队成员的脑电图数据流中嵌入了眨眼插值,使用脑电图采集软件中包含的插值算法自动检测和优化（Levendowski 等人,2001）。这些眨眼插值占模拟时间的 *5%,并且在之前的研究中并未显著影响整个演示期间发生的团队神经生理活动的检测（Stevens 等人,2012）。B-Alert Lab 软件在每台传感器上计算每秒 1~40 Hz 频率区间的脑电图功率值。

20.2.4 建立神经动力标记流模型

为了给一个由六名成员组成的导航团队生成神经动力学标记（Neurodynamic Symbols,NS）,每秒钟团队成员的一个（从 40 个中）1 Hz 脑电图频率箱的功率水平等同于他自己在任务中的平均水平。这样就可确定在特定时间点,单名团队成员到底是在经历平均（编码为 1）、高于平均水平（编码为 3）还是低于平均水平（编码为 -1）的脑电图功率。每秒钟每个人的值组成一个向量,显示在直方图上。如图 20-21（a）中的标记表示 1 号和 3 号机组成员的脑电图水平低于平均水平,而其余机组成员的脑电图水平高于平均水平的一秒时刻。

在整个过程（即包括简报、情景和汇报部分）上生成一组标记，提供了包含一组全面的任务情况/负载的神经动力学模型。图20-2（b）显示了当每一秒性能均被标记处理时的完整神经动力学标记状态空间。每个神经动力学标记将每名团队成员的脑电图功率水平置于其他团队成员水平背景下，当逐秒排列的标记对齐时，数据流包含团队神经动力学的历史记录。该历史记录可通过每秒绘制25个神经动力学标记来可视化，它们可与训练段和活动相关［见图20-2（c）］。

然后可通过计算100秒滑动窗口上标记分布的香农熵来生成该历史的定量读数（Shannon，1951）。如图20-2（c）中箭头所示，标记表达受限的表现片段具有较低的熵水平，被认为反映了神经动力学的刚性，而标记多样性较大的片段具有较高的熵，被认为反映了神经动力学的灵活性。

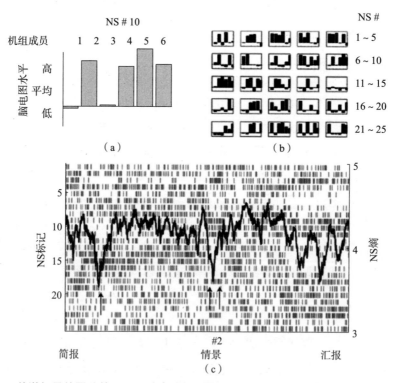

图20-2 从潜艇导航团队的10 Hz脑电图级别提取单次低维试验神经动力组织信息的步骤

[(a) 该符号表示机组成员1和3的脑电图水平低于平均水平10 Hz，而其余机组成员的脑电图水平高于平均水平；(b) 显示25个标记的状态空间，标记按行分配编号；(c) 每行代表来自10 Hz频段的25个神经动力学标记的顺序表达。这些模式覆盖有神经动力学标记流的香农熵痕迹。单箭头表示机组成员难以确定船位的时间，双箭头表示模拟暂停的时间]

标记建模的目标是测量团队在不同训练阶段以及实际团队合作期间神经动力学组织的变换。由于所有团队和任务段都使用统一的模型和尺度，因此可以跨团队、跨任务和随时间进行比较（Fishel、Muth 和 Hoover，2007）。标记表示使神经动力学组织的量化变得明确，虽然每名团队成员无须特别强调具体数字部分，但其关系存在于图 20-2（b）的标记查找表中。

20.3 结果

针对 1~40 Hz 脑电图频带上的简报、情景和汇报部分，确定了 12 个 SPAN 团队的 NS 熵水平（见图 20-3）。最高的平均 NS 熵（即最少的神经动力组织）出现在情景片段中，而在简报和汇报片段中观察到显著较低的熵水平（即较多的团队神经动力学组织），$F(2,11)=3.52$，$p=0.04$。

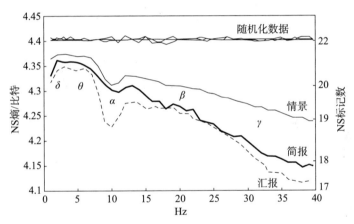

图 20-3　团队神经动力熵的脑电图频率分布

（将来自 12 次潜艇驾驶和导航过程的神经动力学标记熵流分为简报、情景和汇报部分，并生成频率—熵剖面。被标记为"随机数据"的那一行是在计算熵之前对简报、情景和汇报标记流进行随机化时产生的熵分布）

NS 熵分布在较低（3~7 Hz）频率处最高，并向 40 Hz 频带方向逐渐降低。无论处于三个训练段的哪一个，α 区域的 NS 熵均显著降低。当用随机化来干扰标记序列时，熵剖面的独特性就消失了。

将图 20-2（c）中 10 Hz 频率区间的 NS 熵—频率分布被扩展到所有 40 个 1 Hz 频率区间，这些神经动力群体图显示了每个频率（x 轴）下的熵（z 轴）在每一秒（y 轴）的表现。

图 20-4 显示了韧性最低的团队之一的神经动力学组织图；从上面看，图上深色轮廓显示了 NS 熵减少的时期，然后与不同的模拟事件/团队活动对齐。该团队被评为具有低水平的韧性，即无压力的战斗节奏（评分 1.0），其中两位评估者均表示该团队中基本上不存在领导者，命令往往是非正式的，可以通过对话方式表达或提出问题。任务意识被定为"缺乏"。这个过程以常规的简报和汇报部分为过程做结尾，但在过程中途则为非常规的，在 20 世纪 40 年代，模拟了一次灾难事件：潜艇接近浅滩水域并搁浅。教官在过程暂停时向团队做了简报，潜艇在模拟中花费 2 270 秒来重新定位，然后继续进行演习。

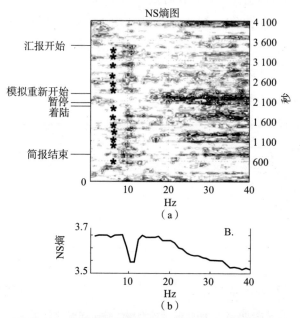

图 20-4 韧性最低的团队之一的神经动力学组织图

[（a）针对潜艇驾驶导航团队的 1~40 Hz 频率创建的时间 × 频率 × 熵图；（b）熵值按列平均，创建频率—熵直方图]

通过对 NS 熵等值线的观察，发现每 3 分钟进行标记的调用与 10 Hz 频率分布中的最小熵周期之间存在密切匹配，表明该团队在此重复活动中变得更有神经动力组织的特征。在情景中的 12 个回合周期中，标记回合调用前 10 秒的 NS 熵明显低于前 70 秒，因为团队刚开始或更晚才准备执行回合（标记回合 = 3.45 ± 0.1 比特，1 分钟到下一轮的时间 = 3.59 ± 0.1 比特，剩余时间 = 3.50 ± 0.1（Kruskall - Wallis H 测试）。作为对照，在 20 Hz 频率下的类似情况并无差异，

$H = 2.8$，$df = 2$，$p = 0.24$。

在 20~40 Hz 频带（β 和 γ 区域）中也展现了更多可变的 NS 熵下降周期，熵最大的时期与着陆后的立即模拟暂停相吻合。

先前数据表明，在 SPAN 团队合作期间，节间和节内神经动力学同步/组织很频繁，因此提出一个问题：在更广泛的团队表现背景下，这些同步是否也具有重要意义？本研究中 12 个 SPAN 团队的表现中有 7 个符合以下标准：①由两名独立的 STBT 评估员评测；②可用于脑电图建模的完整表现（即简报、情景和汇报部分）；③从至少五名成员处收集高质量脑电图（即 < 15% 的眨眼/肌肉干扰）；④每个训练环节至少 500 秒。

STBT 观测评分与整个表现（即简报、情景和汇报部分）的神经动力学熵之间的关联性不明显，$r = -0.28$，$p = 0.53$。在将分为简报、情景和汇报部分的表现分开考虑后，相关性会更加明显。方差比较的组间分析存在明显差异，$F(2, 6) = 17.4$，$p < 0.001$，并通过最小显著性差异（LSD）进行多重比较分析的结果表明简报、情景和汇报部分有 0.05 水平的差异。

在简报部分，NS 熵和 STBT 评级呈负相关，$r = -0.81$，$p < 0.005$，表明韧性较强的团队在神经动力学上比韧性较差的团队更有组织力。在情景中，STBT 评级与 NS 熵之间是正相关，$r = 0.43$，$p = 0.04$，表明高韧性团队在神经动力学上的组织性低于韧性较差的团队。在汇报部分，相关性也呈负相关，$r = -0.36$，$p = 0.03$。负相关意味着较高的 STBT 评分与较低的 NS 熵水平相关，即团队更同步且更有组织力。

为了将相关性放在脑电图频谱中讨论，使用 CzP0 脑电图通道为简报、情景和汇报部分的 40 个脑电图的每 1 Hz 频率区间构建相关性和显著性剖面。如图 20-5 所示，在简报部分的 20~40 Hz（β 和 γ 区域）中，熵和 STBT 评估间的相关性在 $p < 0.01$ 的水平上呈显著负相关。在情景部分，NS 熵与 STBT 评级相关性呈显著正相关，$p < 0.05$，在 10~20 Hz（β 区域）之间。在汇报部分中呈负相关，尽管大多在 0.05 水平上不显著。

20.4 讨论

在这项研究中，探讨了评估人员的行为观察与执行潜艇导航任务的团队的神经动力学测量之间的联系。所采取的方法是确定团队成员在脑电图功率水平方面

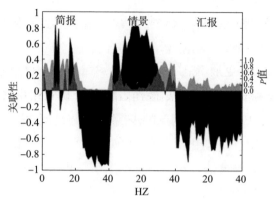

图 20-5　来自 CzP0（$n=7$）的 1 Hz 频率区间的潜艇团队行为工具包
评估分数与脑电图功率谱密度水平之间的相关性

（相关性的 p 值以浅灰色显示。针对 40 个 1 Hz 区间中的每一个均标记了简报、情景和汇报部分）

发展出持久的神经动力组织的延长时间（以分钟为单位）。

大多数团队均表现出典型的 NS 熵特征，第一个是简报和汇报部分中 NS 熵较低的时期。这并不奇怪，因为在汇报过程中，团队在行为上是最有组织的，所有团队成员都积极参与表现力评估。简报部分更多的是场景和汇报部分的混合，其中包含共同讨论的时期，混合了仪器校准过程和小组活动过程。

在大多数脑电图频带中观察到神经动力组织的同步和组织力，θ 和 δ 区域可能有例外。α 区域的神经动力组织主导了 SPAN 团队的 NS 熵谱分布。α 波段振荡在社会协调标记方面具有可以理解的异质性。μ 内部、phi 复合处和枕叶 α 节奏存在于 9.5~13 Hz 的小频率范围内，其幅度取决于社会协调是有意的还是偶然的，以及任务是同步的还是历时的。

在 SPAN 任务中，这两种交互都是可以接受的。同步交互在场景中占主导地位，其中信息在所有船员之间多向流动，而在汇报部分，通常只有一个人在给定时间发言（即历时交互）。这些可能部分解释了图 20-3 中看到的这些段之间的熵差异。α 区域中 NS 熵的情景汇报差异也可能是由于场景中任务要求增加而导致的 α 抑制周期增加（Klimesch、Sauseng 和 Hanslmayr，2007）。

虽然 α 区域的 NS 熵在 NS 脑电图谱图中占主导地位，但不同段的脑电图频率和 STBT 评估之间的相关性（见图 20-5）表明它们对于区分高韧性和低韧性团队可能不太重要，因为 α 区域的 NS 熵水平与团队韧性的相关性较差。这可能部分是由于 α 区域的 NS 组织在轮次过程中起到关键作用，这是所有船员都多次经历过的定期和例行活动。研究对象均接受过高级培训，已开展数年轮次常规操作练习。此外，当人们记住他人的常规行为时，α 区域（右侧 μ）中至少一个社会协调标记会降低（Tognoli 和 Kelso，2013）。

γ 区域的 NS 熵减少更加不同，因为该区域尚未描述社会协调标记。然而在个体中，α、β 和 γ 振荡在工作记忆操作过程中会相互作用（Roux 和 Uhlhaas，2014）。有趣的是，在这一方面经常能观察到与 α 和 β 波段的振荡相似的 γ 同步周期。

在情景中，团队神经动力组织增强的时期与团队的"关键时期"同时发生。最明显的例子是图 20-4 中的模拟暂停，其中，NS 熵水平下降到在汇报阶段中看到的水平。

一般来说，绩效较高的团队在情景中有着较小的重组周期以及持续时间规模较小的时期（Stevens、Gorman、Amazeen、Likens 和 Galloway，2013）。团队同步性和 STBT 评估之间的相关性分析证实了这一观察结果。出乎意料的是，团队同步性与简报部分的评估员评估之间存在负相关。这种关系表明，一个团队在简报部分的认知组织得越好，在任务中的表现就越好。如果更大规模的波动确实与增加团队组织的需要有关，那么通过确定团队重组的重要时期，领导者可以有利地进行针对性讨论和未来的培训活动，以培养这些领域的团队技能，并随着时间的推移客观地跟踪团队的改进情况。神经动力学测量也可能有助于确定团队何时变得脆弱或"陷入危险"。检测团队崩溃可能很困难，因为在向失败的关键转变发生前，可能的原因是微妙的和多重的（Woods 和 Hollnagel，2006）。尽管团队崩溃可以被视为一种导致效率急剧下降的突发事件，但在更多情况下，这种表现力下降是一个循序渐进的过程（Rankin、Lunderg、Woltjer、Rollenhagen 和 Hollnagel，2014）。更好地确定团队何时开始重组将是朝着了解困难的先前事件以及制定策略以便在未来（可能是实时）缓解这些方面迈出的重要一步。

标记表示和建模虽然作为微观神经事件和宏观观察评估之间的中间代表很有用，但并非没有限制，因为不确定认知上究竟测量了什么。在某种程度上，这并不奇怪，因为团队细节难以在几十秒到几分钟的时间尺度内理解。

最近，当对神经动力学熵水平和 TeamSTEPPS 评估之间进行关联性研究时，医疗团队也有类似的发现（Stevens、Galloway、Gorman、Willemsen-Dunlap 和 Halpin，2016）。简报阶段中的负相关和情景中的正相关，以及潜艇和医疗团队相关性的相似频率特征，均表明潜在结构可能与此类团队活动相同，可通过跨多个传感器位置或空间独立的组件进行更详细的建模,以便更好地理解这些含义(Onton、Westerfield、Townsend 和 Makeig,2006)。

最后,将团队度量分解为单一数据流可以简化它们与团队表现力的其他数据流(语音、手势等)的链接。通过这一方式,在与团队神经动力学和团队语言相关的时间滞后方面,Gorman 等人(2015)展示了新手—专家的差异。

致谢

这项工作得到了美国国防高级研究计划局(合同号为 W31P4Q12C0166)及国家科学基金会 SBIR 专项补助金(编号:IIP 0822020 和 IIP 1215327)的支持。本章所包含的观点、意见和调查结果均为作者的观点、意见和调查结果,不应解释为代表国防高级研究计划局或国防部明示或暗示的官方观点或政策。这项工作得到了单元编号为 F1214 项目的支持。JL 是美国政府的雇员。这项工作是作为其公务一部分而准备的。《美国法典》第 17 篇第 105 条规定"本标题下的版权保护不适用于美国政府的任何作品"。《美国法典》第 17 篇第 101 条将美国政府工作定义为由美国政府的军人或雇员准备的、作为其公务的一部分工作。该研究方案经海军潜艇医学研究实验室机构审查委员会批准,符合所有适用的有关人类受试者保护的联邦法规。

参考文献

[1] ANDERS S, HEINZLE J, WEISKOPF N, et al. Flow of affective information between communicating brains [J]. Neuroimage, 2011 (54): 439-446.

[2] BAKER D P, AMODEO A M, KROKOS K J, et al. Assessing teamwork attitudes in healthcare: Development of the TeamSTEPPS ® teamwork attitudes questionnaire [J]. Quality and Safety in Health Care, 2009 (19): e49.

[3] BATTAGLIA F P, SUTHERLAND G R, MCNAUGHTON B L. Local sensory cues and place cell directionality: Additional evidence of prospective coding in the hippocampus [J]. Journal of Neuroscience, 2004 (24): 4541-4550.

[4] BONNEFOND M, JENSEN O. Gamma activity coupled to alpha phase as a mechanism for top-down controlled gating [J]. PLOS One, 2015, 10 (6): e0128667.

[5] BUZAKI G. Rhythms of the brain [M]. New York, NY: Oxford University

Press, 2006.

[6] CAETANO G, JOUSMAKI V, HARI R. Actor's and observer's primary motor cortices stabilize similarly after seen or heard motor actions [J]. Proceedings of the National Academy of Sciences of the United States of America, 2007 (104): 9058–9062.

[7] COOKE N J, GORMAN J C, KIEKEL P. Communication as team–level cognitive processing [M]. Burlington, VT: Ashgate, 2008: 51–64.

[8] DMOCHOWSKI J P, SAJDA P, DIAS J, et al. Correlated components of ongoing EEG point to emotionally laden attention—A possible marker of engagement? [J]. Frontiers in Human Neuroscience, 2012 (6): 112.

[9] FISHEL S R, MUTH E R, HOOVER A W. Establishing appropriate physiological baseline procedures for real–time physiological measurement [J]. Journal of Cognitive Engineering and Decision Making, 2007 (1): 286–308.

[10] FLACK J C. Multiple time–scales and the developmental dynamics of social systems [J]. Philosophical Transactions of the Royal Society B, 2012 (367): 1802–1810.

[11] GORMAN J, MARTIN M, DUNBAR T, et al. Cross–level effects between neurophysiology and communication during team training [J]. Human Factors: The Journal of the Human Factors and Ergonomics Society, 2015 (58): 181–199.

[12] HARMONY T. The functional significance of delta oscillations in cognitive processing [J]. Frontiers in Integrative Neurosciences, 2013 (7): 83.

[13] HASSON U, NIR Y, LEVY I, et al. Inter–subject synchronization of cortical activity during natural vision [J]. Science, 2004 (303): 1634–1640.

[14] KLIMESCH W, SAUSENG P, HANSLMAYR S. EEG alpha oscillations: The inhibition–timing hypothesis [J]. Brain Research Reviews, 2007 (53): 63–88.

[15] LEVENDOWSKI D J, BERKA C, OLMSTEAD R E, et al. Electroencephalographic indices predict future vulnerability to fatigue induced by sleep deprivation [J]. Sleep, 2001, 24 (Abstract Suppl.): A243–A244.

[16] LISMAN J E, JENSEN O. The theta–gamma code [J]. Neuron, 2013 (77):

1002-1016.

[17] MENORET M, VARNET L, FARGIER R, et al. Neural correlates of non-verbal social interactions: A dual-EEG study [J]. Neurophyschologia, 2014 (55): 85-91.

[18] NUMMENMAA L, GLERAN E, VIINIKAINEN M, et al. Emotions promote social interaction by synchronizing brain activity across individuals [J]. Proceedings of the National Academy of Sciences of the United States of America, 2012 (109): 9599-9604.

[19] OBERMAN L M, PINEDA J A, RAMACHANDRAN V S. The human mirror neuron system: A link between action observation and social skills [J]. Social Cognitive and Affective Neuroscience, 2007 (2): 62-66.

[20] O'KEEFE J, DOSTROVSKY J. The hippocampus as a spatial map: Preliminary evidence from unit activity in the freely-moving rat [J]. Brain Research, 1971 (13): 171-175.

[21] ONTON J, WESTERFIELD M, TOWNSEND J, et al. Imaging human EEG dynamics using independent component analysis [J]. Neuroscience and Behavioral Reviews, 2006 (30): 808-820.

[22] PALVA S, PALVA J M. New vistas for α-frequency band oscillations [J]. Trends in Neuroscience, 2007 (4): 150-158.

[23] PINEDA J A. Sensorimotor cortex as a critical component of an "extended" mirror neuron system: Does it solve the development, correspondence, and control problems in mirroring? [J]. Behavioral and Brain Functions, 2008 (4): 47-63.

[24] RANKIN A, LUNDERG J, WOLTJER R, et al. Resilience in everyday operations: A framework for analyzing adaptations in high-risk work [J]. Journal of Cognitive Engineering and Decision Making, 2014, 8 (1): 78-97.

[25] RIZZOLATTI G, FOGASSI L, GALLESE V. Neurophysiological mechanisms underlying the understanding and imitation of action [J]. Nature Reviews Neuroscience, 2001 (9): 661-670.

[26] ROUX F, UHLHAAS P. Working memory and neural oscillations: Alpha-gamma versus theta-gamma codes for distinct WM information? [J]. Trends in

Cognitive Sciences, 2014 (18): 16-25.

[27] SCHIPPERS M, ROEBROECK A, RENKEN R, et al. Mapping the information flows from one brain to another during gestural communication [J]. Proceedings of the National Academy of Sciences of the United States of America, 2010 (107): 9388-9393.

[28] SHANNON C E. Prediction and entropy of printed English [J]. Bell System Technical Journal, 1951 (30): 50-64.

[29] SHOCKLEY K, SANTANA M-V, FOWLER C A. Mutual interpersonal postural constraints are involved in cooperative conversation [J]. Journal of Experimental Psychology: Human Perception and Performance, 2003 (29): 326-332.

[30] STEPHENS G, SILBERT L, HASSON U. Speaker-listener neural coupling underlies successful communication [J]. Proceedings of the National Academy of Sciences of the United States of America, 2010 (107): 14425-14430.

[31] STEVENS R H, GALLOWAY T. Toward a quantitative description of the neurodynamic organizations of teams [J]. Social Neuroscience, 2014 (9): 160-173.

[32] STEVENS R H. GALLOWAY T. Modeling the neurodynamic organizations and interactions of teams [J]. Social Neuroscience, 2015 (11): 123-139.

[33] STEVENS R H, GALLOWAY T, WANG P, et al. Cognitive neurophysiologic synchronies: What can they contribute to the study of teamwork? [J]. Human Factors, 2011 (54): 489-502.

[34] STEVENS R H, GALLOWAY T, WANG P, et al. Modeling the neurodynamic complexity of submarine navigation teams [J]. Computational andMathematical Organization Theory, 2012 (19): 346-369.

[35] STEVENS R H, GORMAN J C, AMAZEEN P, et al. The organizational dynamics of teams [J]. Nonlinear Dynamics, Psychology, and Life Sciences, 2013, 17 (1): 67-86.

[36] STEVENS R H, GALLOWAY T L, GORMAN J, et al. Toward objective measures of team dynamics during healthcare simulation training [R]. San Diego: International Symposium on Human Factors and Ergonomics and Health

Care, 2016.

[37] TOGNOLI E, KELSO J A S. The coordination dynamics of social neuromarkers [J]. Frontiers in Human Neuroscience, 2015 (9): 00563.

[38] TOGNOLI E, LAGARDE J, DE GUZMAN G C, et al. The phi – complex as a neuromarker of human social coordination [J]. Proceedings of the National Academy of Sciences of the United States of America, 2007 (104): 8190 – 8195.

[39] WANG Y, HONG B, GAO X, et al. Design of electrode layout for motor imagery based brain – computer interface [J]. Electronics Letters, 2007 (43): 557 – 558.

[40] WOODS D, HOLLNAGEL E. Resilience engineering concepts [M]. Burlington, VT: Ashgate, 2006.